Tileman Dothias Wiarda

Ostfriesische Geschichte

Tileman Dothias Wiarda

Ostfriesische Geschichte

ISBN/EAN: 9783741168901

Hergestellt in Europa, USA, Kanada, Australien, Japan

Cover: Foto ©ninafisch / pixelio.de

Manufactured and distributed by brebook publishing software (www.brebook.com)

Tileman Dothias Wiarda

Ostfriesische Geschichte

Ostfriesische Geschichte

von

Tileman Dothias Wiarda,

Secretair der ostfriesischen Landschaft.

Fünfter Band
von 1648 bis 1668.

Aurich,
bei August Friedrich Winter,
1795.

Inhalt des fünften Bandes.

Neunzehntes Buch.
Von 1648—1651.

Erster Abschnitt.

§. 1. Nach dem Testament des verstorbenen Grafen Ulrich, §. 2. tritt die Wittwe, Fürstin Juliane, die vormundschaftliche Regierung an. Der Prinz von Oranien wird Mit-Vormund, und die General-Staaten sind Executoren des Testamentes. §. 3. und 4. Personale und Characteristik des ostfriesischen Hofes. §. 5. Der geheime Rath und erste Minister von Marenholz hatte zu seinem eigenen Nutzen das gräfliche Testament bewürket: §. 6. und sendet nun die jungen Grafen in das Ausland, um sie vom Hofe zu entfernen. §. 7. Die mißvergnügten Stände §. 8. unt 9. wollen die vormundschaftliche Regierung nicht anerkennen.

Zweiter Abschnitt.

§. 1. Die Stände können den Abzug der Hessen nicht bewürken, müssen vielmehr §. 2. zu den hessischen Satisfactions-Geldern eine Quote bezahlen, und werben

Inhalt.

werden §. 3. auch zu den schwedischen Satisfactions-Geldern, jedoch gelinde, so wie auch §. 4. zu den schwedischen Verpflegungs-Geldern herbeigezogen. §. 5. Ferner müssen sie ihr Contingent zur Unterhaltung der Garnison in Wechte entrichten, §. 6. weichen aber dem verlangten Beitrag zu den 100 Römer-Monaten aus. §. 7. Dagegen müssen sie ihr Contingent zu den Frankenthalischen Satisfactions-Geldern, §. 8. und zu den Verpflegungs-Geldern der coesfeldischen und neuhäuslischen Besatzung entrichten. §. 9. Endlicher Abzug der Hessen.

Dritter Abschnitt.

§. 1. Die General-Staaten wollen nach Abzug der Hessen die ostfriesische Gränze mit ihren Truppen besetzen lassen, §. 2. stehn aber bei dem Widerwillen der Fürstin und der Stände davon ab. §. 3. Die Streitigkeiten der Stände mit der Stadt Emden über deren Beitrag zu den Krieges-Contributionen, §. 4. veranlassen eine Union der Ritterschaft. §. 5. Die darüber mißvergnügte Stadt Emden bringet, als Besitzerin der Herrlichkeiten, auf Sitz und Stimme unter der Ritterschaft. §. 6. und 7. Die Stände wollen die vormundschaftliche Regierung noch nicht anerkennen. Die General-Staaten entschließen sich, als Executoren des gräflichen Testamentes den Vormündern die starke Hand zu bieten. §. 8. Verhandlungen in dem Haag über die Streitigkeiten der Stände mit der vormundschaftlichen Regierung und mit der Stadt Emden. §. 9. Staatischer Ausspruch. §. 10. Nach Absterben des Prinzen von Oranien fällt die vormundschaftliche Regierung allein auf die verwittwete Fürstin Juliane. §. 11. Proceß der Stadt Aurich mit der oberemsischen Deichacht. §. 12. St. Peters-Fluth, Mißwachs und Theurung. §. 13. Trauriger Vorfall in Emden. §. 14. Die Ember verdrängen den ritterschaftlichen Administrator aus dem Collegio. Fortwährende Streitigkeiten mit der vormundschaftlichen Regierung.

Inhalt.

Zwanzigstes Buch.
Von 1651—1660.

Erster Abschnitt.

§. 1. Die Stände lassen den abwesenden Grafen Enno Ludwig bitten, schleunig nach Ostfriesland zurückzukommen. §. 2. Dagegen suchet der geheime Rath von Marenholz seine Abwesenheit zu verlängern. §. 3. Der Graf ziehet von dem Zustande der ostfriesischen Regierung Erkundigung ein, verläßt Wien und reiset nach Bußbach. Hier wird der Plan von den Feinden der Fürstin und des Marenholz zu einer Revolution angeleget. §. 4. Graf Enno Ludwig kommt unvermuthet in Ostfriesland, faßt selbst die Regierung an, läßt den geheimen Rath von Marenholz arretiren, §. 5. macht ihm den Criminal-Proceß, §. 6. spricht ihm das Leben ab, §. 7. und läßt ihn auf einem Saal zu Wittmund enthaupten. §. 8. Einige Bemerkungen über diesen Proceß. §. 9. Der Graf welchet den Beschwerden der Wittwe von Marenholz durch einen Transact aus, §. 10. und vergleichet sich mit seiner Mutter. Diese, die Fürstin Juliane, verläßt Ostfriesland, und stirbt nachher zu Westerhof.

Zweiter Abschnitt.

§. 1. Graf Enno Ludwig macht in Harrlingerland eine Reform der Justiz-Bedienten, und läßt sich huldigen. §. 2. In Ostfriesland werden wegen der Landes-Beschwerden und Einrichtung der Huldigungs-Reversalen Tractaten gepflogen, der Graf nimmt sich der Stände wider Emden an. Dadurch werden die Tractaten verzögert und endlich abgebrochen. Die Huldigung unterbleibt. §. 3. Der Graf reiset nach dem Haag, seine Braut, die Prinzessin von Oranien, zu besuchen, und sich über die Stadt Emden zu beschweren. Von der Prinzessin Braut wird er kalt empfangen, und die Streitigkeiten mit Emden werden nicht abgestellt;

abgeſtellt; doch nehmen die ritterſchaftlichen Adminiſtratoren wieder ihre Stellen in dem Collegio ein, und die Stände zahlen den Embern die verſprochenen 60000 Gulden aus. §. 4. Fataler Proceß der Landſchaft mit Gleßbert von dem Berge. §. 5. Der Graf und die Stände ſtellen bei dem Reichshofrath den Proceß wider Emben an. §. 6. Hierüber beſchweren ſich die Ember bei den General-Staaten. §. 7. In dem Haag wird an einem Vergleich gearbeitet.

Dritter Abſchnitt.

§. 1. Graf Enno Ludwig entſchließt ſich, den Fürſtenſtand nachzuſuchen. §. 2. Der Kaiſer gewähret dieſe Bitte, und ernennet ihn zum Reichsfürſten. Enno Ludwig wird alſo zwar der erſte Fürſt von Oſtfriesland. §. 3. erhält aber keinen Sitz und Stimme auf der Fürſtenbank. §. 4. Der Freiherr von Kniphauſen hält den Reichsſchluß wegen des von den Unterthanen dem Landesherrn zur Unterhaltung der Beſatzungen zu entrichtenden Beitrages auf Oſtfriesland nicht anwendbar, und proteſtirt darwider. §. 5. Fernere Verhandlungen in dem Haag über die Mißhelligkeiten des Fürſten und der Stände mit Emben. §. 6. und 7. Die General-Staaten nehmen das Liquidations-Geſchäfte zwiſchen Emden und den Ständen vor, moderiren die Ember Foderung und erkennen auf Verminderung der Ember Garniſon. §. 8. Die Stände tragen ihre Schuld an Emben ab.

Vierter Abſchnitt.

§. 1. Die Sponſalien zwiſchen dem Fürſten und der Prinzeſſin von Oranien werden aufgehoben. §. 2. Der Fürſt vermählt ſich mit der Gräfin Juſtina Sophia von Barby. §. 3. Die Generalſtaaten geben den Ständen den zu Abfindung des Grafen von Mannsfeld geleiſteten Vorſchuß nach, und bedingen ſich wegen anderer Anlehen billige Termine. §. 4. Verhandlung über eine oſtfrieſiſche Landes-Defenſion bei dem Ausbruch eines

Inhalt.

nes Krieges zwischen Dännemark und Schweden. §. 5. Verhandlungen über das Contingent der Herrlichkeit Kniphausen zu den ostfriesischen Schulden und Landes-Lasten. §. 6. Neue Liquidation zwischen Emden und den Ständen, und abermalige staatische Decision. §. 7. Fernere Streitigkeiten zwischen dem Fürsten und den Ständen. §. 8. Ein Aufruhr in Emden veranlasset den Magistrat, auf die Herstellung der ganzen Garnison zu bringen. §. 9. Die General-Staaten lassen es aber auf eingegangenen Protest der Stände bei der Reduction bewenden. §. 10. Der von dem Fürsten nach Hage wegen Abtrag der ständischen Schuld, wegen zu veranstaltender Landes-Defension und vorzunehmender Huldigung ausgeschriebene Landtag wird wegen unbedeutender Formalien abgebrochen, §. 11. und in Leer wieder eröffnet. Außer der Schatzungs-Einwilligung kommt nichts zu Stande. §. 12. Die Olivischen und Koppenhagener Friedens-Schlüsse beendigen die Streitigkeiten über die ostfriesische Landes-Defension. §. 13. Streitigkeiten der Stadt Emden mit den General-Staaten über Bestellung eines Commandanten in Emden. Dem Obristen Ehrentreuter wird diese Stelle anvertrauet. §. 14. Die Irrungen zwischen dem Fürsten und den Ständen erweitern sich nach dem Leerer Landtage. §. 15. Hiezu trägt die persönliche Feindschaft zwischen dem ständischen Präsidenten, Baron von Kniphausen, und dem fürstlichen geheimen Rath Bluhm vieles bei. §. 16. Fürst und Stände stehen im Begriff, sich zu vereinigen.

Fünfter Abschnitt.

§. 1. Der Fürst Enno Ludwig stirbt. §. 2. Sein Character. §. 3. Seine Wittwe und Töchter.

Inhalt.

Ein und zwanzigstes Buch.
Von 1660 — 1663.

Erster Abschnitt.

§. 1. Graf Georg Christian tritt die Regierung an. Die Stände nehmen sich vor, ihm nicht zu huldigen, so lange die Gravamina nicht abgestellet sind. §. 2. Sie untersagen dem Hofgericht, vor der Huldigung ein Siegel von dem Grafen anzunehmen. Der Hofrichter von Kniphausen wird suspendirt. §. 3. Der Graf Georg Christian ernennet den Doctor Hermann Höpfner zu seinem Canzler. §. 4. und 5. Der Graf kann die Stände auf den Landtägen in Aurich zur Huldigung nicht überholen. §. 6. Die Tractaten über die Landes-Beschwerden werden eröffnet und wegen einiger Formalitäten abgebrochen. §. 7. Trennung der Stände unter sich auf dem Auricher Landtage. Der Graf ertheilet den gehorsamen Ständen einen Landtags-Abschied. §. 8. Die antigräflichen Stände wollen dem Landtags-Abschied nicht geleben, und lassen durch die Administratoren Schatzungen ausschreiben. Der Graf läßt die affigirten Schatzungs-Placate abreißen. §. 9. Heftiges Schreiben des Ember Magistrats an den Grafen. §. 10. Die Administratoren setzen die Schatzungs-Hebung mit Gewalt durch. Ein dadurch veranlaßtes Blutbad bei Marienhave, §. 11. beweget den Grafen, die Eingesessenen aufbieten zu lassen, und Werbungs-Anstalten zu treffen. Die Ember nehmen ein gräfliches Schiff mit Pulver und Bley weg und machen Vertheidigungs-Anstalten. §. 12. Der Graf verlanget eine cathegorische Antwort von dem Magistrat in Emden, von den Administratoren und Deputirten, ob sie die Thätlichkeiten einstellen wollen? Diese von dem Grafen: Ob er die Accorde handhaben wolle? §. 13. Der Graf läßt sich von den aufgebottenen Eingesessenen, und denn auch von dem Magistrat und der Bürgerschaft in Aurich und Norden huldigen, §. 14. setzet seine Rüstungen fort und schreibet einen Landtag

Landtag aus. Emben und die ständischen Deputirten suchen durch ein Manifest diesen Landtag wenbig zu machen. §. 15. Die gehorsamen Stände treten in Aurich zusammen, und entwerfen einen LandtagsSchluß. §. 16. Fruchtloses Bemühen der Ember und der amtgräflichen Stände, die Auricher Landtags-Comparenten zu trennen.

Zweiter Abschnitt.

§. 1. Auf die von dem Grafen und den gehorsamen Ständen in dem Haag geführten Beschwerden, und auf die angebrachte Gegenklage der antigräflichen Stände, rathen die General-Staaten beiden Theilen friedfertige Gesinnungen an, und ertheilen eine provisorische Resolution. §. 2. Irrungen des Grafen mit seinem Bruder über die väterliche Allodial-Verlassenschaft, und über die Appanage. §. 3. Trauriger Todesfall des Freiherrn und Drosten von Aylva. §. 4. Fortwährende gräfliche und ständische Streitigkeiten. §. 5. Neue Verhandlungen darüber in dem Haag. §. 6. Staatische Resolution. §. 7. In Norden soll in Gegenwart staatischer Commissarien ein Landtag gehalten werden. §. 8. Durch Betrieb des Canzlers Höpfner wird ohne Abwartung der Ankunft der staatischen Commissarien der Landtag ausgeschrieben. §. 9. Die antigräflichen Stände protestiren dawider und bleiben zurück, die gehorsamen Stände fassen einen würkungslosen Landtags-Schluß. §. 10. Ankunft der staatischen Commissarien. §. 11. Eröffnung des allgemeinen Landtags in Norden. §. 12. Die Stände reichen ihre Beschwerden ein. §. 13. Canzler und Räthe wollen sich nicht darauf einlassen. Der Landtag wird abgebrochen, und die staatischen Commissarien treten ihre Rückreise an. §. 14. Der Graf widersetzet sich der Hebung der auf diesem Landtag eingewilligten Schatzungen. §. 15. Auf die deshalb wieder von beiden Seiten bei den General-Staaten geführten Klagen §. 16. nehmen diese sich vor, die Streitigkeiten zu erörtern und zu entscheiden, und verlangen die Ueberkunft einer gräflichen und ständisc[h]en Deputation.

x Inhalt.

Dritter Abschnitt.

§. 1. Graf Georg Christian wird zwar mit seinen Descendenten in den Reichsfürsten-Stand erhoben, §. 2. aber nicht in den Fürsten-Rath eingeführet. §. 3. Er vermählt sich mit der würtenbergischen Prinzeßin Christine Charlotte. §. 4. Die gräflichen und ständischen Deputirten finden sich in dem Haag ein, §. 5. treten mit den staatischen Commissarien in Conferenz, und vergleichen sich über einige Hauptbeschwerden. §. 6. Die General-Staaten bestätigen diesen Vergleich, und ersuchen den Fürsten, über die Abstellung der noch unerörterten Beschwerden einen Landtag auszuschreiben. §. 7. Der Fürst ertheilet dem Cantzler Höpfner seine Entlassung, schreibt einen Landtag nach Emden aus, und vereinbaret sich mit den Ständen. §. 8. Einige noch übrig gebliebene Gravamina sollen von einer staatischen Commission abgestellet werden. §. 9. Diese Commission trifft den Final-Receß. §. 10. Durch den dreifachen Vergleich, durch den Hagischen Vergleich, den Emder Vergleich und den Final-Receß sind alle Streitigkeiten zwischen dem Fürsten und den Ständen gehoben. §. 11. Inhalt dieses dreifachen Vergleichs. Von der Justiz. §. 12. Von dem Administrations-Collegio. §. 13. Von dem Recht der Landtage. §. 14. Von den ständischen allgemeinen Beschwerden. §. 15. Von den Beschwerden der Ritterschaft, §. 16. der Stadt Emden, §. 17. der Städte Norden und Aurich und des dritten Standes. §. 18. Die Stände verpflichten sich, dem Fürsten unter dem Namen eines reellen Compliments eine grosse Summe Geldes auszuzahlen. §. 19. Die General-Staaten übernehmen die Manutenenz des dreifachen Vergleiches. §. 20. Der Fürst nimmt erst in Emden von den Emdern die speciale Huldigung, und dann §. 21. in Aurich die allgemeine Huldigung ein.

Inhalt.

Zwei und zwanzigstes Buch.
Von 1663—1665.

Erster Abschnitt.

§. 1—4. Geschichts-Erzählung des Lichtensteinischen Processes. §. 5. Der kaiserliche Reichshofrath trägt dem Bischof von Münster die Execution wider den Fürsten Georg Christian über die Lichtensteinische Foderung auf. §. 6. Der Bischof will sich auf die Einreden des Fürsten nicht einlassen, §. 7. und droht, die Execution zu vollziehen. Daher siehet sich der Fürst gezwungen, mit dem Fürsten von Lichtenstein einen neuen Vergleich einzugehen. §. 8. Mißvergnügen der Stände über die von dem Fürsten Georg Christian dem Lichtensteinischen Hause ausgestellte Versicherungs-Acte, und die darin enthaltene Verpfändung der Grafschaft Ostfriesland. §. 9. Durch einen Mißverstand scheitert eine zur Bezahlung der Lichtensteinischen Schuld angestellte Geld-Negotiation in Holland.

Zweiter Abschnitt.

§. 1. Der Bischof von Münster, Bernhard von Galen, macht mit der Execution den Anfang und überrumpelt die Dieler Schanze. §. 2. Die General-Staaten treffen kriegerische Vorkehrungen, den Bischof aus der Schanze zu treiben. §. 3. Die ostfriesischen Stände beschweren sich bei dem münsterischen Commandanten, dem Obristen von Elberfeld, über die Einnahme der Schanze. §. 4. Dieser fodert die fürstlichen Rentmeister auf, ihm ihre Hebungs-Bücher einzuliefern, und suchet die Eingesessenen durch ein Manifest zu beruhigen, daß die Execution sich bloß auf die fürstlichen Güter erstrecken solle. §. 5. Die General-Staaten lassen es sich sehr angelegen seyn, diese Streitsache in der Güte beizulegen, und den Bischof zum Abzug zu bequemen. §. 6. Der Fürst läßt den verfallenen ersten Termin der Lichtensteinischen Schuld der münsterischen Regierung anbieten. Diese weigert sich, solche zu empfangen.

Inhalt.

pfangen. §. 7. Die General-Staaten senden Commissarien nach Ostfriesland, den Vergleich zu erleichtern. §. 8. Der Fürst läßt nun den ersten Termin erst dem münsterischen Obristen in Diele, und dann dem Lichtensteinischen Receptor in Meppen fruchtlos anbieten. §. 9. Diese Gelder hatte er von den General-Staaten empfangen. Zur Tilgung dieses Vorschusses weiset er ihnen die Intraden von Harrlingerland an. §. 10. Die Stände entschließen sich zur Anticipation der dem Fürsten zugesagten 300000 Gulden, §. 11. und lassen durch den ständischen Präsidenten von Kniphausen dem Bischof selbst, gegen Einräumung der Schanze, 285000 Rthlr. anbieten. Der Bischof will sich zur Annahme des Geldes und Räumung der Schanze nicht verstehen.

Dritter Abschnitt.

§. 1. Kaiser Leopold siehet die Bewegungen der General-Staaten wegen der occupirten Dieler Schanze als einen Friedensbruch wider das deutsche Reich an, und läßt durch seinen Gesandten Friquet in dem Haag eine scharfe Note übergeben. §. 2. Ohne Rücksicht auf diese Note zu nehmen, lassen die General-Staaten nach einer fruchtlosen Conferenz dem Bischof eröffnen, daß sie die Dieler Schanze angreifen müßten, falls er die Gelder nicht in Empfang nehmen, und dann die Schanze räumen wollte. §. 3. Prinz Wilhelm von Nassau bricht mit den staatischen Truppen auf, und belagert die Schanze. §. 4. Der kaiserliche Gesandte in dem Haag inhäriret seiner vorigen Note mit einer deutschen Kraftsprache. §. 5. Neue Tractaten zwischen dem Bischof, dem Fürsten und den General-Staaten. §. 6. Der hierdurch veranlaßte Waffenstillstand ist von kurzer Dauer. §. 7. Der Prinz setzt die Belagerung fort, und erobert die Schanze. Die nun eroberte Dieler Schanze

Schanze wird mit einer staatischen Garnison besetzet. §. 8. Die General-Staaten suchen ihr Benehmen bei dem Kaiser zu rechtfertigen. §. 9. Der Reichsfiscal macht dem Fürsten wegen Ueberlieferung einer Schanze auf dem deutschen Boden an eine fremde Macht den fiscalischen Proceß. Der Fürst verantwortet sich, und deponiret die 285000 Rthlr. §. 10. Neuer Transact zwischen dem Fürsten von Ostfriesland und dem Fürsten von Lichtenstein. §. 11. Fürst Georg Christian stirbt.

Drei und zwanzigstes Buch.
Von 1665—1668.

Erster Abschnitt.

§. 1. Der Graf Edzard Ferdinand wird bei der Schwangerschaft der verwittweten Fürstin Curator der Leibesfrucht, und übernimmt bis zu ihrer Entbindung die interimistische Regierung. §. 2. Ostfriesland wird mit der Pest heimgesucht. §. 3. In dem zwischen England und Holland ausgebrochenen Kriege werden von den Engländern viele emblische Schiffe genommen. §. 4. In Ostfriesland besorget man eine Landung der Engländer, und von der Landseite einen Einfall des Bischofs von Münster. §. 5. Der Graf fodert die Stände auf, ihn mit einem Geld-Beitrag zu einer Landes-Defension zu unterstützen. §. 6. Die General-Staaten rathen dem Grafen an, braunschweigische Truppen zur Besetzung der Gränze einzunehmen, §. 7. wobei aber die Stände Bedenklichkeiten finden.

Inhalt.
Zweiter Abschnitt.

§. 1. Die verwittwete Fürstin Christine Charlotte wird von dem Erbprinzen Christian Eberhard entbunden. §. 2. Die Fürstin übernimmt die vormundschaftliche Regierung. Graf Edzard Ferdinand, Herzog Eberhard III. von Würtenberg und die Herzöge Georg Wilhelm und Ernst August von Braunschweig werden Mit-Vormünder. §. 3. und 4. Die Stände äußern ihr erstes Mißvergnügen über die vormundschaftliche Regierung, besonders protestiren sie wider ausländische Curatoren. §. 5. Die ohne ihr Vorkenntniß auf Veranlassung der vormundschaftlichen Regierung eingerückten Braunschweigischen Truppen vermehren dieses Mißvergnügen. §. 6. Die General-Staaten suchen die Stände, auf Anhalten der Fürstin, zu dem provisorischen Unterhalt der Braunschweigischen Truppen zu überholen. §. 7. Diese wollen sich nicht dazu bequemen, und verbinden sich, noch zur Zeit die vormundschaftliche Regierung nicht anzuerkennen. §. 8. Hieraus entstehen vielfache Verwirrungen, die sich um so viel mehr häufen, weil zwischen der Fürstin und dem Mit-Vormund Grafen Edzard Ferdinand Mißhelligkeiten ausbrechen. §. 9. Von allen Seiten laufen hierüber Klagen bei den General-Staaten ein. §. 10. Die Fürstin schreibet einen Landtag aus, um die Stände zu bewegen, den Unterhalt der braunschweigischen Truppen zu übernehmen; weil aber gar keine Deputirten sich einfinden, §. 11. so schreibet sie selbst eine Schatzung aus, und läßt sie durch Execution beitreiben. §. 12. Die Ender widersetzen sich der braunschweigischen Einquartierung in Oldarsum. §. 13. Die General-Staaten entschließen sich, zur Beilegung der ostfriesischen Irrungen Commissarien nach Ostfriesland abzusenden. §. 14. und 15. In be-

Inhalt.

ren Gegenwart wird ein Landtag unter Streitigkeiten über die Präliminarien eröffnet. §. 16. und 17. Verhandlungen über die Materialien, besonders über die Landes-Defension. §. 18. Die Vergleichs-Vorschläge der staatischen Commissarien werden zwar nicht angenommen, §. 19. doch werden einige Puncte provisorisch mit beiderseitiger Zustimmung festgesetzet.

Dritter Abschnitt.

§. 1. Der zwischen Holland und Münster geschlossene Friede benimmt den Ostfriesen die Besorgniß für einen feindlichen Einfall von der Landseite. §. 2. Daher hält man nun die Anwesenheit der braunschweigischen Truppen unnöthig. Die Fürstin macht den Städten zum baldigen Abzug dieser Truppen Hoffnung, und nun werden zwischen ihr und den Ständen die Tractaten wieder. eröffnet. §. 3. Die General-Staaten befürchten eine englische Landung und eine schwedische Invasion. Sie entschließen sich, ihre Besatzung in Emden zu verstärken. Da aber die Fürstin und die Einder solches ungerne sehen; so halten sie ihre Truppen zurück. §. 4. Heimliche Unterhandlung der Fürstin und des Grafen Edzard Ferdinands mit den Herzögen von Braunschweig. §. 5. Statt des versprochenen Abzugs der braunschweigischen Völker rücket unvermuthet ein neues Corps in Ostfriesland ein. §. 6. Die Fürstin schreibet zum Unterhalt dieser Truppen eigenmächtiger Weise Schatzungen aus, und läßt sie durch Execution beitreiben. Auch läßt sie ein ausgebrachtes kaiserliches Rescript, wornach die Stände die vormundschaftliche Regierung anerkennen sollten, abdrucken und publiciren. §. 7. Hierüber beschweren sich die Stände bei der Fürstin, §. 8. und bei den General-Staaten. Diese wollen sich zwar bei den von der Fürstin angebrachten

Entschul-

Entschuldigungen nicht beruhigen; §. 9. finden indeſſen nicht gerathen, den Ständen wider die Herzöge von
Braunschweig die ſtarke Hand zu bieten; ſondern ſuchen nur durch Unterhandlung die Evacuation zu bewirken. §. 10. Die Grafſchaft Oſtfriesland wird mit
in den Frieden zwiſchen Holland und Münſter eingeſchloſſen. §. 11. Fortgeſetzte Verhandlung über die
braunſchweigiſche Evacuation in dem Haag. §. 12.
Die General-Staaten ſenden Committirte zur Beilegung
aller Irrungen nach Oſtfriesland ab, §. 13. und verſtärken unvermuthet, jedoch mit Einſtimmung der Stadt
Emden, ihre Garniſon in Emden. §. 14. Die Fürſtin will ſich mit den ſtaatiſchen Commiſſarien nicht einlaſſen; daher werden die zwiſchen ihr und den Ständen
angefangenen Tractaten abgebrochen. §. 15. Der Unwille der General-Staaten über den längeren Aufenthalt der braunſchweigiſchen Truppen §. 16. veranlaſ-
ſet endlich den Abzug der braunſchweigiſchen Truppen. §. 17. Die ſtaatiſchen Commiſſarien reiſen wieder nach Holland zurück.

Vierter Abſchnitt.

§. 1. Der Kaiſer befiehlt den Ständen, die
Fürſtin als vormundſchaftliche Regentin anzuerkennen, theilet indeſſen §. 2. die hierauf eingegangenen ſtändiſchen Einreden der Fürſtin zur Erklärung zu.
Hierüber entſtehet von beiden Seiten bei dem Reichshofrath ein Schriftwechſel. §. 3. Der Kaiſer trägt
dem Herzog Ernſt Auguſt von Braunſchweig
das Commiſſorium zur Unterſuchung und Beilegung der oſtfrieſiſchen Streitigkeiten auf, §. 4.
und läßt durch ſeinen Geſandten Friquet die General-
Staaten erſuchen, ſich nicht weiter mit den oſtfrieſiſchen Angelegenheiten zu bemengen, vielweniger die
Stände

Inhalt.

Stände wider die Fürstin zu unterstützen. §. 5. Die General-Staaten suchen die kaiserliche Commißion abzuwenden. §. 6. Der Herzog subdelegiret seinen Cantzler Höpfner und den geheimen Rath von Münchhausen. Die Stände recusiren den Cantzler. §. 7. und wollen sich überhaupt mit der subdelegirten Commißion nicht einlaßen. §. 8. worauf die subdelegirten Commissarien wieder abreisen. §. 9. und 10. Die Stände erbieten sich, die Fürstin und den Grafen Edzard Ferdinand als vormundschaftliche Regenten zu erkennen, und ihnen allen Gehorsam zu bezeigen, wenn sie ihnen die Aufrechthaltung der Landes-Verträge zusichern wollen. Die Fürstin will sich hierauf nicht erklären, und stellet die Judicatur der Streitigkeiten dem Reichshofrath anheim. §. 12. Dagegen findet der Graf Edzard Ferdinand das ständische Anerbieten billig, und dem Wohl des Landes und des fürstlichen Hauses angemessen. §. 13. Die Stände wenden sich wieder an die General-Staaten. Diese entschließen sich abermals, eine Commißion zur Beilegung der Streitigkeiten und Handhabung der Landes-Verträge nach Ostfriesland abzusenden. §. 14. Der junge Fürst Christian Eberhard von Ostfriesland wird in den Fürsten-Rath eingeführet, und erhält Sitz und Stimme auf der Fürstenbank. §. 15. Die staatischen Commissarien treffen in Ostfriesland ein. §. 16. Die Fürstin will sich mit ihnen nicht in Tractaten einlaßen, und hält sie mit dilatorischen Einreden auf. §. 17. Mittlerweile erneuert der kaiserliche Reichshofrath die Commißion auf den Herzog Ernst August von Braunschweig, und weiset die Stände an, sich der Commißion zu submittiren, und sich alles Recurses an auswärtige Mächte zu enthalten. §. 18. Auch werden die General-Staaten ersuchet, sich der klagenden Stände nicht weiter anzunehmen, sondern sie an den Kaiser hinzuverweisen. §. 19.

Inhalt.

Die Fürstin giebt nun der staatischen Commission zu erkennen, daß sie sich zur gemeinschaftlichen Uebernahme der vormundschaftlichen Regierung mit dem Grafen Edzard Ferdinand nicht entschließen könne. §. 20. Die staatische Commission trifft hierauf Vorkehrungen, den Grafen Edzard Ferdinand allein in den Besitz der vormundschaftlichen Regierung zu stellen. Dies veranlasset die Fürstin zu einer günstigeren Erklärung, und bahnet den Weg zu einem Vergleich. §. 21. Absterben des Grafen Edzard Ferdinand von Ostfriesland. §. 22. Seine Wittwe und Nachkommen. §. 23. Durch Absterben des Grafen sind die vorigen Streitigkeiten zwischen ihm und der Fürstin von selbst gehoben. §. 24. Auf einem Landtage arbeiten die staatischen Commissarien an einem Vergleich zwischen der Fürstin und den Ständen über die vormundschaftliche Regierung. §. 25. Eine überspannte Foderung der Stände veranlasset erst den Abbruch der Tractaten. §. 26. Sie werden aber bald wieder angefasset. Der Vergleich über die Beschwerden wird endlich getroffen, und von der Fürstin und den Ständen unterschrieben. §. 27. Die fürstlichen Huldigungs-Reversalen und der schriftliche Huldigungs Eid der Stände kommen zu Stande, und die verwittwete Fürstin Christine Charlotte wird nun als vormundschaftliche Regentin anerkannt. §. 28. Die staatischen Commissarien schlichten noch einige Privat-Streitigkeiten, und treten ihre Rückreise nach Holland an.

Neunzehn.

Neunzehntes Buch.
Von 1648—1651.

Erster Abschnitt.

§. 1. Nach dem Testament des verstorbenen Grafen Ulrich, §. 2. tritt die Wittwe, Fürstin Juliane die vormundschaftliche Regierung an. Der Prinz von Oranien wird Mit Vormund, und die General-Staaten sind Executores des Testaments. §. 3. und 4. Personale und Charakteristik des ostfriesischen Hofes. §. 5. Der geheime Rath und erster Minister von Marenholz hatte zu seinem eigenen Nutzen das gedachte Testament bewirket. §. 6. und sendet nun die jungen Grafen in das Ausland, um sie vom Hofe zu entfernen. §. 7. Die misvergnügten Stände §. 8 und 9. wollen die vormundschaftliche Regierung nicht anerkennen.

§. 1.

Graf Ulrich II. hatte in den letzten Tagen seines 1648 lebens, wie er bei Abnahme seiner Kräfte das Ende seiner Laufbahn spürte, die frohe Nachricht von dem westphälischen Friedens-Schluß erhalten. Für den ihm noch vergönnten Blick in die künftigen glücklichen Aussichten, welche der allgemeine Friede dem deutschen Reiche und auch seiner Grafschaft gewähren würden, hatte er auf seinem Krankenbette der Vorsehung gedanket. Nur lagen ihm die noch fortwährenden unseligen Misverständnisse zwischen ihm und den Ständen, und der Stände unter sich sehr am Herzen. Seinem ältesten Sohne und Nachfolger wünschte er eine glücklichere, eine ruhige-

1648 ruhigere Regierung. Er glaubte dazu den Weg bahnen zu können, wenn er ihm in seiner Minderjährigkeit angesehene und kluge Vormünder bestellte (a). Daher entschloß er sich, ein solennes Testament zu verfertigen. Dieses Testament wurde von ihm und sieben Zeugen am 23 October unterschrieben. Er ernannte darin seinen ältesten Sohn, den Grafen Enno Ludwig, zufolge der eingeführten, und von den Kaisern bestätigten Primogenitur, zu seinem Nachfolger in der Regierung, wies ihm alle Einkünfte aus der Grafschaft Ostfriesland, und Harrlingerland, als sein künftiges Eigenthum an, legte ihm zur Pflicht auf, daraus die Schulden zu tilgen, und seinen beiden Brüdern bis zu ihrer Volljährigkeit standesmäßigen Unterhalt und Erziehung zu geben, sicherte seiner Gemalin die Restitution der von ihr eingebrachten 20000 Frankfurter Gulden zu, bestätigte nochmalen die errichteten Ehepacten, begünstigte sie durch wesentliche Legate, und setzte denn seine drei Söhne zu gleichen Theilen als Erben in seine Allodial-Nachlassenschaft ein. Da nun auch der älteste Sohn Enno Ludwig noch minderjährig war; so bestellte er seine Gemalin, die Fürstin Juliana, gebohrne Landgräfin zu Hessen, so lange sie in ihrem Wittwenstande verbleiben würde, den Herzog Christian Ludwig von Braunschweig-Lüneburg, den Herzog Adolf Friedrich von Meklenburg, und den Prinzen Wilhelm von Oranien zu Vormündern. Die General-Staaten ernannte er zu Executoren des Testamentes (b). Dieses Testamente

(a) Volkmarischen Leichen-Pred. p. 47.
(b) Das Testament des Grafen Ulrichs ist auf dem Reg. Archive. In den 1641 bei der Verlobung des Grafen Enno Ludwig mit der Prinzessin von Oranien

Erster Abschnitt.

ment wurde am 22 Dec. feierlich auf dem Auricher 1648 Schloß eröffnet und publiciret. Bei dieser Handlung waren die gräflichen Räthe, einige Deputirte der Stände, der Hofrichter, und die Assessoren, die mehresten Drosten und Beamten, und der geheime Secretair des Prinzen von Oranien, Constantin Huygen, Ritter und Herr von Zulichem, zugegen. Dieser war besonders von dem Prinzen abgeordnet, dieser Handlung mit beizuwohnen. Der geheime Rath Wicfeld hielt erst eine weitläuftige Anrede, eröffnete dann das Testament, welches auf einem schwarzsammtnen Küssen lag, ließ die anwesenden Zeugen, welche das Testament unterschrieben hatten, ihre Unterschriften und Siegel recognosciren, und überreichte denn das Testament dem gräflichen Secretair, Arnhold von Bobart. Dieser las hierauf das Testament langsam und deutlich vor. Nach geschehener Publication wurde von zwei Notarien darüber ein förmliches Instrument angefertiget (c).

§. 2.

Prinz Wilhelm von Oranien, künftiger Schwager des Grafen Enno Ludwigs, nahm die ihm angetragene Vormundschaft über sich. Wegen seiner Abwesenheit bestellte er den Obristen Ehrentreuter zu seinem Substituten. Herzog Christian Ludwig von Braunschweig fand Bedenken, die Vormundschaft anzunehmen. Er ließ sich entschuldigen. Herzog Adolf Friedrich von Meklenburg erklärte sich ausdrücklich,

Oranien getroffenen Ehpacten war die Curatel dem künftigen Schwieger-Vater, dem Prinzen Friedrich Heinrich in Oranien aufgetragen, weil dieser aber gestorben war, so hatte der Graf diese Abänderung gemacht.

(c) Instrum. Notar. auf dem Reg. Archive.

1643 drücklich, sich dieser Vormundschaft zu unterziehen. Er sandte zu dem Ende seinen Rath Albert Hein nach Ostfriesland, um der verwittweten Fürstin beiräthig zu seyn. Wie nun aber der Obriste Ehrentreuter als Substitut des Prinzen von Oranien dem Meklenburgischen Gesandten die verlangte Oberstelle streitig machte, und dieser Präcedenzstreit viele Weitläuftigkeiten veranlaßte; so rief der Herzog seinen Rath wieder zurück, und entschlug sich der Vormundschaft (d). Zu Executoren seines Testaments hatte der Graf die General-Staaten ernannt. Diese nahmen diese Bemühung auf sich, und ertheilten darüber unter dem 15 May 1649 der verwittweten Fürstin eine besondere Acte. Hierin versicherten sie, daß sie jede Gelegenheit zum Wohlstande des gräflichen Hauses, der ganzen Grafschaft und der Eingesessenen nützen würden (e).

§. 3.

Die Fürstin Juliane hatte, gleich nach Absterben ihres Gemals, als Mutter und legitime Vormünderin ihrer Söhne die vormundschaftliche Regierung angetreten. Wie nun das Testament publiciret war, und der zum Mit-Vormunde ernannte Prinz von Oranien den Obristen Ehrentreuter substituiret hatte, so nahm dieser in wichtigen Sachen die vormundschaftlichen Geschäfte mit vor. Der so eben gedachte Präcedenz-Streit zwischen dem subdelegirten Mit-Vormund Obristen Ehrentreuter und dem meklenburgischen Rath Heln, war von Ehrentreuter mit Fleiß erreget, um den Rath Hein auszustoßen, und das Ruder der Regierung nach seinem Wil-

(d) Salenius. Mspt.
(e) abgedruckt bei Aitzema Boek 29. p. 845.

Erster Abschnitt.

Willkühr zu lenken. So urtheilte man wenigstens 1648 damalen allgemein darüber (f). Der Zustand des Hofes und alle Umstände machen diese Vermuthung sehr wahrscheinlich. Der Zusammenhang der Geschichte unter der vormundschaftlichen Regierung der Fürstin Juliane läßt sich am besten überschauen, wenn man mit dem damaligen Zustand des Hofes und dessen Personale bekannt ist. Die verwittwete Fürstin Juliana war zum Wohlleben geneigt, suchte Zerstreuungen, und zog jede angenehme zeitvertreibende Beschäftigung den Staats-Geschäften vor. Ihre Günstlinge, denen sie ihr Vertrauen schenkte, konnten daher alle vorkommende Sachen so lenken, wie es ihnen gut deuchte. Ihre erste Vertrautin war das Fräulein von Ungnad. Sie stammte aus einem uralten braven Geschlechte her (g). Ihr Vater, der Freiherr Andreas von Ungnad, Herr von Sonneck, kam aus Oestreich, und ließ sich schon unter der Regierung des Grafen Enno mit seiner Familie in Emden nieder. Er war nicht bemittelt, hatte aber zwei schöne Töchter, Eva und Elisabeth. Erstere war 1631 mit dem Obristen Ehrentreuter verheirathet. Letztere war von der verwittweten Gräfin von Oldenburg, Elisabeth, Johann XVI. Gemalin, aus der Taufe gehoben, und von ihr erzogen. Sie gefiel dem Grafen Anton Günther so sehr, daß er sie würde geheirathet haben, wenn nicht einige Umstände ihn zurückgehalten hätten. Indessen war 1633 die Geburt eines natürlichen nachher legitimirten

(f) Solenius.
(g) Buddel allgem. Lexic. T. 4. p. 738. und Spen. hist. Insign. p. 545. Ihre 16 Ahnen findet man in Winkelmanns Oldenb. Hist. p. 405. Dreffer hat 1602 eine besondere ungnadische Chronik herausgegeben.

1648 mitten Sohnes die Frucht dieser Zuneigung (h). Als der Graf Anton Günther einige Jahre nachher sich mit einer Prinzessin von Hollstein-Sonderburg vermählte, fand sich Fräulein Elisabeth von Ungnad sehr beleidiget. Sie gieng heimlich nach Ostfriesland, und schrieb dem Grafen beissende Briefe, worin sie ihm seine Untreue dreiste vorhielt. Die alte Liebe würkte aber noch so auf den Grafen, daß er ihr 6000 Rthlr. zustellen, und die Revenüen von den Vorwerken zu Welsburg und Ape anweisen ließ. Erst hielt sie sich zu Uphausen auf, bald nachher aber kam sie an den gräflichen Hof. Die Fürstin Juliane wußte sie ganz einzunehmen (i). Ohne sie konnte die Fürstin nicht leben. Wenn der Graf Ulrich, dem die Wirthschaft nicht anstand, einmal loszog, so entfernte sich Fräulein Elisabeth mit ihrer Gesellschaft. Diese bestand aus der Frau von Maasbergen, und aus der Hauptmännin von der Merwen. Erstere starb in Aurich an einer Krankheit, deren Benennung man lieber verschweiget, und letztere gehörte nicht zu der Classe der Vestalinnen. In einer solchen mißlichen Epoche hielt sich Fräulein Ungnad in der Nähe von Aurich in Schirum auf. Hier hatte sie ein Haus gebauet, und eine Brauerei angeleget. Sie wurde fleißig, aber heimlich von der Fürstin besuchet. Man ließ alsdenn den Grafen ausbrummen. Die Fürstin stellte sich krank, der Graf wurde erweicht, und so kam denn Fräulein von Ungnad mit ihrer Gesellschaft wieder zurück. 1646 verheirathete sie sich mit Marenholz, einem lüneburgischen Edelmann. Dieser war Hofmeister bei dem jungen Grafen Enno Ludwig. Er führte den Grafen,

(h) Winkelmann p. 405. und Bluhms Aufsatz von seinen Bedienungen.

(i) aus einem alten Mspte.

Erster Abschnitt.

Grafen, der damalen sich in dem Haag aufhielt, 1648 zum Besuch nach Aurich. Bei dieser Gelegenheit wurde er mit der Ungnadin bekannt. Die Bekanntschaft war gar zu genau. Hierüber zerfiel er mit dem Grafen Ulrich. Er wurde seiner Hofmeisterstelle entsetzet. Dieser Verlust wurde ihm aber reichlich ersetzet. Er erhielt nachher auf Vorsprache der Fürstin die Drostey zu Berum, und heirathete dann die Ungnadin. Marenholz war nun also ein Schwager des Obristen Ehrentreuter. Dieser stand bei dem Grafen in besonderen Gnaden. Seit 1645, wie er seine Commandantenstelle in Emden niederlegte, hielt er sich beständig bei dem gräflichen Hofe auf. Er war der erste Günstling des Grafen. Auch galt er viel bei dem Prinzen Wilhelm von Oranien. Daher ernannte ihn der Prinz zu seinem subdelegirten Curator. Wie nun der Obriste Ehrentreuter den meklenburgischen Rath Heim ausgestoßen hatte, und Marenholz geheimer Rath der Fürstin wurde, so hatten denn diese beide Schwäger das Ruder der Regierung allein in ihren Händen. Der Obriste Ehrentreuter war ein tapfrer, kluger und feiner Mann, soll aber mehr auf sein eigenes Interesse, als auf das Wohl des gräflichen Hauses und des Landes gesehen haben. Marenholz war ein wohlgebildeter Mann. Er war höflich, wußte zu leben, hatte Kopf, aber keine Wissenschaften. Reichthum und Wohlleben war das Ziel seiner Wünsche. Er folgte daher gerne der Spur, die ihm seine Gemalin vorzeichnete. In wichtigen Angelegenheiten bedienten sich diese beide Minister des Beirathes Franz Besens. Dieser war gräflicher Cammerrath, und zugleich Leibmedicus. Er war ein gelehrter Mann, hatte aber kein Vermögen. Auch brachte ihm seine Praxis wenig ein. Ein blinder Gehorsam,

8 Neunzehntes Buch.

1648 den Winken der Marenholzin zu folgen, schien ihm bei seinen Umständen der zuträglichste Weg zu seyn, den er bei seinen Umständen betreten konnte. Dieser seiner Politik blieb er stets getreu.(k). Diese drei Männer haben die Regierung, wie sich Bolenius ausdrücket, weiblich alleine geführet (l). Indessen saß doch die Marenholzin, gebohrne Fräulein von Ungnaden, oben am Ruder. „Sie mischte sich," ich bediene mich der eigenen Worte des geheimen Raths Bluhm, „in alles, was vorkam, drehte die „Fürstin Juliane wie sie wollte, und zog ihr alles „aus den Händen, so daß sie stets nothdürftig „war" (m).

§. 4.

Der geheime Rath Bluhm verlohr nach Absterben des Grafen Ulrichs seine Bedienung. Er war kein Günstling der verwittweten Fürstin und ihrer Minister. Daher schrieb er wohl nicht ohne Leidenschaften, und öfters wohl etwas zu hart. In der Hauptsache ist er doch der Wahrheit getreu geblieben. Dies bewähren verschiedene actenmäßige Thatsachen, und besonders die Marenholzischen Inquisitions-Acten. Einleuchtend bleibt es doch immer, daß ein Officier, ein Edelmann, der keine Wissenschaften hatte, und ein Arzt die unrechten Männer waren, einen verwirrten Staat zu regieren, der durch fremde Truppen, die noch nicht abgezogen waren, ausgemergelt, durch eine starke Schuldenlast gedränget, und durch fortwährende innerliche Unruhen dem Rande des Verderbens nahe gebracht war. Einleuchtend war dieses um so viel mehr, weil es actenkundig war, daß die geheime Räthin von Marenholz

(k) Bluhm.   (l) Boles.
(m) Bluhm.

Erster Abschnitt.

renholz das Triebrad aller Handlungen des Hofes war. 1648 Es konnte daher nicht fehlen, oder es mußte gleich bei dem Antritt der vormundschaftlichen Regierung allenthalben in dem Lande Misvergnügen eintreten. Hieran konnte es um so viel weniger ermangeln, da der Obriste Ehrentreuter und Marenholz, wenigstens bei dem größten Theile der Nation, nicht beliebt waren. Ehrentreuter scheint zwar ein braver, wohldenkender und auch kluger Mann (n) gewesen zu seyn; nur war er wohl nicht zu Staats-Geschäften aufgeleget; vielleicht war er auch zu nachgiebig gegen seine Schwiegerin. Indessen war er verhaßt bei den Embern, weil er die Commandantenstelle in Emden niedergeleget, und sich an den gräflichen Hof angeschmieget hatte; bei den antigräflichen Ständen, weil er sich als Chef der Defensional-Truppen gebrauchen lassen; bei den gräflich gesinnten Ständen wegen des vorhin erzählten Scharmützels bei Wiebelsbuhr, und dann bei den gräflichen Räthen wegen der Begünstigungen, die er von dem Grafen erhalten hatte. Denn der Graf hatte ihm eine ansehnliche Besoldung auf seine Lebenszeit zugesichert, und ihn mit Loga und Logabierum belehnet. Schon damalen äußerten die gräflichen Räthe darüber ihren Verdruß. Es gieng so weit, daß der Canzler die Concession zu siegeln weigerte, und dem Grafen das Siegel auf das Schloß zurückschickte (o). Marenholz konnte nicht gelitten seyn, weil er Fräulein von Ungnaden geheirathet hatte. Sie war bei der ganzen Nation ein Stein des Anstoßes. Diese Heirath bewürkte ihm schon alleine, wenn auch nicht

A 5   andere

(n) Selbst Bluhm legt ihm weiter nichts zur Last, als daß er wohl etwas interessiret gewesen.

(o) Bluhm.

1648 andere Umstände hinzugetreten wären, den allgemeinen Nationalhaß. Der Medicus Besen war schon nicht beliebt, weil er zu der ligue gehörte. Doch scheint man auf ihn noch das mehreste Zutrauen gesetzet zu haben. Er suchte sich bei jedermann in Credit zu setzen; war sehr höflich, und setzte Jedem, der bei ihm etwas zu suchen hatte, mit Wein, Bier und Tobak zu. Dadurch zog er sich aber die Wassersucht zu, und starb in der besten Blüthe seiner Jahre (p).

§. 5.

Marenholz und seine Gemalin spürten diesen Nationalhaß sehr wohl. Sie waren daher schon bei dem Leben des Grafen Ulrichs darauf bedacht, einen Plan zu einer festen für sie vortheilhaften Regierung anzulegen. Marenholz war es, der den Grafen zu Errichtung des Testaments übergeholet hatte (q). Um den Ständen alle Einreden wegen der vormundschaftlichen Regierung zu benehmen, war in dem Testamente die Fürstin Juliane ausdrücklich zur Vormünderin ernannt. Die vorgeschlagenen Mit-Vormünder waren auswärtige Fürsten. Man war sicher, daß sie sich, wenn sie auch zu der Vormundschaft den Nahmen hergeben möchten, sich doch mit der Regierung nicht beschäftigen würden. Die Subdelegation des Obristen Ehrentreuter mag wohl schon vorher eingeleitet seyn; wenigstens war wohl kein Bedenken dabei, wenn die Fürstin ihn in Vorschlag brachte. Sollten denn noch die Stände Schwierigkeiten finden, so glaubte man sicher, solche durch die Macht und das Ansehen der General-Staaten heben zu können. Daher wurden sie zu Executoren des Testa-

(p) Bluhm.

(q) Marenholzische Inquisitions-Acten.

Erster Abschnitt.

Testamentes ernannt. Nun kam es darauf an, die 1648 Fürstin, als künftige vormundschaftliche Regentin in den Stand zu setzen, ihre Lieblinge auf eine reelle Art zu begnadigen. Zu dem Ende wurde denn die Fürstin in dem Testamente sehr begünstiget. Außer der Rückgabe der eingebrachten 2000 Kaiser-Gulden, verhößete der Graf die in den Ehepacten verschriebene jährliche 6000 Rthl. Wittwengelder mit 2000 Rthl., legatirte ihr das Haus zu Sandhorst, mit dem Garten und den Holzungen, den neuen Krug und alle Einkünfte aus dem Dorfe Sandhorst, das Haus zu Warstede mit den Pertinenzen, das Haus und Garten zu Norden, und vier Grashäuser in der Ostermarsch, in Loquard und Beerdum. Diese Begünstigungen weniger auffallend zu machen, wurde in dem Testamente hinzugesetzet, daß die Fürstin mit diesen Landgütern schon längstens vorher beschenket worden. Endlich setzte der Graf seine Gemalin zur einzigen After-Erbin seiner ganzen Allodial-Nachlassenschaft ein, wenn seine Söhne in ihren unmündigen Jahren versterben sollten. Um den Schein einer Ueberredung zu vermeiden, wurden zu den Zeugen keine genommen, die zu der Marenholzischen Faction gehörten. Damit aber etwaige Vorstellungen wider das Testament vermieden werden sollten, ließ man den Zeugen von dem Inhalte nichts bekannt werden. Sie bezeugten nur auf der andern Seite, daß der Graf dieses Testament für seinen letzten Willen erkläret, und selbiges in ihrer Gegenwart unterschrieben habe (r).

§. 6.

Um sich nun unter der angetretenen vormundschaftlichen Regierung sattelfest zu erhalten, suchten

Maren-

(r) Testament des Grafen Ulrichs.

Neunzehntes Buch.

1648 Marenholz und seine Gemalin die Fürstin durch angenehme Zerstreuungen von Staats-Geschäften abzuhalten, und sie nie aus ihrem Gesichtskreise zu lassen. Sie waren immer bei Tage und bei Nacht um und bei ihr. Um die Fürstin von der Residenzstadt zu entfernen, wo alle Handlungen leichter beobachtet und ausgekundschaftet werden konnten, rieth man ihr an, sich mit ihrem Hofstaate in Sandhorst aufzuhalten (s). Der Canzler Dothias Wiarda hatte in Sandhorst einige Herbte zusammen gekaufet, und daraus einen großen Meierhof gemacht. Dieses Landgut hatte Graf Ulrich den Erben des Canzlers abgekaufet. Er ließ seiner Gemalin zu gefallen 1648 ein neues herrschaftliches Haus mit einer Capelle bauen, und einen Lust- und Fruchtgarten anlegen (t). Die Fürstin ließ sich nun auf diesem Schlosse, wo sie schon viele angenehme Stunden genossen hatte, mit ihrer Gesellschaft bis zu der 1651 erfolgten Revolution nieder (u). Die beiden jüngern Grafen, Georg Christian und Edzard Ferdinand, waren schon in dem Alter, worin man Gutes und Böses unterscheiden kann. Man hielt ihre Gegenwart nicht zuträglich. Bluhm war ihr Gouverneur. Da man ihm nicht traute, so erhielt er seinen Abschied. „Ich mußte weichen," sagt Bluhm, „wich auch gerne, weil mich vor den nicht nur verdächtigen, sondern kundbarlich unehrbaren Leuten graute." Seine Stelle wurde durch einen Fähnrich Gügel wieder besetzet. Johann Adolf Freytag wurde zum Präceptor ernannt. Erster war ein Vetter des Obristen Ehrentreuter, letzter sein Schwager des Leibarztes Besens. Man war nun versichert, daß

(s) Marenholz. Inquis. Acten.
(t) Funks Chronik 6. Th. p. 123.
(u) Bolen.

Erster Abschnitt.

daß diese beide Männer den jungen Grafen bessere 1648
Begriffe von dem Zustande des Hofes beibringen
würden, wie Bluhm. Unter ihrer Führung wurden die Grafen nach Breda gesandt (v). Sie kamen zwar am Ende des Jahres 1650 wieder nach
Ostfriesland, mußten aber gleich nachher mitten im
Winter nach Frankreich abreisen (w). Für den ältesten Grafen Enno Ludwig war man gar nicht besorgt. Er war weit von seinem Vaterlande entfernt,
und Marenholz arbeitete daran, seine Abwesenheit
zu verlängern (x).

§. 7.

Gleich nach angetretener vormundschaftlichen
Regierung gaben die Stände ihr Misvergnügen bei
verschiedenen Gelegenheiten zu erkennen. Man ließ
es aber erst bei Protestationen bewenden. Wie
nun aber nach der feierlichen Publication des gräflichen Testamentes, worin die verwittwete Fürstin
ausdrücklich als Vormünderin bestellt war, sie dem
Hofgerichte ein neues vormundschaftliches Siegel ertheilte, brach der Unwille der Stände in eine Gährung aus. Sie erklärten öffentlich, daß sie die vormundschaftliche Regierung nicht anerkennen könnten,
so lange keine Huldigung vorgenommen, und die
hangenden Landes-Beschwerden nicht abgestellet worden. Sie wollten denen unter dem vormundschaftlichen Siegel erlassenen Citationen, Mandaten und
Sentenzen des Hofgerichts nicht geleben, und keinen Verfügungen der vormundschaftlichen Regierung
nachkommen. Die Stadt Emden wählte, der alten

(v) Bluhm.
(w) Bolenius.
(v) Marenholz. Jaquis. Acten und landsch. Acten.

1649ten Gewohnheit nach, am 1. Januar 1649 ihren Magistrat ein, bestätigte und verpflichtete denselben selbst, ohne nachgesuchte landesherrliche Bestätigung. Die Ember giengen noch weiter. Sie hielten die dem gräflichen Regierhause für Jaldern und die Vorstädte zu entrichtende jährliche Recognition ein (y).

§. 8.

Es herrschte nun in der Grafschaft eine völlige Anarchie. Die vormundschaftl. Regierung wünschte sehr, die Stände zu gemäßigtern Gesinnungen zu stimmen, auch sich mit den Ständen über die noch vorschwebende Landes-Beschwerden zu setzen. Die General-Staaten hatten nämlich, wie ich vorhin erzählet habe, dem Grafen und den Ständen überlassen, sich über die wechselseitigen Beschwerden längstens gegen den 15 März zu vereinbaren, und sich dann, bei Entstehung eines Vergleiches, zur rechtlichen Abstellung der Beschwerden, nach Anleitung der Landes-Accorden, verpflichtet. Wegen des bald darauf erfolgten Absterbens des Grafen Ulrich war man nicht zu dieser Handlung geschritten. Die vormundschaftliche Regierung drang denn nun bei Ausschreibung eines Landtages darauf, daß dieser Punct vorgenommen werden sollte. Noch ein wichtiger Gegenstand dieses Landtages betraf die von dem Grafen zur Anwerbung, Unterhaltung und Abdankung der Defensions-Truppen vorgeschossenen Kosten. Zwar hatte der Graf eine ansehnliche Summe Geldes zu diesem Behuf aus den Pacht-Comtoiren gehoben, sie reichte aber nicht hin, seinen ganzen Vorschuß zu decken. Dieser Landtag war gegen

(y) Aitzema T. 7. Boek 30. p. 29. Landschaftl. Acten.

Erster Abschnitt. 15

gegen den Anfang des Mo.ats März nach Aurich 1649 ausgeschrieben. Die Stände fanden sich zwar zur bestimmten Zeit ein, sie gaben aber gleich nach Eröffnung des Landtages zu vernehmen, daß ihre Anwesenheit nicht misgedeutet, und als eine Thatsache, wodurch sie die vormundschaftliche Regierung anerkennten, angesehen werden müßte. Sie verwahrten sich durch eine Protestation, daß ihre durch das Landtags-Ausschreiben erfolgte Ueberkunft den Privilegien, Rechten und Gerechtigkeiten nicht benachtheiligen sollte. Kurz sie bestritten nun öffentlich der Fürstin und dem oranischen subdelegirten Curator die vormundschaftliche Regierung. Sie behaupteten, daß kein Landesherr die Regierung über diese Grafschaft antreten könnte, so lange er sich mit den Ständen über die Huldigungs-Reversalien nicht gesetzet hätte, und so lange er nicht gehuldiget worden. Aus gleichen Gründen könnten sie, vor einer solchen Vereinbarung, keine vormundschaftliche Regierung anerkennen. Vielweniger wollten sie zugeben, daß Fremde oder Ausländer, die nicht auf die Landes-Accorde geschworen hätten, sich mit den Regierungs-Geschäften befassen sollten. Sie bestritten besonders dem Prinzen von Oranien das Recht, für sich als testamentarischen Vormund einen andern zu substituiren. Dagegen erwiederte der gräfliche Canzler, als Landtags-Commissarius, daß auf den jungen Grafen Enno Ludwig von selbst, auch ohne Rücksicht auf das väterliche Testament, nach der einmal eingeführten Primogenitur, die Regierung des Landes verfallen sey, daß die Stände auch vor eingenommener Huldigung und Abstellung der Beschwerden dem Grafen, als itzigen Landesherrn Gehorsam schuldig wären, und daß sie eben diese Verpflichtung gegen die rechtmäßigen Vormünder auf sich hätten.
Dabei

1649 Dabei führte der Canzler den Ständen zu Gemüthe, daß die verwittwete Fürstin Juliane, als Mutter, schon legitime Vormünderin ihres noch minderjährigen Sohnes wäre, wenn man sie auch als testamentarische Vormünderin nicht betrachten wollte; und wieß die Stände auf die Beispiele der Gräfin Theda, und der Gräfin Anna hin. Man zankte sich von beiden Seiten hierüber lange herum. Niemand wollte nachgeben. Endlich verlangte die Fürstin von den Ständen eine cathegorische Antwort, ob sie sich zufolge des hagischen Interims-Vergleichs auf die Beschwerden einlassen wollten oder nicht? Die Stände erwiederten, daß sie sich mit der vormundschaftlichen Regierung auf keine Tractaten einlassen könnten noch wollten, weil der junge Graf bei seiner Zurückkunft den Vergleich sicher umstoßen würde, wenn er denselben nicht nach seinem Geschmack finden sollte. Sie sagten laut, daß sie ihren Nacken unter die Despotie von zwei oder drei Minister nicht beugen wollten, und diese nur darauf arbeiteten, den jungen Grafen aus der Grafschaft zu halten, das Land in Verwirrung zu stellen, und ihren Beutel zu spicken. Sie trugen darauf an, daß man den abwesenden jungen Grafen ersuchen müßte, schleunig von Wien zurück zu kommen, und daß sie dann nicht abgeneigt seyn, in der Zwischenzeit mit der vormundschaftlichen Regierung einen Provisional-Vergleich zu treffen. Die Rückkunft des Grafen sah Marenholz allerdings als einen Querstrich in seinem Plane ein. Es war nun ganz natürlich, daß er dem ständischen Verlangen hierin entgegenarbeitete, und die Fürstin einen Interims-Vergleich ausschlug (z). Der Canzler Bobart und die gräflichen Räthe waren in der That eben so misvergnügt

über

(z) Regirungs- und landschaftl. Acten.

Erster Abschnitt.

über die vormundschaftliche Regierung, als die 1649 Stände. Das unumschränkte Zutrauen, welches die Fürstin dem Marenholz schenkte, war ihnen nicht gleichgültig. Das beständige Hin- und Herlaufen zwischen Aurich und Sandhorst war ihnen beschwerlich. Sie waren nicht, wie vormals, bei allen Regierungs-Geschäften mit zugegen. Das kränkte sie (a). Die Sprache, die die Stände auf dem Landtage führten, mißfiel ihnen wahrscheinlich nicht. Wenigstens wagten sie es selbsten, gleich nachher, durch eine Vorstellung die Rückkunft des Grafen Enno Ludwig zu erbitten. Sie wurden aber mit der kalten Antwort abgefertiget: Canzler und Räthe haben sich um die Education des Grafen nicht zu bekümmern (b).

§. 9.

Das Misvergnügen der Stände über die vormundschaftliche Regierung hatte die natürliche Folge, daß auf diesem Landtage nicht das allermindeste ausgerichtet wurde. Ein Vergleich über die in dem Haag ausgesetzten wechselseitigen Beschwerden ließ sich gar nicht gedenken. Von der Rückzahlung des gräflichen Vorschusses zum Behuf der angeworbenen nun abgedankten Defensions-Truppen war gar die Rede nicht. Das schlimmste war, daß die Stände ihren Unwillen auch dem Hofgerichte entgelten ließen. Sie drangen nun eifrig darauf, daß das Hofgericht das von der vormundschaftlichen Regierung erhaltene neue Siegel ablegen sollte. Sie gaben dem Hofgerichte zu erkennen, daß sie alle unter dem Siegel

(a) Bolenius.
(b) Regier- und landschaftl. Acten.

1649 Siegel zu erlassende Mandate, Citationen und Sentenzen für Nullitäten ansühen, den gerichtlichen Verfügungen keine Folge leisten, und die etwaigen Executionen mit gewaltsamer Hand steuren wollten. Dann gaben sie der Land-Renten auf, vorerst die Salarien-Gelder des Hofrichters und der Assessoren einzuhalten (c). Das Hofgericht erwiederte in einem weitläuftigen, aber gründlichen Schreiben, daß es sich nicht habe entziehen können, das neue gräfliche Siegel anzunehmen; weil gleich durch das Absterben des Grafen Ulrichs, die ganze Grafschaft mit derselben Verwaltung, Hoheit, Regierung, und Gerechtigkeiten auf den ältesten Grafen Enno Ludwig, als ungezweifelten einzigsten Successoren des verstorbenen Grafen verstammet und gefallen sey, daß sie der Hofrichter und die Räthe nach der in der Hofgerichts-Ordnung (tit. 9.) und dem osterhausischen Accorde (Art. 24.) dem Grafen und seinem Nachfolger geschworen, sie also den Nachfolger, auch vor geleisteter Erbhuldigung, für den wirklichen Landesherrn ansehen müßten. Daher müßten denn alle Processe und Urtheile nun unter Grafen Enno Ludwig Nahmen, Titel und Wappen gehen. Weil aber der Graf abwesend und minderjährig wäre, so hätten sie das Siegel nicht anders als aus den Händen der Mutter, als legitimer und testamentarischer Vormünderin, erhalten können (d). Die Stände wollten sich indessen dabei nicht beruhigen. Sie behaupteten, daß nach dem ersten Artikel der Concordaten kein Landesherr ohne völlige und ausdrückliche Zustimmung der Ritterschaft, der Städte und des dritten

(c) Landschaftl. Acten.
(d) Bei Brenneisen p. 712—716. Das Siegel enthielt das gräfliche Wappen mit der Umschrift: Sig. tut. Enno Ludwig Com. et Dom. Fr. Or.

Erster Abschnitt.

dritten Standes sich der Regierung anmaßen könn- 1649
te. Aus dieser Stelle, welche die Stände aus der
Verbindung heraushoben, und die nach dem Zu-
sammenhange den Sinn nicht mit sich führte, den die
Stände ihr beilegten, folgerten sie weiter, daß sie grade nicht an den erstgebohrnen Sohn gebunden wären.
Doch erklärten sie sich, daß sie wider die Person des
Grafen Enno Ludwig nichts zu erinnern hätten, sie
aber nur ihr Recht behaupten wollten. Sie trugen
daher nochmalen im Jun. bei der Fürstin Juliane
darauf an, das dem Hofgericht ertheilte Siegel zu-
rückzunehmen. Nun erklärte sich zwar die Fürstin
dahin, daß das Siegel den Ständen zu keinem Präjudiz gereichen sollte, sie es aber nicht wieder einziehen könnte, weil sie sich als Vormünderin zur Er-
theilung desselben befugt erachtete, und sie es mit
ausdrücklichem Gutfinden des Prinzen von Oranien
ausgestellet hätte (e).

(e) Landschaftl. Acten.

Neunzehntes Buch.

Zweiter Abschnitt.

§. 1. Die Stände können den Abzug der Hessen nicht bewähren, müssen vielmehr §. 2. zu den hessischen Satisfactions-Geldern eine Quote bezahlen, und werden §. 3. auch zu den schwedischen Satisfactions-Geldern, jedoch gelinde, so wie auch §. 4. zu den schwedischen Verpflegungs-Geldern, beygezogen. §. 5. Ferner müssen sie ihr Contingent zur Unterhaltung der Garnison in Vechte entrichten, §. 6. welchen aber dem verlangten Beitrag zu den 100 Römer-Monaten aus. §. 7. Dagegen müssen sie ihr Contingent zu den Frankenthalischen Satisfactions-Geldern, §. 8. und zu den Verpflegungs-Geldern der Coesfeldischen und Neuhausischen Besatzung entrichten. §. 9. Endlicher Abzug der Hessen.

§. 1.

1649 Ueber die Streitigkeiten zwischen der vormundschaftlichen Regierung und den Ständen, und über neue Mißhelligkeiten der Stände unter sich, die nun noch leider! hinzutraten, wurde denn der gewöhnliche Weg nach dem Haag wieder eingeschlagen. Doch diesen Punct wollen wir noch erst aussetzen, um zuvor den Folgen des westphälischen Friedens nachzugehen. Der westphälische Friede war nun freilich wohl geschlossen, Ostfriesland wurde aber dadurch von der lästigen Einquartierung der Hessen noch nicht befreiet; auch mußten die monatlichen Contributionen noch immerhin bezahlet werden. Die Stände wandten sich daher an die Landgräfin, und baten sowohl um Abführung ihrer Truppen, als um die Aufhebung der Contributionen. Sie bezogen sich auf den 16. Artikel §. 9. und 10. des osnabrückischen Friedensschlusses. Darnach sollten die Contributionen aufhören, nur sollte man sich über einen mäßigen Unterhalt der Besatzung vergleichen. Es war aber die Auswechselung der vorbehaltenen Ratificationen noch nicht erfolget. Die Landgräfin antwor-

Zweiter Abschnitt.

antwortete den Ständen unter dem 23. Jan. —1649 "Wenn gleich der angezogene §. denique pro mili"te, so viel die Unterhaltung der im Felde gestan"denen schwedischen Armee betrift, an sich klar; so "ist doch sowohl von den französischen Plenipoten"tiarien als unsern Gesandten gedachter §. nicht al"lein ausdrücklich widersprochen, sondern es hat "auch der Ausgang hernach gewiesen, daß derselbe "nicht practisiret werden könne, sintemalen die kai"serlichen, schwedischen und französischen Völker so"wohl für die Armee, als für die Besatzungen, die "Contributionen und den Unterhalt fodern und ein"treiben; zu geschweigen, daß auch in dem gemel"deten instrumento pacis ausdrücklich enthalten, daß "unsere Alliirten und wir nicht abzudanken und zu "restituiren schuldig seyn sollen, bis die Ratificatio"nen ausgewechselt, der Punctus Amnestiae grava"minum vollzogen, und der erste Termin von der "schwedischen Milit-Satisfaction erleget worden. "Sollten wir also nicht eher abdanken, oder re"stituiren, so folget, daß den unsrigen auch der Un"terhalt so lange gefolget werden muß." Auch verwandten sich die General-Staaten für Ostfriesland. Sie stellten der Landgräfin unter dem 6. Novemb. vor, daß die Eingesessenen nicht länger im Stande wären, die Contributionen zu tragen. Sie ersuchten sie daher, die Provinz mit den Contributionen zu verschonen, und dann auch ihre Truppen endlich abführen zu lassen. Hierauf drangen sie um so viel mehr, da die bisher vorgeschützte Besorgniß, daß sich die Feinde wieder in der Provinz festsetzen würden, durch den geschlossenen Frieden gänzlich gehoben worden. Die Landgräfin erwiederte aber, daß sie ohne Zustimmung der Alliirten vor erfolgter Ratification die Quartiere und Posten nicht räumen könnte;

1649 könnte, und auch bis dahin den Unterhalt ihrer Truppen verlangen müßte. Wie nun am 8. Febr. 1649 die Auswechselung der Ratificationen erfolget war, suchten die Stände mit dem Obristen Moß, dieser war nun Chef der hessischen Truppen in Ostfriesland, über die Aufhebung oder wenigstens Verringerung der Contributionen, über die Servis-Gelder der Officiere, und über den Abzug zu handeln. Der Obriste wollte sich aber mit den Ständen gar nicht einlassen, weil er dazu keine Ordre von der Landgräfin hatte. Indessen erhielt die Grafschaft im März eine kleine Erleichterung; indem die Landgräfin einige Compagnien abdanken ließ. Auch erniedrigte sie nachher die monatlichen Contributionen (a).

§. 2.

Nach dem 15. Capit. §. 4. des osnabrückisch-westphälischen Friedens wurde der Landgräfin zu ihrer Schabloshaltung und zur Räumung der mit ihren Truppen besetzten Plätze 600000 Rthl. bewilliget. Da sie mit der Zahlung auf die Erzstifte Maynz und Cöln, auf die Bißthümer Paderborn und Münster, und auf die Abtey Fulda ausdrücklich verwiesen war (b); so glaubten die ostfriesischen Stände, daß sie von diesen hessischen Satisfactions-Geldern

(a) Landschaftl. Acten.

(b) Conventum praeterea eſt, ut pro locorum hoc bello occupatorum reſtitutione et indemnitatis cauſa Dominae Landgraviae Haſſiae — ex Archiepiſcopatibus, Moguntinenſi et Coloniensi, Epiſcopatibus item Paderbornenſi, Monaſterienſi, et Abbatia Fuldenſi ſexies centena millia thalerorum Imperialium — intra ſpatium novem menſium a tempore ratificationis pacis computandum, Caſſellis ſolventium periculo et ſumtibus pendantur. Inſtr. Pacis.

Gelbern befreiet seyn würden. Wie sie aber vernahmen, daß nachher auch diese Grafschaft mit in Anschlag gebracht worden; so sandten sie den Freyherrn Enno Wilhelm von Kniphausen, den Freyherrn Franz Ico Freitag von Gödens und den Administrator Wermelskirchen nach Münster ab. Diese überreichten im Jan. 1649 eine bringende Vorstellung. Sie wiesen darin nach, daß die Grafschaft Ostfriesland an dem Kriege zwischen dem Kaiser, und der Krone Schweden und ihren Alliirten gar keinen Antheil genommen, sie sich durchaus neutral gehalten, und der Landgraf von Hessen nicht als Feind, sondern nur wegen seiner damaligen Lage die Grafschaft besetzet, und nach dem mit den Ständen eingegangenen Vergleich die unentgeltliche Restitution versprochen habe, und auch bis auf diese Stunde die Landgräfin keinen Anspruch oder Foderung auf die Grafschaft machte. Es müßten daher auch die geistlichen Stifter, die wirklich an dem Kriege Antheil genommen, und die ausdrücklich nach dem Friedensschlusse zu der Zahlung verbindlich gemacht worden, solche ohne Concurrenz dieser Grafschaft leisten. Das ostfriesische Gesuch schien aus den vorgebrachten Gründen billig und gerecht zu seyn. Die Abgeordneten machten auch sichre Rechnung auf einen glücklichen Erfolg. Sie verließen sich auf ihre gerechte Sache, und auf die Unterstützung und starke Vorsprache der General-Staaten. Der Ausgang entsprach aber nicht ihrer Erwartung. Die kaiserlichen Gesandten verwiesen die ostfriesischen Abgeordneten an das westphälische Kreis-Directorium und an die Gesandten der Reichsstände. Bei dem westphälischen Kreis-Directorio konnten sie nun wenigen Trost finden, denn dieses hatte eben das ostfriesische Contingent festgesetzet. Man gab den Abgeordne-

1649 geordneten die nützliche Lehre, je eher je lieber zu dem Abtrag des Contingents, wovon man nun nicht mehr abgehen könnte, Anstalten vorzukehren, um dadurch den frühen Abzug der Hessen selbst zu bewürken. Bei den Gesandten der Reichsstände konnten sie um so viel weniger etwas ausrichten, weil die mehresten schon von Münster abgereiset waren. Bei dieser Gelegenheit trugen auch die ostfriesischen Abgeordneten auf die Restitution der während des dreißigjährigen Krieges der Grafschaft Ostfriesland entrissenen Herrlichkeiten In- und Knipphausen an, allenfalls baten sie, daß diese beide Herrlichkeiten mit zu dem ostfriesischen Contingent zu ziehen seyn. Mit diesem Gesuche wurden sie zur Gebuld und auf das bevorstehende Friedens-Executions-Geschäfte verwiesen. Die Abgeordneten kamen also unverrichteter Sache wieder zurück (c). Das ostfriesische Contingent zu den 600000 Rthl. hessischen Satisfactions-Geldern war auf 57610 Rthl. berechnet. Diese ganze Summe wurde auch von Ostfriesland in den Jahren 1649 bis 1651 entrichtet. Harrlingerland hat ⅛ dazu beigetragen (d).

§. 3.

Etwas besser kam die Grafschaft Ostfriesland mit den schwedischen Satisfactions-Geldern weg. Mit den Schweden, welche anfänglich zur Abdankung und Abführung ihrer Truppen bei dem Osnabrückischen Congresse 20 Millionen foderten, hatte man sich endlich auf 5 Millionen Reichsthaler verglichen. Der Burgundische Kreis wurde davon befreiet, weil der Inhaber desselben, der König von Spanien,

(c) Landschaftl. Acten.
(d) Landrechnungen von 1648—1651.

Zweiter Abschnitt.

Spanien, an dem Frieden keinen Theil nahm. 1649 Auch wurde der Oesterreichische und der Baierische Kreis, weil die Häuser Oesterreich und Baiern zu ähnlichen Foderungen berechtiget waren, damit verschonet. Es mußten also die sieben übrigen Kreise die Zahlung übernehmen. Von den 5 Millionen sollten 1800000 Rthl. gleich nach der Unterschrift des Friedens baar, und 1200000 Rthl. durch Anweisungen auf leidliche Bedingungen entrichtet, die übrigen 2 Millionen aber in den Jahren 1649 und 1650 bezahlet werden (e). Die Verhandlungen über die Vollziehung des Friedens wurden erst in Prag angefangen, und bald nachher in Nürnberg fortgesetzet. Nach dem im Sept. 1649 errichteten Präliminar-Receß sollten alle genannte länder und Plätze gegen einander ausgewechselt, und ihrem rechtmäßigen Herrn wieder eingeräumet werden. Ferner sollten in drei Terminen, innerhalb sechs Wochen, die drei ersten Millionen bezahlet, und eine gewisse Anzahl schwedischer Regimenter abgedanket werden; die Abführung der beiden übrigen Millionen sollten darin in zwei Terminen, jede zu sechs Monaten geschehen. Dann wurden der Krone Schweden noch 200000 Rthl. als eine Entschädigung für den kostbaren Transport über die Ostsee zugestanden. Der Friedens-Executions-Hauptreceß verzog sich wegen Untersuchung der Restitutions-Fälle bis zu dem 16. Jun. 1650. An diesem Tage wurde der Haupt-Receß unterschrieben, wodurch dann der westphälische Friede endlich zur Consistenz kam (f). Wenn nun gleich Ostfriesland zu dem

westphä-

(e) Instr. Pac. Osn. Art. 16. §. 8.
(f) Bogeant Historie des 30jährigen Krieges 4. Th. p. 523 et seq.

1649 westphälischen Kreise, welchem die Zahlung der schwedischen Satisfactions-Gelder mit oblag, gehörte; so wurde doch diese Grafschaft bei den ersten drei Terminen nicht mit in Anspruch genommen, weil sie so sehr viel durch die Hessen gelitten hatte. Auch bei der im Herbste 1649 zu Nürnberg gemachten Repartition über die rückständigen 2 Millionen und 200000 Rthl. gieng man ihr vorbei. Im Herbst 1650 machten aber die Reichs-Deputirten in Nürnberg eine neue Repartition, darnach wurde Ostfriesland wegen der letztern beiden Millionen mit in Anschlag gebracht. Die ostfriesischen Deputirten sträubten sich sehr wider diesen Anschlag. Sie reichten bei den Reichs-Deputirten eine Vorstellung ein. Sie wurden aber mit der Antwort abgewiesen, daß man die Repartition nicht mehr ändern könnte, weil sie einmal der schwedischen Generalität übergeben worden. Die Stände mußten daher die auf diese Grafschaft vertheilte 7168 Rthl. entrichten (g).

§. 4.

Den Schweden waren nun in dem Osnabrückischen Friedens-Schluß die 5 Millionen Satisfactions-Gelder zugesichert. Sie wollten aber das deutsche Reich nicht räumen, bis sie diese Gelder baar ausgezahlet erhalten hätten. Unter dem Vorsitz des Churfürsten von Cöln, als Kreisausschreibenden Fürsten, wurde in Münster im Ausgange 1648 eine Vertheilung der Quartiere in Westphalen gemacht. Der Anschlag war nach der Reichs- und Kreis-Matrikel gemacht. Darnach fiel auf Ostfriesland $1\frac{7}{24}$ Compagnie Infanterie und 2 Schwadronen Reuter. Diese sollten dann in Ostfriesland einquar-

(g) Landschaftl. Acten, und Landrechnung von 1650.

Zweiter Abschnitt. 27

einquartiert, und von den Ständen verpfleget und 1649 unterhalten werden. Weil nun Ostfriesland noch die hessische Besatzung hatte; so leitete die Landgräfin Amalia es bei dem schwedischen General von Steinbock dahin ein, daß die Grafschaft von der wirklichen schwedischen Einquartierung befreiet wurde, nur mußten die Verpflegungs-Gelder entrichtet werden. Diese Verpflegungs-Gelder veranlaßten viele Weitläuftigkeiten und Verwirrungen. Vorerst beschwerten sich die Stände bei dem Churfürsten von der Pfalz, daß der Anschlag für Ostfriesland zu hoch, und irrig berechnet sey, weil darunter das Contingent der noch von den Grafschaften abgesonderten Herrlichkeiten In- und Kniphausen steckte. Weil der streitige Punct wegen Restitution dieser Herrlichkeiten noch nicht ausgemacht war, so fand das Kreis-Directorium bedenklich, die besondere Quote dieser Herrlichkeiten von dem Ostfriesischen Contingent in Abgang zu bringen. Dann verlangte der schwedische Obriste Quast die Verpflegungs-Kosten von zwei vollen Compagnien. Die Stände bezogen sich aber auf die Kreis-Austheilung, wornach nur $1\frac{7}{12}$ Compagnie auf Ostfriesland gefallen war. Hierüber entstand ein weitläuftiger Schriftwechsel zwischen dem schwedischen General Steinbock und den Ständen. Jener führte den Ständen zu Gemüthe, daß sie von der naturellen Einquartierung befreiet worden. Sie müßten daher über diesen geringen Unterschied hinwegsehen; auch ließe sich keine Aenderung machen, da der Obriste Quast und Obrist-lieutenant Haak mit zwei Compagnien Infanterie auf Ostfriesland einmal angewiesen wären. In der That war der Unterschied auch so sehr bedeutend nicht, nur befürchteten die Stände, daß die Anweisung von zwei Compagnien bei einer etwaigen künftigen Kreis-Austhei-

1649 Austheilung zur Consequenz gezogen werden möchte. Sie schickten sich endlich zur Zahlung an, doch unter Vorbehaltung ihrer Gerechtsame. Indessen schierte dieses die Schweden nicht. Mit der Zahlung selbst gieng es sehr träge zu. Dieses rührte vorzüglich aus den Streitigkeiten der Stände theils mit der Fürstin Juliane, theils mit den Embern her. Die Fürstin wollte von Harrlingerland den gewöhnlichen Beitrag zu ¼ nicht einliefern. Sie behauptete, daß Harrlingerland ein Geldrisches Lehn sey, daß es nicht mehr mit dem deutschen Reiche in Verbindung stünde, und es also mit den dem deutschen Reiche zur Last liegenden Kosten nichts zu schaffen habe. Dagegen wiesen die Stände an, daß durch die Lehns-Verbindlichkeit Harrlingerland nicht von dem deutschen Reiche getrennet worden, und von Harrlingerland nach dem beständigen Herkommen und auch selbst zu den bisherigen Krieges-Kosten immer ⅛ entrichtet worden. Die Fürstin befürchtete bei längerer Zögerung die schwedische Execution, oder eine wirkliche Einquartierung in Harrlingerland. Sie gab nach, und so war dieser Disput gehoben. Dagegen blieb Emden unbeweglich auf ihrem Satz stehen. Sie glaubte zu keinem Beitrag so wenig für sich als ihre Herrlichkeiten verbindlich zu seyn. Ich werde diese Streitigkeiten unten näher berühren: nur bemerke ich noch, daß die Stände ihren Beitrag für Ostfriesland und Harrlingerland nach Abzug ⅛ für die Stadt Emden und 1/12 für die Ember Herrlichkeiten einlieferten. Mit diesem Abzuge wiesen sie den Obristen Quast auf die Stadt Emden an. Sie hielten sich um so viel mehr dazu befugt, weil in dem Friedens-Instrumente ausdrücklich versehen war, daß kein Stand für seine Mitstände zur Zahlung angehalten werden sollte. So wie nun Emden diese

Zweiter Abschnitt.

diese Assignation nicht acceptirte, so drang der Obri-1649 ste Quast auf den Abtrag des abgezogenen Restes. Die Stände reichten dem Obristen eine weitläuftige Deduction ein. Hierin führten sie zur Behauptung ihres Rechtes die Landes-Accorde an. Die Emder fanden durch neue Verhältnisse die angeführten Stellen nicht anwendbar, und widerlegten in einer Gegendeduction die ständischen Aeußerungen. Endlich wurde der Obriste verdrieslich. Er schrieb unter dem 29sten August 1649 an die Stände:

„Die Herren Stände und die Emder strafen sich,
„auf gut Deutsch gesagt, lügen, und wollen bei„derseits von den vorgeschützten Accorden nichts
„wissen — Ich werde die Einquartierung vor„nehmen, da denn ferner keine Zeit des Disputi„rens, sondern des Zahlens seyn wird."

Die Stände mußten sich also wohl in die Zeit schicken. Sie verfügten die völlige Zahlung, jedoch mit Vorbehalt ihres Regresses auf die Stadt Embern (h). Diese Verpflegungs-Gelder betrugen bis Aug. 1650, wie die beiden auf Ostfriesland angewiesenen Compagnien abgedankt wurden, außer dem Harrlingischen Contingente, welches besonders berechnet worden, mit Einschluß einiger Unkosten, 85153 Ostfriesische Gulden (i).

§. 5.

Die Schweden waren immer besorgt, daß, wenn sie ihre Truppen einmal von dem Reichsboden gezogen hätten, die Zahlung des Rückstandes der ihnen zugesicherten fünf Millionen und 200000 Rthl. nicht so

(h) Landschaftl. Acten.
(i) Landrechnung von 1651.

1649 so richtig erfolgen möchte. Daher trugen sie bei dem Nürnberger Executions-Congreß auf eine Real-assecuration an. Nach langen Unterhandlungen wurde die Stadt Vechte in dem Hochstifte Münster den Schweden als ein Unterpfand für die bedungene Satisfactions-Gelder bis zur völligen Zahlung angewiesen (k). Zum Unterhalt der Garnison wurden 7000 Rthl. monatlich bewilliget. Es war dabei festgesetzet, daß wenn diese Gelder aus den sieben Kreisen zur rechten Zeit nicht erfolgen möchten, die Unterhaltungs-Kosten aus den benachbarten Aemtern entrichtet werden sollten. Lange sträubten sich die ostfriesischen Stände wider den Beitrag zu diesen specialen Besatzungs-Kosten. Sie glaubten nämlich, daß unter den nächsten Aemtern die Münsterischen Aemter, nicht aber eine ganze Grafschaft zu verstehen sey, die ohnehin über 10 Meilen von Vechte entfernet war. Dann hielten sie sich nicht zu diesen Kosten verbunden, weil sie ihr Contingent zu den allgemeinen schwedischen Verpflegungs-Geldern abgeführet hatten, sie auch in dem Friedens-Executions-Receß mit dem Unterhalt der Vechtischen Besatzung nicht beläßtiget waren. Die Repartition war indessen einmal von dem westphälischen Kreis-Directorio gemacht, und so mußte Ostfriesland auch diesen Beitrag mit 3240 Gulden 1656 entrichten (l).

§. 6.

Endlich waren dem Kaiser 100 Römer-Monate zur Abdankung der in Westphalen liegenden kaiserlichen

(k) Bougeant Hist. des 30jährigen Krieges IV. Th. p. 544.
(l) Landschaftl. Acten und Landrechnung von 1652 bis 1653.

Zweiter Abschnitt.

lichen Regimenter von den Kreis-Ständen in Münster durch Mehrheit der Stimmen bewilliget. Der Feldmarschall Melchior Graf von Gleichen hatte den Auftrag, diese Gelder einzufodern (m). Er sandte einen Officier Wilhelm von Canzen nach Ostfriesland, und ließ durch denselben auf den Beitrag zu den 100 Römer-Monaten, oder vorerst in Abschlag auf 10000 Rthl. antragen. Diese sollten an das kaiserliche Zahl-Amt zu Cöln entrichtet werden. Die Ostfriesen waren eben so träge, eben so unwillig zu dieser Zahlung, als fast alle übrige Kreisstände. Sie schützten den Geldmangel und die Unmöglichkeit vor, das Geld aufzubringen. Der Feldmarschall drohte nun zwar, einige Truppen zur Execution in Ostfriesland einrücken zu lassen; indessen gelang es doch den Ständen durch Zögerungen, durch bewegliche Vorstellungen, und einige Geschenke diesen Anfoderungen auszuweichen (n).

§. 7.

Dem Churfürsten von der Pfalz war die völlige Herstellung der Unterpfalz in dem westphälischen Frieden zugesichert. Die Baiern räumten nun zwar im Sept. 1649 Heidelberg und die andern besetzten Plätze. Indessen hielten die Spanier Frankenthal noch besetzet. Die Franzosen drangen aber darauf, daß der Kaiser die Evacuation dieser Festung bewürken sollte. Endlich wurde 1652 Spanien nach vielen Unterhandlungen die bisherige Reichsstadt Bisanz gegen Frankenthal eingeräumet. Hieraus entstanden die Frankenthalischen Satisfactions-Gelder, wozu 13 Römer-Monate eingewilliget wurden. Diese

(m) Winkelmann p. 379 und 385.
(n) Landschaftl. Acten.

1649 Diese sollten indessen nur Vorschußweise gezahlet werden, und von den in Münster eingewilligten 100 Römer-Monaten in Abgang kommen. Weil die Frankenthalische Evacuation dem deutschen Reiche so sehr wichtig war; so konnten sich die Ostfriesen nicht entziehen, ihr Contingent mit 1365 Rthl. zu entrichten (o).

§. 8.

Sowohl in dem Osnabrückischen als Münsterischen Friedens-Schlusse sind der Landgräfin von Hessen zur Sicherheit für die ihr bewilligten 600000 Rthl. Satisfactions-Gelder erst die Städte: Neus, Coesfeld und Neuhaus, zum Unterpfande angewiesen worden. Neus sollte sie aber sofort räumen, sobald nach ratificirten Frieden die erste Hälfte oder 300000 Rthl. abgetragen worden (p). Das ostfriesische Contingent zu den Verpflegungs Kosten zu der Coesfeldischen und Neuhausischen Garnison betrug

(o) Bougeant Histor. I. Th. p. 545 et seq. Pütters Staatsverfassung des teutschen Reichs, 2. Theil p. 153. Landrechnung von 1652. Die 13 Römer-Monate betrugen eigentlich für Ostfriesland 1664 Rthl. Mit dem Aufgelde und den Wechselgeldern stieg diese Summe auf 1707 Rthl. davon bezahlte Ostfriesland ⅘ oder 1365 und Harrlingerland ⅕. Erst war Ostfriesland auf 8 Reuter und 45 Infanteristen zu einem Römer-Monat angesetzet. Weil aber Butjadinger- und Jeverland von Ostfriesland abgerissen war; so wurde auf Anhalten der Gräfin Anna 1551 das ostfriesische Contingent auf 6 Mann zu Roß und 30 zu Fuß erniedriget. Brennels. T. I. L. 4. p. 100. Diese Mannschaft oder 192 Reichs-Gulden, als derselben Surrogat, ist nach der Reichs-Matrikel zu einem Römer-Monat das ostfries. Contingent.

(p) Instr. P. Osn. art. 15. §. 5 — 7. Instr. P. Mon. §. 52 — 54.

Zweiter Abschnitt.

trug monatlich 960 Rthl. Ueberhaupt mußte von 1649 Ostfriesland dazu 6481 Rthl. entrichtet werden, die auch wirklich bezahlet sind (q).

§. 9.

In dem in Nürnberg am 26. Jun. 1650 un-1650 terschriebenen Friedens-Executions-Haupt-Receß war festgesetzet, daß die Evacuation aller von den Schweden und ihren Alliirten besetzten Plätze binnen 6 Wochen in drei Terminen, jeder zu 14 Tagen gerechnet, geschehen sollte. Der dritte Termin fiel auf den 28. Jul. (alten Styls) In diesem Termin und an diesem Tage sollte auch Ostfriesland geräumet werden (r). Diesem Tag sahen alle Ostfriesen mit Sehnsucht entgegen. Noch einige Tage wurden sie von den Hessen getäuschet. Sie waren nicht gewohnt, sich so genau an die dürren Worte der Verträge und Recesse zu binden. Am 10. Aug. brachen sie erst auf, und verließen, unter Anführung des Obristen Moß, diese Grafschaft (s). Diese hessische Einquartierung, die nach der mit dem Landgrafen eingegangenen Capitulation nur 6 Monate dauern sollte, hatte sich also 13 Jahre hindurch erstrecket. Nach ihrem Abzuge wurden in allen ostfriesischen Kirchen öffentliche Dankfeste gehalten. Bolentus äußert bei ihrer Abreise den frommen Wunsch, der aus der Quelle seines Herzens entspringet: „Gott „wolle uns vor den Hessen, die das Land in das äu- „ßerste Verderben gestürzet, und an baarem Gelde „über 50 Tonnen Schatzes daraus erpresset haben, „und vor dergleichen Schindereyen hinführo gnädiglich „bewah-

(q) Landschaftl. Acten.
(r) Bougeant 4. Th. p. 580.
(s) Bolen. ad an. 1650. Winkelmann p. 286.

1650 „bewahren!“ (t) Wir müssen indessen den Hessen kein Unrecht thun: Sie waren keine Mannsfelder. Sie plünderten, brannten, raubten und mordeten nicht, wie diese. Sie hielten vielmehr, besonders unter dem Obristen von Wardenberg, eine gute Mannszucht. Daß nicht Excesse sollten vorgefallen seyn, ist wohl nicht zu läugnen. Diese lassen sich aber nicht immer auch von dem besten Officier, bei allem seinem guten Willen vermeiden. Auf der andern Seite ist es aber auch wahr, daß die Hessen ihrer Capitulation nicht nachgekommen, und durch dreizehnjährige die Kräfte des Landes übersteigende Contributionen diese Grafschaft in das äußerste Elend gestürzet haben. Wenn Bolenius sagt, die Hessen haben 50 Tonnen Schatzes (jede zu 100000 Gulden) an baarem Gelde aus der Grafschaft gezogen, so ist dieses nicht viel übertrieben. Die den Hessen aus der Landes-Casse entrichtete Contributionen und Servis-Gelder, einige Douceur-Gelder für die Officiere mit eingerechnet, überstiegen weit 4 Millionen Gulden (u). Wenn man hiezu die Erpressungen, die Kosten, die zu dem Defensions-Werke verwandt worden,

(t) Bolen. ad m. 1650.
(u) Vom 12. Oct. 1637 bis 1. März 1639 ist bezahlt — — 688307 — 9 — 10½
vom May 1639—1640—515434— 7—13½
    1640—1641—361063— 2— 3
    1641—1642—370404— 1—14½
    1642—1643—278280— . — .
    1643—1646—675441— . —10
    1646—1647—390671— . — 9½
    1647—1648—344844— 5—10
    1648—1649—268321— 1—10
    1650 — — —231877—13—15
        4125092— 2—16
Aus den Landrechnungen von 1637—1650.

Zweiter Abschnitt.

worden, die verschiedenen Legations-Kosten nach Cassel und dem Haag, die häufigen Landtags-Kosten, die Fortifications-Kosten von Jemgum, und der Reiber Schanzen, und der durch die hessische Einquartierung veranlaßte kaiserliche Einfall unter dem General Lamboy rechnen will, so haben die Hessen dem Lande gewiß weit über 5 Millionen gekostet. Da dieses Land vor der Ankunft der Hessen erst durch die Mannsfelder völlig ausgesogen, dann durch die kaiserlichen Truppen mitgenommen, durch Deichbrüche heimgesuchet, und durch innerliche Unruhen verwüstet war, so bleibt es immer ein Wunder vor unsern Augen, woher das baare Geld gekommen sey! Es läßt sich dieses um so viel weniger entziffern, da die so bevölkerte, so reiche Stadt Emden zu diesen hessischen Contributionen keinen Heller beigetragen, dagegen noch oben drein aus den Pacht-Comtoiren zum Unterhalt ihrer städtischen und ständischen Garnison ohngefähr 65000 Gulden järlich gezogen hat. Wenn man die ganze ostfriesische Geschichte von der Mannsfeldischen Invasion bis zu dem Abzuge der Hessen überschauet, so wird man schwerlich eine deutsche Provinz finden, die nach Verhältniß ihrer Größe in dem dreißigjährigen Kriege so viel an Contributionen aufbringen müssen, wie diese kleine Grafschaft. Da indessen durch die langjährigen Einquartierungen diese Contributionen fast völlig wieder in der Provinz verzehret wurden, und das Geld immer in Circulation blieb, so läßt sich das aufgeworfene Räthsel einigermaßen auflösen.

Neunzehntes Buch.

Dritter Abschnitt.

§. 1. Die General-Staaten wollen nach Abzug der Hessen die ostfriesische Gränze mit ihren Truppen besetzen lassen. §. 2. Sieben aber bei dem Widerwillen der Fürstin und der Stände davon ab. §. 3. Die Streitigkeiten der Stände mit der Stadt Emden über deren Beitrag zu den Arkard-Contributionen. §. 4. Veranlasset eine Union der Ritterschaft. §. 5. Die darüber misvergnügte Stadt Emden dringet, als Besitzerin der Herrlichkeiten, auf Sitz und Stimme unter der Ritterschaft. §. 6. und 7. Die Stände wollen die vormundschaftliche Regierung noch nicht anerkennen. Die General-Staaten entschließen sich, als Executoren des gräflichen Testamentes, den Vormündern die starke Hand zu bieten. §. 8. Verhandlungen in dem Haag über die Streitigkeiten der Stände mit der vormundschaftlichen Regierung und mit der Stadt Emden. §. 9. Staatischer Ausspruch. §. 10. Noch Absterben des Prinzen von Oranien fällt die vormundschaftliche Regierung allein auf die verwittwete Fürstin Juliane. §. 11. Proceß der Stadt Aurich mit der Oberemsischen Deichacht. §. 12. St. Peters-Fluth, Mißwachs und Theurung. §. 13. Trauriger Vorfall in Emden. §. 14. Die Ember verdrängen den ritterschaftlichen Administrator aus dem Collegio. Fortwährende Streitigkeiten mit der vormundschaftlichen Regierung.

§. 1.

1650 Die General-Staaten waren schon im Jul. 1649 darauf bedacht, die benachbarten ostfriesischen Gränzen zu ihrer eigenen Sicherheit, um einer fremden Einquartierung vorzubeugen, mit hinlänglicher Mannschaft nach Abzug der Hessen besetzen zu lassen. Sie trugen dem Prinzen von Oranien auf, nach seinem Gutfinden die nöthigen Vorkehrungen zu treffen. Nur die Staaten von Holland, die schon längst das Ansehen und die Macht des oranischen Hauses nicht gleichgültig ansahen, wollten diesem Auftrag nicht beistimmen. Sie befürchteten, daß der große Einfluß, den der Prinz so schon als testamentarischer Vormund des minderjährigen Grafen auf Ostfriesland hatte, durch eine seinem Befehle unterworfene

staatische

Dritter Abschnitt.

ſtaatiſche Beſatzung verſtärket würde. Der Wider-1650 ſpruch der Staaten von Holland hatte aber nicht die mindeſte Würkung. Wie die General-Staaten im Anfange Auguſt 1650 von dem ſo nahe bevorſtehenden Abzug der Heſſen benachrichtiget wurden, ertheilten ſie dem Prinzen gemeſſene Ordre, die Feſtungen Stickhauſen und Friedeburg, wie auch die Dieler Schanze zu beſetzen, und die Jemgumer Feſtungswerke zu ſchleifen. Die verwittwete Fürſtin ſtand zwar mit dem Prinzen von Oranien, dem künftigen Schwager ihres Sohnes, in dem beſten Vernehmen; da aber dem oſtfrieſiſchen Regierhauſe die ſtaatiſchen Beſatzungen in Emden und auf Leerort von jeher gehäſſig waren; ſo ſchien ihr dieſe neue Gränz-Beſetzung ebenfalls verdächtig. Sobald nun die Fürſtin vernahm, daß die Staaten die oſtfrieſiſchen Gränzen beſetzen wollten, faßte ſie den ſchnellen Entſchluß, 150 abgedankte Heſſen in Dienſt zu nehmen. Mit dieſen ließ ſie Friedeburg, Stickhauſen und die Dieler Schanze beſetzen. Kaum war dieſes geſchehen, ſo gieng ein Schreiben von den General-Staaten ſowohl an die Fürſtin als an die Stände ein. Hierin wurde ihnen eröfnet, daß die General-Staaten zum Beſten der Grafſchaft, um ſie für ſtreifendes Geſindel zu decken, einige Compagnien einrücken laſſen wollten. Dieſe Beſatzung ſollte nur ſo lange währen, bis man in Oſtfriesland ſelbſt eine Landes-Defenſion veranſtalten würde. Sie erſuchten daher die Stände, einige Deputirten längſtens gegen den 12. Oct. nach dem Haag abzuſenden, um wegen des Defenſions-Werkes die nöthigen Anſtalten zu beſchleunigen. Faſt zugleich mit dieſem Schreiben rückten 6 Compagnien Fußvolk und 2 Schwadronen Reuter in Oſtfriesland ein. Wie die Fürſtin nun nicht gerathen fand, durch

dieſe

38 Neunzehntes Buch.

1650 diese staatische Truppen Friedeburg, Stickhausen und Diele besetzen zu lassen; so mußten sie eine geraume Zeit mit vieler Unbequemlichkeit auf dem Felde campiren, bis sie endlich nach Leerort zogen (a).

§. 2.

Die Fürstin ließ gleich bei dem Einmarsch der staatischen Truppen einen Landtag nach Aurich ausschreiben. Der Gegenstand dieses Landtages war die staatische Gränz-Besatzung und die so nothwendigen Vorkehrungen zu dem Defensions-Werke. Die Stände waren mit der Fürstin darin einig, daß man die Gränz-Festungen nicht durch die staatischen Truppen beziehen lassen müßte, nur hielten sie die Anwerbung eigener Truppen zur Deckung der Gränze, bei wiederhergestellter Ruhe in dem deutschen Reiche, durchaus unnöthig. Die Fürstin bestand zwar darauf, konnte aber nicht durchbringen. Der Landtag ward also kurz abgebrochen. Die Fürstin sandte hierauf ihre geheime Räthe Marenholz und Regensdorf nach dem Haag. Diese und ihr Agent Zuylen von Niefeld überreichten am 12. Sept. den General-Staaten eine Vorstellung des Inhalts:

„Die Fürstin hätte vor einigen Tagen vernom„men, daß Ihro Hochmögenden zur Besetzung „der Gränzen und der Forte einige Truppen ein„rücken lassen. Sie vermuthete hier einen Miß„verstand, weil vielleicht Ihro Hochmögenden „unbekannt seyn möchte, daß sie selbst schon zur „Besetzung der Gränze die nöthigen Vorkehrun„gen getroffen hätte. Sie sey zwar völlig über„zeuget, daß die staatische Vorsorge, für welche „sie

(a) Aitzema B. 29. p. 846. und T. 7. B. 30. p. 194. und landschaftl. Acten.

Dritter Abschnitt.

„fie den verbindlichſten Dank abſtattete, aus ei-1650
„ner reinen Quelle herrührte, und blos zur Wohl-
„farth und Erhaltung des oſtfrieſiſchen Hauſes
„und Landes abzweckte, indeſſen verbünden ſie
„die ihr obliegenden vormundſchaftlichen Pflich-
„ten, alle Gelegenheit ſorgfältig zu vermeiden,
„wodurch dieſe Grafſchaft in neue Verwirrungen
„verwickelt werden könnte. Da nun zufolge der
„oſtfrieſiſchen Accorde der Landesherr nicht ermäch-
„tiget wäre, ſo wenig fremdes als eigenes Krie-
„gesvolk ohne Zuſtimmung der Stände in die
„Grafſchaft zu führen, die Stände aber die ſtaa-
„tiſche Beſatzung nicht genehmigten; ſo würden
„daraus viele Irrungen entſpringen. Man wür-
„de ſie leicht der Verletzung der Accorde beſchul-
„digen, und ihr wohl gar eine böſe Abſicht zur
„laſt legen, das Land bei Minderjährigkeit ihres
„Sohnes in eine fremde Gewalt zu bringen.
„Nicht blos in Oſtfriesland, ſondern auch bei dem
„Kaiſer, bei dem ganzen deutſchen Reiche, und
„ſelbſt bei andern ausländiſchen Mächten, würde
„eine ſolche Beſatzung Senſation machen, und
„Argwohn erwecken. Man würde ſogar dieſe
„fremde Beſatzung für eine Verletzung der Reichs-
„Conſtitutionen, und ſelbſt des weſtphäliſchen
„Friedens auslegen. Sie, als Vormünderin,
„und ihr Sohn als Reichsſtand und Vaſall, wür-
„den dadurch in viele Verdrieslichkeiten gerathen.
„Sie erſuchte Ihro Hochmögenden, dieſe und
„andere Ablehnungs-Gründe nach ihrer hohen
„Weisheit einer reifen Ueberlegung zu würdigen,
„und es bei der von ihr veranſtalteten Gränz-
„Beſetzung bewenden zu laſſen.“

Da die Grafſchaft Oſtfriesland keine Verbindlichkeit hatte, eine ſtaatiſche Gränz-Beſetzung einzunehmen,

1650men, da selbst die Staaten von Holland so sehr dawider waren, und endlich während dieser Verhandlungen der Prinz von Oranien verstarb; so fanden die General-Staaten nicht gerathen, weiter auf die Gränz-Besetzung zu bringen (b).

§. 3.

Vorhin hab' ich erwähnt, daß die Stadt Emden zu den Verpflegungs-Kosten der auf Ostfriesland vertheilten 2 Compagnien Schweden ihren Beitrag verweigert habe. Die Ember weigerten um deswillen ihr Contingent, weil sie eine staatische Besatzung hatten, weil sie durch den mit dem Landgrafen von Hessen getroffenen Special-Vergleich von allen Contributionen entlastet worden, und sie endlich ohnedem eine große Foderung auf die Stände hatten. Die Stände fanden diese Gründe nicht hinreichend. Durch die staatische Besatzung, sagten sie, wäre Emden nicht von dem deutschen Reiche abgerissen, und von dem westphälischen Kreise getrennet; die Vertheilung, die von den Kreisausschreibenden Fürsten gemacht worden, träfe sowohl die Stadt Emden, als die ganze Grafschaft; der Vergleich mit dem Landgrafen über die hessische Contribution sey hier nicht anwendbar, auch könnte ein solcher specialer Vergleich nicht die Rechte eines Dritten, der ganzen Grafschaft auflösen; und dann glaubten sie, daß die Foderung der Stadt Emden durch Gegen-Foderungen längstens getilget sey. Nun erklärte sich zwar die Stadt Emden, daß sie statt des verlangten $\frac{1}{12}$ von ihren Herrlichkeiten $\frac{1}{12}$ beitragen wollten, und daß das angebliche Contingent der Stadt Emden zu $\frac{1}{8}$ allenfalls Vorschußweise aus der Landes-

(b) Aitzema B. 30. p. 195. 196. und landsch. Acten.

Dritter Abschnitt.

landes-Caſſe genommen werden könnte. Allein die Stände wollten ſich durchaus nicht mit einem Vorſchuß befaſſen. Sie konnten leicht vorausſehen, daß ſie wegen der großen Ember Foderung nicht zu dem Erſatz gelangen würden. Hierüber entſtanden heftige Debatten. Die Stände beſchloſſen, das oſtfrieſiſche Contingent, nach Abzug der Ember Quote, zu erlegen. Sie verbunden ſich dabei, falls durch die ſchwediſche Miliz Execution verfüget werden ſollte, ſich wegen alles Schadens an den Embern zu erholen. Die Ember ſaßen dabei ruhig hinter ihren Wällen, achteten nicht die ſtändiſchen Drohungen, und hielten ihr Contingent zurück. Sie wandten ſich auch an den Friedens-Executions-Congreß zu Nürnberg, und erhielten unter dem 15. Sept. 1649 eine Antwort der Reichsſtände. So lautet unter andern dieſes Schreiben vom 15. Sept. 1649:

„Da ſich die Herren der angewieſenen Suſtentation der ſchwediſchen Völker zu eximiren ſuchen, und das ihrige pro Quota beizutragen, beharrlich difficultiren; ſo läuft ſolches dem Friedens-Schluß allerdings zuwider, kraft deſſen keiner vor dem andern beſchweret, und alſo von dieſem onere einiges Mitglied im heiligen römiſchen Reich im geringſten nicht befreiet bleiben, ſondern, gleich wie jeder des edlen Friedens mit zu genießen, alſo auch bei Vermeidung der in Inſtrumento Pacis geſetzten Strafe die laſt zugleich zu tragen hat, und ſein angewieſen Quantum zu erlegen ſchuldig und verbunden iſt. Alſo haben wir die Herren deſſen und ihrer Pflicht guter Wohlmeinung nach erinnern wollen, nicht zweifelnd, ſie werden die Schuldigkeit zu Mittragung dieſer allgemeinen Beſchwerden gerne präſtiren.

1650 Dieses Schreiben änderte eben so wenig die Gesinnungen der Ember. Die Stände suchten nun Schuß bei den General-Staaten, aber auch diese fanden es nicht rathsam, sich mit diesen Streitigkeiten diesmal zu bemengen. Die Stände fürchteten nun, daß der schwedische Obriste Quast seine Drohungen erfüllen würde; daher sahen sie sich gezwungen, am Ende, wie ich vorhin erwähnet habe, das ganze ostfriesische Contingent zu entrichten; indessen würkten sie doch so viel aus, daß die Quote der Ember Herrlichkeiten durch Execution beigetrieben wurde (e).

§. 4.

Die Weigerung der Stadt Emden, ihre Quote zu den schwedischen Verpflegungs-Geldern und den übrigen Krieges-Contributionen beizutragen, würkte neue Irrungen und Erbitterungen. Besonders war die Ritterschaft über das Benehmen der Stadt Emden unzufrieden. Sie befürchtete, daß Emden immer einen Schritt weiter gehen, und endlich gar über ihre Mitstände herrschen würde. Emden arbeitete noch immer darauf, als Besitzerin der adlichen Herrlichkeiten, Sitz und Stimme unter der Ritterschaft zu erhalten. Diese Machination schien der Ritterschaft die gefährlichste zu seyn. Die Ritterschaft selbst war, wie wir vorhin erwähnet haben, durch Uneinigkeit getrennet, und eben diese Trennung suchten die Ember zu ihrem Vortheil zu nutzen. Die Furcht für die Eingriffe der Ember in die ritterschaftliche Privilegien, Freiheiten und Gerechtigkeiten, würkte eine Aussöhnung unter sich. Alle ritterschaftliche Glieder vereinigten sich nun und errichteten eine Union. Diese wurde auf dem

(e) Aitzema II. 29. p. 846.

Dritter Abschnitt.

dem Rittertage zu Aurich am 11. Jan. 1650 un-1659 terschrieben. Die vornehmsten Artikel dieser Union sind folgende: Damit auf Landtagen oder allgemeinen Versammlungen das Wohl des Vaterlandes überhaupt, und des Ritterstandes besonders durch Abwesenheit einiger Glieder nicht versäumet, oder zu deren Nachtheil etwas verabschiedet werde, so soll ohne erhebliche Ursachen Niemand zurückbleiben. Ein jedes Glied der Ritterschaft soll verbunden seyn, über die ritterschaftlichen Privilegien, Rechte und Gerechtigkeiten, auch des Vaterlandes Fundamental-Gesetzen, Accorden und Verträgen, steif und fest zu halten, einer soll den andern darin nach Möglichkeit schützen, und auf keinerlei Weise, es sey wegen Herren-Diensten oder aus andern Ursachen Jemanden davon abwendig machen. Möchte Jemand darwider beschweret werden, alsdenn soll die ganze Ritterschaft dahin arbeiten, daß durch Beistand der Landstände, oder der Ordinair-Deputirten Jeder auf gemeine Landes-Kosten zu seinem Rechte verholfen werde. Jedes Glied der Ritterschaft soll in Sachen, die nicht wider die Verträge laufen, sich der Mehrheit der Stimmen unterwerfen, und keine Trennungen verursachen. Um auf die richtige Verwaltung der Gelder, und auf eine unpartheiische Justiz bei dem Administrations-Collegio ein wachsames Auge zu haben; so soll von den beiden ritterschaftlichen Administratoren einer beständig in Emden wohnen, und den Sessionen gegenwärtig seyn. Die adlichen Administratoren sollen alle zwei Jahre eingewählet werden. Es soll eine besondere ritterschaftliche Casse errichtet werden. Um solche zur Consistenz zu bringen, muß jedwedes Mitglied einen willkührlichen Beitrag einliefern. Die Verwaltung dieser Casse soll zweien Mitgliedern anvertrauet werden,

1650 oben, die alle zwei Jahre der Ritterschaft vom Empfang und Ausgabe Rechnung ablegen müssen. Künftig soll Niemand zu der Ritterschaft gelassen werden, der nicht von adlichen Voreltern gebohren, ein immatriculirtes adliches Haus besitzet, und auf allgemeinem Rittertage entweder einstimmend, oder durch Mehrheit der Stimmen qualificirt befunden wird. Die Contraventionen wider diese Union sollen mit einer Brüche von hundert Gulden, und Ausschließung von den ritterschaftlichen Versammlungen bestrafet werden. Die Auslegung etwaiger dunkeln Stellen dieser Union wird dem ganzen Corps der Ritterschaft vorbehalten. Der Schluß lautet von Wort zu Wort so:

„Alle vorgeschriebene Stücke, Puncte und Arti-
„kel haben wir insgesammt einander bei unserer
„adlichen Parole, Ehr und Glauben mit hand-
„gegebener Treue an Eidesstatt fest und unver-
„brüchlich nachzuleben, zu vollstrecken und zu
„vollführen, auch einer den andern dabei zu hand-
„haben für uns, unsere Erben und Nachkommen
„festiglich angelobet und versprochen. Getreu-
„lich und ohne Gefährde (d).“

§. 5.

Diese Union war nun freilich nicht nach dem Geschmack der Stadt Emden, noch mehr aber mißfiel ihr die neue Matrikel, welche die Ritterschaft ohngefähr um diese Zeit machte, weil in dieser Matrikel die Embder Herrlichkeiten ausgeworfen waren. Die Ritterschaft glaubte dadurch dem Bestreben der Stadt Emden, um als Besitzerin der Herrlichkeiten in der Ritterschaft Sitz und Stimme zu erhalten,

(d) Landschaftl. Acten.

Dritter Abschnitt.

reu, auf immer einen Riegel vorzuschieben. Sie 1650
goß aber Oel ins Feuer. Die Embder bestritten der
Ritterschaft die Befugsamkeit, alte immatriculirte
Güter, und zwar ganze Herrlichkeiten, eigenmächtiger Weise zum Präjudiz eines Dritten aus der Matrikel auszumerzen. Sie drang nun mehr wie je-
mals darauf, unter der Ritterschaft aufgenommen
zu werden. Dieses veranlaßte viele Weitläuftigkeiten. Die Embder giengen so weit, daß sie den ritterschaftlichen Administrator Joest Moriz von Hane,
und den Ordinair-Deputirten Moriz Freese aus dem
Collegio wiesen. Die Stadt Emden hatte also einen doppelten Streit, erst mit den Ständen überhaupt wegen des verweigerten Beitrags zu den Krieges-Contributionen, wegen der noch fortwährenden
städtischen und ständischen Besatzung, und wegen
ihrer Geldsoderung auf die Stände, und dann mit
der Ritterschaft besonders wegen ihrer adlichen Herrlichkeiten (e). Selbst mit den General-Staaten
hatten sie noch immer wegen der Besetzung der Commandanten-Stelle Mißhelligkeiten. Den von den
General-Staaten angesetzten und längst beeidigten
Obristen von Aylva wollten sie durchaus nicht annehmen. Der Obriste brachte zwar ein ernstliches
Anschreiben im August 1649 an Emden aus. Dieses Schreiben hatte aber nicht die geringste Würkung (f). Endlich wurde der Obriste verdrießlich.
Er suchte im May 1650 seine Entlassung, und Entbindung von dem als Commandanten abgestatteten
Eide nach. Die General-Staaten fanden Bedenken, diese Sache mit Gewalt wider Emden durchzusetzen, und entließen den Obristen seinen Pflichten.

(e) Landschaftl. Acten.
(f) Aitzema B. 29. p. 846.

1650ten. Dagegen wurde der Obriste von Polman wieder zum Commandanten angesetzet (g).

§. 6.

Die Streitigkeiten der Stände mit der vormundschaftl. Regierung waren auch noch lange nicht gehoben. Im Sept. 1649 brachte die Fürstin Juliane in dem Haag ihre Klagen wider die Stände an, weil sie ihre vormundschaftliche Regierung nicht anerkennen wollten. Es erfolgte hierauf ein staatisches Anschreiben. Hiernach sollten die Stände einige Abgeordnete nach dem Haag absenden, um diese Zwistigkeiten in der Güte beizulegen. Die Stände erwieberten hierauf, daß sie sich dazu vorbereiten und erst einen Landtag halten müßten (h). Im Anfange des Jahres 1650 wiederholte die verwittwete Fürstin ihre Klagen. Sie beschwerte sich, daß die Stände dem staatischen Anschreiben keine Folge leisteten, daß sie durch Aufschub nur suchten Zeit zu gewinnen, und alles in Verwirrung zu stellen. Die General-Staaten fanden endlich unter dem 17. März für gut, folgendes Schreiben an die Stände abgehen zu lassen:

„Wir haben mit Leibwesen vernommen, daß ei-
„nige Unterthanen aus der Grafschaft Ostfries-
„land so wenig den Grafen Enno Ludwig für ih-
„ren regierenden Herrn und hohe Obrigkeit, als
„den Prinzen von Oranien und die verwittwete
„Fürstin als Vormünder des jungen Grafen an-
„erkennen wollen, da doch Graf Enno Ludwig als
„einziger Erbe und Nachfolger in der Regierung
„in dem väterlichen Testamente eingesetzet, ohne-
„dem

(g) Aitzema B. 30. p. 30.
(h) Aitzema B. 29. p. 846.

Dritter Abschnitt.

„dem auch auf ihn, als erstgebohrnen Sohn, nach 1650
„alter Gewohnheit, nach den Landes-Verträgen,
„nach den kaiserlichen Investituren und Lehnsbrie-
„fen, die ganze Grafschaft mit ihren Pertinenzen
„ab intestato verstammet ist, und der Prinz von
„Oranien, und die verwittwete Fürstin zu recht-
„mäßigen Vormündern in dem Testamente ange-
„ordnet sind. Wir finden daher höchstnöthig,
„Sie freundnachbarlich und aus friedliebenden
„Absichten zum schuldigen Gehorsam und Respect
„gegen den Grafen Enno Ludwig, und die testa-
„mentarischen Vormünder zu ermahnen, sie als
„Landesherrn, und Vormünder zu erkennen und
„zu schätzen, ihnen alles das zu leisten, was sie
„ihnen schuldig sind, und besonders auch den Hof-
„gerichts-Assessoren ihre rückständige Gehälter zu
„bezahlen (i). Wir leben in dem festen Ver-
„trauen, daß sie auf diese freundnachbarliche Er-
„mahnung achten werden. Sollten Sie es dar-
„an ermangeln lassen; so können wir nicht ber-
„gen, Ihnen zu eröffnen, daß wir fest entschlossen
„seyn und bleiben, den Vormündern kraft der
„über uns genommenen Execution des väterlichen
„Testamentes, die starke Hand zu bieten."

Ein ähnliches Schreiben gieng auch besonders an die Stadt Emden ab. Hiebei war aber noch hinzugefüget:

„Vorzüglich müssen sie, die Ember, die Confir-
„mation des jährlich einzuwählenden Magistrats
„nach den klaren Terten des Delfsylischen Ver-
„trages, nach den kaiserlichen Resolutionen und
„nach

(i) Diese Gehälter blieben noch immer wegen des vormundschaftlichen Siegels, welches das Hofgericht angenommen hatte, eingezogen.

1650 „nach den haglschen und osterhusischen Accorden
„unterthänig nachsuchen, und die dem Grafen aus
„der Stadt nach den Werträgen zustehende jähr-
„liche Recognition von 2600 Rthl. den Vormün-
„dern einliefern" (k).

§. 7.

Die Staaten von Holland und Westfriesland waren sehr unzufrieden, daß die übrigen Provinzen aus Gefälligkeit gegen den Prinzen von Oranien so sehr die Parthie der ostfriesischen vormundschaftlichen Regierung nahmen. Sie glaubten, daß in diesem Schreiben schon eine Condemnation steckte, die doch widerrechtlich blieb, so lange die Stände und die Stadt Emden nicht gehöret waren. Sie stellten in der Versammlung der General-Staaten vor, daß man den ostfriesischen Landesständen und der Stadt Emden nur die angebrachten Klagen der verwittweten Fürstin mittheilen, und den Schluß anhängen müßte: daß Ihro Hochmögenden als Erecutoren des gräflichen Testamentes die Stände freundnachbarlich ermahnten, den Herrn Grafen und die fürstliche Vormünder klaglos stellen, es sey denn, daß sie dawider gegründete Ursachen vorbringen könnten. Hiebei müßten sie denn ersuchet werden, diese ihre Gründe schleunigst vorzutragen. Die General-Staaten beharrten aber bei ihrer einmal gefaßten Resolution, und achteten nicht auf die eingelegte schriftliche Protestation der Staaten von Holland und Westfriesland (l).

§. 8.

Grade um diese Zeit fanden sich die ständischen Deputirten in dem Haag ein. Der Baron von Knip-

(k) Aitzema B. 30. p. 27. und 28.
(l) Aitzema p. 27. und 29.

Dritter Abschnitt.

Kniphausen-Lützeburg, der städtische Administrator 1650 Uttmelskirchen, und der dritten Standes Administrator Ketwich waren diese Deputirten. Auch sie bemühten sich eifrig, daß das vorbenannte Schreiben noch erst zurückgehalten werden möchte. Ihr Bestreben war fruchtlos, und so gieng denn dieses Schreiben ab. Die Ostfriesischen Deputirten wurden am 26. März zur Audienz gelassen. Sie entschuldigten ihre verzögerte Ueberkunft, und dankten den General-Staaten, daß auf ihre Bewürkung die wider Willen der Stände angeworbenen gräflichen Soldaten nunmehr, bald nach Absterben des Grafen, abgedanket, und die Pacht-Comtoiren ihnen wieder überliefert worden. Dann klagten sie, daß den Landes-Verträgen zuwider in Abwesenheit des jungen Grafen eine ganz ungewöhnliche Regierung eingeführet worden, daß die verwittwete Fürstin die vormundschaftliche Regierung angetreten, bevor sie die Privilegien des Landes bestätiget hätte, daß ohne Vorbewußt und Zuziehung der Landesstände dem Hofgerichte ein neues Siegel aufgedrungen, und die Aufbringung der auf einem allgemeinen Landtage einhellig eingewilligten Contributionen durch Pönal-Mandate verboten worden. Dann beschwerten sie sich wider Emden, daß sie mit gewaltsamer Hand den ritterschaftlichen Administratoren den Zutritt zu dem Collegio sperrten, und diesem Unwesen keinen Wandel schaffen wollte, so lange sie nicht selbst, als Besitzerin der Herrlichkeiten, unter die Ritterschaft aufgenommen würde. Bald nachher kamen auch die gräflichen Abgeordneten in den Haag. Sie, der Rath Regensdorf und der Agent Nyveld, wurden am 14. April zur Audienz gelassen. Sie dankten für das unter dem 17. März erlassene so sehr günstige Schreiben. Sie gaben dabei zu erkennen, daß

Ostfr. Gesch. 5B.   D   wenn

Neunzehntes Buch.

1650 wenn Ihro Hochmögenden ihre Versicherung erfüllen, und der Fürstin wider die Stände, wenn diese bei ihrer Widersetzlichkeit beharren sollten, die starke Hand bieten würden, alle bisherige Unruhen auf einmal gehoben werden könnten. Die von den ständischen Deputirten angebrachten Beschwerden nannten sie frevele Klagen, und heimtückische Anschuldigungen. Sie baten, sie damit zu enthören. Endlich erschienen dann auch die Ember Deputirten, die beiden Bürgermeister Fewen und Gerhardi, der Secretair Jorgena, und der Vierziger Präsident Ferber. Diese bestunden darauf, daß der Graf erst wieder zurückkommen und die Landes-Privilegien bestätigen müßte, bevor sie nach den Landes-Verträgen und dem Herkommen verpflichtet wären, ihn für ihren Landesherrn zu erkennen. Dann wollten sie durchaus nicht von ihrer angeblichen Befugsamkeit, Sitz und Stimme unter der Ritterschaft zu erhalten, abgehen (m).

§. 9.

Ueber alle diese Streitigkeiten wurden zwischen den gräflichen, ständischen und embischen Deputirten viele Conferenzen gehalten. Man zankte sich, ohne einen Schritt weiter zu kommen, den Sommer und den Herbst hindurch bis in den Winter herum. Sie wurden endlich des Feder-Krieges und des Disputirens müde, sehnten sich mit einander nach ihrer Rückreise und drangen auf einen staatlichen Ausspruch. Dieser erfolgte am 15. December. Darnach sollte Graf Enno Ludwig für einen regierenden Herrn der Grafschaft Ostfriesland erkannt und geachtet werden. Bei der wirklichen Antretung

(m) Altzema p. 29. und 30.

Dritter Abschnitt. 51

tretung der Regierung und Huldigung sollte er die 1650 Landes-Pridilegien und Accorde bestätigen. Während der Minderjährigkeit des Grafen sollte die verwittwete Fürstin als Vormünderin erkannt und geachtet werden. Dabei sollte sie in dieser Qualität versprechen, die Regierung nach Anleitung der Landes-Pridilegien und Accorde zu führen. Den Gliedern des Hofgerichts sollten ihre laufende und rückständige Gehälter bezahlet werden, die Stadt Emden sollte, während der Minderjährigkeit des Grafen die Confirmation ihres jährlich eingewählten Magistrats bei der verwittweten Fürstin, als Vormünderin nachsuchen, und die jährlichen Recognitionen entrichten. Die Querelen der Stände wider das Regierhaus entschieden die Staaten dahin, daß weder der Landesherr, noch Jemand anders die auf allgemeinen Landtagen eingewilligten Contributionen zur Tilgung der Land-Schulden aufhalten, vielweniger Pönal-Mandate darwider erkennen sollte; daß, so viel möglich, zur Landes-Regierung von dem Grafen, oder während seiner Minderjährigkeit, von der verwittweten Fürstin Landsassen bestellet, und geschickte Eingesessene den Ausländern vorgezogen werden sollten; und daß der Landesherr nur in Conformität der Verträge auf den festen Häusern eine hinlängliche Besatzung halten, und nicht ohne Zustimmung der Stände einen Krieg anfangen, Truppen anwerben, oder einige Contributionen ausschreiben sollte. Dabei ersuchten die General-Staaten ernstlich die Fürstin, den Grafen Enno Ludwig zu seiner schleunigen Zurückkunft zu bewegen. Sie versicherten auch den Ständen, daß sie selbst dem Grafen seine Rückkehr schriftlich empfehlen würden. Auf die ständischen Beschwerden wider die Stadt Emden erfolgte dahin die staatische Resolution: daß

D 2   Emden

1650 Emden die gesetzmäßig erwählten ritterschaftlichen Administratoren und Deputirten, in Conformität der im Summariissimo ertheilten hofgerichtlichen Sentenz, nicht von dem Collegio ausschließen, und von den angekauften Herrlichkeiten ihre Quote zu den gemeinen Landes-Lasten beitragen sollte; ferner daß sie sich der Jurisdiction über die ritterschaftlichen Glieder, über die ständischen Deputirten und Administratoren, die in der Stadt wohnten, enthalten, vielweniger über ihre Personen und Güter Arreste verhängen sollten; dann daß sie die Judicatur in peinlichen und Criminal-Sachen denjenigen überlassen sollten, denen sie nach den Landes-Gesetzen und Verträgen anvertrauet worden; und endlich, daß sie sich überhaupt den Sentenzen des Hofgerichts, und des obersten Justizgerichts, unterwerfen sollten. Die Gravamina der Ember wider die Stände schlichteten sie dahin: die Stände sollten der Stadt Emden in Abschlag ihrer Foderung 60000 Gulden in drei Terminen entrichten; der erste Termin sollte im März 1651 fällig seyn, die übrigen aber von drei zu drei Monaten folgen; die Liquidation der sämmtlichen Foderungen und Gegenfoderungen sollte indessen vor den General-Staaten, oder deren Commissarien, und nicht vor dem Hofgerichte vorgenommen werden. Dann wurde noch überhaupt festgesetzet, daß das Hofgericht das Siegel des Grafen Enno gebrauchen sollte, daß alle noch übriggebliebenen Beschwerden zwischen dem Landesherrn und den Ständen, und der Stände unter sich auch nächstens vorgenommen, und entweder durch eine Sühne oder durch eine Decision gehoben werden sollten; und endlich, daß der Commandant Polmann, und die ganze staatische Besatzung die gemeinen Landesmittel eben sowohl wie die übrigen Eingesessenen entrich-

Dritter Abschnitt.

errichten sollten (n). Sämmtliche Deputirte so-1650 wohl von Seiten der verwittweten Fürstin, als der Stände überhaupt und der Stadt Emden besonders bezeigten über diesen staatischen Ausspruch ihre Zufriedenheit, und traten hierauf ihre Rückreise an. Die General-Staaten fanden indessen noch für gut, sowohl der Fürstin als den Ständen nachdrücklich die genaue Befolgung dieses auf die Accorde und Concordate sich gründenden Ausspruches zu empfehlen (o).

§. 10.

In diesem staatischen Ausspruch konnten bei der vormundschaftlichen Regierung nur blos die verwittwete Fürstin Juliane erwähnt werden, weil der Mit-Vormund Wilhelm II., Prinz von Oranien, am 6. November an den Kinderblattern verstorben war. Vielleicht mag sein Absterben den staatischen Ausspruch in den bisher verzögerten ostfriesischen Angelegenheiten beschleuniget haben. Er war bei den Holländern und besonders den Amsterdammern sehr verhaßt (p). So wie er nun, als Mit-Vormund und künftiger Schwager des Gräfen Enno Ludwig, den Vortheil des Regierhauses suchte, und die mehresten Provinzen auf seine Seite lenkte; so arbeiteten ihm die Staaten von Holland und Westfriesland immer entgegen. Sein Absterben machte die General-Staaten gleichgültiger in den ostfriesischen Angelegenheiten. Die alte biedere Parteilosigkeit trat wieder bei ihnen ein, und der Ausspruch wurde nicht nur

---

(n) Aitzema B. 30. p. 197—199. Brenneisen T. 2. p. 743.

(o) Aitzema p. 199.

(p) Wagener B. 45. p. 119.

Neunzehntes Buch.

1650 nur beschleunlget, sondern entsprach auch den Wünschen der streitenden Parteien. Mit dem Tode des Prinzen erlosch von selbst die Substitution des Obristen Ehrentreuter, als subdelegirten Mit-Vormundes. Die vormundschaftliche Regierung fiel also nun allein auf die verwittwete Fürstin Juliane, die sich noch immer ganz von ihrem geheimen Rath Marenholz lenken ließ (q).

§. 11.

Noch bei diesem Jahre bemerke ich eine große Wasserfluth, die besonders, wie gewöhnlich, die niederemsische Deichacht sehr mitnahm (r). Die oberemsische Deichacht war freilich so vieler Gefahr nicht unterworfen, wie jene, sie wurde aber vernachlässiget, und gerieth tief in Schulden. Die Schulden betrugen schon 1643 ohngefähr 300000 Gulden. Die Stadt und das Kirchspiel Aurich, und verschiedene Dörfer Auricher Amts, waren die erste Ursache davon. Bis 1626 lagen den Deichgenossen zur Erhaltung und Herstellung der Deiche nach einem 1613 verfertigten Register gewisse angewiesene Stücke, oder Deichpfänder, zur Last. Wie die Auricher aber, die schon seit langen Jahren mit der Deichacht herum procediret hatten, ihre Pfänder verwahrlosten, und dadurch das Land der größten Gefahr aussetzten, wurde 1626 in Vorschlag gebracht, die oberemsischen Deiche zu Communion-Deichen zu machen, wozu von allen unter diese Deichacht gehörigen Ländern nach den besondern Deich-Registern der Deichschoß entrichtet werden mußte. Es kam dieses aber erst 1630 nach vielen

Debat-

(q) Bolen.
(r) Outhof van de Watervloeden p. 599.

Dritter Abschnitt.

Debatten zu Stande. Hiebei war ausdrücklich ver- 1650 abredet, daß nach zehn Jahren eine genaue Vermessung veranstaltet und neue Register gemacht werden sollten. In dieser Zwischenzeit sezte es immer zwischen der Deichacht und den Aurichern Händel; aber nach 1640 wollten sie keinen Heller mehr bezahlen. Bald wollten sie die Communion aufgehoben, bald die ältesten Deich-Register von 1577 wiederhergestellet haben, bald drungen sie auf die Vermessung, und wollten bis dahin den Deichschoß zurückhalten; dann wollten sie wieder den laufenden Deichschoß entrichten, aber nicht zu den Schulden beitragen. Hierüber entstand denn zwischen der Oberemsischen Deichacht und der Stadt, wie auch dem Kirchspiel Aurich ein weitläuftiger Proceß vor dem Hofgerichte. Die Acten wurden nach Wittenberg, Leipzig, Rostock, Rinteln und Helmstädt versandt. Immer lag Aurich nach diesen bei dem Hofgerichte publicirten Sentenzen unter. So lange bis an das Ende des Jahres 1649 hielten die Auricher die Execution auf. Sie appellirten zwar an das Reichs-Cammer-Gericht zu Speier; weil aber nach den ostfriesischen Deichrechten Erkenntnisse im Deichwesen durch keine Appellationen und inhibitorische Processe aufgehalten werden durften; so ertheilte das Reichs-Cammer-Gericht am 13. Febr. 1650 ein Mandatum de exequendo sine clausula. Hierauf griff denn endlich die Deichacht in dem Jahre 1651 mit der Execution durch (s).

§. 12.

(s) Des Oberemsischen Deich-Commiss- und Rentmeisters Proposition der Auricher und ihrer Consorten Deichsache betreffend vom 16. May 1648. desselben abermalige Proposition mit beigefügten Urtheln. Gedruckt Emden 1649. Der Rentmeister war sehr erboßt

Neunzehntes Buch.

§. 12.

1651 Am 22. Febr. brach eine ungewöhnliche Wasserfluth bei einem heftigen Sturm aus Nordwesten ein. Sie ist in der ostfriesischen Geschichte unter der St. Peters-Fluth bekannt. Durch diese Fluth wurden die Oberemsischen Deiche sehr mitgenommen; und eben diese Fluth veranlaßte es denn, daß die Deichacht die Execution wider die Auricher eifrig betrieb. Reiderland litt am mehresten durch diese Fluth. An vielen Stellen giengen die Deiche durch. Sehr viele Menschen, und ganze Heerden Vieh wurden ein Opfer der Wellen. Auf der Insel Nesse mußten die Menschen auf den Gipfeln der Häuser ihr Leben retten. In Emden lief das Wasser mit solcher Gewalt durch die große und Gasthaus-Kirche, daß die Leichen aus den Gräbern gespület wurden. Das Seewasser schwoll so hoch an, daß die Fluth ein Gröninger Schiff über die Gretmer Deiche warf, und es bis nach Grothusen trieb (t). Außer dieser hohen Fluth wurde die Grafschaft in den beiden Jahren 1650 und 1651 mit kalten und feuchten Sommern heimgesuchet. Es regnete so stark, daß an vielen Gegenden das reife Korn bis an die Aehren im Wasser stand. Die Folge davon war eine große Theu-

erboßt wider die Auricher. Er beschließet seinen Aufsatz: villa ingenii eft fpe lucri bonam caufam oppugnare, pejoris, fi odio fiat juftitiae: peffimi, fi fimul contra utilitatem publicam: et tunc omnino eft deteftabile. Sic docuere Senes. Noch kam 1651 deffelben nähere Proposition heraus. Auch hat man eine gedruckte Piece über diese Streitigkeiten unter dem Titel: Kurzer Begriff von der Auricher et Consorten Teich-Sache, mit dem Motto: Felix, quem faciunt aliena pericula cautum.

(t) Outhof p. 595 und 600.

Dritter Abschnitt.

Theurung. Die laſt Weitzen galt 100 Rthl., die 1651
laſt Rocken 300 Gulden, die laſt Gerſte 195, Ha-
ber 67½ Gulden und die Tonne Butter 40 Rthlr. (u).

§. 13.

Die Stadt Emden traf am 10. September ein
beſonderes Unglück. An dieſem Tage kamen über
zweihundert Menſchen, mitten in der Stadt, bei
hellem Sonnenſchein, in Gegenwart von mehr als
tauſend Zuſchauern, in einem kleinen unbedeutenden
Waſſer um. Es wurde nämlich ein großes neu ge-
bautes Schiff von dem Zimmerwerft in das Waſſer
gelaſſen. Viele hundert Menſchen, die mehreſten
waren junge Leute, und zum Theil auch Kinder, be-
ſtiegen aus Neugier und zum Vergnügen das Schiff.
Wie es in das Waſſer ablief, ſtürzte es, aus Un-
vorſichtigkeit der Werkleute, rund um, ſo daß der
Kiel aufrecht in der Höhe ſtand. Es wurden gleich
Löcher in den Bauch des Schiffes mit Aexten ge-
hauen. Hieburch wurden freilich viele Menſchen
gerettet; indeſſen fanden durch dieſes Mißgeſchick die
mehreſten ihren Tod. Traurig war es anzuſehen,
wie 225 Leichen an dem Ufer auf der Straße nach
der Länge dahin lagen, wie der Vater ſeinen entſeel-
ten Sohn, die Mutter ihre Tochter, die Braut den
Bräutigam, und die Frau den Mann erblickte; und
wie dieſe Leichen auf Baaren, auf Stühlen und bloßen Armen nach den Häuſern getragen wurden. In
ganz Emden war faſt keine Familie, die nicht in
Trauerkleidern gieng (x).

§. 14.

(u) Emder kleine Chronik.
(x) Maringa Chronik bei dem Jahre 1652. Aitzema
B. 31. p. 512. Der Franzöſiſche Prediger Fre-
maut, welcher ſelbſt bei dieſem Unglücksfalle ſeinen

§. 14.

Wir wenden uns wieder zur politischen Geschichte hin. Der staatische Ausspruch war zwar von allen Seiten mit allgemeiner Zufriedenheit angenommen, war aber noch lange nicht das Grab der hierländischen Streitigkeiten. Den Embern blieb doch noch immer ihr Ausschluß von der Ritterschaft ein großer Stein des Anstoßes. Zwar blieb ihnen das Petitorium noch immer vorbehalten. Dieser Weg schien ihnen aber zu weitläuftig zu seyn. Auch mochten sie vielleicht dem ungewissen Ausgang nicht trauen. Am 31. Januar 1651 sollten sich zur Accise-Verpachtung die Ordinair-Deputirten und Administratoren in Emden einfinden. Der Magistrat befahl der Wache, den ritterschaftlichen Deputirten Freese und den Administrator Hane nicht einzulassen. So wurde ihnen dann bei ihrer Ankunft das Thor verschlossen. Die übrigen Administratoren und Deputirten nahmen sich eifrig ihres Amtsgenossen an, und wiesen die Ember auf den staatischen Ausspruch hin. Diese bestanden aber darauf, daß der Ausspruch nicht eher Würkung haben könnte, bis von Seiten der Stände durch Abtrag der 60000 Gulden demselben gelebet worden. Hierüber entstanden heftige Debatten. Die Mehrheit der Administratoren und Ordinair-Deputirten bestand darauf, daß man

nen Sohn verlohr, hat hierüber acht geistliche Betrachtungen geschrieben, unter dem Titel: Gods Toet-Steen van Jobs Lydsamheyt. In der Vorrede beschreibet er die Geschichte.

Dritter Abschnitt.

man nie wieder eine Accise Verpachtung in Emden 1651 vornehmen müßte, und daß das Collegium mit der Landes-Casse nach einem andern Orte zu verlegen sey. Wie ihnen aber von einigen wenigen ihrer Amtsgenossen vorgestellet wurde, daß es bedenklich sey, von den Accorden abzugehen, die ausdrücklich die Translocation des Collegii untersagten, und man dadurch dem Regierhause Gelegenheit gäbe, sich wiederum der Comtoiren zu bemeistern, daß auch die alte Tragödie von zwei Collegien wieder zum Verderben des Landes gespielet werden könnte, die General-Staaten vermöge der übernommenen Manutenenz der Accorde alsdenn sicher die Ember schützen würden, und endlich selbst die mehresten Landes-Stände diesen gefährlichen Schritt nicht genehmigen würden; so änderten sie ihre Gesinnungen. Die Folge war also: die Deputirten und Administratoren ließen es bei ihren Drohungen bewenden, und der ritterschaftliche Administrator Hane, und der Deputirte Freese blieben noch immer von dem Collegio ausgeschlossen. Der zweite ritterschaftliche Administrator, es sey aus Verdruß, oder aus irgend einer Besorgniß, hielt sich von selbst von dem Collegio entfernet. Dagegen aber bezahlten auch die Stände die 60000 Gulden nicht (y). Mit der verwittweten Fürstin lebten die Stände noch beständig in der alten Uneinigkeit. Die Fürstin sicherte den Ständen, nach Anleitung des staatischen Ausspruchs, nicht zu, daß sie die Regierung nach Vorschrift

(y) Landschaftl. Acten.

schrift der Landes-Privilegien und der Accorde führen wollte, und die Stände wollten sie nicht als Vormünderin erkennen. Sie weigerten sich öffentlich, ihr den Titel einer Vormünderin zu geben. Von einem Plane zu einem Vergleich über die ausgestellten wechselseitigen Beschwerden wurde gar nicht gesprochen (z). Unvermuthet endigte sich indessen die so sehr gehässige vormundschaftliche Regierung, worin Marenholz, und noch mehr seine Gemalin, immer die Hauptrollen übernahmen, die gute Fürstin selbst aber nur eine Figurantin vorstellte.

(z) Landschaftl. Acten.

Zwanzigstes Buch.
Von 1651—1660.

Erster Abschnitt.

§. 1. Die Stände laſſen den abweſenden Grafen Enno Ludwig bitten, ſchleunig nach Oſtfriesland zurückzukommen. §. 2. Dagegen ſuchet der geheime Rath von Marenholz ſeine Abweſenheit zu verlängern. §. 3. Der Graf ziehet von dem Zuſtande der oſtfrieſiſchen Regierung Erkundigung ein, verläßt Wien und reiſet nach Gutzbach. Hier wird der Plan von den Feinden der Fürſtin und des Marenholz zu einer Revolution angeleget. §. 4. Graf Enno Ludwig kömmt unvermuthet in Oſtfriesland, faßt ſelbſt die Regierung an, läßt den geheimen Rath von Marenholz arretiren, §. 5. macht ihm den Criminal-Proceß, §. 6. ſpricht ihm das Leben ab, §. 7. und läßt ihn auf einem Saal zu Wittmund enthaupten. §. 8. Einige Bemerkungen über dieſen Proceß. §. 9. Der Graf welchet den Beſchwerden der Wittwe von Marenholz durch einen Tranſact aus; §. 10. und vergleichet ſich mit ſeiner Mutter. Dieſe, die Fürſtin Juliane, verläßt Oſtfriesland, und ſtirbt zu Weſterholt.

§. 1.

Bei der ſchwachen vormundſchaftlichen Regierung, und dem allgemeinen Haſſe gegen die, welche an dem Ruder ſaßen, und es in dem Nahmen der Fürſtin lenkten, war die Stiftung eines Vergleiches über die vorſchwebenden Streitigkeiten unmöglich. Man mußte bei ſo vieler Gährung, die man allenthalben verſpürte, eine Explosion befürchten. Jeder ſehnte ſich nach der Rückkunft des jungen Grafen. Die General-Staaten hatten ſchon

1651

bei

1651 bei ihrem Ausspruche übernommen, ihm seine Rückkehr nachdrücklich zu empfehlen. Gleich nach der
eingebrochenen Peters-Fluth stellten auch die Stände in einem Schreiben unter dem 1. März dem Grafen (er war damals in Wien) den kläglichen Zustand
des Vaterlandes vor, wie die Deiche nun zerrissen
da lägen, wie der dreißigjährige Krieg das Land ver-
heeret hätte, und wie die innerlichen Unruhen die
Eingesessenen und selbst das gräfliche Haus zu dem
Abgrund des Verderbens hinführten. Sie baten
inständigst, die Grafschaft mit seiner Gegenwart zu
begnadigen (a).

§. 2.

Der Graf war von seinem zehnten Jahre an in
dem Haag erzogen. Nachher war er England,
Frankreich und Italien durchgereiset. In dem Früh-
jahre 1650 kam er aus Italien nach Wien. Bei
dem Kaiser Ferdinand III. stand er sehr in Gnaden.
Er suchte die Belehnung von Ostfriesland nach,
und erhielt sie unter dem 27. May (b). Dann wurde er kaiserlicher Cammerherr und Reichshofrath (c).
So sehr nun die Stände auf die Rückkehr des Grafen drungen, und so sehr auch selbst der Canzler und
die gräflichen Räthe seine Gegenwart wünschten,
denn jeder war mit der vormundschaftlichen Regierung unzufrieden, so sehr arbeitete der geheime Rath
Marenholz ihnen entgegen. Er suchte den Grafen
zu überholen, Wien zu verlassen und nach Paris zu-
rückzukehren, um durch neue Zerstreuungen seine
Abwesenheit zu verlängern (d). Vielleicht hatte
auch

(a) Landschaftl. Acten.
(b) In dem Reg. Archive.
(c) Bolen, und Aitzema.
(d) Regier- und landschaftl. Acten.

Erster Abschnitt. 63

auch Marenholz in Paris bessere Emblee, als in 1652
Wien. Aber seine Machinationen waren umsonst.
Eine Gegencabale vereitelte seinen Plan, und be-
wirkte seinen Untergang.

§. 3.

So weit nun auch Enno Ludwig von seinem Vaterlande entfernt war; so war er doch von allen Vorfällen in der letzten Zeit genau unterrichtet. Johann
Friedrich Freese, ein natürlicher Sohn des verstorbenen Grafen Rudolf Christian, correspondirte mit
dem jungen Grafen. Er meldete ihm alle Begebenheiten, die seit dem Absterben seines Vaters, Grafen Ulrichs, sich zugetragen hatten. Marenholz
war, wie ich vorhin erwähnet habe, anfänglich Hofmeister des jungen Grafen gewesen. An seine Stelle
war auf Vorschlag des Prinzen von Oranien ein
Edelmann, Jacob von Wangenheim, vormaliger
Rittmeister in portugiesischen Diensten, zum Hofmeister bestellet. Diesen sandte der Graf nach Aurich, um sich nach allen Umständen sorgfältig zu erkundigen. Hier hielt er sich unbekannt in einem
Wirthshause auf, und spionirte alles aus, was bei
Hofe, bei der Regierung und in Landes-Sachen
vorfiel. Seine Berichte fielen nicht zum Vortheil
der Fürstin und ihrer Gesellschaft aus. Er leitete
es auch dahin, daß sein Freund Levin Claus Moltke,
welcher am Hollstein-Gottorpischen Hofe war, nach
Italien reisete, um den Grafen nach Wien zu führen. Auch dieser mag dem Grafen keine vortheilhaften Begriffe von dem ostfriesischen Hofe und der
Regierung beigebracht haben. Moriz Bonner war
Präceptor bei dem Grafen gewesen, wie Marenholz
noch Hofmeister war. Er hatte noch lange nicht vergessen,

1651 geffen, daß Marenholz sich stolz gegen ihn bezeiget, und ihn hart gehalten hatte. Dieser war noch als zweiter Hofmeister in der Suite des Grafen, und goß auch Oel ins Feuer. Die verwittwete Fürstin selbst hatte eine vornehme Feindin. Diese war ihre eigene Schwiegerin, die verwittwete Landgräfin von Hessen-Butzbach, Christine Sophie, Enno Ludwigs Vaters Schwester. Als Wittwe soll sie einen Plan angelegt haben, sich mit dem Landgrafen Johann von Hessen-Breubach zu vermählen, und dieses ihr Project soll durch Betrieb der verwittweten Fürstin Juliane, einer Schwester des Landgrafen, gescheitert seyn. Daher denn der unauslöschliche Groll. An dem Hofe der Landgräfin hielten sich zwei Männer auf, die den geheimen Rath von Marenholz ungemein haßten. Der eine war der hessische Oberamtmann und Rath Ovenberg. Dieser war, wie Graf Enno Ludwig zuerst in den Haag kam, dessen Hofmeister gewesen. Er war es, der Marenholz zum Gesellschafts-Cavalier bei dem jungen Grafen befördert hatte. Bald nachher hatte sich aber Marenholz bei der alten Prinzeßin von Oranien so einzuschmeicheln gewußt, daß Ovenberg ausgestoßen und er an dessen Stelle wieder als Hofmeister angesetzet war. Der andere hieß Philipp Dudde. Dieser war Bereiter oder Vice-Stallmeister bei dem Grafen Ulrich gewesen, war aber auf Anstiften der Fräulein von Ungnade, Marenholz Gemalin, von dem Grafen seiner Dienste entlassen. Mit diesen beiden Männern entwarf die Landgräfin ein Project, den geheimen Rath von Marenholz, und selbst auch die Fürstin zu stürzen. Den letztern, Philipp Dudde, sandte die Landgräfin nach Wien. Sein Auftrag war, den Grafen Enno Ludwig zu bewegen, Wien schleunig zu verlassen, und seine Tante, die Landgräfin in Butzbach,

Erster Abschnitt.

Butzbach, zu besuchen. Der Graf, der schon eine 1651
üble Idee von dem Zustande des ostfriesischen Hofes
gefasset hatte, und darin noch mehr von Dubben
bestärket wurde, ließ sich bei diesen Umständen nun
leicht überholen, die Reise nach Butzbach anzutreten. Hier wurde denn zwischen dem Grafen und
der Landgräfin, mit Zuziehung des gräflichen Hofmeisters Bonner und des hessischen Oberamtmanns
und Rathes Ovenberg die Revolution verabredet,
die bald darauf erfolgte (e).

§. 4.

Sorglos und in dem Taumel der Freuden und
angenehmer Zerstreuungen brachte die verwittwete
Fürstin mit Marenholz und dessen Gemalin und Ihrem kleinen Hofstaate ihre Tage in Sandhorst hin,
wie ihr Sohn Graf Enno Ludwig unvermuthet am
10. May in Ostfriesland kam. Ihn begleitete seine
Tante, die Landgräfin von Hessen-Butzbach. Enno
Ludwig hielt sich in Aurich nicht auf. Er fuhr durch,
und gieng gleich nach Sandhorst. Die verwittwete
Fürstin wollte gerne ihren Sohn noch einige Tage
in der Stille bei sich behalten; er fand aber gut,
des folgenden Tages nach Aurich zu reiten. Die
Auricher Bürgerschaft holte ihn aus Sandhorst mit
zwei fliegenden Fahnen ein. Vorhin machte die
Auricher Bürgerschaft nur eine Compagnie aus.
Kurz vor Ankunft des Grafen hatte sie sich in zwei
Compagnien abgesondert. Die eine führte die grüne, die andere die neue blaue Fahne. Enno Ludwig hatte noch nicht das 19te Jahr seines Alters erreichet. Die verwittwete Fürstin stand daher in
dem

(e) Bluhm und Bolen; und Inquisit. Acten.

1651 dem Wahn, die vormundschaftliche Regierung noch vorerst, oder gar bis zur Volljährigkeit ihres Sohnes fortsetzen zu können. Sie ließ an dem folgenden Tage nach dem feierlichen Einzuge des jungen Grafen in Aurich, also am 12. May, den Canzler und die Räthe versammlen. Sie wollte sich mit ihnen über die etwaigen Aenderungen in der Landes-Regierung bei der itzigen Anwesenheit ihres Sohnes, auch vielleicht über die Einrichtung seines Hofstaates besprechen, und ihr Gutachten darüber einholen. Wie die Fürstin und der geheime Rath Marenholz sich mit dem Canzler und den Räthen über diesen wichtigen Gegenstand unterredeten, besprach sich der Graf mit dem Hofrichter Carl Friedrich von In- und Kniphausen, und dem Hofgerichts-Assessor Freyherrn Franz Ico Freytag von Gödens in einer Nebenstube. Die Folgen dieser geheimen Unterredung äußerten sich bald. Der Graf erklärte sich, daß er die Regierung itzt selbst antreten wollte. In dem Augenblick gab er nun als regierender Graf dem anwesenden Drosten von Emden, Johann Wilhelm Freytag von Gödens, den Auftrag, dem geheimen Rath Marenholz den Arrest anzukündigen. Marenholz stand wie versteinert, seine gegenwärtige Gemalin wehklagte, suchte Schutz bei der Fürstin, und die ebenfalls bestürzte Fürstin protestirte wider den Arrest. Sie hielt den Arrest ungerecht, weil keine hinlängliche Ursachen dazu vorhanden waren; unschicklich, weil diese Handlung in ihrer Kammer vorgenommen wurde; und unzulässig, da sie regierende Vormünderin war. Enno Ludwig war, wie ich vorhin angeführet habe, kaiserlicher Reichshofrath. Diese Stelle war ihm nun äußerst wichtig, weil sie dem Minderjährigen nach den Reichs-Gesetzen die Rechte der Volljährigkeit zuführet. Hierauf schienen

Erster Abschnitt.

nen die Fürstin und Marenholz wohl nicht vorbereitet gewesen zu seyn. Es half also kein Protestiren mehr. Der Drost Freytag, der Capitain Froen, und Johann Friedrich Freese traten nun in die Kammer der Fürstin, foderten Marenholz den Degen ab, und arretirten ihn. Marenholz wurde nun auf dem Auricher Schlosse über dem herrschaftlichen Stall eine Stube angewiesen. Hier war sein Gefängnis, welches mit einigen Soldaten bewacht wurde. Den Soldaten wurde bei schwerer Strafe eingeschärfet, durchaus keinen Menschen zu ihm zu lassen. Seine Gemalin, Elisabeth von Ungnaden, wurde vom Hofe verbannt und nach ihrem Gute zu Schirum verwiesen. Sie war über ihr ungewisses Schicksal besorgt, und fand gerathener, schleunig die Grafschaft zu verlassen. Sie gieng nach Gröningen, und hielt sich da eine lange Zeit auf. Man gab ihr Schuld, daß sie viele gräfliche Kostbarkeiten, besonders nach dem Tode Grafen Ulrichs, verschleppet hätte. Diese Beschuldigung veranlaßte den Grafen, gleich nach ihrer Flucht, alle ihre Güter einzuziehen. Man fand unter andern ohngefähr 4500 Rthl. baares Geld vor. Der Obriste Ehrentreuter hatte zwar nach Absterben des Prinzen von Oranien keinen Antheil an der Regierung gehabt; er hielt es aber der Klugheit gemäs zu seyn, sich ebenfalls bei diesen Umständen zu entfernen (l).

§. 5.

Gleich nach dem Arreste wurde der Inquisitionsproceß wider Marenholz eröffnet. Mit Abhörung einer großen Menge Zeugen machte man den Anfang. Am 15. Jun. wurde er selbst ad articulos vernoh-

(l) Bohn. Bluhm und Reg. Acten.

1651 vernommen. Die Commiſſarien waren der gräfliche Rath Regensdorf, der gräfliche Hofmeiſter Moriz Bonner, und der heſſiſche Oberamtmann Ovenberg. Dieſen hatte die Landgräfin von Heſſen-Butzbach mitgebracht. Enno Ludwig war bei der Vernehmung des Inquiſiten ſelbſt gegenwärtig. Das Haupt-Verbrechen, deſſen Marenholz beſchuldiget wurde, beſtand in einer langjährigen Liebes-Geſchichte mit der Fürſtin Juliane. Er konnte zwar nicht entkennen, daß er oft zur ungewöhnlichen Zeit des Abends ſpät alleine bei der Fürſtin geweſen, blieb aber dabei, daß er ihr alsdenn aus der Bibel vorleſen müſſen. Schärfer zugeſetzt, beichtete er Umſtände und Anecdoten, die die verhandelten Acten durchaus ſchmuzig machen. Der Graf und die Commiſſarien hielten nach dieſer ſeiner Ausſage feſte davor, die Fürſtin ſey von Marenholz oder ſeiner Frau durch einen Liebes-Trunk verführet, oder doch wenigſtens beheyet worden. Inquiſit wollte aber ſo wenig von einem Liebes-Trunk als der Hexerei etwas wiſſen. Er erklärte alles aus natürlichen Urſachen. Den erſten Grund der Liebſchaft ſetze er in ein wechſelſeitiges Mitleiden; indem Graf Ulrich ihn durchaus nicht leiden konnte, und auch von der Fürſtin ſein Herz abgewandt hatte. Ferner wurde ihm zur Laſt geleget, daß er ſich bemühet habe, die Herzöge von Meklenburg und Lüneburg von der Curatel auszuſchließen, damit ſein Schwager Ehrentreuter und die Fürſtin das Regiment allein behielten, wie auch, daß er bei dem Prinzen von Oranien die Subdelegation des Obriſten Ehrentreuter bewürket habe. Er läugnete beides. Die Subdelegation des Obriſten, ſagte er, ſey blos ein Einfall des Prinzen von Oranien geweſen, und die Herzöge hätten ſich der Mit-Curatel ohne ſein Zuthun entſchlagen.

Erster Abschnitt.

gen. Dann könnte er freilich nicht verkennen, daß 1651 er sich bemühet habe, die Abwesenheit des Grafen Enno Ludwig zu verlängern, und ihm zuletzt vorgeschlagen habe, von Wien nach Paris zu ziehen; er behauptete aber, daß seine Absicht dabei nur blos gewesen sey, um dem gräflichen Hause die so nöthige Menage zu bewürken, weil die Anwesenheit eines regierenden Herrn großen Kosten-Aufwand verursachte. Daß er durch Gedichte und Spottreden den Grafen Ulrich durchgehechelt und ihn verächtlich gemacht habe, daß er Uneinigkeit zwischen dem Grafen und der Fürstin gestiftet habe, und daß auf seinen Antrieb der Graf so günstig für die Fürstin testiret habe, damit sie ihn desto reichlicher beschenken könne, waren Anschuldigungen, die er durchaus nicht an sich kommen lassen wollte. Ferner wurde ihm vorgeworfen, daß er zum Nachtheile des gräflichen Hauses mit dem Grafen von Oldenburg correspondiret, und seine Frau ansehnliche Geschenke aus Oldenburg erhalten habe. Er entkannte durchaus die Correspondenz mit dem Grafen von Oldenburg, gestand aber, daß seine Frau mit dem Grafen, doch nicht zum Nachtheil des ostfriesischen Regierhauses, Briefwechsel geführet habe. Die Verbindung zwischen dem Grafen von Oldenburg und der Marenholzin, damaligen Fräulein von Ungnad, hab' ich oben erzählet. Staats-Sachen werden also wohl nicht der Gegenstand dieses Briefwechsels gewesen seyn. Endlich wurde er beschuldiget, daß er sollte Gelder veruntreuet, und der Fürstin ansehnliche Summen abgezwacket haben. Auch diese Beschuldigung wollte er nicht an sich kommen lassen, nur gestand er einige wenige Präsente, die in der That von weniger Bedeutung waren. Die Inquisition wurde am 30. Jun. geschlossen. Man wollte ihm einen Advocaten zuord-

1651 zuordnen, er verbat sich aber die Defension, bezeigte sein Leidwesen über seine Vergehung, und ergab sich lediglich in die Gnade des Grafen (g).

§. 6.

Die mißliche Lage, worin Marenholz sich befand, und die ich noch näher entwickeln werde, machte seine Gemalin, die sich während der Inquisition noch in Gröningen aufhielt, für sein unglückliches Schicksal besorgt. Auf ihr Veranlassen intercedirten die Staaten von Gröningen und den Umlanden zu wiederholtenmalen unter dem 2. Jun. und 12. Jul. für Marenholz, und ersuchten inständigst den Grafen, daß er doch Gnade vor Recht ergehen lassen möchte. Der Marenholzin Bruder, David von Ungnad, Graf von Weissenwolf, war kaiserlicher geheimer Rath und Hoffkammer-Präsident. Auch er war durch seine Schwester von dem Unfall seines Schwagers unterrichtet. Er bemühte sich, den Grafen in einem beweglichen Schreiben zu mildern Gesinnungen umzustimmen (h). Selbst der Canzler und die Räthe wollten, wie Bluhm sagt, des Hauses Respect zu erhalten, dem Inquisiten gerne das Leben retten, aber einige der Vornehmsten aus den Landes-Ständen, mit Zuthun derer Personen, die den jungen Grafen umgeben hatten, drangen durch, und hörten nicht auf, bis das Urtheil gefället wurde (i). So lautet die so sehr merkwürdige Sentenz, die wir hier wörtlich einrücken:

„In Inquisition und peinlichen Sachen wider
„Johann Marenholz Inquisiten, erkennen Wir
„Enno Ludwig ꝛc. ꝛc. auf beikommende Judicia,
„ergan-

(g) Marenholz. Inquisf. Acten.
(h) ebendaselbst.   (i) Bluhm.

„ergangenen Acten, geführten Beweis, des Jn.1651
„quisiten selbst eigene freiwillige und zu mehrern
„Malen gerichtlich erwiederten Bekänntnissen,
„und allen Umständen nach zu Recht, daß Ihm
„Inquisiten, Johann Marenholz wegen dessen,
„daß er mit Hindansetzung seiner Eide und Pflich-
„ten, womit er weiland dem Herrn Grafen Ul-
„rich ꝛc. ꝛc. und Uns verwandt gewesen, dennoch
„wider Uns, das Haus Ostfriesland, und dessen
„Reputation nach mehrerer Ausweisung der Acten
„boshaftig und vorsetzlicher Weise ganz untreulich
„gehandelt, und zu unserm Veracht, Schaden
„und hohen Nachtheil gefährliche Machinationen
„verübet, andern zum abscheulichen Exempel,
„ihm selbst aber zur wohlverdienten Strafe zuvör-
„derst die rechte Hand abgehauen, und er dem-
„nächst ferner mit dem Schwerte vom Leben zum
„Tode hinzurichten sey. Jedoch haben wir auf
„seine flehentliche Bitte, auch von andern be-
„schehenen Intercessionen aus Gnaden diese Stra-
„fe dahin gemildert, daß er mit Abhauung der
„Hand soll verschonet, auch mit der Todesstrafe
„nicht am öffentlichen gewöhnlichen Ort, sondern
„auf unserer Burg beleget werden solle. In-
„maßen Wir ihn dazu hiemit condemniren.
„Von Rechts Wegen " (k).

§. 7.

Wenn Bluhm erwähnet, daß Canzler und Räthe dem Inquisiten, nicht seinethalben, denn er war
auch ihnen verhaßt, sondern um des Hauses Respect
zu erhalten, gerne das Leben gerettet hätten, so zie-
let er wohl ungezweifelt auf seinen gar zu vertrauten
Umgang

(k) Marenholz. Inquis. Acten.

1651 Umgang mit der Fürstin hin. Sie waren der Meinung, daß man diese gehässige Thatsache so viel möglich bedecken, und sie nicht durch eine öffentliche in die Augen fallende Execution verewigen müßte. Hierin lieget auch wahrscheinlich der Grund, warum nach der Sentenz die Execution nicht an einem öffentlichen Orte, sondern in einem Zimmer auf der Burg vorgenommen werden sollte. Um alles Auffallende zu vermeiden, kam man nachher sogar auf den Einfall; ihm den Giftbecher zu reichen, wenn er ihn willig nehmen wollte. Dieser Vorschlag gieng mit Mehrheit der Stimmen durch. Am 18. Jul. wurde Marenholz die Sentenz eröffnet. Unerwartet war ihm dieses Urthel. Er hatte sich der gräflichen Begnadigung versichert gehalten, theils weil er des Grafen Hofmeister gewesen war, theils aber, weil der Graf ihm seine Gnade zugesichert hatte, wenn er nur alles rein heraus gestehen wollte. Er schrieb gleich einen beweglichen Brief an den Grafen. Der Graf blieb aber unerbittlich. Es wurde ihm nun vorgestellet, ob er den Giftbecher dem Schwerte vorziehen wollte. Anfangs schien er dazu geneigt zu seyn, weil er sich aber für größern Schmerzen fürchtete, so lehnte er den Giftbecher ab. Selbst die gräflichen Räthe waren wegen des Giftes nicht einig. Sie foderten von einem Arzte und einem Geistlichen ein Gutachten. Ersterer fand vieles Bedenken bei dem Gifte, und letzterer fand einen Gewissens-Scrupel darin. Beide riethen das Gift ab. Man ließ es also bei der Sentenz bewenden. Einige Tage nachher ward Marenholz nach Wittmund in aller Stille bei finsterer Nacht abgeführet. Hier bestellte er nun sein Haus, beklagte seine Verheirathung, die er für die Quelle seines Unglücks ansahe, cassirte das mit seiner Ehefrau
errich-

Erster Abschnitt.

errichtete reciproce Testament, setzte seine gegenwärtige Mutter (l) zur Erbin ein, und bereitete sich zum Tode vor. Man befürchtete, daß der Graf von Weissenwolf, Marenholz Schwager, bei dem Kaiser eine Inhibition ausbringen würde. Eben darum wurde mit der Execution geeilet. Marenholz wurde am 21. Jul. nach dem großen Saal auf der Wittmunder Burg geführet. Hier wurde ihm das Urtheil nochmals publiciret. Der Scharfrichter verrichtete in Gegenwart des Drosten, zweier Prediger und zweier Wundärzte seine Pflicht. Der entseelte Körper wurde in aller Stille in Wittmund begraben (m).

§. 8.

Dies war das unglückliche Schicksal des vormaligen gräflichen Hofmeisters, nachherigen Drosten und geheimen Rathes von Marenholz. Die mehresten hatten ihn schuldig. Der Rath Bolenius, der das Todes=Urtheil mit gesprochen hat, sagt: „Es hat sich bei seinem Examen und aus eigenen „befundenen Schriften und Missiven, auch selbst et= „genen unterschiedlichen wiederholten Bekänntnissen „befunden, daß er mehrmalen an seinem Herrn „meineidig geworden, und so viel verwürkt gehabt, „daß er billig von Gott und Rechtswegen vom Leben „zum Tode zu verdammen gewesen, maßen er denn „auf verschiedene Erklärungen sich geäußert, daß er „zu Rechte sich zu vertheidigen nicht wüßte, daher
„er

(l) Sie war eine Ostfriesin, eine gebohrne von Wicht. Bluhm nennt sie eine fromme Frau. Sie muß wohl durchaus eine gute Frau gewesen seyn, weil sie grade die einzigste Person ist, die von Bluhm nicht getadelt wird.

(m) Marenholz. Inquis. Acten.

1651 „er benn auch keines Advocaten begehrte." Und
Bluhm sagt: „Sein eigenes Geständniß hat ihn
„völlig schuldig gemacht" (n). Aitzema schreibt:
„Marenholz misgünstige wisten an desen jongen
„Heer (Enno Ludwig) so veel an te brengen, dat
„hy hem syn Proces liet maecken, ende dede ont-
„halſen in't groote Zael vau't Huys tot Witmunde.
„Van de Oorſacken wiert niet loſſelyk maar don-
„cker gesproocken" (o). Hier zielt Aitzema auf
den Umgang mit der Fürſtin. Schuldig oder un-
ſchuldig, darüber giebt er ſeine Vernunft gefangen.
Nach Sage der Acten und der dabei vorwaltenden
Umſtände hat Marenholz keine ſo harte Strafe verdienet. Auch nur ein mäßiger Defenſor würde vor
einem unpartheiiſchen Criminal-Gericht ſeinen Kopf
gerettet haben. Marenholz war ein vortreflicher
Geſellſchafts-Cavalier. Er war ein ſchöner, wohlgebildeter Mann, war bei Damen beliebt, verſtand
das Hof-Ceremoniel, konnte Hunde dreſſiren, Haa-
ſen ſchießen und Pferde zureiten, lebte gern gemäch-
lich, wohl und fröhlich, wußte aber keinen Staat
zu regieren. Er bekleidete als geheimer Rath, als
erſter Miniſter, ein wichtiges Amt, dem er nicht ge-
wachſen war. Hierein ſeh' ich eben ſein größtes
Verbrechen, und in ſeine Leichtſinnigkeit und ſeinen
Stolz ſeinen Untergang. Nach ſeinem Arreſte war
er ganz von ſeinen Feinden umgeben. Die Landgräfin dürſtete nach Blut, um ſich an der Fürſtin
Juliane zu rächen. Die Inquirenten Regensdorf,
Ovenberg und Bonner, und beſonders die beiden
letztern waren ſeine abgeſagten Feinde. Dem abweſenden Grafen waren die Handlungen des Marenholz wohl ſchwärzer vorgemahlet, wie ſie in der
Thae

(n) Bluhm und Bolen.
(o) Aitzema p. 512.

Erster Abschnitt.

That waren. In Bußbach war vielleicht das Todes-1631 Urtheil gefället, ehe Marenholz vernommen war. So viel gehet wenigstens aus den Acten hervor, daß dort zwischen dem Grafen, der Landgräfin, Ovenberg und Bonner ein Plan entworfen ist, wie der Graf seine Regierung anzutreten habe, und daß dabei ausdrücklich verabredet worden, daß der Graf sich sofort der Person des Marenholz versichern müßte. Die wider die Fürstin aufgebrachte Landgräfin ließ ihren Vetter nicht aus den Augen. Sie begleitete ihn selbst nach Ostfriesland, um die in Bußbach verabredete Revolution zu vollenden. Und eben dieser mit Vorurtheilen eingenommene und von den Feinden des Marenholz stets umgebene Graf präsidirte selbst bei der Inquisition. Die mehresten Zeugen (man siehet dieses klar an ihren Aussagen) waren wider Marenholz eingenommen. Indessen haben sie doch nicht viel mehr wider ihn gesagt, als er selbst eingestanden hat. Seine Confession haben wir oben erwähnet. Der schlimmste Punct, der nach dieser Confession wider ihn war, bestand in dem gar zu vertrauten Umgange mit der Fürstin Juliane. Diese Geschichte, die vielleicht auf Anstiften der Landgräfin am genausten und strengsten untersucht wurde, hat er anfangs ganz abgeläugnet, nachher stufenweise eingestanden, und zwar jedesmal wenn der Scharfrichter seine Instrumente anpackte, und er peinlich befragt werden sollte. Es ist hier also kein freies Geständniß vorhanden. Er beichtete, um die Tortur abzuwenden. Dann versprach ihm der Graf ausdrücklich Begnadigung, wenn er mit der Wahrheit nicht zurückhalten würde. Nach dieser gräflichen Zusicherung hielt Marenholz seinen Kopf und vielleicht gar seine Freiheit gerettet. Er bestätigte und wiederholte nun das, was er bei der Territion gestanden,

1651 standen, und fügte noch einige Anecdoten hinzu. Er war so sicher, daß er nach geschlossener Inquisition keinen Advocaten verlangte, sondern sich blos in die Gnade des Grafen ergab. Bluhm will hieraus folgern, daß er sich selbst so schuldig anerkannt habe, daß er Defension unnütz gehalten habe. Dieses stimmt aber nicht mit seinem Verhalten, wie er von der Sentenz die erste Nachricht erhielt. Ganz wider sein Erwarten war die Sentenz ausgefallen. Er bat nicht blos um Gnade, sondern provocirte auch auf das gräfliche Wort und die ihm zugesicherte Begnadigung. Der Graf ließ ihm wieder antworten, daß er unter dieser Begnadigung nicht die völlige Erlassung, sondern eine Mitigation der wohlverdienten Strafe verstanden habe, und daß ihm diese Mitigation dadurch wiederfahren sey, daß er nicht an einem öffentlichen Orte hingerichtet, und mit Abhauung der Hand verschonet werden sollte. Freilich ist jedweder, nach einem bekannten juristischen Satze, der beste Ausleger seiner eigenen Worte; indessen möchte Marenholz wohl mehr zurückhaltend gewesen seyn, wenn er sich diese Interpretation vorgestellet hätte (p).

§. 9.

Die geheime Räthin von Marenholz, gebohrne von Ungnad, hielt sich noch immer in der Nähe und zwar in der Stadt Gröningen auf. Sie brachte gleich nach der Execution ihre Beschwerden wider den Grafen bei dem Kaiser an. Sie klagte über Gewalt und über das tumultuarische Verfahren bei der Inquisition, da nicht einmal die Formalien der Proceß-Ordnung beobachtet waren. Sie machte den

(p) aus den Inquis. Acten.

Erster Abschnitt.

den Kaiser auf den zu Butzbach schon vorher gehaltenen Blut-Rath aufmerksam, schilderte Inquirenten und Richter als die größten nach Blut dürstenden Feinde ihres Ehemannes, folgerte aus der Territion mit den Folter-Instrumenten, und dann aus der Zusicherung der gräflichen Begnadigung, daß aus ihrem unglücklichen Ehemann Geständnisse solcher Thatsachen ausgelocket worden, die er nie begangen habe, und leitete selbst aus der unterlassenen Defension, aus der so sehr beschleunigten Execution, aus der heimlichen Hinrichtung, noch mehr aus den beispiellosen Deliberationen über den Giftbecher die Unschuld ihres hingerichteten Ehemannes her. Die Landgräfin von Hessen-Butzbach gab sie für das erste Triebrad dieser Handlungen aus. Sie trug daher auf die Cassation des Processes, auf eine Ehrenerklärung und auf eine Entschädigung an. Es gelang ihr nicht nur, daß der Proceß bei dem Reichshofrath anhängig gemacht, sondern auch der kaiserliche Hoffiscal wider den Grafen, wider die gräfliche Canzlei, und wider die Landgräfin von Hessen excitiret wurde. Der Hoffiscal brachte unter dem 18. October wider den Grafen eine Citation wegen mißbrauchter und violirter Rechtspflege, ad videndum et audiendum se jurisdictioni privari et ad edendam Acta aus. Hiebei war dem Grafen allerdings nicht wohl zu Muthe. Ungerne wollte er die Inquisitions-Acten heraus geben, theils um seine Mutter zu schonen, theils aber, weil er nun vielleicht selbst wohl einsehen mochte, daß es mit den Formalien und Materialien überall wohl nicht so richtig seyn möchte. Besonders fürchtete sich der Graf vor dem Bruder der Marenholzin, dem kaiserlichen geheimen Rath und Hofkammer-Präsidenten, Grafen David Ungnad von Weissenwolf. Man hielt es bei

1651 bei diesen Umständen rathsam, diese ganze Sache auf die beste und schicklichste Weise zu ersticken, und durch einen Vergleich abzumachen. Durch Vermittelung vieler vornehmer Herren kam in dem folgenden Jahre 1652 wirklich ein Tractat zu Stande. Darnach nahm der Graf von Weissenwolf über sich, die Caßation des fiscalischen Processes wider die Landgräfin von Hessen, und wider den Grafen Enno Ludwig bei dem Kaiser zu bewürken; dagegen verpflichtete sich Graf Enno Ludwig, die Marenholzische Nachlaßenschaft den Erben zu erstatten, der geheimen Räthin von Marenholz ihre eingezogenen Güter wieder verabfolgen zu laßen, ihr zu verstatten, frey wieder in die Grafschaft zurück zu kommen, und ihr zu erlauben, die Leiche ihres hingerichteten Ehemannes wieder ausgraben, und sie mit Geläute und in Procession zu Hage in der Kirche beisetzen zu laßen (q). Die in Wittmund verscharrte Leiche wurde hierauf ausgegraben, in einen mit Schilden behangenen Sarg geleget, nach Hage geführet, und daselbst mit den gewöhnlichen Ceremonien begraben. Man trägt sich noch bis auf den heutigen Tag in dieser Provinz mit einem Vorspuk herum. Der Seher war der Prediger Abelius in Hage. Eben darum wird sie noch von vielen als eine evangelische Wahrheit geglaubt. Ein halb Jahr vor dem Marenholzischen Verhafte sahe dieser Prediger, wie er alleine in der Kirche war, einen mit Schilden behangenen Sarg in die Kirche tragen. Das Gedränge der Menschen war so stark, daß er aus dem Wege treten mußte. Den Gespenster-Freunden zu gefallen, habe ich diese Spuk-Geschichte nicht ganz vorbei gehen können. Funk beschreibt sie ausführlicher.

(q) Regierungs-Acten.

Erster Abschnitt.

licher (r). Da die geheime Räthin von Marenholz 1651 eine so wichtige Rolle in dieser Epoche gespielt hat, so bemerke ich nur noch von ihr, daß sie bis 1666 sehr eingezogen in Bremen gelebet, indessen von 1659 ansehnliche Unterstützung von dem oldenburgische Hause erhalten habe. 1666 zog ihr Sohn, Graf Anton von Altenburg, der damals Wittwer war, sie nach Varel. Hier übernahm sie die Erziehung seiner fünf Töchter, und starb daselbst in einem hohen Alter (s).

§. 10.

In der Marenholzischen Inquisitions-Sache waren die Handlungen der verwittweten Fürstin Juliane verwebet. Dieses veranlaßte viele unangenehme Auftritte zwischen ihr und ihrem Sohne. Durch Vermittelung der noch anwesenden Landgräfin Christine Sophie, die doch vorzüglich diese gehässige Sache angesponnen hatte, und des Braunschweigischen General-Major von Behr wurde zu Sandhorst ein Vergleich zwischen dem Grafen und seiner Mutter gestiftet, und zu Aurich am 2. Julii schriftlich vollzogen. Hierin sicherten sich beide Contrahenten mütterliche und kindliche Liebe wieder zu, und versprachen wechselseitig die Vernichtung aller anstößigen Briefe und Schriften. Dann überließ der Graf seiner Mutter, zufolge der mit dem Grafen Ulrich errichteten Ehepacten, so lange sie in ihrem Wittwenstande bleiben würde, das Schloß zu Berum zu ihrem Wittwensitz, aus den Intraden der Aemter Berum und Norden jährlich 8000 Rthlr., ferner die Zinsen ihrer Morgengabe, und überdem noch

(r) Funks Chronik 6. Theil p. 173.
(s) Aus Acten.

Zwanzigstes Buch.

1651 noch den Niesbrauch von zwei Grashäusern in der Norder Marsch. Dagegen leistete die Fürstin, gegen Empfang von 2000 Rthl.. auf alle die ihr in dem Testamente ihres verstorbenen Gemals, Grafen Ulrichs, vermachte Legate Verzicht, und versprach dem Grafen das Haus Sandhorst wohl meublirt wieder zu überliefern (t). Freilich waren nun wohl durch diesen Vergleich die Streitigkeiten über das Vermögen und über die jährlichen Einkünfte der Fürstin gehoben, indessen erfolgte keine völlige Aussöhnung. Die dem Vergleiche an der Spitze stehenden Ausdrücke, mütterliche und kindliche Liebe, Einigkeit und Zutrauen, waren blos Formalien. Dieses erweist der Erfolg. Kaum war der Vergleich geschlossen, so fuhr sie kurz vor der Hinrichtung des Marenholz, in Begleitung des General-Majors Bahr nach Hirschberg. Hier verweilte sie erst bei ihrer Schwester, der verwittweten Herzogin von Braunschweig, Anna Eleonora, und dann ließ sie sich auf ihrem Gut Westerhof in dem lüneburgischen nieder. Ihre Abreise hatte sie, wie uns Aizema ausdrücklich versichert, mißvergnügt angetreten. Der Graf, vielleicht nun durch das Blut des Marenholz abgekühlet, wünschte die Rückkehr seiner Mutter. Am 26. Aug. reiste er mit einer großen Suite ab, sie

---

(t) Regier. und landschaftl. Acten. Nachher entstanden zwischen Enno Ludwig und seiner Mutter neue Irrungen. Die Bestellung der Bediente im Berumer Amte war der Haupt-Gegenstand dieser Mißbeliigkeiten. 1655 wurden sie durch Vermittelung des Herzogs Christian Ludwig von Braunschweig und des Landgrafen Georg von Hessen, dahin ausgeglichen, daß die Fürstin den Drosten und den Amtmann dem Grafen vorschlagen, die übrigen Officianten aber nach ihrem eigenen Gutfinden in ihrem Wittbum ansetzen solle. Regier. Acten.

Erſter Abſchnitt. 81

ſie wieder nach Oſtfriesland zu bringen. Sie blieb 1651
aber unerbittlich. So kam er ohne ſeine Mutter
zurück. Ihrem feſten Schluß, nie wieder nach
Oſtfriesland zu kommen, blieb ſie ſtets getreu (u).
Zu Weſterhof lebte ſie noch einige Jahre in der Stille, und ſtarb am 15. Jan. 1659. Der Prediger
Brinkmann hielt die Leichen-Rede über Pſalm 73,
v. 24. Du leiteſt mich nach deinem Rath, und
nimmſt mich endlich mit Ehren an (v). Die Leiche
wurde nach Aurich gebracht, und in dem herrſchaft-
lichen

(u) Airtema p. 512. Bolen. c. l.

(v) Brinkmanns Leichen-Predigt. Gedruckt zu Gos-
lar 1659. Man hat von ihr einen treflichen Ku-
pferſtich in folio von Andrieſſen gezeichnet und von
Köning geſtochen, völlig dem Original-Portrait
ähnlich. Ihr Sterbe-Thaler hat die Inſchrift:
Stus Princ. et D. Juliana Landgra. Haſſ. Com Friſ.
Orient. Vidua Nata Darmſt. 14. April 1606. Obiit
15. Jan. 1659 Deſideratiſſimae Matris memoriam
Venerantes Tres Filii ſuperſtites fieri fecerunt.
Köhlers Münz-Beluſtigungen, XI. Theil, Vorrede
p. 17. und 17. Theil p. 233. Köhler findet es un-
ſchicklich, daß auf dieſer Münze ihr Stamm-Wap-
pen zum Rückenſchild und ihres Gemals zum Mit-
telſchild gemacht worden, und anſtößig, daß man
das Wappen einer Wittwe evangeliſcher Religion
mit den geflochtenen Franciskaner-Stricken (Cor-
deliers oder Wittwenſchnüre) umhangen hat. Ich
bemerke nur noch, daß die Fürſtin durch Anlegung
der Julianen-Burg, eines Luſt-Gartens bei Aurich
ihres Namens Gedächtnis geſtiftet hat. Dieſer
Luſt-Garten iſt von dem Fürſten Chriſtian Eberhard vergrößert, (Funks Chronik 7. Theil p. 271)
und gleich nach dem ſiebenjährigen Kriege, da der
Garten Stückweis einzeln Privatperſonen in Erb-
pacht verliehen iſt, eingegangen.

1651 lichen Begräbniß, welches sie selbst hatte erbauen lassen, beigesetzet (w). Ueber ihre Nachlassenschaft konnten sich ihre beiden Söhne, Fürst Georg Christian und Graf Edzard Ferdinand, und ihre Enkelin, die Tochter des schon damals verstorbenen Fürsten Enno Ludwigs, nicht einigen. Durch Vermittelung des Herzogs Christian Ludwig von Braunschweig-Lüneburg haben sie sich, zufolge des Erb-Vergleichs vom 22. Jan. 1661 endlich in der Güte in Bremen auseinander gesetzet (x).

(w) Ravinga ad an. 1659. Ulr. v. Werdum Scr. famil. Werdumanae.

(x) Verhandlungen über diese Erbschaft, und Erbschafts-Receß in dem landschaftl. Archive.

Zweiter Abschnitt.

§. 1. Graf Cono Ludwig macht in Harrlingerland eine Reform der Justiz-Bedienten, und läßt sich huldigen. §. 2 In Ostfriesland werden wegen der Landesbeschwerden und Einrichtung der Huldigungs-Reversalen Tractaten gepflogen. Der Graf nimmt sich der Stände wider Emden an. Dadurch werden die Tractaten verzögert und endlich abgebrochen. Die Huldigung unterbleibt. §. 3. Der Graf reiset nach dem Haag, seine Braut, die Prinzeßin von Oranien, zu besuchen, und sich über die Stadt Emden zu beschweren. Von der Prinzeßin Braut wird er kalt empfangen, und die Streitigkeiten mit Emden werden nicht abgeteist, doch nehmen die ritterschaftlichen Administratoren wider ihre Stellen in dem Collegio ein, und die Stände zahlen den Embdern die versprochene 60000 Gulden aus. §. 4 Fataler Proceß der Landschaft mit Giesbert von dem Berge. §. 5. Der Graf und die Stände stellen bei dem Reichshofrath den Proceß wider Emden an. §. 6. Hierüber beschweren sich die Embder bei den General-Staaten. §. 7. In dem Haag wird an einem Vergleich gearbeitet.

§. 1.

Der Graf, den wir bisher blos als einen strengen Richter haben kennen gelernet, faßte denn gleich bei seiner Rückkunft die Regierung über Ostfriesland und Harrlingerland an. In Harrlingerland traf er bald nachher eine Reform. Der Droste in Esens, Joachim von Oldenburg, war ein kurzsichtiger Mann, der nun sogar blödsinnig geworden war. Der Amtmann Martin von Elten war erst ein Schuster-Knecht gewesen. Es war also wohl eine Reform nöthig. Der Graf vertraute seinem Liebling, Philipp Dubben, von dem ich vorhin geredet habe, die Drostei an, und machte Conrad Messenteich zum Amtmann. Der Drost Dubbe rieth dem Grafen, den Harrlingerländern, die unter der schlaffen und unachtsamen vormundschaftlichen Regierung immer mehr ausgeschweifet hatten, den Zaum so kurz zu halten, daß sie zittern müßten, wenn sie nur den

1651

84 **Zwanzigstes Buch.**

1651 Nahmen des Grafen oder seiner Minister hörten. Der Stolz, die Strenge und der Geitz des Drosten soll gränzenlos gewesen seyn. Daher war er bei den Eingesessenen Harrlingerlandes, und besonders bei dem Adel, verhaßt, fiel nachher 1657 bei dem Grafen in Ungnade, und entfernte sich heimlich aus dem Lande. Die Huldigung in Harrlingerland verzögerte sich bis 1653. In diesem Jahre wurde sie in Esens und Wittmund eingenommen (a).

§. 2.

In Ostfriesland ist zwar viel über die einzunehmende Huldigung verhandelt; sie ist aber nie vor sich gegangen. Der Graf benachrichtigte die Stände von dem Antritt seiner Regierung, und schrieb bereits unter dem 4. Jun. einen Landtag nach Aurich aus. Am 11. Jun. wurde der Landtag eröffnet. Hier versprach der Graf in den Landtags-Propositionen den Ständen, nach Anleitung der Landes-Verträge und des Herkommens, ihre Privilegien, Rechte und Gerechtigkeiten zu bestätigen, solche zu handhaben und sie dabei zu schützen. Dann gab er zu vernehmen, wie er in der gewissen Hoffnung lebte, daß er ein völliges Zutrauen zwischen ihm und den Ständen, woran es unter den vorigen Regierungen so sehr ermangelt hätte, herstellen würde. Zu dem Ende sicherte er den Ständen die Abstellung aller wider die Landes-Verträge vorgenommenen Contraventionen zu, und foderte sie auf, ihre Hauptbeschwerden so kurz, wie möglich, zu fassen, und sie ihm einzureichen. Den Ständen war die vormundschaftliche Regierung so sehr gehässig gewesen. Oft und sehnlich hatten sie auf die Rückkehr des Grafen angetragen; daher war ihnen die unvermuthete Ankunft

---

(a) Ulrich v. Werdum Ser. fam. Werd.

kunft des Grafen, und die so schnell veränderte Re-1651
gierung sehr angenehm. Aus der Fülle ihres Herzens statteten sie feierlich dem Grafen zu dem Antritt
seiner Regierung ihren Glückwunsch ab. Sie setzten hierauf eine Deputation nieder, welche die Gravamina aufmachen sollte. Man war nun freilich
von beiden Seiten darüber einig, daß den Landes-Verträgen strenge nachgelebet werden müßte. Die
Frage aber, ob diese oder jene Thatsachen als Contraventionen wider die Landes-Verträge angesehen werden könnten, und in wieferne der Graf verpflichtet sey, sie abzustellen? blieb streitig. Die
Stände machten dann ihre Gravamina auf. Indessen wurde wegen Uneinigkeit der Stände unter
sich die Behandlung über diese Beschwerden sehr
schläfrig betrieben. Emden machte die eine streitende Parthei, die übrigen Stände die andere aus.
Die Stände bestanden nunmehr darauf, daß die ihnen so sehr lästige Ember Garnison abgedankt werden sollte, da der westphälische Friede zur Execution
gebracht und sie also ganz unnütz war. Dann verlangten sie eifrig, daß Emden ihre Quote zu den
Krieges-Schulden beitragen sollte. Auch arbeitete
die Ritterschaft von ihrer Seite daran, daß ihre Administratoren wieder ihre Stellen in dem Administrations-Collegio einnehmen sollten. Denn noch
immer hielten die Ember sie ausgeschlossen. Dagegen wollte sich die Stadt auf nichts einlassen, so
lange ihr nicht die ihr in der staatischen Resolution
vom 15. Decemb. 1650 festgesetzte Abschlags-Zahlung der 60000 Gulden baar entrichtet worden.
Wie nun die Ember merkten, daß der Graf sich gar
zu sehr nach der Seite der Stände hinlenkte; so riefen sie im Julio ihre Deputirten zurück (b). Weil

der

(b) Landschaftl. Acten.

1651 der Graf bald hierauf nach Hirschberg reiste; so blieben die von den Ständen eingereichten Beschwerden unerörtert, und hievon war die Folge, daß keine Huldigungs-Reversalen zu Stande kamen, und also auch mit der Huldigung Anstand genommen wurde. Ein Staatsfehler war es wohl, daß der Graf sich bei Anfang seiner Regierung in die Streitigkeiten der Stände unter sich mischte, und offenbar Parthei nahm. Da die veränderte Regierung den Ständen angenehm war, und er die Zuneigung der Stände vor sich hatte, so hätte er leichter ihre Streitigkeiten nußen, und dadurch zugleich die Behandlungen der Beschwerden zwischen ihm und ihnen erleichtern und beschleunigen können. Wie nun aber erst einmal die Gravamina liegen blieben; so hielt es nachher schwer, den abgerissenen Faden wieder anzuknüpfen, und so ist Enno Ludwig zuletzt ungehuldiget verstorben.

§. 3.

Wie der Graf von Hirschberg zurückkam, gieng er nach dem Haag. Bei dieser seiner Reise hatte er eine doppelte Absicht, theils seine Vermählung mit seiner verlobten Braut, der Prinzessin von Oranien zu beschleunigen, theils um wider die Stadt Emden Klage zu führen. Bei der Prinzessin fand er nicht die Neigung zur Heirath vor, als er vermuthete. Unter dem Vorwande, daß die Braut zu jung sey, wurde er zur Geduld verwiesen. Im October hatte er Audienz in der Versammlung der General-Staaten. Sein Agent Nyvelt führte für ihn das Wort. Die Ritterschaft klagte ebenfalls wider die Ember, daß sie noch immer ihre Administratoren aus dem Collegio ausgeschlossen hielten.

Zweiter Abschnitt. 87

ten. Auch drangen die Stände und mit ihnen der 1651
Graf auf die Abdankung der Ember Garnison. Dagegen klagten die Ember, daß ihnen die Abschlags-
Zahlung der 60000 Gulden noch vorenthalten würde. Die Ritterschaft brachte von den Staaten einige drohende Anschreiben zur Readmission der adlichen Administratoren aus. Dies war alles, was
die persönliche Anwesenheit des Grafen und der ständischen Deputirten würkte. Aber auch diese drohende Resolutionen brachten keine Früchte. Die
Ember versagten noch immer der Ritterschaft den
Zutritt zu dem Collegio. Der in dem westphälischen
Frieden dem Grafen von Oldenburg zugesicherte
Weser-Zoll blieb beständig den Holländern ein
Stein des Anstoßes. Um den Grafen von Oldenburg auf eine oder die andere Art zu bewegen, von
diesem Zoll abzustehen, beschlossen die General-
Staaten, Nanning Kaiser, Raths-Fiscal der Ad-
miralität von Friesland, und Syds von Osinga,
Grietmann in Friesland, nach Oldenburg zu senden.
Sie erhielten zugleich den Auftrag, bei ihrer Durch-
reise in Emden einen Versuch zur Aussöhnung zwischen dem Grafen, den Ständen, und der Ritterschaft auf der einen, und der Stadt Emden auf der
andern Seite zu machen. Im Anfange des folgen- 1652
den Jahres fanden sich diese staatischen Deputirten
in Emden ein. Hier verweilten sie nur ein paar
Tage, und reisten schon am 6. Jan. über Aurich
nach Oldenburg. Eine Aussöhnung, woran so lange gearbeitet, und worüber so viel geschrieben war,
ließ sich in einer so kurzen Zeit nicht zu Stande bringen. Die Deputirten richteten also auch diesmal
nichts aus. Nur blos die Zahlung der 60000 Gulden, und die Wiedereinsetzung der ritterschaftlichen
Administratoren, war der Gegenstand ihrer Ver-

F 4 gleichs-

88 Zwanzigstes Buch.

1652 gleichs-Vorschläge, und diese waren in beiden Puncten umsonst. Nach ihrer Abreise arbeiteten die Stände daran, daß das Collegium aus Emden nach einem andern Orte unter dem Schutze der General-Staaten möchte verleget werden. Sie konnten aber auch hierin das Ziel ihrer Wünsche nicht erreichen, weil ausdrücklich nach den Landes-Verträgen das Collegium und die Landes-Casse beständig in Emden bleiben sollte. Im Herbste einigte man sich endlich über die beiden streitigen Puncte, über die ritterschaftlichen Administratoren und über die Emder Abschlags-Zahlung. Die 60000 Gulden wurden im Nov. der Stadt ausgezahlet, und an dem nämlichen Tage nahmen die beiden ritterschaftlichen Administratoren, Haro Mauritz von Closter und Joest Mauritz Hane wieder ihre Plätze in dem Administrations-Collegio ein. Dabei behielt sich noch immer die Stadt Emden vor, als Besitzerin der Herrlichkeiten Sitz und Stimme unter der Ritterschaft zu erhalten. So waren denn nun zwar diese beiden Puncte abgethan, allein die Hauptsache, die Beibehaltung oder Abdankung der Emder Garnison, und die Liquidation mit der Stadt Emden blieben noch streitig (c). Uebrigens ließ noch in diesem Jahre das Administrations-Collegium ein neues Capital-Schatzungs-Register anfertigen. Ich bemerke solches um deswillen, weil daraus die Anzahl der Familien in Ostfriesland ersichtlich ist. Darnach waren, Emden ausgeschlossen, damals 9905 Haushaltungen in Ostfriesland vorhanden (d).

§. 4.

(c) Aitzema Boeck 31. p. 512. 513. Boeck 32. p. 780. 786. und landschaftl. Acten.

(d) Aus dem Capital-Schatzungs-Register.

Zweiter Abschnitt.

§. 4.

Die Landschaft war theils durch den dreißigjäh- 1652 rigen Krieg, theils durch innerliche Unruhen und andere Landes-Calamitäten in eine große Schuldenlast gerathen. Gysbert auf dem Berge, Land-Commandeur der Ballen Westphalen, hatte ihr in dem Jahre 1617 — 14400, und im Jahre 1619 10800, also überhaupt 25200 Gulden zu 8 pro Cent vorgestrecket. Er residirte in Ontmarsum, in der Provinz Over-Yssel. Die Einwohner dieses Städtgens und anderer herumliegenden zu Commanderie gehörigen Oerter giengen zur protestantischen Religion über. Er selbst folgte ihnen. Hernach heirathete er und zeugte einen Sohn, Junker Balthasar auf dem Berge. Dieser kündigte der Landschaft die vorgestreckten Capitalien auf. Hierwider protestirte der deutsche Orden, weil der Commandeur nach den Ordens-Regeln nicht heirathen konnte, und der Vorschuß aus den Einkünften der Comthur-Güter geflossen war. Hierüber entstand vor dem Hofgericht ein Proceß, welcher für den Junker Balthasar auf dem Berge günstig ausfiel. Der Orden, oder der damalige Land-Commandeur Hurrschiller, appellirte an den Reichshofrath. Mittlerweile war von dem Kaiser 1638 den Ständen anbefohlen, keine Zahlung zu verfügen. Dieses mißfiel den Ständen gar nicht; denn jeder Aufschub zur Zahlung war ihnen angenehm. Allein dieser Aufschub wurde ihnen sehr verbittert. Der Orden triumphirte bei dem Reichshofrath, und so mußten die Stände dem Bischof von Osnabrück und Paderborn, denen die Execution aufgetragen war, Capital und Zinnsen auszahlen. Bald nachher nahmen die General-Staaten sich des Balthasar auf dem Berge an,

1632 an, der in Amsterdam oder im Haag ein großes Comtoir hatte. Sie trugen dem Commandanten in Emden Doco Gräving auf, mit Execution wider die Landschaft zu verfahren. Dieser bemächtigte sich in dem Jahre 1650 bis 1652 der Pacht-Comtoire, und preßte daraus den Ständen mehr ab, als sie an Balthasar von dem Berge wirklich schuldig gewesen waren. Die Executions-Kosten allein betrugen über 8000 Gulden. Die Stände beschwerten sich nun über dieses Verfahren in dem Haag. Sie brachten zwar einen Befehl auf den Hauptmann Gräving von den General-Staaten aus, daß er mit der Execution einhalten sollte; sie konnten aber nie mit Balthasar von dem Berge zu einer Liquidation kommen. So mußten sie auch diesen Verlust stehen, und doppelte Zahlung leisten (e).

§. 5.

1653 Endlich kam es denn so weit, daß die Stände und die Stadt Emden sich zu einer Liquidation ihrer Foderungen und Gegenfoderungen anschickten. Die Ember machten zuerst ihre Rechnung auf. Diese betrug mehr als drei und eine halbe Million Gulden (f). Diese Rechnung war gar zu sehr übertrieben.

(e) Altsema p. 780 und 1021. Landrechnung von 1650—1653. und landschaftl. Acten.

(f) Die Foderung der Stadt Emden bestand aus folgenden Posten:

1) aus der Liquidation von 1632 — 601287.
hierauf war von 1634 bis
  1637 bezahlet — 262056
  1652 war bezahlt — 60000
                        ——————
                          322056

Es blieben also die Stände schuldig — 279231

2) nach

Zweiter Abschnitt.

ben. Dieses fällt bei dem ersten Anblick in die Au-1653 gen. Auf der andern Seite giengen denn auch wohl die Stände zu weit. Sie warfen die mehresten Posten aus, andere erniedrigten sie, und dann machten sie eine Gegenfoderung von ohngefähr zwei Millionen Gulden, die sie vorzüglich aus den hessischen Contributionen hernahmen. Zwischen diesen beiden Foderungen und Gegenfoderungen war also eine so große Kluft, daß ein gütliches Auskommen durchaus unmöglich war. Wegen der noch fortwährenden Streitigkeiten über die Emder Garnison beharrte jeder Theil streng auf seinem Satz. Die Emder wollten sich auf die von den Ständen so eifrig verlangte Abdankung nicht einlassen; und die Stände wollten zur fernern Unterhaltung dieser Garnison keinen Heller hergeben. Der Graf machte, wie ich vorhin

```
                               Transp. 279235
2) nach dem staatischen Ausspruche von
   1634        —        —       248120
3) nach demselben Ausspruche    —  50000
                                   _____
                                   577351
```
Zu diesem Hauptstuhl hatten sie Zinsen von Zinsen berechnet, und die Zinsen zu 8 p. C. angeschlagen. So brachten sie — 2968743 heraus. Hiezu fügten sie noch hinzu

```
1) An Ammunitions-Kosten der Garnison  98462
2) An Torf, Holz und Licht    —    —   88217
3) Kosten wegen Demolition des Jem-
   gumer Zwingers     —      —          4000
4) Reparation des Stadtgrabens  .  —   41771
5) An Legations-Kosten von 1633-1653 — 90980
                                      _____
                                     3292173
```

Wegen dieser letzten 5 Posten behielten sie sich ebenfalls die Zinsen vor, so daß alsdann diese Foderung 3½ Millionen überstieg.

Zwanzigstes Buch.

1653 vorhin schon bemerkt habe, mit den Ständen wider die Stadt Emden gemeinschaftliche Sache. Wie die General-Staaten wegen des Krieges mit Engelland sich über die ostfriesischen Angelegenheiten wenig bekümmerten, so wandte sich nun der Graf an den Kaiser und an das Reich. Er sandte mit Gutfinden und Vorwissen der Stände den Freyherrn Enno Wilhelm von Kniphausen-Lützeburg und den geheimen Rath Christian Regensdorf nach Regensburg, und ließ dann durch sie bei dem Reichshofrath förmlich eine Klage wider die Stadt Emden überreichen. Er beschwerte sich darüber, daß die Ember sich bisher geweigert hätten, ihren gewöhnlichen sechsten Theil zu den schwedischen und hessischen Satisfactions-Geldern, zu den Wechtischen Verpflegungs-Geldern, zu den Römer-Monaten und andern Reichs-Lasten zu entrichten, und noch überdem die Stände mit der Unterhaltung ihrer Garnison beschwerten (g). Hierauf erfolgte unter dem 13. Februar 1654 folgendes kaiserliche Decret: „Fiat „Mandatum poenale sine clausula contra dictam „civitatem de solvendo collectas imperii, ipsi pro „sua parte incumbentes, sub poena dupli, und daß „sie des Herrn Grafen Unterthanen mit den geklagten Exactionibus zur Unterhaltung ihrer Garnison, „nicht allein nicht weiter beschweren, sondern auch „dasjenige, was sie bishero von ihnen erforquiret, „ab- und eingenommen, demselben restituiren, sub „termino 3. mensium, ad docendum de paritione. „2) Communicetur statibus Imperii per Decretum, „daß sie, im Fall die Stadt nicht obediire, Ihro „Kayserl. Majestät mit Gutachten an die Hand geben wollen, wie dieselbe zur Parition zu bringen „seyn

(g) Landschaftl. Acten.

Zweiter Abschnitt.

„ſeyn möchte" (h). So war denn nun der Proceß 1654 wider die Stadt Emden erkannt.

§. 6.

Sobald die Ember von dem kaiſerlichen Mandate Nachricht erhielten, ſandten ſie unverzüglich einige Deputirte, den Bürgermeiſter Heinrich Gerhardi, den Secretair Stephan Georg und den Rentmeiſter Leonard Fewen nach dem Haag. Dieſe klagten, daß der Graf und die Stände ſich an den Kaiſer gewandt, und ein Pönal-Mandat über die Abdankung ihrer Garniſon, über die Wiedererſtattung der zum Unterhalt dieſer Garniſon gehobenen landſchaftlichen Gelder, und über den Beitrag zu den Krieges-Contributionen, und Reichs- und Kreis-Steuern ausgebracht hätten. Auch beſchwerten ſie ſich, daß die Stände die Liquidation mit ihnen verzögerten, und ihnen nicht gerecht werden wollten. Vorzüglich drangen ſie darauf, die Stände zu bewegen, den bei dem Reichshofrath angeſtellten Proceß wieder aufzurufen. Die General-Staaten äuſſerten ihre Unzufriedenheit, daß der Graf und die Stände ſich an den Reichshofrath gewendet hätten, da ſie doch die Manutenenz der unter ihrer Gewähr errichteten Verträge übernommen hätten. Die Stände verantworteten ſich in einem Gegenbericht. Hierin führten ſie aus, daß die Garniſon in Emden nicht eine ewige Servitut für das Land, und ein Immerwährendes Privilegium für die Stadt wäre, und das Land durch langjährige Einquartierungen, durch ſchwere Contributionen, durch Deichbrüche und andere Landes-Plagen in große Schulden gerathen und tief geſunken wäre, dagegen Emden groß, mächtig, über-

---

h) Brenneiſen p. 718.

1654 übermüthig und so reich geworden wäre, daß sie die vornehmsten Herrlichkeiten hätte ankaufen können, und noch täglich durch ihren ausgebreiteten Seehandel und besonders durch die Fischerei sich immer mehr empor schwänge. Das so sehr verschuldete Land müßte endlich einmal von dieser den Eingesessenen so hart drückenden Last entjochet werden. Da Ihre Hochmögenden selbst auch nicht die kleinste zu der Republik der vereinigten Niederlande gehörige Provinz zwängen, diese oder jene Belästigung zu übernehmen; so sähen sie gar den Grund nicht ein, woher man den Grafen und die Stände wider ihren Willen und wider den ausdrücklichen Befehl des Kaisers zur fernern Unterhaltung der Ember Garnison anhalten könnte. Chikane wäre es, wenn die Ember behaupten wollten, daß der Graf und die Stände nur dahin trachteten, durch Abdankung der Garnison die Stadt innerlichen Tumulten, und auswärtigen Angriffen, wobei selbst Ihre Hochmögenden interessiret wären, blos zu stellen, und daß man eben darum das kaiserliche Mandat ausgebracht hätte. Aber der klare Text des Mandats zeigte es schon, daß der Graf und die Stände nicht sowohl auf die Abdankung der Garnison, als auf die ständische Entlastung von dem Unterhalt derselben angetragen hätten. Wäre der Stadt eine Garnison nöthig; so wollte man ihr wohl 6000 statt 600 Mann gönnen, wenn sie, die Stände, nur nichts mit dem Unterhalt zu schaffen hätten. Nicht sie, der Graf und die Stände, sondern die Ember hätten die Achtung aus den Augen gesetzet, die sie den General-Staaten schuldig wären. Der Befugsamkeit Ihrer Hochmögenden in Bestellung der Commandanten-Stelle hätten sie sich hartnäckig einige Jahre lang widersetzet, und nach ihrer eigenen Phantasie einen

andern

Zweiter Abschnitt.

andern Commandanten bestellet. Der letzteren Re- 1654
solution Ihrer Hochmögenden vom 15. Dec. 1650
wären sie gar nicht nachgekommen. Sie hätten sich
sogar bei dem zwischen England und den Niederlanden
ausgebrochenen Krieg an England geschmieget,
und suchten durch den ihnen vergönnten freien Seehandel
und den freien Fischfang ihren Privat-Nutzen (i). Ein sicherer Beweis, daß die Ember mit
England unter einer Decke lägen, wär' es, daß sie
sich bei den eröffneten Friedenshandlungen bei den
General-Staaten nicht einmal beworben hätten, mit
in den Frieden eingeschlossen zu werden. Sie glaubten
eine freie Republik vorzustellen. Sie achteten
die auf die Verträge gegründeten staatischen Resolutionen
nicht, sie wollten sich dem Kaiser, als des
Reichs Oberhaupt, nicht unterwerfen, und verkennten
den Grafen, als ihren Landesherrn. So sehr
nun auch der Schritt, den der Graf und die Stände
nach dem kaiserlichen Thron gewaget, von der Stadt
Emden aufgemutzet worden, so hielten sie sich doch
allerdings dazu berechtiget. Denn bei Errichtung
aller Verträge wäre es nie dem Grafen, oder den
Ständen, oder auch der Stadt Emden eingefallen,
sich von dem deutschen Reiche abzusondern; vielmehr
wäre ausdrücklich in dem hagischen Vergleich von
1603 dem Grafen vorbehalten, den damals vor
dem Reichshofrath schwebenden Proceß zu reassumieren.
Sie fügten hiebei hinzu, daß weder der Graf
noch die Stände bei dem Anbringen der Klage vor
dem

(i) 1652 hatte der Protector Cromwell Emden eine
Neutralitäts-Acte gegeben, und ihr den freien
Handel und Fischfang vergönnet. Diese Neutralität
genossen sie während des ganzen Krieges.
(Trifol. aureum, und Ember kleine Chronik bei dem
Jahre 1652.

1654 dem Kaiser die Absicht gehabt hätten, die Stadt Emden oder Jemand anders, vielweniger die General-Staaten zu kränken. Sie wollten nur durch gesetzmäßige Rechts-Mittel sich dasjenige verschaffen, was die Stadt Emden mit Unrecht ihnen versagte. Sie foderten daher die General-Staaten auf, ihnen die zugesicherte Manutenenz bei der nachgesuchten Justiz angedeihen zu lassen, und die Emder zum schuldigen Gehorsam zu ermahnen. Die General-Staaten ersuchten hierauf den Grafen und die Stände zur Ausmittelung dieser Streitigkeiten gegen den 15. April Deputirte nach dem Haag zu senden, und bis dahin alles in dem bisherigen Stande zu lassen. Der Graf antwortete den General-Staaten, daß ihn die Streitigkeiten wegen der Emder Garnison eigentlich nichts anglengen, daß sich die Stände schon dreißig Jahre her über diese drückende Last beschweret, und nun ihre Klage durch den Freyherrn von Knipphausen-Lützeburg vor dem Kaiser angebracht hätten. Er müßte daher die Execution des kaiserlichen Mandats dem Kaiser und dem Reiche anheim gestellet seyn lassen, doch wollte er mit den Ständen über die verlangte Deputation Rücksprache nehmen. Unterdessen ließen die Stände in Regensburg auf die Execution des kaiserlichen Mandats andringen. Sobald die Emder solches vernahmen, nahmen sie wieder ihre Zuflucht nach dem Haag, suchten die zu verhängende Execution wenig zu machen, und baten zugleich, die Stände anzuhalten, ihnen wieder 60000 Gulden auf Abschlag ihrer Foderung auszuzahlen (k).

§. 7.

(k) Aktenm p. 197—199.

Zweiter Abschnitt.

§. 7.

Unter dem 18. Jun. erhielten der Graf und die 1654 Stände wieder ein Anschreiben aus dem Haag, ohne Zeitverlust eine Deputation abzusenden. Von Seiten des Grafen fanden sich der geheime Rath Regensdorf, und von Seiten der Stände der Baron von Knyphausen-Lützeburg und der niederländische Geschichtschreiber Leo von Aitzema (l) ein. Die General-Staaten setzten aus ihrer Mitte eine Commission an. Diese bestand aus den Herren von Ommeren, Merode, von der Nieuborg, Mauregnault, von der Hold, Aylva, Isselmunden und Jebrants. Diese traten mit den gräflichen und ständischen Deputirten in Conferenz. Sie gaben sich viele Mühe, die gräflichen und ständischen Deputirten zu dem Abstande des Processes bei dem Reichshofrath zu überholen. Diese blieben aber unbeweglich, und ließen sich nicht ablenken. Dagegen wollten die Emder Deputirten sich auf keine Vergleichs-Vorschläge einlassen, bevor der Graf und die Stände auf das kaiserliche Mandat Verzicht geleistet hätten. Nach so vielen Debatten sprach ein Mitglied der General-Staaten in einem rauhen Tone. Er verlachte, sagte er, den Kaiser und seine Drohungen. Der Kaiser könnte zwar den Kreisausschreibenden Fürsten die Execution des Mandats auftragen, alleine er würde damit nie den Zweck erreichen, da Emden das ganze Land unter Wasser setzen könnte. Das Resultat seiner Meinung gieng dahin, daß man die Stände kurz und gut anhalten müßte, die Emder zufolge ihrer Liquidation zu befriedigen. Die Denkungsart der andern war

aber

(l) Er war Agent und Consulent der Stände, und genoß dafür ein jährliches Gehalt von 200 Rthlr.

1654 aber gemäßigter. Sie arbeiteten eifrig an einer Sühne zwischen Emden und den Ständen, und suchten nur letztere zu bewegen, während dieser Tractaten und so lange kein Vergleich zu Stande gekommen seyn würde, den Proceß in Regensburg zu sistiren. Hiezu schienen die gräflichen und ständischen Deputirten nicht ungeneigt zu seyn. Indessen drangen die Ember darauf, daß sie förmlich den Proceß aufrufen sollten. Nach so vielen fruchtlosen Bemühungen, die Ember und die Stände theils wegen der Garnison, theils wegen der Schuldfoderung zu vereinbaren, erfolgte unter dem 2. Oct. eine staatische Resolution. Darnach sollten beiderseitige Deputirten auf 6 Wochen nach Ostfriesland zurück reisen, um ihren Committenten die in dem Haag gethanen Vorschläge zu eröfnen, und alsdenn sollten sie sich mit einer genug bestimmten Vollmacht wieder einfinden. In der Zwischenzeit sollte das kaiserliche Mandat ruhen und nicht zur Execution gebracht werden. Im Fall nun die Deputirten nach Ablauf der 6 Wochen nicht wieder zurückkommen möchten, wollten die General-Staaten die Streitigkeiten nach Anleitung der Accorde entscheiden. Hierauf traten denn die Deputirten des Grafen, der Stände und der Stadt Emden ihre Rückreise nach Ostfriesland an (m).

(m) Aitzema p. 199—202.

Dritter Abschnitt.

§. 1. Graf Enno Ludwig entschliesst sich, den Fürsten-Stand nachzusuchen. §. 2. Der Kaiser gewähret diese Bitte, und ernennet ihn zum Reichs-Fürsten. Enno Ludwig wird also zwar der erste Fürst von Ostfriesland, §. 3. erhält aber keinen Sitz und Stimme auf der Fürsten-Bank. §. 4. Der Freyherr von Knipbausen hält den Reichsschluß wegen des von den Unterthanen dem Landesherrn zur Unterhaltung der Besatzungen zu entrichtenden Beytrages auf Ostfriesland nicht anwendbar, und protestirt darwider. §. 5. Fernere Verhandlungen in dem Haag über die Mißhelligkeiten des Fürsten und der Stände mit Emden. §. 6. Die General-Staaten nehmen das Liquidations-Geschäfte zwischen Emden und den Ständen vor, moderiren die Emder Foderung und erkennen auf Verminderung der Emder Garnison. §. 8. Die Stände tragen ihre Schuld an Emden ab.

§. 1.

Um in der chronologischen Ordnung zu bleiben, 1654 brech' ich hier die Streitigkeiten der Stände mit der Stadt Emden ab, und gehe zu einem andern Gegenstand über. Dieser betrift die Erhebung des Grafen Enno Ludwig in den Reichs-Fürstenstand. Der Graf setzte ein besonderes Zutrauen auf unsern gelehrten Landsmann, den damaligen Professor in Helmstädt, Herman Conring. Dieser rieth dem Grafen an, daß er sich bemühen möchte, sich mehrern Einfluß auf den Reichstagen zu verschaffen. Er schlug ihm in einem Schreiben vom 25. Nov. 1653 vor, sich wegen Harrlingerland ein besonderes Votum auf der westphälischen Grafen-Bank zu bewürken, doch so, daß diese Herrschaften dadurch nicht mit besondern Reichs-Anlagen belastet werden möchten, oder sich in den Fürsten-Stand erheben zu lassen. Da Harrlingerland ein Geldrisches Lehn war, so befürchtete der Graf die Unzufriedenheit seiner Ober-Lehnsherrn, wenn er dieses Gesuch bei dem Kaiser anbringen würde. Er verwarf daher diesen

1654 Vorschlag, und fand dagegen den zweiten Plan annehmlicher, den Fürstenstand nachzusuchen. Hierzu hatte denn auch vorzüglich Conring um deswillen angerathen, weil nach seiner Meinung die Vota der Grafen auf Reichs- und Kreistagen, in Concurrenz mit den Fürsten-Stimmen von geringer Bedeutung waren, und die Reichslasten so viel möglich von den Fürsten auf die Grafen hingewälzet würden. Dann glaubte Conring, daß bei diesem Gesuche keine sonderliche Schwierigkeiten obwalten könnten, weil der Graf bei dem Kaiser gut angeschrieben stünde, weil er aus einem alten gräflichen Hause entsprossen, und mit den vornehmsten deutschen Fürsten verwandt wäre, und endlich er nicht blos auf deren, sondern auch auf der sämmtlichen evangelischen Fürsten Unterstützung sicher rechnen könnte, da diesen dadurch eine Stimme mehr zuwüchse (a). Der Graf nahm denn diese Sache in Erwägung, und hielt den Fürsten-Stand seinem Hause zuträglich zu seyn. Doch waren nicht alle Räthe dieser Meinung. So schreibt wenigstens der geheime Rath Bluhm: „Den Für„stenstand anzunehmen, hab' ich mehrmalen aus „dringenden Ursachen widerrathen, des ich schriftlich„chen Beweis habe; ob andere dazu gerathen ha„ben, weiß ich nicht" (b). Die Emder sahen ungerne, daß das gräfliche Haus in den Fürstenstand erhoben würde. Sie befürchteten, daß der Graf durch diese nähere Verbindung mit den Reichsfürsten, und durch den größern Einfluß auf Reichs- und Kreistagen zu ihrem Nachtheile an Macht und Ansehen gewinnen möchte. So wie sich nun das Vorhaben des Grafen verlautbarte, ließen sie ein Schreiben an ihn ohngefähr folgendes Inhalts abgehen: Sie hätten außer-

(a) Regier. Acten.
(b) Vom Zustande des Hofes.

Dritter Abschnitt. 101

äußerlich vernommen, daß er den Fürstenstand nach- 1654
suchte. Sie hielten es indessen für ihre Pflicht, ihm
solches abzurathen. Sie ersuchten ihn, sich mit
dem Titel und den Würden zu begnügen, die seine
Vorfahren gehabt, die doch weit mächtiger und rei-
cher gewesen wären, wie er. Dann wiesen sie ihn
auf andere Grafen hin, die weit größere Länder be-
säßen. Sie gaben ihm zu bedenken, in welche
Weitläuftigkeiten er sich stecken, und wie er bei Vermehrung seines Hofstaates sich in große Schulden
versenken würde. Dann befürchteten sie, daß Ostfriesland, wenn es in ein Fürstenthum umgeschaffen
werden sollte, einer Verhöhung der Reichs- und
Kreis-Steuern, und des Contingents zu den Römer-
Monaten ausgesetzet werden möchte. Endlich folgerten sie aus der gräflichen Standes-Erhöhung eine
Jalousie bei den Nachbarn, und Unzufriedenheit
und Argwohn bei den Ständen. Sie ersuchten ihn
daher inständigst, es erst mit den Ständen zu überlegen, ob es gerathen sey, den Fürstenstand nachzusuchen (c).

§. 2.

Dieses Schreiben konnte keine Abänderung des
gräflichen Plans würken. Die gräflichen Abgesandten, der Freiherr von Kniphausen und der geheime Rath Regensdorf waren schon damals nach
Regensburg abgereiset, um dem Reichstage beizuwohnen. Sie hatten von dem Grafen den Auftrag
erhalten, für ihn den Fürstenstand nachzusuchen.
Sie überreichten dem Kaiser ihre Bittschrift. Am
Schluß desselben trugen sie darauf an, daß der Kaiser geruhen möchte, aus kaiserlicher Macht den Grafen Enno Ludwig und seine Nachfolger in der Regierung

(c) Regier. Acten.

1654 rung in den Reichs-Fürstenstand zu erheben, und zwar in der Art, daß immer die Erstgebohrnen von seinen Nachkommen, die zur Regierung gelangen würden, den fürstlichen Nahmen und Titel führen, und wirkliche Fürsten seyn, die Nachgebohrnen aber sich mit der alten gräflichen Würde und Titel begnügen sollten (d). Kaiser Ferdinand III. gewährte diese Bitte. Der Fürstenbrief wurde zu Regensburg unter dem 22. April 1654 ausgefertiget und unterschrieben. Wir wollen aus dem Diplom die Hauptstelle ausheben: „Als haben Wir den Grafen Enno „Ludwig, zu Ostfriesland, und nicht allein ihn, „sondern auch nach dessen Ableben seinen ältesten „Sohn, und folgends allezeit den ältesten von sei„ner absteigenden und regierenden Linie eheleiblich „gebohrnen Grafen von Ostfriesland, in Ewigkeit, „in den Stand, Ehre und Würde des heiligen rö„mischen Reiches-Fürsten gnädiglich erhebet, ge„würdiget und gesetzet" (e). Enno Ludwig ließ dieses Diplom mittelst Erlegung der Gebühren zu 15000 Reichs-Gulden auslösen (f). Und so war er denn nun der erste Fürst von Ostfriesland.

§. 9.

Enno Ludwig war nun freilich ein Reichs-Fürst, der Fürstenstand aber war nur eine persönliche Würde. Mit derselben erhielt er nicht den Sitz und die Stimme auf der Fürsten-Bank. Vielleicht hätte er in den Reichs-Fürstenstand gelangen können, wenn sein Antrag darauf gegangen wäre, da bekannter

---

(d) Aitzema p. 813.
(e) Das Original mit der daranter hangenden goldenen Bulle ist in dem Regier. Archive.
(f) Landschaftl. Acten.

Dritter Abschnitt.

ter maßen auf diesem Regensburger Reichstage neun 1654 neue fürstliche Stimmen, als für Hohenzollern, Eggenberg, Lobkowitz, Salm, Dietrichstein, Piccolomini, Auersberg und für die katholischen und protestantischen Linien der Fürsten von Nassau eingeführet wurden (g). Ostfriesland blieb also, obgleich sein Oberhaupt ein Reichsfürst war, vor wie nach eine Grafschaft. Man glaubte hier indessen allgemein, daß Ostfriesland, durch die Erhebung des Grafen in den Fürstenstand, auch zugleich ein Fürstenthum geworden sey. Selbst der Fürst Enno Ludwig scheint in diesem Wahn gestanden zu haben. Dieses bewähret unter andern ein Schreiben vom 27. Jul. 1653. „Haben Wir ja, als ein Fürst, „und mit einem Fürstenthum begüterter, denn Ost„friesland in unserm Erhöhungs-Brief zum Für„stenthum erhöhet ist, das Privilegium primae in„stantiae, und müssen vor den Austrägen besprochen „werden" (h). Sogar nach 1667, wie die Fürsten von Ostfriesland Sitz und Stimme in dem Reichsfürsten-Rath erhielten, ist Ostfriesland, wie der Oberconsistorial-Rath Büsching richtig bemerket, nicht in ein Fürstenthum umgeschaffen worden, sondern noch bis itzo eine bloße Grafschaft geblieben, weil dieses Land nie von dem Kaiser zu einer gefürsteten Grafschaft oder zu einem Fürstenthum erhoben ist (I). Indessen ist doch Ostfriesland seither immer von dem Landesherrn, von auswärtigen Mächten, von den Reichs-Fürsten, und selbst von den

Kaisern,

(g) Reichsabschied von 1654. §. 197.
(h) Landschaftl. Acten.
(I) Büschings Erdbeschreibung Theil 3. p. 349. fünfte Auflage. S. auch historische, politisch-geographische Beiträge, die Königl. Preuß. Staaten betreffend, I. Theil p. 176.

1654 Kaisern, besonders in den jüngern Zeiten, nur nicht in den Lehnbriefen, ein Fürstenthum genannt. Ostfriesland hat also den Titel eines Fürstenthums durch Observanz und Verjährung erhalten. Ob indessen Enno Ludwig nur damals blos ein gefürsteter Graf habe seyn wollen, und darauf ausdrücklich seine Gesandten instruiret habe, oder aber, ob diese seine Gesandten aus Versehen sich nicht bestimmt genug erkläret haben, ist mir wegen Abgang der Nachrichten unbewußt. So viel ist gewiß, daß der Graf bald nachher Nachreue spüren lassen. In dem Reichs-Abschiede war ausdrücklich festgesetzt, daß forthin ohne vorhergehende Realerfüllung aller nothwendigen und bestimmten Requisiten, insonderheit des Besitzes der unmittelbaren fürstenmäßigen Reichsgüter, und ohne der Churfürsten und Stände Vorwissen und Consens keiner zur Session und Stimme im Fürsten-Rathe zugelassen werden sollte (k). Da dem Kaiser dadurch die Hände mehr gebunden waren, und der Reichstag mit dem 17. May geschlossen war, so wurde dem Fürsten Enno Ludwig die Introduction in den Fürsten-Rath, wornach er sich nachher so sehr sehnte, erschweret. In dem folgenden Jahre 1655 bewarb er sich darum durch besondere Schreiben an alle Churfürsten und an die vornehmsten Reichsfürsten. Die Churfürsten von Cöln und Brandenburg, die Bischöffe von Regensburg, Münster, Osnabrück und Paderborn, die Herzöge von Braunschweig und Hollstein, die Landgrafen von Hessen, der Markgraf von Baden, der Fürst von Anhalt-Bernburg, und andere Fürsten mehr, sicherten ihm ausdrücklich in ihren Antworts-Schreiben ihre Unterstützung zur solennen Introduction auf dem künftigen Reichstag zu (l). Den neuen

(k) Reichs-Absch. l. c. (l) Regier. Acten.

Dritter Abschnitt.

neuen Reichstag erlebte aber der Fürst nicht. Dieser 1654 bekannte nachher immerwährende Reichs-Versammlung nahm erst unter dem folgenden Kaiser Leopold bei Gelegenheit des Türken-Krieges 1662 seinen Anfang. So starb denn Enno Ludwig als ein gefürsteter Graf. Erst 1667 gelang es dem Fürsten Christian Eberhard Sitz und Stimme in dem Fürsten-Rath zu erhalten. Hievon werde ich nachher reden.

§. 4.

Der Freiherr Enno Wilhelm von Knipphausen-Lützeburg war ein Günstling des Fürsten Enno Ludwig. Ihm schenkte der Fürst sein ganzes Vertrauen. Er war es, der für seinen Landesherrn auf dem Reichstag zu Regensburg den Reichsfürstenstand wünschte. Demohnerachtet blieb er ein warmer Patriot und eiferte zugleich immer für die Freiheit des Vaterlandes, wo er sie gekränkt glaubte. Nach dem Reichsschluß vom 29. April 1654, den der Baron im Nahmen des Fürsten mit unterschrieben hatte, sollten keine Stände, Städte, Landsassen und Unterthanen sich von der Erhaltung nöthiger Besatzungen in denen zu dem Reiche gehörigen Plätzen und Posten entziehen. Sie sollten dazu dem Landesherrn einen angemessenen Beitrag, zur Sicherheit des deutschen Reiches, entrichten. Da nun in der kaiserlichen Resolution von 1597 ausdrücklich festgesetzet war, daß der Graf ohne Bewilligung sämmtlicher Stände keine Steuern anlegen konnte, und in dem Hagischen Vergleiche von 1603 beglichen war, daß der Graf auf seinen Häusern die nöthige Garnison selbst unterhalten sollte, und ohne Zustimmung der Stände keine fremde Truppen in die Provinz führen, noch weniger dazu Contributionen aus-

schreiben

1654 schreiben könnte; so hielt er dafür, daß dieser Reichsschluß auf Ostfriesland nicht seine Anwendung finden könnte. Er ließ bei seiner damaligen Gegenwart in Regensburg durch einen Notarium Spanny und zwei Zeugen wider diesen Reichsschluß, in so ferne selbiger auf Ostfriesland ausgedehnet werden könnte, protestiren, und behielt den ostfriesischen Ständen ihre Privilegien und Freiheiten vor. Von dieser seiner Protestation ließ er sich ein besonderes Instrument geben (m).

§. 5.

Diese Mißhelligkeiten zwischen Emden mit dem Fürsten und den Ständen waren so weit gediehen, daß alle Arbeit an einer Ausgleichung durchaus fruchtlos war. Nach der zuletzt genommenen Verabredung fanden sich von Seiten des Fürsten der Rath Regensdorf, und von Seiten der Stände der Häuptling von Upgant, Jocst Hane, wieder in dem Haag ein. Auch war der Agent Aitzema nun auch wieder Agent der Stände, und zugleich ständischer 1655 Mitdeputirter. Diese erhielten am 8. Jan. Aubienz in der Versammlung der General-Staaten. Sie trugen denn, wie gewöhnlich, auf die Abdankung der Ember Garnison, und auf die Zahlung der Ember Quote zu den Reichs-Lasten an. Die Ember Deputirten blieben zurück. Dieses veranlaßte die General-Staaten zu einem ernsthaften Schreiben an den Magistrat, um binnen 14 Tagen Deputirte abzusenden, mit der angehängten Drohung, daß widrigenfalls zufolge der Resolution vom 2. Oct. die Decision erfolgen sollte. Endlich fanden sich denn in dem Monat Februar der Bürgermeister Gerhardi, der Secretair Doctor Gerhard und der

Vierzl-

(m) Landschaftl. Acten.

Dritter Abschnitt.

Vierziger Präses, Leonard Feuwen, ein. Die Ge-1655 neral-Staaten setzten wieder einen engern Ausschuß an, welcher die ostfriesischen Streitigkeiten näher untersuchen, aussöhnen oder schlichten sollte. Hiezu ernannten sie aus jeder der sieben Provinzen einen Deputirten. Diese Committee bestand denn aus den Herren Verbold, Merode, Mateignault, von det Holck, Bootsma, Isselmunden und Schulenburg. Sie eröffneten nun mit den ostfriesischen Deputirten die Conferenzen. Das von dem Fürsten und den Ständen ausgebrachte Mandat blieb immer der schwerste Stein des Anstoßes. Ungern sahen es die General-Staaten, daß der Fürst und die Stände bei dem Reichshofrath den Weg Rechtens eingeschlagen hatten, da doch sie die Manutenenz der unter ihrer Gewährleistung errichteten Accorde übernommen hatten. Die Ember sagten laut, daß der Fürst und die Stände nur blos dahin arbeiteten, die sämmtlichen Landes-Verträge übern Haufen zu werfen. Dagegen behaupteten die fürstlichen und ständischen Deputirten, daß ihre Constituenten die Aufrechthaltung der Accorde sehnlich wünschten, sie sich auf keine Weise der staatischen Manutenenz entziehen wollten, und ihre Querelen wider Emden nicht in den Accorden gegründet wären, weil schon längst nach dem hagischen Accorde die Ember Garnison, die keinesweges perpetuell seyn sollte, hätte aufgehoben werden müssen, und nach dem westphälischen Friedensschlusse der Kaiser darauf halten müßte, daß jedweder sein Reichs-Contingent entrichtete. Diese beiden Puncte hätten sie nun vorzüglich wider Emden angebracht, und nirgends wäre ihnen in den Accorden der bisherige ordentliche Weg Rechtens an das kaiserliche Reichs-Hofgericht versperret. Diese letztere Quästion von der Zahlung der Ember Quote

108 Zwanzigstes Buch.

1655 Quote zu dem Reichs-Contingent gehörte nun wohl nicht zu dem Ressort der General-Staaten. Indessen behaupteten die Ember, daß sie ihren Beitrag zu den liquiden Reichs-Anlagen dadurch in der That bezahlet hätten, weil sie den Ständen die Einkürzung derselben von ihren großen Foderungen immerhin zugestanden hätten. Nur könnten und wollten sie keine baare Zahlung leisten, um nicht beständig in einem so ansehnlichen Vorschuß zu seyn. Mündlich und schriftlich (n) wurden diese Streitsachen besonders wegen der Ember Garnison behandelt. Der Fürst und die Stände hielten sich überzeugt, daß ihre Sache wider Emden in Regensburg eine günstigere Richtung erhalten würde, als in dem Haag; daher wollten sie sich anfänglich einer staatischen Entscheidung nicht unterwerfen. Wie sie indessen durch einen sichern Canal erfuhren, daß die General-Staaten auf die Verminderung der Ember Garnison erkennen wollten, und in Absicht der liquidation billige Grundsätze hegten; so suchten sie die Beschleunigung ihrer Angelegenheiten in dem Haag nach. Dieser ungewöhnliche Eifer der Stände machte die Ember argwöhnisch. Nun waren sie es, die

(n) Die ständischen Deputirten gaben am 10. Febr. zuerst über: Remonstrantie an haere Hoogh-Mog. inhoudende, Grondelyk Bericht van het Garnison in de Stadt Emden. Diese wurde von Seiten der Stadt Embden am 2. April beantwortet mit einer Contra-Remonstrantie aen haere Hoog-Mog. noopende het Garnison in Emden. Hierauf folgte unter dem 19. April: Notanda op de Emdische Contra-Remonstrantie noopende het Garnison in Emden. Diese drei Stücken sind in dem Haag gedruckt. Eine Uebersetzung der erstbemeldeten Remonstration ist bei Brenneisen zu finden p. 730 bis 740.

die einer staatischen Entscheidung auszuweichen such-1655
ten. Durch wiederholtes Anbringen der Stände
mußten sie sich endlich, nach einer staatischen Resolution vom 5. März, auf die wechselseitigen Beschwerden einlassen (o).

§. 6.

Nach allen diesen Verhandlungen erfolgte unter
dem 28. April der staatische Ausspruch. Darnach
sollte die Liquidation der Foderungen und Gegenfoderungen vor der Committee geschehen. Die Herren Waal und Dorp, ordentliche Mitglieder des
Staats-Rathes (Raad von Staaten) und Corne-
lius Rupsch, Secretair der Generalitäts-Rechen-
kammer, wurden dieser Committee beigefüget. Die
Liquidation sollte mit dem 1. Jul. ihren Anfang nehmen, und längstens in 6 Monaten beendiget werden. Hiebei sollte denn ein vor allemal festgesetzet
werden, welche gemeine und außerordentliche Reichs-
lasten die Stadt Emden in Rücksicht der Reichs-
Constitutionen, der Landes-Accorde und der vorhin-
nigen staatischen Resolutionen zu tragen habe. Sobald das Liquidations-Geschäfte seinen Anfang nehmen würde, oder von dem 1. Jul. an, sollten zwei
Compagnien der Ember Garnison, jede zu 100
Mann, abgebanket werden. Möchte Emden indessen gerathen finden, auch diese zwei Compagnien
beizubehalten; so sollten doch die Stände von derselben Unterhalt entlastet seyn. Nach geschehener
Liquidation und Zahlung der Schuld sollte wiederum
eine Compagnie abgebanket werden. Die übrigen
drei Compagnien sollten denn auf den Fuß beibehalten werden, wie es die Accorde vermeldeten. Die
General-

(o) Altuems p. 447—449. und landschaftl. Acten.

1655 General-Staaten übernahmen nicht nur die Manutenenz aller dieser Artikel, sondern verpflicteten sich auch, wenn es die Umstände erfodern sollten, zur Conservation der Stadt und des Landes statt der zu reducirenden drei Compagnien drei andere Compagnien auf ihre Kosten in der Stadt zu unterhalten (p). Dieser staatische provisorische Ausspruch wurde in der Versammlung der General-Staaten den Deputirten des Fürsten, der Stände und der Stadt Emden publiciret. Der fürstliche Rath Regensdorf; und die staatischen Deputirten von Hane und Aitzema gaben sofort ein Protest über. Hierin erklärten sie sich, daß sie Nahmens ihrer Constituenten diesen Ausspruch nur in so fern annehmen könnten, als derselbe mit den Landes-Verträgen übereinstimme. Der Präsident der General-Staaten von Ripperda fand indessen für gut, ihnen dieses Protest zurückzugeben. Auch den Embern mißfiel dieser Ausspruch, weil ihre Besatzung von sechs auf drei Compagnien reduciret werden sollte. Allerdings waren auch drei Compagnien oder dreihundert Mann nicht hinlänglich, die Stadt zu besetzen, und zugleich die so nöthige Ruhe in dem Lande zu erhalten. Dies sahen die Stände selbst wohl ein. Weil aber die Stadt Emden diese Besatzung, die in dem ständischen Eid und Sold stand, wozu Emden, als Mitstand, ihr Contingent mit ⅛ zahlte, vorhin wider den Landesherrn, und selbst auch wider die Stände mißbrauchet hatte, und dann die Stadt Emden sich die ganze Direction über die Garnison anmaßte, und die Stände von Vergebung aller Militair-Stellen ausschloß; so war es natürlich, daß die Stände auf die Cassation dieser ohnehin

(p) Dieser Ausspruch ist vollständig abgedruckt bei Aitzema p. 450—453.

Dritter Abschnitt.

hin so kostbaren Garnison angedrungen hatten. Nun sollten freilich, wenn es der Nothstand erfoderte, drei holländische Compagnien auf Kosten der vereinigten Republik wieder eingeleget werden, allein dieses war gar nicht nach dem Geschmack der Ember. Sie trauten itzt den General-Staaten so wenig, als dem Fürsten und den Ständen (q).

§. 7.

Gleich nach der Rückkunft der Deputirten schrieb der Fürst einen Landtag auf den 12. May nach Aurich aus. Auf diesem Landtage wollte der Fürst nochmalen einen Versuch machen, die Stände und die Stadt Emden wegen ihrer wechselseitigen Foderungen und Gegenfoderungen zu vergleichen, um denen noch bevorstehenden Weitläuftigkeiten in dem Haag vorzubeugen. Man kam aber nicht einmal zu Vergleichs-Vorschlägen. Zu der vor der staatischen Committee vorzunehmenden Liquidation ernannten nun die Ritterschaft Joost Hane von Upgant, die Städte Norden und Aurich den Bürgermeister von Epeulda, und der dritte Stand den landschaftlichen Secretair Westendorf zu ihren Deputirten. Leo von Aitzema wurde als Consulent und Deputirter sämmtlicher Stände bestätiget. Auch wurde nach dem Vorschlage des Fürsten, der Freiherr Enno Wilhelm von Kniphausen-Lützeburg der ganzen Deputation zugeordnet (r). Zur bestimmten Zeit, am 1. Jul., fand sich denn die Deputation in dem Haag ein. Die Emder Deputirten erschienen aber erst nach vorhergegangener Erinnerung der General-Staaten. Sobald nun die sämmtlichen Deputirten zusammen waren, gaben die General-Staaten dem Comman-

(q) Aitzema l. c. und landschaftl. Acten.
(r) Landschaftl. Acten.

1655 Commandanten in Emben den Auftrag, das ständische Contingent zur Unterhaltung der Ember Garnison zu ⅔ nur von vier Compagnien einzufordern; und im Mißzahlungs-Falle die Executionen auf die dazu angewiesenen Pacht-Comtoire mit aller Mäßigkeit verfügen zu laſſen. Das Liquidations-Geschäfte wurde nun vorgenommen. Am 23. Oct. erfolgte die ſtaatiſche Entſcheidung. Darnach wurde die große Ember Foderung auf 475000 Carol. Gulden erniedriget. Diese sollten in gewiſſen noch näher zu beſtimmenden Terminen bezahlet, und der jedesmalige Rückſtand mit fünf von hundert verzinnſet werden. Auch ſollten die Stände berechtiget ſeyn, von dieſer Schuldſumme 30000 Gulden einzukürzen, es ſey denn, daß die Stadt Emden den Beweis führen wollte, daß dieſe 30000 Gulden schon in der ſtaatiſchen Reſolution vom 31. Oct. 1634 ſteckten, und darin mit berechnet worden. Endlich wurde den Ständen für ⅔ und der Stadt Emden für ⅓ der Regreß wider die Eingeſeſſenen derjenigen Ember Herrlichkeiten, die zu den heſſiſchen Contributionen keinen Beitrag geliefert hatten, vorbehalten. So war denn nun die Ember Schuldfoderung in der Con- und Reconvention abgemacht (s).

§. 8.

Dieſe ſtaatiſche Entſcheidung entſprach gar nicht der Erwartung der Ember. Ihre Foderung überſtieg drei und eine halbe Million Gulden (t), und dieſe

(s) Altzema p. 452—454.
(t) Altzema ſagt 2506619 Gulden. Er führet nur die beiden Poſten aus der Liquidation von 1632 und der ſtaatiſchen Reſolution von 1634 mit dem Glauſen zu 8 pro Cent auf, ziehet aber einestheils die

Dritter Abschnitt.

diese wurde nun auf 475000 Gulden heruntergesetzet. 1655 Nicht einmal der siebente Theil wurde ihnen validiret. Diese Moderation der Rechnung befremdete die Ember um so viel mehr, da ihnen aus der Liquidation von 1632 und dem staatischen Ausspruch von 1634 nach Abzug aller verfügten Abschlags-Zahlungen 577351 nicht bestritten werden konnten, und sie überdem mehr als 20 Jahre Zinnsen richtig berechnen konnten. So war denn weit über eine Million durchaus liquide. Noch mehr war ihnen diese Moderation um deswillen auffallend, weil ihnen die Stände (dieses behaupteten sie wenigstens öffentlich) weit mehr schon angeboten hatten. Dagegen war die ständische Gegenfoderung bis auf das für Emden vorgeschossene Reichs-Contingent durchaus illiquide. Die Stände hatten ihre Gegenfoderung mit Zinnsen zu 8 p. C. und den benommenen Zinnsen von Zinnsen nun auf 3049789 Gulden angebracht. Einen der wichtigsten Posten dieser großen Gegenrechnung hatten sie aus den hessischen Contributionen hergenommen. Die Ember gründeten sich auf die besondere Convention, welche sie mit dem Landgrafen gemacht hatten, wornach sie von allen Contributionen verschonet bleiben sollten. Dagegen stützten sich die Stände auf die staatische Resolution vom 29. May 1645. Hierin war die hessische Einquartierung für eine allgemeine Landes-Last angesehen, und die Stadt Emden zu dem Mitbeitrag angewiesen. Die Ember hatten immer behauptet, daß diese Resolution von dem Grafen Ulrich durch Begünstigung des Prinzen Friedrich

die verfügte Abschlags-Zahlung nicht ab, dagegen überschlägt er den verlangten Anatocismus, und die ansehnlichen nachgefügten Foderungen.

Ostfr. Gesch. 5 B.

1655 brich Heinrich von Oranien erschlichen war. In der That würkten die damalige Verlobung Enno Ludwigs mit der jungen Prinzessin von Oranien, und die daraus entstandene vertraute Freundschaft zwischen dem Grafen Ulrich und dem Prinzen Friedrich Heinrich von Oranien trübe Aussichten für die Stadt; und die vorgedachte Resolution war schon eine einleuchtende Folge davon. Nach nachher veränderten Umständen standen die Ember immer feste in dem Wahn, daß die Staaten sich an diese Resolution nicht binden würden. Selbst die Stände stellten es sich nicht vor, daß die General-Staaten die hessischen Contributionen der Stadt Emden zur Last legen würden. Sie rechneten nie darauf, daß ihnen von diesem Posten etwas würde validiret werden. Dann foderten die Stände von 1632 an den Beitrag zu der Ember Garnison zurück. Sie berechneten dabei den Nachtheil, den sie von dieser Garnison erlitten hatten, führten 8 pro Cent Zinsen auf, und setzten dann wieder, wie gewöhnlich, Zinsen von Zinsen an. So brachten sie die große Summe von 2530781 Gulden heraus. Diesen größten zwei und eine halbe Million übersteigenden Posten suchten sie dadurch zu justificiren, daß sie nur bis 1632 gutwillig ⅜ zu der Garnison entrichtet hatten. Sie glaubten daher, daß hier von 1632 an eine Conditio indebiti statt fände. Wenn nun gleich auf diesem Posten von den General-Staaten keine Rücksicht genommen wurde, so waren doch die Stände froh, schreibt ihr eigener Consulent, daß sie es mit ihrer illiquiden Gegen-Rechnung so weit brachten, und daß sie so leichte von der Ember Schuld abkamen. Die Ember waren dagegen sehr unwillig über diese Resolution. Sie suchten eine neue Revision nach; diese wurde ihnen aber abgeschlagen.

Dritter Abschnitt. 115

schlagen (u). Nun schämten die Stände nicht, die 1655 Stadt Emden abzufinden. Sie ertheilten dem Hofrichter Carl Friedrich von Kniphausen eine Vollmacht, schleunig die Gelder zu negotiiren, um sich auch von der Unterhaltung der dritten Compagnie zu entlasten. Die Garnison war ihnen um so viel gehäſſiger, weil die Emder noch jüngſt davon einen Mißbrauch gemacht hatten. Sie hatten nämlich einige Soldaten nach Petkum ausrücken laſſen. Dieſe zerhauten und durchſägten die Balken und alles Holzwerk, welches der Häuptling von Petkum, Ripperda, ſich zur Anlegung eines neuen Syls angeſchafft hatte, unter dem Vorwande, daß ihnen dieſe neue Schleuße nachtheilig wäre. Die Stadt Emden wurde, welches ich beiläufig erinnere, nachher von dem Reichskammer-Gerichte in Speier in die Erſetzung des Schadens condemniret. Unterdeſſen brachte der Hofrichter, Baron von Kniphauſen, die Geld-Negotiation zu Stande. Unter andern ſtreckte der Graf Hanns Chriſtoph von Königsmark 60000 Rthlr. dazu vor. Am 8. Dec. des folgenden Jahres 1656 wurden der Stadt Emden die ihr zuerkannten 475000 Gulden nebſt 7832 Gulden Zinnſen ausgezahlet. So war denn dadurch die ganze Emder Schuld getilget, und den Ständen lag nunmehr die Unterhaltung von drei Compagnien nur mehr zur Laſt (v).

H 2   Vierter

(u) Akxenm p. 455 u. 456. und landſch. Acten. Wie ſehr die Stände mit ihren Deputirten zufrieden geweſen ſind, erhellet ſchon daraus, daß ſie ihnen nach ihrer Rückkunft an Diäten, ordentlichen und außerordentlichen Ausgaben 21800 Gulden validiren ließen. Landrechn. von 1656.

(v) Landſchaftl. Acten.

Vierter Abschnitt.

§. 1. Die Sponsalien zwischen dem Fürsten und der Prinzeßin von Oranien werden aufgehoben. §. 2 Der Fürst vermählt sich mit der Gräfin Justina Sophia von Barby. §. 3. Die General-Staaten geben den Ständen den zu Abfindung des Grafen von Mannsfeld geleisteten Vorschuß nach, und bedingen sich wegen anderer Anlehen billige Termine. §. 4 Verhandlung über eine ostfriesische Landes-Defension bei dem Ausbruch eines Krieges zwischen Dännemark und Schweden. §. 5. Verhandlungen über das Contingent der Herrlichkeit Knipphausen zu den Ostfriesischen Schulden und Landes-Lasten. §. 6. Neue Liquidation zwischen Emden und den Ständen, und abermalige staatische Decision. §. 7 Fernere Streitigkeiten zwischen dem Fürsten und den Ständen. §. 8. Ein Auflauf in Emden veranlaßt den Magistrat, auf die Herstellung der ganzen Garnison zu beinnen. §. 9. Die General-Staaten lassen es aber auf eingegangenes Protest der Stadt bei der Reduction bewenden. §. 10. Der von dem Fürsten nach Hage wegen Abtrag der holländischen Schuld, wegen zu veranstaltender Landes-Defension und vorzunehmender Huldigung ausgeschriebene Landtag wird wegen unbedeutenden Formalien abgebrochen, §. 11. und in Leer wieder eröffnet. Außer der Schatzungs-Einwilligung kömmt nichts zu Stande: §. 12. Die Olivischen und Roppenbagener Friedens-Schlüße beendigen die Streitigkeiten über die ostfriesische Landes-Defension. §. 13. Streitigkeiten der Stadt Emden mit den General-Staaten über Bestellung eines Commandanten in Emden. Dem Obristen Ehrenreuter wird diese Stelle anvertrauet. §. 14. Die Irrungen zwischen dem Fürsten und den Ständen erweitern sich nach dem Leerer Landtage. §. 15. Hiezu trägt die persönliche Feindschaft zwischen dem ständischen Beschwerten Baron von Knipbausen, und dem fürstlichen geheimen Rath Glubm vieles bei. §. 16. Fürst und Stände stehen im Begriff, sich zu vereinigen.

§. 1.

1655 Der Fürst Enno Ludwig war schon seit 1641 verlobter Bräutigam mit der Prinzeßin Henriette Catharina von Oranien. Dieses hab' ich schon vorhin erzählet. Als er im October 1651 in dem Haag war, ließ schon die Prinzeßin ihre Abneigung zu ihm blicken. Seine Person mißfiel ihr, weil er so sehr corpulent geworden war, und sein Charakter, weil die Execution des Marenholz, und sein Benehmen

Vierter Abschnitt.

nehmen mit seiner Mutter ihn auswärts in den Ruf 1655 eines harten Mannes und eines Tyrannen gesetzet hatte. Diese Abneigung veranlaßte die Auslegung der Vermählung (a). Auch er bekümmerte sich wenig um die Prinzessin. War er bei Hofe, so gab er sich kaum die Mühe mit ihr zu sprechen. Wäre er ein wenig mehr galant gewesen, und hätte er die Kunst verstanden, sich einzuschmeicheln, vielleicht hätte er bessere Fortschritte mit seiner Vermählung gemacht. Seines Hoflebens und Verstellung war aber ganz seiner Denkungsart zuwider. (Zynde van Neruyr en Opvoeding meer Oostvriefsch als Haegfch, sagt Aitzema b). 1653 ließ er bei der verwittweten Prinzessin wiederum auf die Vollziehung der Vermählung mit der jungen Prinzessin Henriette antragen. Seine Ausschweifungen und die täglichen Liebes-Geschichten waren der Braut so anstößig, daß ihr bisheriger Kaltsinn nun in eine völlige Abneigung übergieng. Unter dem Vorwande, daß die Prinzessin noch zu jung sey, (sie war damals siebenzehn Jahr alt) wurde die Vermählung noch erst ausgesetzt. Der Fürst merkte wohl, daß aus der Vermählung, die ihm selbst auch nicht am Herzen lag, nichts werden würde. Vielleicht wünschte er nur eine bestimmte abschlägige Antwort. Mißvergnügt über den Verzug schloß er die Prinzessin von dem Kirchen-Gebete aus. So lautet das Rescript an den Canzler und die Räthe: „Ist Unser Befehl, daß ihr die Anordnung machet, „daß von den Pastoren auf den Canzeln in dem Ge-„bete der Prinzesse von Orange nicht mehr gedacht „werde, welches ihr mit guter Vorsicht an Oertern,

---

(a) Aitzema B. 31. p. 512.
(b) Ibid. p. 1022.

1655 „wo es bisher gethan worden, werdet zu verordnen
„wissen." Den 20. Sept. 1654.(c). Indessen
verlangte er doch die Beendigung dieser Sache. Bei
der letztern Anwesenheit der ständischen Deputirten
in dem Haag (1655) ertheilte der Fürst seinen Räthen Bucho Wiarda und Ynyeld den doppelten Auftrag, die ständischen Deputirten wider die Ember
zu unterstützen, und dann seine Heirath zu beschleunigen. Wie sie zur Audienz in der Versammlung
der General-Staaten gelassen wurden, glaubten sie,
daß die beiden Stühle, worauf sie sich niederlassen
sollten, nicht dichte genug an der Tafel stünden. Um
ihrem Herrn, dem Fürsten, nichts zu vergeben, ließen sie ihre Unruhe über diesen Umstand merken.
Diese geäußerte Bemerkung stand den General-
Staaten nicht an. Sie ersuchten die fürstlichen Abgesandten abzutreten. In der Zwischenzeit wurden
die Acten über das Ceremoniel nachgesehen. Einige
waren der Meinung, daß man den fürstlichen Abgesandten nun schlechterdings die Audienz versagen
müßte, die mehresten aber hielten dafür, daß man
ihnen durch den Greffier bedeuten müßte, daß es nie
Sitte gewesen, die Stühle fürstlicher Abgesandten
näher vorzurücken, und daß man also auch sie nicht
zur Audienz lassen könnte, wenn ihnen die angewiesene Stelle nicht behagen sollte. Dieses geschah.
Hierauf bequemten sich die fürstlichen Räthe, sich
auf die unverrückten Stühle niederzulassen. Im
November wurde der Rath Bucho Wiarda bei der
verwittweten Prinzessin vorgelassen. Sie gab ihm
zu vernehmen, daß sie zwar die Vollziehung der
Vermählung gerne sähe, ihre Tochter aber noch gar
keine Neigung dazu hätte. Da sich nun eine solche
Neigung nicht zwingen ließe; so könnte sie bei der
Sache

(c) Regier. Acten.

Vierter Abschnitt.

Sache nichts thun. Der Fürst müßte sich also bei 1635 diesen Umständen noch gedulden. Vielleicht würde die Zeit die Gesinnungen ihrer Tochter ändern (d). Nicht lange hernach in dem Anfang des folgenden 1656 Jahres ließ die verwittwete Prinzessin von Oranien den General-Staaten anzeigen, daß ihre Tochter, die Prinzessin von Oranien, eine solche Abneigung zu dem Fürsten von Ostfriesland hätte, daß sie nach ihrer Aeußerung den Tod der Vollziehung ihrer Vermählung vorzöge. Da sie nun, als Mutter, nicht berechtiget wäre, ihre Tochter wider ihren Willen zu einer Heirath zu zwingen, sie es auch unbillig hielt, den Fürsten von Ostfriesland länger aufzuhalten; so wäre sie entschlossen, die Eheparten mit denselben Feierlichkeiten, wie sie 1641 errichtet worden, wieder aufzuheben. Mit Vorbewußt und Zufriedenheit der General-Staaten wären die Sponsalien damals abgeschlossen. Sie wünschte daher, daß auch Ihro Hochmögenden der feierlichen Aufhebung derselben beiwohnen möchten. Die General-Staaten dankten der verwittweten Prinzessin für diese Bekanntmachung, und stellten alles ihrem Gutfinden anheim. So wurden denn nun die Sponsalien wieder dissolviret (e). Der Fürst scheint sich hierüber nicht gegrämt zu haben. Er machte sich wenig aus seiner Braut, und liebte die Veränderung. Wir wollen seinen geheimen Rath Bluhm selbst hierüber reden lassen. „Das so kostbar gesuchte Verlöbniß „fortzu-

(d) Aitzema B. 35. p. 456.

(e) Aitzema Boeck 36. p. 658. Die Prinzessin Henriette Catharine vermählte sich drei Jahr nachher mit Johann Georg II., Fürsten von Anhalt-Dessau. Sie ist die Stamm-Mutter des regierenden fürstlichen Anhalt-Dessauschen Hauses. Hübners geneal. Tabelle T. 256.

1656 „fortzusetzen, wäre die rechte Zeit gewesen, gleich
„zur Stunde, da Fürst Enno Ludwig von der Reise
„heim kam. Wie er aber durch die Conversation mit
„liederlichen Leuten in alle Debauches verfallen, war
„es zu spät. Dazu fand sich an seiner, ich glaube
„auch an der Prinzessin Seite eine Aversion; und
„wegen der schweren dem ostfriesischen Hause uner=
„träglichen Ehepacten, hat bei meiner Zeit kein red=
„licher Diener dazu rathen wollen" (f). Kein
Wunder also, daß die Vollziehung der Vermählung
von allen Seiten so schläfrig betrieben worden.

§. 2.

Die Sponsalien waren also wieder aufgelöset,
und der Fürst war denn nun ein freier Mann. Er
sah sich nach einer andern Braut um, und seine Nei=
gung fiel auf die zwanzigjährige Gräfin Justina So=
phia von Barby. Sie war eine Tochter des Gra=
fen Albrecht Friedrichs von Barby und Mühlingen,
und der Gräfin Sophie Ursul, einer gebohrnen Grä=
fin von Oldenburg. Fast von ihrer Kindheit an
war sie an dem oldenburgischen Hofe erzogen. Hier
hatte der Fürst sie kennen gelernt (g). Keine andere
Nebenabsichten als Liebe und Zuneigung veranlaßten
den Fürsten, ihr seine Hand anzubieten. „Die
„Heirath mit der Gräfin Justinen von Barby," sagt
Bluhm, „geschah aus eigener Wahl, sonsten hät=
„ten Regensdorf und ich zu der Prinzessin von Go=
„tha, nachherigen Landgräfin von Hessen=Darm=
„stadt, gerathen" (h). Wie sie den Antrag ange=
nommen hatte, wurden in Oldenburg die Ehepacten
errich=

(f) Bluhm.
(g) Winkelmann Oldenburg. Gesch. p. 420.
(h) Bluhm.

Vierter Abschnitt. 121

errichtet. Darnach brachte sie dem Fürsten 70001656 Reichs-Gulden zur Aussteuer mit, mit welcher Summe sie von ihrer elterlichen Nachlassenschaft abgefunden war. Dagegen verschrieb ihr der Fürst 4000 Rthl. zur Morgengabe, und das Amt Pewsum mit 7000 Rthl. jährlichen Einkünften zum Witthum (i). Zu dem Vermählungs-Feste wurden die Stände mit eingeladen. Sie machten dem Fürsten ein Geschenk von tausend Ducaten (k). Die Vermählung wurde am 7. November zu Aurich vollzogen. Das Beilager ist so festiglich als stümperhaft von Winkelmann besungen. Wir lernen aus diesem Gedichte nichts weiter, als daß Winkelmann nie zu einem Dichter gebohren war (l). Daß bei Gelegenheit des Vermählungs-Festes die Gäste weder Hunger noch Durst gelitten haben, bewähret die Note (m). Ich kann übrigens nicht umhin, noch einen Umstand zu erwähnen. Wie die Gräfin Braut in Ostfriesland kam, ließ sie an ihre Kutsche ein Gnaden-Seil knüpfen. Es fanden sich auf der Gränze verschiedene entwichene Missethäter und unter andern ein Bruder-Mörder ein. Diese faßten das Gnaden-Seil an, und ließen sich eine ganze Strecke Weges daran

H 5 an

(i) Regier. Acten.
(k) Landschaftl. Acten.
(l) Winkelmanns Ehren-Fackel auf das Beilager des Fürsten Enno Ludwigs mit der Gräfin Justina Sophie.
(m) Für die herrschaftliche Küche ist zum Behuf der Vermählung des Fürsten unter andern angeschaffet: 38 Ohm Rheinwein, 20 Plepen Franzwein, 169 Tonnen Bier, 12 Ochsen, 18 Kälber, 47 Lämmer, 159 Schafe, 157 Gänse, 1056 Hüner, 19 Schweine, 3364 Eier, 56 Schweinsköpfe, 13 junge Schweine. Andere Artikel übergehe ich. Aus den Regier. Acten.

wäßan bis gar nach Aurich herein schleppen (n). Es ist dieses ein Beweis, daß auch diese alte Gewohnheit in dieser Provinz nicht ganz unbekannt gewesen (o). Nach vollzogenem Beilager ließ der Fürst in dem Anfange des folgenden Jahres durch seinen Rath Regensdorf auf die Auswechselung der Geschenke, die die vormalige Braut, die Prinzessin von Oranien, von ihm und er von ihr erhalten hatte, in dem Haag antragen. Der Rath Regensdorf erhielt einen Verweis über die Unachtsamkeit, daß die neue Vermählung so wenig den General-Staaten, als der verwittweten Prinzessin von Oranien bekannt gemacht worden; da doch der Fürst von der Aufhebung der Sponsalien solenne Notificatorien erhalten hätte (p). Aitzema bricht nun zwar hier kurz ab; indessen wird doch wohl die Auswechselung der Geschenke erfolget seyn.

§. 3.

Kurz vor der Zeit, wie die Stände sich von der Emder Schuld entledigten, wurden sie um die Zahlung einer neuen, noch weit größeren Schuld, angemahnet. Die General-Staaten hatten unter dem 1. April 1620 und 3. November 1623 den Ständen zwei Capitalien, das eine zu 100000 und das andere zu 125000 Gulden, gegen Zinsen zu 8 p. C. vorgestrecket. Hierauf waren bisher nur 30000 Gulden an Zinsen bezahlet. Weil die Graf-

(n) Regier. Acten.
(o) Bei dem Einzuge Fürsten Christian Eberhards mit seiner Gemalin 1689 hab' ich ein ähnliches Beispiel angetroffen, wornach ein Mörder, der sich hinter der Kutsche der Fürstin verschleppen ließ, ein sicheres Geleit erhielt.
(p) Aitzema B. 37. p. 782.

Vierter Abschnitt.

Grafschaft durch den dreißigjährigen Krieg und 1656 durch die innerlichen Unruhen so sehr erschöpfet war, daß es der Landschaft nicht bloß an Baarschaften, sondern auch an Credit mangelte; so waren die General-Staaten so nachsehend, daß sie nicht sonderlich auf die Zinnszahlung drungen. Nun aber machten die General-Staaten und der Staats-Rath ernstliche Vorkehrungen, um nicht nur die rückständigen Zinnsen einzufodern, sondern auch den Hauptstuhl wieder einzuziehen. Die Zinnsen waren, nach Abzug der bezahlten 30000 Gulden, auf 470208 Gulden angeschwollen. Die ganze Schuld betrug also 695208 Gulden. Vier staatische Deputirten, Inman Oostdorp, Welffen, Caut und Scheltinga, fanden sich am 27. October in Emden ein. Diese trugen zufolge ihres erhaltenen Auftrages auf die Zahlung der Capitalien und der Zinnsen an. Weil indessen den Ständen der Abtrag dieser großen Schuldfoderung auf einmal zu schwer fallen möchte, so ließen sie sich sechs Termine, jeder zu einem Jahre, gefallen. Dabei verlangten sie indessen, daß der jedesmalige verringerte Rückstand mit vier von hundert verzinnset werden sollte. Dann fügten sie die Drohungen hinzu, daß, wenn die Stände Schwierigkeiten machen möchten, diesen Vorschlag anzunehmen, Ihro Hochmögenden sich durch die Strenge des Rechtes selbst bezahlt machen wollten (q). Die Stände hielten es unmöglich, in einer so kurzen Zeit von 6 Jahren die ganze Schuld abzutragen. Da aber die staatischen Deputirten gemessenen Auftrag hatten, wovon sie nicht abweichen konnten; so entschlossen sich die Stände, eine Deputation nach dem Haag abzusenden. Diese bewürkte es, daß
im

(q) Altserna B. 36. p. 658—660.

1637 im Febr. die vorhin verlangten 6jährigen Termine auf 8 Jahre verlängert wurden (r). Die General-Staaten hatten auch den Ständen außer diesen beiden Anlehen zur Abfindung des Grafen von Mannsfeld noch 300000 Gulden im Jahr 1624 vorgestrecket. In Betracht der Landes-Calamitäten, womit diese Grafschaft heimgesuchet worden, gaben Ihre Hochmögenden diese Schuldsoderung nach, falls die Stände die Termine der beiden Anlehen mit den Zinnsen richtig einhalten würden (s). Allerdings entsprach diese Nachsicht der edlen und großmüthigen Denkungsart der General-Staaten. Sie war aber billig, weil die Mannsfeldische Invasion durch sie veranlasset war.

§. 4.

Der nun zwischen den Kronen Dännemark und Schweden in dem Anfange dieses Jahres ausgebrochene Krieg veranlaßte den Fürsten, die Stände nach Aurich zusammen zu rufen. Er wollte sich mit ihnen über zweckdienliche Masregeln besprechen, wie dieses neue Krieges-Feuer von den vaterländischen Gränzen abgewehret werden könnte. Der Fürst hielt eine Besetzung der Gränze und eine Landes-Defension zweckdienlich. Er schlug daher die Anwerbung fremder Soldaten vor. Dagegen glaubten die Stände, daß eine ohnehin so kostbare Besetzung der Gränze der Provinz mehr nachtheilig seyn

(r) Wir bemerken hier gleich anfangs, daß die Stände diese ganze Schuld in der bestimmten Frist, und zwar den 8ten oder letzten Termin 1664 abgetragen haben. Landrechnung von $16\frac{64}{65}$.

(s) Aitzema p. 660 und 780.

Vierter Abschnitt.

seyn würde, wenn es Dännemark oder Schweden 1657 Ernst wäre, in Ostfriesland Truppen einrücken zu lassen. Sie waren der Meinung, daß man die General-Staaten ersuchen müßte, durch ihre Gesandten in Koppenhagen und Stockholm eine Neutralitäts-Acte für Ostfriesland zu bewürken. Wegen der Nachbarschaft und des Interesse, welches die General-Staaten bei dem Wohlstande dieser Grafschaft hätten, hofften sie, daß Ihre Hochmögenden ihnen Ihre Intercession nicht versagen würden. Ein solches staatisches Vorwort, sagten sie, würde Ostfriesland für Einquartierung und Invasion mehr sicher stellen, als alle Armatur. Wegen einiger zwischen dem Fürsten und den Ständen entstandenen Mißhelligkeiten wurde der Landtag abgebrochen. Diese in der That wichtige Angelegenheit wurde nicht weiter betrieben (t). Wie aber in dem Monate Jul. der König von Dännemark über die Elbe gieng, und in das Herzogthum Bremen einfiel, und die Schweden nach Hollstein rückten; so hielt der Fürst es nothwendig, schleunige Vorkehrungen zur Sicherstellung der Grafschaft zu treffen. Sein Abgeordneter in dem Haag, Regensdorf (u), war damals grade verstorben. An dessen Stelle sandte er seinen Rath Bucho Wiarda nach dem Haag. Dieser wurde am 20. Aug. zur Audienz in der Versammlung der General-Staaten vorgelassen. Hier stellte er die nahe Gefahr vor, welche der Grafschaft bevorstehen könnte, und bat die General-Staaten, durch ihr Vorwort für die Grafschaft eine Neutralitäts-Acte von Schweden und Dännemark auszubringen. Dann zeigte er die Nothwendigkeit an, die

(t) Landschaftl. Acten.
(u) Er war fürstlicher Rath und Canzley-Verwalter zu Esens.

Zwanzigstes Buch.

1657 die hierländischen Gränzen zu besetzen, klagte über die Stände, daß sie sich darauf nicht einlassen wollten, und versuchte Ihre Hochmögenden, durch ihre Autorität die Stände auf bessere Gesinnungen hinzuleiten. Die General-Staaten ließen hierauf ein Schreiben an die Stände abgehen. Hierin empfohlen sie ihnen, bei den kriegerischen Aussichten schleunig auf Mittel zu denken, die Gränzen zu besetzen. Dabei versprachen sie, als gute Freunde und Nachbarn alles, was zur Sicherheit und Wohl des Landes gereichen könnte, so weit die Umstände es erlauben würden, selbst beizutragen. Auch suchten sie bei den Königen von Schweden und Dännemark Neutralitäts-Acten für Ostfriesland nach. Die staatische Verhandlung über eine Neutralitäts-Acte scheint indessen in Koppenhagen und Stockholm schläfrig betrieben zu seyn. Sie ist wenigstens nicht erfolget. Auch machten die Stände zu einer Landes-Defension keine Anstalten. Sie glaubten, daß durch die holländische Garnison in Emden und Leerort das Land gegen alle Streifereyen hinlänglich gesichert werden könnte. Auf die Anwerbung fremder Truppen wollten sie sich um deswillen nicht einlassen, weil der Fürst das Commando darüber führen wollte. Die Soldaten sollten auf ständische Kosten angeworben und unterhalten werden, und eben darum glaubten sie, daß diese auch lediglich unter ihrem Befehl stehen müßten. Kurz, sie trauten dem Fürsten nicht, und befürchteten, daß er diese Truppen zu ihrer Unterdrückung mißbrauchen würde. Man disputirte hierüber lange in das folgende Jahr hinein; und so gerieth die Landes-Defension in Stecken (v).

§. 5.

(v) Altzema B. 37. p. 782—784. und B. 38. p. 299 und 300.

Vierter Abschnitt. 127

§. 5.

Die Zeit rückte nun heran, worin die Stände 1652 den ersten Termin der holländischen Schuld abführen sollten. Um eine Beihülfe zum Abtrag dieser großen Schuld zu erhalten, brachten sie die Streit-Sache wegen der Herrlichkeit Jn- und Kniphausen wieder in Anregung. Sie stellten durch ihren Agenten Nitzema den General-Staaten vor, daß diese Herrlichkeit von jeher eine Pertinenz von Ostfriesland gewesen, daß derselben Eingesessene ihre Quoten zu der Pacht und Accise und den Schatzungen immer unweigerlich entrichtet hätten, die Häuptlinge der Herrlichkeit den Norder Executions-Receß, die Concordate und den hagischen Vergleich mit unterschrieben, und sogar der letzte Besitzer, Philipp Wilhelm von Kniphausen, sich mit für die von Ihro Hochmögenden aufgenommenen 225000 Gülden unterschrieben hätte. Wenn nun gleich gedachter Freiherr Philipp Wilhelm die Herrlichkeit bei Abzug der Mannsfelder dem Grafen übertragen hätte, so könnte doch durch diesen Uebertrag, wenn derselbe auch sonst zuläßig gewesen seyn möchte, die ständische Gerechtsame nicht gefährdet werden. Diese und andere Landes-Schulden hafteten einmal mit auf der Herrlichkeit, und nur mit dieser fast hätte sie verdußert werden können. Da nun der Graf von Oldenburg, als zeitiger Besitzer, sich widerrechtlich weigerte, den Beitrag zu entrichten, und die Stände durch diese Weigerung in ihrem Rechte zu den Collecten, dem 26. Artikel des Osterhausischen Accordes zuwider, turbiret werden, so foderten sie die General-Staaten zur Manutenenz des unter ihrer Garantie abgeschlossenen Osterhausischen Accordes auf, und ersuchten sie, an den Grafen von Oldenburg ein ernsthaftes

1657 haftes Schreiben abgehen zu lassen, um die Quoten der Herrlichkeiten In- und Kniphausen zu dieser und andern noch unbezahlten Landes-Schulden an die Landes-Casse abzuführen. Die General-Staaten ließen sich bewegen, ein solches Schreiben an den Grafen von Oldenburg abzusenden. In dem Anfang des folgenden Jahres 1658 fand sich der gräflich-oldenburgische Secretair Hespen in dem Haag ein. Dieser bezog sich auf die staatischen Resolutionen vom 22. May 1624 und 8. Aug. 1637. Hierin hatten sich die General-Staaten bereits erkläret, daß die Streit-Sache über die Herrlichkeit In- und Kniphausen sie nichts angienge, und daß sie nicht verlangten, darüber die Cognition an sich zu ziehen, sondern vielmehr den Grafen und die Stände ermahnten, die Sentenz bei dem Reichs-Gerichte ruhig abzuwarten. Er, der oldenburgische Abgeordnete, glaubte auch, daß die Stände nicht den mindesten Grund zu einer Beschwerde hätten, da sie einmal an die competenten Richter hin verwiesen worden. Sie, die Stände, sagte er, könnten auch den Grafen von Oldenburg nur blos vor den Reichs-Gerichten belangen; denn ihn giengen als Besitzer der Herrlichkeit In- und Kniphausen die Landes-Verträge, deren Manutenenz Ihro Hochmögenden übernommen hätten, um so viel weniger an, weil diese Herrlichkeiten nicht unter Ostfriesland, sondern unter die Herrschaft Jever gehörten. Er bat daher, die Stände in Conformität der angeführten staatlichen Resolutionen nochmalen ab- und an die Reichs-Gerichte hinzuverweisen, und zwar um so viel mehr, weil Ihro Hochmögenden dabei nicht das geringste Interesse hätten; denn Ostfriesland wäre im Stande genug, die holländische Schuld ohne den unbeträchtlichen Beitrag der Herrlichkeit, die nur aus

drei

Vierter Abschnitt.

drei Kirchspielen bestünde, aufzubringen. Aitzema 1657 ließ sich nun sehr angelegen seyn, die oldenburgischen Gründe zu widerlegen. Besonders behauptete er, daß die angeführten staatischen Resolutionen nur auf die Hauptsache, das ist, über die zwischen dem oldenburgischen und ostfriesischen Hause streitige Superiorität oder Landeshoheit gienge. Denn in den Resolutionen wäre auf den vorschwebenden Proceß bei den Reichs-Gerichten ausdrücklich Bezug genommen worden. Diesen Proceß hätte der Landesherr, nicht aber die Stände, angestellet, und der Gegenstand desselben beträfe lediglich die Landeshoheit, nicht aber die nun streitige Concurrenz zu den Landes-Schulden. Die General-Staaten fanden Bedenken, sich mit dieser Sache zu befassen. Sie verwiesen die Stände wiederum unter dem 22. März 1658 an die Reichs-Gerichte (w). So mißlung den Ständen auch dieser neue Versuch, von der Herrlichkeit Kniphausen die Mitconcurrenz zu den Schulden und übrigen Landes-Lasten wieder zu erhalten.

§. 6.

Die Stände hatten nun freilich die Embder Schuld abgetragen; aber durch diesen Abtrag war noch nicht eine völlige Harmonie zwischen Emden und den Ständen befestiget. Von beiden Seiten liefen wieder neue Klagen ein. Die Stände drangen auf die Abdankung der ganzen Embder Garnison, foderten die Mitconcurrenz der Ember zu denen aus der Landes-Casse bezahlten Zinsen an den Grafen

(w) Aitzema B. 37. p. 784 und 795. und B. 38. p. 290 — 297.

Ostfr. Gesch. 5 B.   J

1657 sen von Rittberg, verlangten von der Zeit an, daß der Obriste Ehrentreuter die Commandanten-Stelle niedergelegt hatte, und in gräfliche Dienste getreten war, den bezahlten Commandanten-Gehalt zurück, und dann begehrten sie die Emder Quote zu den in diesem und dem vorigen Jahre verausgabten Landes-Lasten. Alle diese Posten betrugen ohngefähr 156000 Gulden. Dagegen bestanden die Emder auf die Wiederherstellung der drei Compagnien, von deren Unterhalt die Stände entlastet worden, behaupteten, daß sie bei der jüngsten Liquidation auf die enormste Weise betiefet worden, suchten wider die staatische Resolution restitutionem in integrum nach, und dann machten sie noch eine große Foderung von bezahlten Ammunitions-Kosten und Servis-Geldern. Die General-Staaten setzten nun wieder eine Committee zur Untersuchung dieser Streitigkeiten an. Am 28. December erfolgte der staatische Ausspruch. Darnach sollten die noch übrigen drei Compagnien auf dem vorigen Fuß bleiben, und für ⅔ von den Ständen unterhalten werden. Der Commandanten-Gehalt wurde auf 1800 Gulden jährlich festgesetzet. Die Stadt Emden wurde von dem Beitrag zu der Rittbergischen Schuld freigesprochen, dagegen angewiesen, den Ständen 34000 Gulden von dem seit 1643 indebite gehabten Commandanten-Gehalte zurückzuzahlen, und den in den beiden letzten Jahren verausgabten Landeslasten 8000 Gulden beizutragen. Die ständische Foderung wurde also zusammen auf 42000 Gulden moderiret. Hiebri wurde der Stadt Emden zur Pflicht gemacht, diese Schuld in siebenjährigen Terminen an die Landes-Casse abzuführen. Endlich wurden die Emder mit der nachgesuchten Wiederherstellung in den vorigen Stand wider die jüngste staatische

Vierter Abschnitt.

tische Resolution und mit ihrer Gegenfoderung von 1657 Ammunitions-Kosten und Servis-Geldern abgewiesen. Vorhin hab' ich schon erwähnet, daß die Stände aus den hessischen Contributionen noch Ansprüche auf die Emder Herrlichkeiten machten. Der Beitrag der Herrlichkeiten wurde auf 75000 Gulden festgesetzet. Diese sollten in fünfjährigen Terminen mit ⅓ an die Stände, und ⅔ an Emden von den Eingesessenen der Herrlichkeiten entrichtet werden (x). Bei dieser neuen staatischen Resolution mußten sich sowohl die Emder als die Stände beruhigen; wiewohl Emden ihre Unzufriedenheit darüber zu verschiedenenmalen äußerte (y).

§. 7.

Zwischen dem Fürsten und den Ständen herrschte kein gutes Verständniß. Dem Fürsten waren bei Antritt seiner Regierung verschiedene Beschwerden eingereichet. Diese waren noch nicht erörtert, vielweniger gehoben. Die Folge davon war, daß die Huldigung noch bisher ausgesetzet war, und die Stände keine feierliche Bestätigung ihrer in der Landes-Constitution und in den Verträgen gegründeten Privilegien und Gerechtsamen erhalten hatten. Daher verwurzelte sich immer mehr das beiderseitige Mißtrauen, und es häuften sich beständig Contraventionen wider die Verträge. Endlich klagten die Stände bei den General-Staaten, und foderten sie zur Manutenenz der Landes-Verträge auf. Ihre Beschwerden waren, daß der Fürst die Stände und das Administrations-Collegium in der Verwaltung der Landes-Mittel beeinträchtigte, die fürstlichen Beamten

(x) Winsems B. 37. p. 785—789.
(y) Landschaftl. Acten.

1657 Beamten die von den Pächtern veranstalteten Executionen wendig machten, die fürstlichen Räthe sich weigerten, die eingewilligten Schatzungen zu entrichten, und die Ritterschaft bei ihrer Jagd-Gerechtigkeit turbiret würde; ferner, daß die Frohndienste und Fuhren den Special-Verträgen von 1611 zuwider gesteigert, auf die von verschiedenen Eingesessenen bei dem Hofgerichte ausgebrachten Mandata de non turbando nicht geachtet, und also die Hofgerichts-Jurisdiction untergraben würde, und endlich, daß die fürstlichen Beamten ohne ständischen Vorbewußt und Zustimmung neue Ordnungen machten, und die Eingesessenen ungebührlich pfändeten. Unter dem 15. November schrieben Ihre Hochmögenden an den Fürsten und ersuchten ihn freundnachbarlich, um zu befürchtenden Unruhen zuvorzukommen, dergleichen Proceduren einzustellen, und Jeden bei dem Genusse seines Rechtes und seiner Freiheiten, nach Anleitung der Accorde, zu lassen. Dieses Schreiben hatte nicht die geringste Würkung. Vielmehr entstanden neue Contraventionen. Unter andern suchte der Fürst die Jurisdiction der Wittwe Nipperda in der Petkumer Herrlichkeit einzuschränken. Auch wurden die Hand- und Fuhrdienste besonders im Gretmer Amt verhöhet. Hierüber klagte das Administrations-Collegium, und ersuchte den Fürsten um Abstellung dieser Beschwerden. Der Fürst gab ein bloßes Recepisse zurück, und fügte die Antwort hinzu, daß die Administratoren sich mit dergleichen Sachen nicht zu bemengen hätten. Wie nun dadurch die Stände von neuem veranlasset wurden, sich an die General-Staaten zu wenden, so 1658 erfolgte unter dem 15. Januar 1658 ein ernsthaftes Anschreiben. Hierin wurde der Fürst ermahnet, solche Contraventionen sofort abzustellen, da denn

im

im Entstehungs-Fall Ihre Hochmögenden auf gehö-1651
rige Mittel zur Manutenenz der Accorde denken müßten. Der Fürst ließ die von den Ständen angebrachten Beschwerden in allgemeinen Ausdrücken
durch seinen Agenten de Groot beantworten. Er
nannte diese Beschwerden frevelhafte und ungegründete Klagen, entkannte, daß er je den Ständen die
Justiz verweigert hätte, und erbot sich, vor einer
staatischen Commission die Widerlegung dieser auf-
geraften Klagen vorzubringen. Dabei ließ er den
General-Staaten versichern, daß sein ganzes Bestreben bei seiner Regierung nur dahin abzielte, daß
Liebe, Eintracht und Gerechtigkeit in dem Lande
wachse, und auswärts der Wohlstand der Provinz
durch ein gutes Verständniß mit den Nachbarn, und
besonders durch eine aufrichtige Freundschaft mit
Ihro Hochmögenden befestiget werde. Dann ließ
er nochmalen die General-Staaten ersuchen, die
Stände zu einer so nöthigen Landes-Defension zu bewegen. Allein die Stände wollten sich auf keine
Landes-Defension einlassen, weil sie die anzuwerbenden Truppen besolden sollten, und der Fürst das
Commando führen wollte. Sie bestanden blos auf
die Bewürkung der Neutralität, und Verschonung
von Einquartierung bei den nordischen Höfen (z).

§. 8.

Am 7. März entstand unvermuthet in Emden
ein großer Auflauf. Die Stadt Emden war in
tiefe Schulden versenket. Die Ember hatten immer darauf gerechnet, sich durch ihre großen Foderungen auf die Stände aus diesen Schulden heraus-
zuwinden. Da aber die in dem Haag vorgenommene

(z) Altzema B. 38. p. 297—300.

1658mere Liquidation, und die von den General-Staaten getroffene Moderation ihrer Foderungen, ihrer Hoffnung nicht entsprach; so wurde das Project verwässert. Um sich einige Erleichterungen zu verschaffen, erhöhete der Magistrat die Accise auf verschiedene Consumtibilien. Hierüber murrte ein großer Theil der Bürgerschaft. Sie hielt diese Steigerung unnöthig, glaubte, daß der Magistrat die Gelder nicht zum wahren Besten der Stadt verwendete, und wähnte, daß die Vornehmsten aus dem Magistrate die Regierung alleine an sich ziehen wollten, und an einer Oligarchie arbeiteten. Unruhige Bürger und mit ihnen der Pöbel rotteten sich zusammen. Sie stürmten des Abends spät das Haus des präsidirenden Bürgermeisters Fewen, warfen die Fenster ein, öffneten die Thüren mit Beilen und Aexten, und plünderten das ganze Haus aus. Der Bürgermeister war durch die Flucht dem ihm geschwornen Mord entgangen. Durch ein Versehen hatten sich hundert und mehrere Mitverschworne verspätet. Sie fanden sich nicht zur bestimmten Zeit ein. Dieser Umstand, und die schleunigen Vorkehrungen des Magistrats vereitelten den Plan der Aufrührer. Dieser war auf Mord, Brand und Plünderung verschiedener Magistrats-Personen und Wierziger gerichtet. Dieser Vorfall veranlaßte den Magistrat und die Wierziger, die auf 300 Mann eingeschränkte Garnison wieder bis auf 600 Mann zu vermehren. Bereits unter dem 10. März berichteten sie diesen Auflauf nach dem Haag. In diesem Berichte führten sie die Nothwendigkeit der zu verstärkenden Garnison aus, die nicht blos zur Sicherheit der Stadt, sondern auch des ganzen Landes diente. Eben darum suchten sie bei den General-Staaten nach, die Stände wieder zu dem Unterhalt der ganzen Besatzung

Vierter Abschnitt.

tzung von 600 Köpfen anzuhalten. Sie hielten 1658 diese ihre Bitte um so viel billiger, so viel gerechter, weil die Stadt wegen ihrer Millionen betragenden Foderungen, nach einer übereilten Liquidation, von den Ständen mit einer Bagatelle abgefunden war. Falls aber Ihre Hochmögenden nicht gerathen finden sollten, die Stände zur Unterhaltung der wiederhergestellten dreihundert Mann anzuhalten; so bäten sie zu diesem Behuf von den General-Staaten jährliche Subsidien von vierzig, oder doch wenigstens dreißig tausend Gulden. Da die General-Staaten entferntere Städte, wie Stralsund und Genf, mit dergleichen Subsidien begünstigten, den vereinigten Provinzen indessen an der Erhaltung der ihnen benachbarten Stadt Emden viel gelegen wäre, und dann auch die Stadt vorhin die Garnison selbst auf Anrathen der General Staaten und unter Zusicherung ihres Schutzes die Besatzung angenommen hätte, so hofften sie nun auf eine so schleunige als günstige Resolution, die sie stets zur Dankbarkeit verpflichten würde (a).

§. 9.

Der ständische Agent Aitzema reichte schon am 20. März eine Beantwortung ein. Hierin behauptete er mit vieler Hitze, daß die Emder den Auflauf viel zu stark geschildert hätten, und daß ihre Absicht nur blos dahin zielte, der staatischen Resolution zuwider, ihre Garnison wieder zur unerträglichen Last der Stände auf den vorigen Fuß zu setzen. Schon funfzig Jahre und drüber hätte die Stadt die Stände mit Unterhaltung der Garnison gequälet, und sogar eben diese Garnison nicht selten zur Unterdrü-

ckung

(a) Aitzema p. 300—302.

1658 ckung der Stände selbst gebrauchet. Es wäre nun doch wohl einmal Zeit, die Stände von dem Embder Joch zu entlasten. Er trug daher darauf an, die Stände auch von der Unterhaltung der ganzen Garnison, also auch der noch übrigen drei Compagnien zu befreien. Dann warf er den Embern ihre Undankbarkeit gegen die Stände, von welchen sie so viele Millionen gezogen hatten, und ihre Undankbarkeit und ihr Mißtrauen gegen die General-Staaten vor, durch die sie so mächtig, blühend und groß geworden war. Denn sie hätten wider Willen der General-Staaten einen Commandanten angestellet, und schlügen nun aus Stolz und Mißtrauen das Anerbieten der General-Staaten aus, eine holländische Besatzung zur Ersetzung der reducirten drei Compagnien einzunehmen. Ihr ganzes Verfahren beurkundete ihren Stolz, Regiersucht und Eitelkeit. Daher hätten sie in der Zeit, wie die übrigen beiden Städte und das platte Land unter dem Drucke des dreißigjährigen Krieges entkräftet gesunken war, unfügliche Summen zur Ankaufung der Herrlichkeiten unnütz verschwendet. In dieser üblen Wirthschaft läge der Grund des gerechten Mißvergnügens der Bürgerschaft und des vorgefallenen Auflaufes. Emden wäre doch nur ein bloßes Mitglied des Städte-Standes, und dennoch wollte sie der herrschsüchtige Magistrat in eine freie Republik umschaffen. Er wies auf die gewöhnlichen Staats-Resolutionen hin, die durchgehends unterschrieben waren: jussu nobilissimae Reipublicae Emdensis. Diese Beantwortung, die in der That mit bittern Ausdrücken durchwebet war, war den Embern sehr anstößig. Der Magistrat verantwortete sich durch eine Gegenschrift. Hierinn nannten sie den Concipienten Altzema einen offenbaren Lästerer, den man schon aus seiner gedruckten

Vierter Abschnitt.

druckten Geschichte kennte, worin er sich nicht entblö-1658
det hätte, die Handlungen des Prinzen von Oranien,
der Grafen von Nassau und selbst Ihro Hochmögenden anzugreifen und zu tadeln (b). Sie baten die
General-Staaten, sich durch diesen Agenten nicht
irre führen zu lassen, und wiederholten ihr voriges
Gesuch. Dann ließen Bügermeister und Rath
durch den Rathsherrn Budde die versammleten Administratoren und Ordinair-Deputirten befragen, ob
der Agent Aitzema seine ehrenrührige Schmähschrift
mit ihrem Wissen und Willen bei den GeneralStaaten eingereichet hätte, und ob auch sie Theil
daran nähmen. Der zeitige Präsident Mauriz Freese
erwiederte in aller Nahmen: Man hätte in Erfahrung gebracht, daß der Magistrat sich wegen der
Garnison an die General-Staaten gewandt habe.
Man hätte schon gleich vermuthet, daß diese Vorstellung zum Nachtheil der Stände abgefasset worden, und eben darum hätte man dem Agenten Aitzema geschrieben, ein wachsames Auge auf die Verhandlungen zu heften, und das ständische Interesse
zu beobachten. Sie hielten sich nun überzeuget,
daß der Agent Aitzema als ein ehrlicher Mann ge-
J 5   handelt,

(b) Wahr ist es, Aitzema schrieb sehr frey, und schonte selbst der General-Staaten und der ersten und vornehmsten Männer der Republik nicht. Dies bewog die General-Staaten, die Exemplarien der ersten Quart-Ausgabe mit außerordentlichen Kosten aufzukaufen und an sich zu ziehen. Daher wird diese incastrirte Edition zu den raren Büchern gerechnet. Vogeli Catalogus Libr. rar. Edit. 4. p. 8.
Die bald nachher in 6 Folianten erschienene castrirte Edition ist bekannter. Um aus der ächten Quelle zu schöpfen, hab' ich mir die Quart-Ausgabe angeschafft, und mich derselben in dieser Geschichte bedienet.

1658 handelt, und in seiner Beantwortung seine Pflichten erfüllet hätte, die er den Ständen schuldig wäre. Mit dieser Antwort ließen die Administratoren und Deputirten den Rathsherrn wieder abtreten. Aitzema war indessen darin zu weit gegangen, daß er den Magistrat in einem beissenden Tone einer offenbaren Unwahrheit beschuldigte, wenn in dem Berichte angeführet worden, der Bürgermeister Jewen sey ermordet und sein Haus sey verbrannt worden. Denn der Magistrat hatte nicht von wirklichen, sondern nur von gedrohten Morde und Brande gesprochen. Indessen war Aitzema zu dieser Aeußerung durch die dunklen Ausdrücke des Ember Concipienten und durch Versetzung eines Comma mißleitet. Selbst die General-Staaten hatten den Bericht so verstanden, der Bürgermeister sey wirklich ermordet. Da nun dieses Mißverständniß eine große Sensation in der Versammlung der General-Staaten würkte; so befürchtete Aitzema eine übereilte den Ständen nachtheilige Resolution. Dadurch wurde er zu der nicht genug gemäßigten Schreibart veranlasset (c). Auf diese Berichte und Gegenberichte fanden die General-Staaten für gut, es bei der vorigen Resolution und bei der Reduction der Ember Garnison auf 300 Mann zu lassen. Sie hatten indessen noch selbst fünf Compagnien in Emden liegen. Diese waren so schwach, daß nur jede Compagnie aus 75 Köpfen bestand. Diese Compagnien verstärkten nun sie bis auf 120 Mann. Hierüber waren die Ember sehr unzufrieden. Sie sagten, daß ihre oder die ständische Besatzung zur Erhaltung der Accorde und zur Sicherheit der Stadt und des Landes bestimmet wäre, man aber dazu die staatische Garnison nicht gebrauchen könnte. Sie wagten es daher nochmalen, auf die

(b) Aitzema p. 300—308.

Vierter Abschnitt. 139

die Wiederherstellung der ganzen Garnison, auf 1651 den ständischen Unterhalt, oder auf staatische Subsidien anzuhalten. Sie wurden aber abschlägig beschieden, und die General-Staaten bestätigten nochmalen ihre vorige Resolution. Um sich einigermaßen an den Ständen oder an den Administratoren zu rächen, so machte der Magistrat einen Versuch, die Glieder des Administrations-Collegii mit Wachen und sonstigen bürgerlichen Lasten zu belegen. Da diese aber hievon durch die staatische Resolution vom 3. Febr. 1626 schon befreiet waren, so protestirten sie dawider, und hielten sich in der Possession ihrer Exemtion (d).

§. 10.

Die Ausfindung der nöthigen Mittel zum Abtrag des zweiten Termins der holländischen Schuld, — der erste Termin war abgeführet (e) — die Veranstaltung einer Landes-Defension, und dann vorzüglich die Erörterung und Abstellung der ständischen Beschwerden, und die dann vorzunehmende Huldigung, bewogen den Fürsten, einen Landtag nach Hage auszuschreiben. Die Emder glaubten, daß Hage, in der Nähe des fürstlichen Schlosses Berum, kein sicherer Ort wäre, wo die Deputirten ungescheuet ihre Meinungen eröffnen könnten. Sie beschwerten sich hierüber bei dem Fürsten, und baten, den Landtag entweder nach Emden auszuschreiben, oder eigenhändig eine Securitäts-Acte auszustellen, wornach jeder Deputirte mit Sicherheit dem Landtag beiwohnen könnte. Den Fürsten verdroß
dieses

(d) Aitzema p. 509. und landschaftl. Acten.

(e) Landrechnungen von $16\frac{57}{8}$.

Zwanzigstes Buch.

1658 dieses Ansinnen der Ember. In dem Rescripte vom 15. Julii drückte er sich unter andern so aus:

„Wie könnet ihr unsern Landes-Ständen Sicher-
„heit versprechen, die ihr sie in euren eignen Häu-
„sern nicht habet? Wir hingegen durch Gottes
„Gnade, leisten auch dem schwächsten und gering-
„sten unserer Unterthanen in allen Ecken unsers
„Fürstenthums ungeschmälerte Sicherheit. —
„Daß ihr keine Liebhaber, sondern die größten
„Unterdrücker unserer Stände Freiheit seyd, sol-
„ches wissen nun die Kinder. Eure Kunst, wo-
„mit ihr vormals den Einfältigen die Augen blen-
„detet, ist unter die Leute gekommen. Am besten
„wäre es, Ihr gedächtet darauf, wie die in Un-
„serer Stadt Emden verfallene Nahrung und
„Kaufmannschaft in Aufnahme zu bringen sey.
„Ihr müsset aber uns, die wir von Gott verord-
„net seyn, das Regiment im Lande und auch über
„euch führen lassen, und des keinen Dank ha-
„ben."

Der Landtag wurde denn am 21. Jul. in Hoge eröffnet. Wie nun die Ember Deputirten zurückblieben; so fanden auch die übrigen Stände nicht gerathen, sich von den Embern zu trennen. Sie hielten den Beirath der Stadt Emden und deren Unterstützung nöthwendig. Daher ließen sie die fürstlichen Landtags-Commissarien, die Räthe Bluhm und Bucho Wiarda durch ihren Secretair ersuchen, den Landtag nach einem andern Orte hin zu verlegen. Beide Räthe weigerten sich, einen mündlichen Vortrag des Secretairs anzunehmen. Die Stände erboten sich hierauf, ihnen einen vidimirten Extract des Protocolls zuzustellen. Auch hierauf wollten sich die Räthe nicht einlassen. Sie verlangten einen formli-

Vierter Abschnitt.

formlichen Bericht. Hiezu wollten sich die Stände 658 nicht verstehen. Ueber diese Formalien wurde der Landtag wendig. Die Stände beurlaubten sich unter sich, und giengen auseinander (f).

§. 11.

Der Fürst schrieb nun einen neuen oder vielmehr prorogirten Landtag auf den 4. August nach Leer aus. Auf diesem Landtag wurde die von dem Fürsten wieder in Vorschlag gebrachte Landes-Defension von den Ständen aus vorigen Gründen abermals abgelehnet. Wegen der Landes-Beschwerden kam man nur so weit, daß eine ständische Deputation angesetzet wurde, die mit den fürstlichen Räthen darüber in Conferenz treten sollte. Zur Conferenz selbst aber wurde nicht geschritten. Zur Abtragung des zweiten Termins der holländischen Schuld wurde eine sechsfache Personal- oder Kopf-Schatzung eingewilliget. Diese Kopf-Schatzung war nach dem Stande und dem Vermögen der Eingesessenen von 8 Schaf bis zu 1 Stüber herunter für jeden Termin bestimmt. Die Administratoren und Ordinair-Deputirten traten nun zusammen, um die Eingesessenen zu schätzen, und darüber Register anzufertigen. Auch ließen sie allenthalben gedruckte Placate anschlagen, wornach jede Familie nach ihrer Personen-Zahl die angeschlagene Quote an die Schatzungs-Heber entrichten sollte. Der Fürst hatte nun zwar in dem Landtags-Abschiede die eingewilligte Personal-Schatzung genehmiget, nur wollte er nicht zugeben, daß die Administratoren und Deputirten die Eingesessenen schätzen sollten. Er glaubte, daß der Anschlag von den Beamten gemacht werden müßte. Er

(f) Landschaftl. Acten.

1658 Er ließ die angehefteten Placate wieder herunter reissen. Wie sich die Stände darüber beschwerten, schrieb er unter dem 30. August an das Administrations-Collegium:

„Wir wollen unsern Unterthanen weder von Euch, „noch von solchen, die sich Ordinair-Deputirten „nennen, noch auch von unsern sämmtlichen Lan„des-Ständen gebieten, und also novum in „Principatu imperium einführen lassen. Aber „was auf Landtagen beschlossen, und von uns be„liebet und approbiret ist, wollen wir selbst wis„sen werkstellig zu machen, durch solche, die wir „dazu nöthig erachten, wie solches dem Rechte „der Landtage und der fürstlichen Landeshoheit „conform und den Accorden und Verträgen nicht „zuwider ist. — Ihr habt nicht allein eine rüch„tige Reproche, sondern auch, wenn man nach „strengem Rechte gehen wollte, eine harte Strafe „darum verdienet, daß ihr dem klaren Inhalt des „Landtags-Schlusses und Abschiedes zuwider, statt „der Häuptlingen, derselben Gerichts-Verwalter „die Anfertigung der Schatzungs-Register in den „Herrlichkeiten anvertrauet habet, und daß ihr „den Häuptlingen die halbe Brüche, die Uns zu„stehet, zugeleget habet. Wir sind nicht gesonnen, „solches zu dulden, und unsere Regalien „kränken zu lassen. Ihr werdet also hieraus zur „Gnüge einsehen, warum wir eure Placate haben „abreissen lassen."

Die Stände beschwerten sich über dieses Verfahren des Fürsten bei den General-Staaten, zeigten an, daß der Fürst sie in der Hebung der zu dem Abtrag der holländischen Schuld eingewilligten Schatzung hinderte, und baten, dem Ember Commandanten aufzu-

Vierter Abschnitt. 143

aufzugeben, ihnen die starke Hand bei Einhebung 1658 der Schatzung zu bieten. Die General-Staaten schrieben hierauf unter dem 25. Sept. dem Fürsten, daß sie mit Mißfallen vernommen, wie er ihren freundschaftlichen Erinnerungen von dem 13. Nov. 1657 und 15. Jan. 1658 kein Gehör gegeben, und die ständischen Beschwerden statt sie abzuschaffen, durch neue Contraventionen häufen ließe. Sie verwiesen dem Fürsten, daß er sich unterfangen habe, die Placate abzureissen, und daß er vorhabens sey, die Eingesessenen durch seine Beamten schätzen und registriren zu lassen; da er doch nach den Landes-Verträgen sich nicht in die Hebung der landschaftlichen Gefälle mischen dürfte. Sie wiesen ihn deshalb auf den Ember Landtags-Receß von 1606, auf den Provisional-Vergleich von 1607 und auf die staatische Declaration von 1626 hin. Da nun durch solche den Landes-Verträgen durchaus nicht entsprechende Proceduren die Landes-Mittel in eine unabsehbare Verwirrung gerathen müßten, so gaben sie dem Fürsten zu verstehen, daß sie kraft der übernommenen Manutenenz der Verträge, und auch wegen ihres eigenen Interesse, da ihre Foderung auf die Landschaft noch nicht getilget war, sich verpflichtet sähen, den Ständen die starke Hand zu bieten. Sie erwarteten indessen von der Weisheit und Gerechtigkeit des Fürsten, daß er ohne Verzug die gestockte Hebung wieder in den Gang bringen, und auch ihren wiederholten freundnachbarlichen Ermahnungen, die übrigen Contraventionen abzustellen, Gehör geben würde (g). Der Fürst machte nun zwar durch seinen Agenten de Groot Gegenvorstellungen; er fand indessen gerathen, dem Ad-
ministra-

(g) Akrems B. 38. p. 309 und 310. und B. 39. p. 581—583.

1658 ministrations-Collegio die Anfertigung der Register zu überlassen. So kam denn wieder die Hebung in Gang, woraus dann der zweite Termin der holländischen Schuld abgeführet wurde (h).

§. 12.

Noch war der zwischen Pohlen, Schweden und Dännemark ausgebrochene Krieg nicht geendiget. Daher ließ der Fürst nochmalen durch seinen Rath 1659 Wiarda und den Agenten Groot im Febr. 1659 bei den General-Staaten antragen, die Stände zur Veranstaltung der Landes-Defension zu bequemen. Diese fürstliche Vorstellung veranlaßte die General-Staaten, den Ständen und der Stadt Emden schriftlich zu bedenken zu geben, ob nicht eine Landes-Defension nöthig sey, und ob sie zu dem Ende und auch zur Abstellung und Schlichtung ihrer Beschwerden einige Deputirten nach dem Haag absenden wollten? Die Stände versammleten sich hierauf auf einem Landtag. Diesen Landtag hatte der Fürst auf Ansuchen der Administratoren im März nach Aurich ausgeschrieben. Nach dem Landtags-Schlusse antworteten sie den Staaten, daß sie die Sorgfalt, welche Ihre Hochmögenden für diese Provinz äußerten, mit der schuldigsten Dankbarkeit zwar erkennten, daß sie indessen, ausgesogen und verarmt durch mannsfeldische, kaiserliche und hessische Invasionen, und ohnehin noch in tiefe Schulden versenket, unvermögend wären, eine so kostbare Defension zu veranstalten, sie sich auch bei der Zuneigung, bei der Macht und der Vorsicht Ihro Hochmögenden für auswärtige Invasionen sicher genug hielten. Dabei zeigten sie an, daß sie bereit stünden, die Streitigkeiten

(h) Landschaftl. Acten.

Vierter Abschnitt.

felten mit dem Fürsten durch inländische Verhand-1659
lungen zu verebnen. Die Emder reichten am 13.
April eine besondere Antwort ein. Sie war dem
ſtändiſchen Schreiben gleichſtimmend. Eine geringe Gränz-Beſatzung hielten ſie durchaus zwecklos,
und die Anwerbung einer hinlänglichen Anzahl Truppen, wegen des großen Koſten-Aufwandes, dem
Lande unerträglich. Mit dem Fürſten, ſchrieben
ſie, könnten ſie ſich nicht einlaſſen, ſo lange er die
Landes-Verträge und Accorde nicht beſtätiget hätte,
und er nicht gehuldiget worden. Sie entſchuldigten ſich daher, daß ſie keine Deputirten nach dem
Haag abſenden könnten (i). Die Streitigkeiten über
die Landes-Defenſion wurden aber von nun an ſchläfriger betrieben, wie die General-Staaten ſo eifrig
an der Stiftung eines Friedens zwiſchen den nordiſchen Mächten arbeiteten. Der Friede wurde in dem
folgenden Jahre zwiſchen Schweden und Pohlen in
dem Kloſter Oliva, und gleich darauf zwiſchen Dännemark und Schweden in Koppenhagen abgeſchloſſen. So war der fünfjährige blutige Krieg geendiget, die Ruhe im Norden wiederhergeſtellet, und
Oſtfriesland von der beſorgten Einquartierung fremder Truppen entlaſtet. Hiemit endigten ſich denn
auch die zwiſchen dem Fürſten und den Ständen gefühlte Debatten über die nun unnöthige Landes-
Defenſion.

§. 13.

In Emden lag noch immer eine doppelte Beſatzung, eine holländiſche oder ſtaatiſche, und die
emder oder ſtändiſche nun auf 300 Mann reducirte
Beſatzung

(i) Aitzema B. 39. p. 576. 577. u. Landſch. Acten.

Oſtfr. Geſch. 5 B.   K

1659 Besatzung, die mit ⅔ von den Ständen unterhalten wurde. Beide Besatzungen standen unter dem Oberbefehl des staatischen Commandanten. Nach Abgang des Obristen Erhard Ehrentreuter hatten die Ember diese Stelle ohne Mitwürkung der General-Staaten erst dem Hauptmann Jewen, und nachher dem Hauptmann Greving anvertrauet. Hierüber waren (wir haben dieses vorhin erzählet) zwischen den General-Staaten und dem Ember Magistrat einige Mißhelligkeiten entstanden. Wie nun in diesem Sommer der Hauptmann Greving verstorben war, so wünschte der Ember Magistrat, daß diese Stelle wieder durch Hanns Heinrich Ehrentreuter besetzet würde. Dieser war ein Bruder des vorigen Commandanten, und stand als Obrist-Lieutenant in dem Dienste der General-Staaten. Daher mußte der Magistrat sich nothwendig an die General-Staaten wenden. Ihro Hochmögenden bewilligten das Gesuch des Magistrats, und ertheilten ihm unter dem 28. August folgende Instruction: Er sollte eine gute Mannszucht sowohl über die staatische als ständische Besatzung halten, die Stadt für innerliche Unruhe und auswärtige Anfälle sichern, sich nach den zwischen dem Landesherrn und den Ständen und der Stadt Emden abgeschlossenen Verträgen richten, sich eidlich verpflichten, dieser Instruction genau nachzukommen, und sich überhaupt so betragen, wie es einem rechtschaffenen Commandanten und Officier zustehet. In der Zustimmung der auf den Obrist-Lieutenant gefallenen Wahl, drückten sich die General-Staaten ohngefähr so aus:

„Nachdem Bürgermeister und Rath der Stadt
„Emden in ihrem Reversal vom 14. April 1603
„unter andern versprochen haben, sich nicht zu
„unter-

Vierter Abschnitt.

„unterfangen, bei Erledigung der Commandan- 1659
„ten-Stelle ohne Vorbewußt und Zustimmung
„der General-Staaten einen andern Commandan-
„ten anzusetzen; so lassen wir uns nun gefallen,
„daß der in unserm Dienste als Obrist-Lieutenant
„über ein Regiment zu Fuß stehende Hanns Hein-
„rich Ehrentreuter, in Rücksicht seiner Krieges-
„kunde, Tapferkeit und sonstigen guten Eigen-
„schaften, und in Rücksicht der Empfehlung und
„des Wunsches des Magistrats als Commandant
„der Stadt Emden angesetzet werde."

Hierwider reichten Bürgermeister und Rath ein
Protest ein. Sie sagten darin, daß ihnen der angeführte von ihren Vorgängern ausgestellte Revers
bisher ganz unbekannt gewesen, und sie solchen erst
aus der nun erhaltenen Copei hätten kennen lernen.
Sie hielten dafür, daß die aus dem Reverse gezoge-
ne Verbindlichkeit von selbst wegfiele, weil darin
zugleich ausdrücklich festgesetzet worden, daß die Besatzung so lange unverändert vollzählig bleiben sollte,
bis die Staaten und sie ein andres gut finden möchten. Sie folgerten nun daraus, daß, da die General-Staaten wider ihren Willen die Garnison auf
die Hälfte vermindert hätten, sie auch nun nicht
mehr an diesen Revers gebunden wären. Dann
wiesen sie aus dem 14. Artikel des haagischen Vergleiches nach, daß sie alleine die Commandanten-
Stelle besetzen könnten (k). Wenn nun unter dem
29. November 1603, also später als der Revers
K 3   ausge-

(k) Sind Se. Gnaden zufrieden (so lautet diese Stelle,) daß Bürgermeister und Rath 6 bis 700 Mann
annehmen, dieselbe auf der Stadt und des Landes
Kosten innerhalb der Stadt in Diensten unterhalten, und über selbige von Zeit zu Zeit einen tüch-
tigen Commandanten bestellen.

16.) ausgestellet war, die General-Staaten die Garantie dieses Vergleiches übernommen hätten, so hielten sie dafür, daß dadurch der Revers gefallen wäre. Sie müßten sich also lediglich an den hagischen Vergleich halten, und hätten das Zutrauen zu Ihro Hochmögenden, daß sie ihnen in ihren Rechten nicht kränken, sondern selbige vielmehr handhaben würden. Da indessen wegen des vorschwebenden Falles in Absicht der zu ernennenden Person die General-Staaten und die Stadt Emden einig waren, so wurde denn der Obrist-Lieutenant Ehrentreuter Commandant der Stadt Emden (l).

§. 14.

Die Abstellung der Landes-Beschwerden und die fernere Abzahlung der holländischen Schuld, wozu wiederum neue Schatzungen eingewilliget werden mußten, veranlaßten einen neuen Landtag. Diesen schrieb der Fürst in dem Monate Julius nach Aurich aus. Der Termin war so kurz angesetzet, daß die Deputirten mit ihren Committenten keine Rücksprache nehmen konnten. Daher protestirten die Administratoren wider diesen Landtag. Sie ließen auch die in Aurich versammleten Stände ersuchen, sich zum Nachtheil der ständischen Gerechtsame auf keine fürstliche Propositionen einzulassen. Es fanden sich auch in der That so wenige Deputirte in Aurich ein, daß der Fürst sich gemüßiget sahe, den Landtag auf den 4. August nach Leer zu verlegen. Die fürstlichen Landtags-Commissarien, die Räthe Bluhm und Bucho Wiarda (m) weigerten sich, den Landtag zu eröffnen

(l) Aitzema p. 577 und 578.
(m) Dieser war Amtmann zu Leer, und war zugleich fürstlicher Rath. Weil er ein sehr geschickter und einsichts-

Vierter Abschnitt.

eröffnen und die fürstlichen Landtags-Propositionen 1659 vorlesen zu lassen. Ihr Vorwand war, daß die Stände nicht in hinlänglicher Anzahl vorhanden wären. Nach der vorhandenen Registratur waren indessen die Ritterschaft, fünf Deputirten aus Emden, zwei aus Norden, und 37 aus dem dritten Stande gegenwärtig. Es fehlten nur Deputirte von Aurich und von drei Aemtern. Bei andern Landtagen waren öfters nicht halb so viel Deputirte gegenwärtig. Oefters hatten diese oder jene Aemter keine Deputirte abgeordnet; und von Emden fanden sich unter der Regierung Enno Ludwigs selten Deputirte ein. Der Vorwand der fürstlichen Commissarien war also

wohl

einsichtsvoller Mann war, so bediente sich der Fürst öfters seines Gutachtens. Unter der Regierung Georg Christians war er fast immer am Hofe oder auf Gesandtschaften. Daher klagten die Stände, daß die Justiz im Leerer Amt versäumet würde. Beermelsen p. 771 und 772. Er hatte auf den Universitäten Helmstädt, Leipzig, Gröningen und Cöln studiret, und sich nachher auf seinen Reisen in den Niederlanden, Frankreich, England und Ungarn viele Kenntnisse erworben. Sein ältester Bruder, Aggäus Wiarda, war Amtmann zu Leer. Wie dieser verstarb, wurde 1627 sein zweiter Bruder, Ullman Wiarda Amtmann in Leer, nach dessen Tode ernannte ihn Graf Ulrich 1642 zum Amtmann. Enno Ludwig gab ihm den Character als Rath. Diese drei Brüder waren Söhne des Canzlers Dothias Wiarda. Weil er nachher als wirklicher Rath beständig an dem fürstlichen Hofe war, so wurde ihm sein Sohn Ulrich als Amtmann bis 1671 substituiret, welcher darnach selbst Amtmann wurde. Es folgten also in Leer vier Amtmänner gleiches Namens auf einander. Er Bucho Wiarda wurde 1671 fürstlicher geheimer Rath und Canzlei-Director und starb 1674. Aus Familien-Nachrichten.

1659 wohl offenbar gesucht. Man beschuldigte sie, daß sie die Absicht gehabt, die Stände zu trennen, und diese Trennung zum Vortheil des Fürsten zu benutzen. Die Stände traten nun selbst in Abwesenheit der Landtags-Commissarien zusammen, gaben der vorhin schon niedergesetzten Deputation auf, die Gravamina wider den Fürsten in Emden aufzumachen, willigten 14 Capital- und 6 Personal-Schatzungen zum Abtrag des dritten Termins der holländischen Schuld ein, und giengen dann auseinander. Die Schatzungen waren nicht einstimmend, sondern durch Mehrheit der Stimmen eingewilliget. Sehr viele Eingesessene waren daher zur Zahlung unwillig, und weigerten sich um so viel mehr, ihr Contingent zu entrichten, weil der Fürst die Hebung der Schatzungen, da er sie nicht genehmiget hatte, und kein Landtags-Schluß erfolget war, untersagen ließ. Wie sich nun die Stände hierüber abermals in dem Haag beschwerten, so gaben die General-Staaten unter dem 29. Octob. denen Commandanten in Emden und in Leerort auf, von den säumhaften Eingesessenen, wenn die Administratoren oder die Stände darum anhalten sollten, durch ein Commando die Restanten executivisch beitreiben zu lassen. Da der Fürst auch selbst den Staaten 150000 Gulden schuldig war, und er die ihm gesetzten Termine nicht eingehalten hatte; so drohten die General-Staaten mit Execution, falls er seine Zusage der Zahlung nicht erfüllen sollte. Die Administratoren und Ordinair-Deputirten säumten nun nicht, von der staatischen Ordre an den Commandanten in Emden Gebrauch zu machen. Sie trieben die Schatzungen durch ein Commando der Emder Garnison bei. Hierüber war der Fürst sehr aufgebracht. Er schrieb an die General-Staaten, daß es nun so weit gekommen,

Vierter Abschnitt.

men, daß der sogenannte Commandant in Emden, 1659 Hanns Heinrich Ehrentreuter, seine Soldaten das Land durchstreifen ließe, und sich sogar sieben Soldaten unterfangen hätten, bei dunkler Abendzeit in seine Residenzstadt Aurich zu schleichen. Es schiene, daß man die Regierung umkehren, und den Commandanten zum Landesherrn machen wollte. „Solche Absurditäten," — so lautet der Schluß des fürstlichen Schreibens, — „haben wir uns nim„mermehr versehen; haben es auch nicht um Eure „Hochmögenden verdient, daß wir unter der Maske „und dem Deckmantel Euer Hochmögenden Nah„men und Autorität sollen behelliget werden. Wir „bitten uns mit dergleichen Procedüren und Einbrü„chen in unsere Landeshoheit zu verschonen" (u). Nachher ließ der Fürst eine Vorstellung unter dem 5. December durch seinen Residenten de Groot einreichen. Diese war gemäßigter aufgesetzet. Der Hauptinhalt betraf die von den General-Staaten dem Fürsten vorgestreckten 150000 Gulden. De Groot klagte, daß der Fürst sich nicht im Stande befände, diese Schuld abzuführen, so lange ihm die Stadt Emden und die Stände nicht gerecht würden. Er bat daher, die Stände und die Stadt Emden zu der bisher immer verzögerten Liquidation, und dann zur Zahlung anzuhalten. Auf dieses Activum wies der Fürst die General-Staaten an. Wir bemerken hiebei, daß der Ober-Rentmeister Ihering bereits 1657 den Ständen die Rechnung der fürstlichen Foderung vorgelegt hatte. Nach dieser Rechnung betrug sie am Hauptstuhl 135495 Gulden, und an Zinsen zu 8 pro Cent 200306 Gulden. Sie rührte vorzüglich aus einem Vorschuß zu dem Defensions-Wesen, und aus Regensburgischen lega-

tionen

(u) Landschaftl. Acten.

1639rlamen von den Jahren 1631 bis 1654 her. Die Stände hatten bisher die Richtigkeit dieser Foderung, oder vielmehr ihre Verbindlichkeit zur Rückzahlung erkannt. Auf die fürstliche so eben bemeldete Vorstellung fanden die General-Staaten für gut, ein Schreiben an die Stände abgehen zu lassen. Darnach sollten sie einige Deputirte nach dem Haag absenden, um mit dem Fürsten zu liquidiren, und zugleich auch um die Beschwerden zu erörtern und abzumachen (o).

§. 15.

Die Debatten, welche auf dem Leerer Landtage zwischen den fürstlichen Commissarien und den Ständen vorfielen, gründeten sich vorzüglich in einer Personal-Feindschaft zwischen dem geheimen Rath Bluhm, und dem Hofrichter Carl Friedrich, Freiherrn von Kniphausen. Dieser nahm, als ältestes Mitglied der Ritterschaft und Präsident der Stände, an diesen Streitigkeiten den vorzüglichsten Antheil. Er war ein Erzpatriot. Dagegen vertheidigte der geheime Rath Bluhm eifrig die Rechte des Fürsten. Man sprach an beiden Seiten bitter. Daher entsprang die Feindschaft zwischen dem Hofrichter und dem geheimen Rath. Jedes landschaftliche Protokoll in diesem Zeitpuncte ist ein bewährter Beleg, wie sehr der Hofrichter von Kniphausen und die Stände den geheimen Rath haßten. Dagegen läßt sich aus dem Gemälde, welches der geheime Rath in seinem oft angeführten Aufsatz von dem Hofrichter entworfen hat, leicht errathen, wie sehr er ihn bei dem Fürsten wird angesetzet haben. Unter andern führt er darin an, der Freiherr habe

den

(o) Altzema p. 580—586. und landsch. Acten.

Vierter Abschnitt. 153

den Grafen Ulrich, dessen Gouverneur er bei dem 1659 Antritt seiner Regierung gewesen, zur Ueppigkeit verführet, und seine Einkünfte so groß, so einträglich vorgespiegelt, daß er sich ein neues Gewölbe zu seinem Schatze bauen lassen müßte. Dann sagt er darin, daß der Freiherr die Kammer-Jungfer und Favoritin der Fürstin Juliane durch ein goldnes Servis auf seine Seite gebracht, und dann durch diesen Canal, selbst wider Willen des nachgiebigen Grafen Ulrichs, die Hofrichter-Stelle erhalten habe. Aber die Kammer-Jungfer, setzt er hinzu, habe nachher ihre gewagte Schritte und ihre Bemühungen bereuet, wie sie die mißliche Entdeckung gemacht, daß das goldne Servis nur stark vergoldetes Eisen war. Der Hofrichter wurde nun sogar, man sagt auf Anstiften des geheimen Raths Bluhm, einer gefährlichen Correspondenz beschuldiget. Diese soll er in dem nordischen Kriege mit Dännemark gepflogen haben. Er wurde darüber sogar des Hochverraths angeklaget. Hievon machte Bluhm bei dem herrer Landtage Gebrauch. Er griff seine Qualität, als Landtags-Comparent an, und wollte ihn nicht auf dem Landtage dulden. Der Hofrichter wies aber mit Heftigkeit den Unterschied zwischen einem Angeklagten und einem Condemnirten an, und protestirte wider den Antrag des geheimen Raths. Wie nun die Stände sich des Hofrichters annahmen, und unter seiner Direction wider Willen der fürstlichen Commissarien den Landtag fortsetzten, so wurden auch alle Folgen des Landtages dem Hofrichter alleine zugeschrieben. Der Fürst Enno Ludwig war nun so sehr wider den Hofrichter aufgebracht, daß er persönlich mit einigen seiner Hofbedienten in sein Haus stürmte, und, wie er ihn nicht vorfand, seine Scheune herunter reissen und seine Kutschen und an-

K 5   dere

1659 dere Sachen zerschlagen und verbrennen ließ. Nur die Flucht hatte dem Freiherrn das Leben gerettet. Man gieng noch weiter. Man zog die Todten-Glocke an, ließ den Baron als einen bürgerlichen Todten nach seiner Flucht verläuten. Der Hofrichter fand aber bald nachher Gelegenheit sich zu rächen. Bluhm war fürstlicher geheimer Rath, und hatte nach Absterben des Canzlers Bobart die Direction bei der Canzlei. Er hatte also die nächste Anwartschaft zu der Canzler-Stelle, wenn der Fürst sie wieder besetzen sollte (p). In dem Anfange des folgenden Jahres 1660 sandte der Fürst den geheimen Rath Bluhm nach Westerhof, um die Nachlassenschaft seiner verstorbenen Mutter aus einander zu setzen. Diese Abwesenheit nutzte der Hofrichter. Die regierende Fürstin, Justine Sophie, konnte Bluhm nicht leiden, weil der Fürst ihr öfters verlangte Geschenke ausschlug, unter dem Vorwande, Bluhm, der immer die Sparsamkeit empföhle, habe ihm solches widerrathen. Hinter die wider Bluhm eingenommene Fürstin steckte sich der Hofrichter, und bewog durch ihr Zureden den Fürsten, einem auswärtigen Gelehrten, dem Doctor Hermann Höpfner die Canzler-Stelle anzutragen. Kaum war Höpfner in Ostfriesland angekommen, so kam auch Bluhm aus Westerhof zurück. Er gab dem Fürsten seine Unzufriedenheit über den Beruf des Doctor Höpfner zu verstehen. Da er alles über den Fürsten vermochte, so wußte er es auch wieder einzuleiten, daß der Doctor Höpfner, der noch das Canzler-Diplom nicht erhalten hatte, mit einem Geschenk von 300 Ducaten wieder abgefertiget wurde. Ja, Bluhm setzte

sich

(p) Der Canzler Bobart war bereits 1653 verstorben, bis hieher hatte der Fürst die Stelle unbesetzt gelassen.

Vierter Abschnitt.

sich wieder so in die Gunst des Fürsten, daß er ihm 1659 ein ansehnliches Landgut im Esener Amt geben wollte. Er fand aber Bedenken, dieses ansehnliche Geschenk von seinem kranken Herrn, der auch gleich nachher starb, anzunehmen (q).

§. 16.

Die Stände hatten nun zwar auf dem letzten leerer Landtage zum Abtrag des dritten Termins der holländischen Schuld eine Schatzung eingewilliget, indessen stockte die Hebung, da so sehr viele Unwillige die Zahlung weigerten, und das Administrations-Collegium Bedenken fand, die militairische Execution weiter durchzusetzen. Es floß also wenig baares Geld zur Casse. Die Administratoren und Deputirten warfen alle Schuld auf die fürstlichen Räthe, und besonders auf den geheimen Rath Bluhm. Sie klagten in dem Haag, daß diese Räthe sich un- 1660 terfingen, die Collecten zu behindern, und unter den Ständen selbst den Saamen der Uneinigkeit ausstreuten. So hätten sie bereits aus der Ritterschaft Joost Hane von Upgant, die ganze Stadt Aurich, einen Theil der Stadt Norden, und aus dem dritten Stande die mehresten Aemter an sich gezogen. In dieser ihrer Lage, worin sie allenthalben Widerwillen vor sich fänden, sey es ihnen unmöglich gewesen, den dritten Termin abzuführen. Hierauf schrieben die General-Staaten am 17. Jan. an den Fürsten, und ersuchten ihn, allen der Hebung entgegen stehenden Hindernissen und Mängeln schleunig

(q) Bluhms Aufsatz von den Ostfries. Bedienungen. Landschaftl. Acten. Aitzema B. 39. p. 580. Ooftfr. Brenden Belang op de Groß. Propos. und Fusts Chronik 6. Theil p. 231.

Zwanzigstes Buch.

1660nig abzuhelfen. Im Entstehungs-Fall — sezten sie hinzu — sähen sie sich gezwungen, zur Execution die starke Hand zu bieten. Der Fürst erwiederte unter dem 22. Januar, daß die Administratoren die Hebung saumselig betrieben, und daß sie leicht den rückständigen Termin bei diesen friedfertigen Zeiten, bei den so sehr fruchtbaren Jahren, und dem immer wachsenden Credit der Landschaft ohne Schwierigkeiten hätten beieinander kriegen können, falls es ihnen ein rechter Ernst gewesen wäre. Er gestand zwar, daß bei seiner Zurückkunft (er war eine kurze Zeit nach Geldern verreiset gewesen) Mißverständnisse zwischen seinen Räthen und den Administratoren entstanden, nur entkannte er, daß die Räthe die Schatzungs-Hebung gehemmet hätten. Um den Malcontenten keine Gelegenheit zu geben, die Landes-Regierung noch mehr zu verwirren, und dann im trüben Wasser zu fischen, so hegte er das Zutrauen zu Ihro Hochmögenden, daß sie seine Unterthanen mit der Execution verschonen, und allenfalls selbige ihm, als Landesherrn, überlassen möchten. Dann bat er, seine Foderung auf die Stände zu beherzigen, damit er auch selbst einmal Ihro Hochmögenden gerecht werden könnte. Um nun diese Liquidation vorzunehmen, und dann auch die wechselseitigen Beschwerden abzustellen, ersuchte er die General-Staaten, eine ständische Deputation nach dem Haag förderfamst zu veranlassen. Die General-Staaten ließen hierauf unter dem 23. Febr. an die Stände ein Schreiben abgehen. Hierin foderten sie die Stände zu friedfertigen Gesinnungen auf, und gewärtigten die baldige Ueberkunft einiger Deputirten. Sie sezten hinzu, daß sie sicher hofften, durch ihre Vermittelung alle Streitigkeiten beizulegen; falls aber von der einen oder andern Seite alle-

billige

Vierter Abschnitt.

billige Vorschläge sollten von der Hand gewiesen 1664 werden, so sähen sie sich als Garanten der Verträge gemüssiget, die Unterdrückten kräftig zu schützen, und die Contravenienten zu ihren Pflichten hinzuverweisen. Wie dieses Schreiben eingieng, schrieb der Fürst, auf Anhalten der Administratoren, einen Landtag nach Marienhafe aus.. Dieser Landtag wurde am 10. März eröffnet. Unter sich waren die Stände über die Art der einzuwilligenden Schatzung sehr uneinig. Einige drangen auf eine Vieh- und Einsaats-Schatzung, andere auf eine Personal-Schatzung. Endlich wurden nach vielen Debatten zwei Capital- und zehn Personal-Schatzungen durch Mehrheit der Stimmen bewilliget. Mit dem Fürsten selbst trat man etwas näher (r). Vielleicht lag in der Abwesenheit des geheimen Raths Bluhm diese Umstimmung; denn er war immer bei den Ständen der größte Stein des Anstoßes. Der Fürst gab auf Anhalten der Ritterschaft darin nach, daß er den Hofrichter von Knipphausen wieder zu diesem Landtag verschreiben ließ (s). Auf dem Landtage äußerten die Stände den Wunsch, daß der Fürst gehuldiget, ihre Privilegien und Verträge bestätiget, und die Gravamina abgestellet werden möchten. Die Absendung einer Deputation nach dem Haag hielten sie aber zu kostbar und zu weitläuftig. Lieber wollten sie sich mit dem Fürsten in der Provinz selbst in Tractaten einlassen. Der Fürst selbst sah lieber die einländische Behandlung. Denn schon in der Landtags-Proposition hatte er sich so ausgedrückt: „Sr. fürstlichen Gnaden hätten indes„sen wünschen mögen, daß dergleichen Verschickung
„außer-

(r) Aitzema p. 1032—1034 u. Landschaftl. Acten.
(s) Brenneisen T. 2. p. 1120.

1660, außerhalb Landes durch einländische Tractaten ver-
„hütet würden." Die Stände lehnten daher die
Absendung einer Deputation nach dem Haag ab,
und fügten in ihrem Berichte hinzu, daß sie nun
in der sicheren Hoffnung lebten, daß der längst gewünschte Vergleich bald zu Stande kommen würde. In dem Antworts-Schreiben äußerten die
General-Staaten darüber ihre Zufriedenheit (t).
Alles schien nun zu einem Vergleiche vorbereitet zu
seyn, — nun starb der Fürst, und starb ungehuldiget.

(t) Aitzema c. l. und landschaftl. Acten.

Fünfter Abschnitt.

§. 1. *Der Fürst Enno Ludwig stirbt.* §. 2. *Sein Character.*
§. 3. *Seine Wittwe und Tochter.*

§. 1.

In dem vorigen Herbst stürzte der Fürst auf einer 1650 Jagd, wie er einem Hirsch nachsetzte, mit seinem Pferde. Dieser Fall war für ihn um so gefährlicher, weil er sehr schwerleibigt war. Er zog sich dadurch eine Krankheit zu. Er erholte sich zwar anfangs wieder, so daß man seine Umstände nicht gefährlich hielt; nachher wurde er aber von einer neuen Krankheit befallen, dessen Grund man noch immer in den Sturz mit dem Pferde setzte. Man beschuldiget den Leibarzt, daß er ihn mit einem gekünstelten sauren Brunnen zu sehr angegriffen habe (a). Wie er seine abnehmende Kräfte und das herannahende Ende seiner Tage spürte, machte er am 27. März ein feierliches Testament. Hierin verordnete er, daß seine Leiche ohne allen Staat und Prunk binnen 6 Tagen nach seinem Absterben, in aller Stille beigesetzet werden sollte. Seine Wittwe, so lange sie in ihrem Wittwenstande bleiben würde, die General-Staaten, und den Herzog Rudolf August von Braunschweig-Lüneburg bestellte er zu Vormündern über seine Töchter. Dann bestätigte er die mit seiner Gemalin eingegangenen Ehepacten, und wies ihr das Haus Berum zu ihrem Wittwensitz an, so lange das in den Ehepacten bemeldete Haus Petsum nicht in wohnbaren Stand gebracht worden. Dann legatirte er ihr 1000 Rosinobel, oder 4000 Rthlr., zwei Gespann Pferde und

(a) Ulrich v. Werdum Ser. Fam. Werd.

1660 und drei Caroſſen. Seine beiden Töchter ſetzte er zu Erbinnen ſeiner Allobial-Nachlaſſenſchaft ein, und erſuchte ſeinen Lehnsfolger, ihnen zu ihrer völligen Abfindung 100000 Reichsthaler auszuzahlen. Seine Paſſion für Pferde, Hunde und Jagd erhellet aus dem gleich darunter ſtehenden Codicill. Hierin verordnete er, daß ſein Heidelbergiſches Fuchspferd und ſein Wettläufer nie verkauft, ſondern ihnen Zeitlebens das Futter gegönnet werden ſolle, und daß ſeine übrigen Pferde und Hunde nach Frankreich und Holland geſandt und daſelbſt verkauft werden ſollten (b). Er ſtarb am 4. April des Morgens früh zu Aurich auf ſeinem Schloſſe. Er war geboren am 29. October 1632, und hatte alſo noch nicht 28 Jahre erreichet. Seine Leiche wurde am 9. April zur Abendzeit in aller Stille, nach ſeiner Verordnung, beigeſetzet (c).

§. 2.

Ueber ſeinen Character will ich zwei Männer reden laſſen, die ihn perſönlich gekannt haben. Ulrich

(b) Regier. Acten.

(c) Ulrich v. Werdum Ser. Fam. Werd. und Funks Oſtfrieſ. Chronik 6. Theil p. 238. und Ravinga's Oſtfr. Chronik p. 161. Die Grabſchrift auf ſeinem zinnernen Sarg iſt in den Oſtfrieſ. Mannigf. 1. Theil p. 372. abgedruckt. Ich habe hier zum letztenmale die Neye Ooſtfr. Chronica von Ravinga angeführet. Sie iſt von geringer Bedeutung. Sie fängt mit dem Jahre 1106 an, und endiget ſich mit 1661. Nachher iſt ſie vermehret und bis 1744 fortgeſetzet. Der ungenannte Verfaſſer iſt Iſaac von Colom du Clos, ehemaliger Lehrer und Secretair an dem fürſtlichen Hofe, nachheriger ordentlicher Profeſſor der Philoſophie in Göttingen. Wenn ich in der Folge Ravinga anführe, ſo beziele ich damit dieſe erneuerte Chronik.

Fünfter Abschnitt.

rich von Werdum, entwirft folgendes Gemälde von 1660 ihm. Er hatte einen fähigen Kopf, durchschaute schnell eine Sache, hatte ein gutes Herz, nur war er zuweilen hart und streng. Er traute Niemanden, weder seinen Unterthanen, noch seinen Räthen. In seiner Jugend war er unmäßig in der Liebe. Eine jugendliche Hitze und lieberliche Vertrauten verleiteten ihn zu solchen Ausschweifungen (d). Wie er vermählt war, hielt er sich allmählig mehr eingezogen, nahm sich der Regierung sehr an, scheute keine Arbeit, und fertigte die meisten Sachen selbst aus. Alter und Erfahrung giengen ihm nur ab, sonst würde er seinem Großvater Enno III. an Scharfsinn und Klugheit gleich gekommen seyn. Nie war er den Ostfriesen gut. Nicht selten gab er seinen Unwillen öffentlich zu verstehen, öfters aber wußte er seine Verbitterung zu verbergen und sich zu verstellen. Mehr Zuneigung hatte er zu den Harrlingerländern. Er drückte sie nie, handelte billig, und ließ jedem Recht wiederfahren. Wenn man einige harte Handlungen ausnimmt, wozu er von dem Drosten Dubben verleitet war, oder die er aus Unkunde der Sachen Beschaffenheit begehen ließ (e). Der Rath Bluhm sagt: „Enno Ludwig
„war

(d) Noch bis auf den heutigen Tag trägt man sich mit verschiedenen Anecdoten seiner Liebes-Geschichte herum. Sein Kammerdiener Lübbe Hillers leistete ihm bei seinen Ausschweifungen vorzüglich die hülfreiche Hand. Dieser starb zu Bockhorn in der größten Armuth. Dessen eine Tochter wurde in Jever öffentlich ausgestrichen, und seine andere Tochter erhielt in Knipphausen Staubbesen und Brandmark. Funks Ostfr. Regenten-Tafel. Mspt.

(e) Ulrich v. Werdum Ser. Fam. Werd.

1660 „war sehr leibigt, hatte seine Kräfte mit Debau-
„chen und durch die Jagd par force erschöpfet, war
„sonst eines guten Verstandes, war bedacht, seines
„Hauses Schulden, die er nicht gemacht hatte, ab-
„zutragen. Er wollte nichts von seinen Gerechtsa-
„men vergeben, hatte einen Abscheu vor Deputir-
„ten oder Committirten aus dem Haag, als welche
„nur ihren Genuß suchten, und wenig darnach frag-
„ten, ob Herren zu Grunde giengen, begehrte da-
„her solche Leute nicht in Ostfriesland zu sehen, setzte
„sonst in die Herren General-Staaten en Corps kein
„Mißtrauen, hielt aber über alle Maße viel von
„dem Raths-Pensionarius Johann de Witt. Er
„beklagte in seiner Krankheit seine Gemalin und
„Töchter, und bereute, daß er ehlich zu werden sich
„entschlossen hätte" (f).

§. 3.

Nach dem Absterben des Fürsten bezog die junge 2 jährige Wittwe, die Fürstin Justine Sophie,
gebohrne Gräfin von Barby und Mühlingen, das
Haus Berum, als ihren Wittwen-Sitz. Hier lebte
sie sehr eingezogen, gab ihren Töchtern die beste Erziehung, und starb den 12. August 1677 in einem
Alter von 41 Jahren (g). In Ostfriesland war sie
sehr beliebt. Allgemein wurde sie als eine kluge,
tugendsame und fromme Fürstin geschätzet (h). Mit
ihr hatte der Fürst zwei Töchter erzeuget, Juliane
Louise

(f) Bluhms Aufsatz von seinen Ostfr. Bedienungen.
(g) Ihre weitläuftige Grabschrift stehet in den Ostfr.
Mannigf. 1. Theil p. 373 — 376.
(h) Lud. Jaspari Leichen-Predigt über die Fürstin
Justine Sophie.

Fünfter Abschnitt.

Louise, und Sophie Wilhelmine. Erstere war ge-1660
bohren am 6. November 1657. Nach dem Tode
ihrer Mutter gieng sie nach Hamburg. Im Winter
hielt sie sich in der Stadt auf. Ihre Sommer-Wohnung war ihr in der Nähe llegendes Lustlhaus Ortensen. Sie starb am 30. Oct. 1715. Ihre Leiche wurde in der Marien-Magdalenen-Kirche zu Hamburg
in einem kupfernen stark vergoldeten Sarg beigesetzet (i). Man hat bisher zufolge aller genealogischen
Nachrichten sie für unvermählt gehalten. Folgende
Anecdote eines sachkundigen Hamburgischen Gelehrten beweiset das Gegentheil. „Unter dem Altar in
„der Marien-Magdalenen-Kirche sagt er — liegt
„eine Fürstin von Ostfriesland begraben, die gegen
„das Ende des vorigen Jahrhunderts mit dem ham-
„burgischen Prediger Joachim Morgenweg an der
„Waisenhaus-Kirche in rechtmäßiger, aber verheim-
„lichter Ehe lebte. Für die Aufsicht über ihre Gruft
„hat sie dem Prediger 40 Mark zum jährlichen Ac-
„cidenz vermacht" (k). Diese hier bezeichnete ost-
friesische Fürstin kann keine andere seyn, als die damals in Hamburg verstorbene Prinzessin Juliane
Louise. Die zweite Prinzessin Sophie Wilhelmine
war gebohren am 18. Oct. 1659. Sie vermählte
sich 1695 mit dem Herzog Christian Ulrich von Würtenberg-Oels, und starb am 4. Febr. 1698. Sie
ließ eine Tochter nach, Auguste Louise (l). Wir bemerken nur noch, daß Kaiser Leopold 1669 Enno
L 2 Ludwigs

(i) Funks Regentensaal Mscpt. Bertrams Regenten-
Tafel p 122. und Hübners genealogische Tabellen,
Tab. 265.

(k) Hamburg, topographisch, politisch und historisch
beschrieben von Heß p. 337.

(l) Funk, Bertram und Hübner c. l.

1660 Ludwigs beide Töchter Juliane Louise und Sophie Wilhelmine mit dem Titel Prinzessinnen durch ein besonderes Diplom begnadiget habe (m). Nach dem Absterben des Fürsten Enno Ludwig entstanden zwischen der Wittwe, als Vormünderin ihrer Töchter, und dem regierenden Grafen, nachherigen Fürsten, Georg Christian viele Weitläuftigkeiten über den Nachlaß des Fürsten, und über die Alimenten und Appanage der beiden jungen Prinzessinnen. Die General-Staaten und der Herzog Rudolf August von Braunschweig-Lüneburg, waren in dem fürstlichen Testamente ersuchet, die Wormundschaft zu übernehmen. Die General-Staaten fanden anfänglich Schwierigkeiten dabei, zuletzt entschlossen sie sich aber, sich der Mit-Vormundschaft zu unterziehen. Durch ihre und des Herzogs von Braunschweig Vermittelung wurde im October 1663 in Emden ein Vergleich geschlossen. Darnach überließ die fürstliche Wittwe Nahmens ihrer Kinder die Allodial-Nachlassenschaft des verstorbenen Fürsten dem regierenden Grafen Georg Christian. Dieser übernahm dagegen sämmtliche Schulden, und die Auszahlung eines Capitals von 10088 Rthlr., welches er bis zur Ablösung verzinsen wollte; dann sicherte er jeder Prinzessin bis zu ihrem zehnten Jahre 1200, und bis zu ihrem sechszehnten Jahre 1600 Rthlr. zu. Die Streitfrage über die Appanage, die der Fürst in seinem Testamente nach einer angeblichen Observanz, die aber von dem Grafen Georg Christian bestritten wurde, auf 100000 Rthlr. angeschlagen hatte, wurde bis dahin ausgesetzet. Diese Streitigkeiten wurden nachher immer wieder in Anregung gebracht, und zuletzt mit vieler Hitze getrie-

(m) Pfeffinger ad Vitriarium L. I. T. 5. p. 772.

Fünfter Abschnitt.

getrieben, als das fürstliche Regierhaus 1686 auf.1660 hörte Zinsen und Alimenten zu zahlen. Endlich wurde 1695 ein Vergleich geschlossen. Darnach wurden beide Prinzessinnen mit 54000 Rthlr. abgefunden. Die Zahlung erfolgte indessen nicht eher, als 1698 auf die Herzöge von Braunschweig die kaiserliche Execution erkannt wurde (n).

(n) Regier. und landschaftl. Acten und Altrema T. 9. B. 40. p. 1038. T. 10. B. 41. p. 199. 212. 213. B. 43. p. 798. 799.

Ein und zwanzigstes Buch.
Von 1660—1663.

Erster Abschnitt.

§. 1. Graf Georg Christian tritt die Regierung an. Die Stände nehmen sich vor, ihm nicht zu huldigen, so lange die Gravamina nicht abgestellet sind. §. 2. Sie untersagen dem Hofgericht, vor der Huldigung kein Siegel von dem Grafen anzunehmen. Der Hofrichter von Knyphausen wird suspendirt. §. 3. Der Graf Georg Christian ernennt den Doctor Hermann Höpfner zu seinem Cantzler. §. 4 und 5. Der Graf kann die Stände auf den Landtägen in Aurich zur Huldigung nicht überholen. §. 6. Die Tractaten über die Landes-Beschwerden werden eröfnet, und wegen einiger Formalitäten abgebrochen. §. 7. Trennung der Stände unter sich auf dem Auricher Landtag. Der Graf ertheilet den gehorsamen Ständen einen Landtags-Abschied. §. 8. Die antigräflichen Stände wollen diesem Landtags-Abschied nicht geleben, und lassen durch die Administratoren Schatzungen ausschreiben. Der Graf läst die afflaiirten Schatzungs-Placate abreissen. §. 9. Heftiges Schreiben des Emder Magistrats an den Grafen. §. 10. Die Administratoren setzen die Schatzungs-Hebung mit Gewalt durch. Ein dadurch veranlastes Blutbad bei Marienhaue. §. 11. beweget den Grafen, die Eingesessenen aufbieten zu lassen, und Werbungs-Anstalten zu treffen. Die Emder nehmen ein gräfliches Schiff mit Pulver und Bley weg und machen Vertheidigungs-Anstalten. §. 12. Der Graf verlangt eine cathegorische Antwort von dem Magistrat in Emden, von den Administratoren und Deputirten, ob sie die Thätlichkeiten einstellen wollen? Diese von dem Grafen, ob er die Accorde handhaben wolle? §. 13. Der Graf läst sich von den aufgebotenen Eingesessenen, und dann auch von dem Magistrat und der Bürgerschaft in Aurich und Norden huldigen. §. 14. setzet seine Rüstungen fort, und schreibet einen Landtag aus. Emden und die ständischen Deputirten suchen durch ein Manifest diesen Landtag wendig zu machen. §. 15. Die gehorsamen Stände treten in Aurich zusammen, und entwerfen einen Landtags-Schluß. §. 16. Fruchtloses Bemühen der Emder und der antigräflichen Stände, die Auricher Landtags-Comparenten zu trennen.

§. 1.

Erster Abschnitt.

§. 1.

Fürst Enno Ludwig hatte nur Töchter, aber keine Söhne nachgelassen. Ostfriesland ist ein Reichs-Mann-Lehn, daher folgte ihm sein ältester Bruder, Graf Georg Christian, in der Regierung. Nicht das ostfriesische Regierhaus, sondern nur blos Enno Ludwig und der älteste seiner absteigenden und regierenden Linie, waren in den Reichs-Fürstenstand erhoben. Bisher hatte Ostfriesland einen Fürsten gehabt, nun erhielt es also wieder einen Grafen zum Landesherrn. Sobald der Fürst Enno Ludwig verschieden war, traten die Administratoren, die Ordinair-Deputirten, und die zur Aufmachung und Behandlung der Gravaminum niedergesetzte ständische Deputation in Emden zusammen. Einstimmend entschlossen sie sich, dem Nachfolger nicht zu huldigen, so lange die Landes-Beschwerden nicht gehoben, und so lange die Verträge und die Landes-Constitution nicht feierlich bestätiget worden. Bis dahin wollten sie auch nicht gestatten, daß das Hofgericht, welches in ständischem Sold stand und auf die Accorde verpflichtet war, ein neues gräfliches Siegel annehmen sollte. Sie ernannten hierauf eine Deputation. Dieser ertheilten sie den Auftrag, sich nach Aurich zu verfügen, um der verwittweten Fürstin und den beiden Grafen Georg Christian und Edzard Ferdinand ihr Beileid über das Absterben des Fürsten zu bezeugen. Dabei sollten sie noch zur Zeit beim ältesten Grafen Georg Christian zu der Regierung nicht Glück wünschen; sondern sich ihm nur in allgemeinen Ausdrücken empfehlen, und wünschen, daß bei der künftigen Regierung Friede und Eintracht herrschen, und der Wohlstand des Landes wachsen und zunehmen möge. Dann war den De-

putirten

168 Ein und zwanzigstes Buch.

1660 putirten aufgegeben, das Hofgericht zu ersuchen, kein neues Siegel anzunehmen, so lange der Graf nicht gehuldiget worden, weil eine solche Annahme nicht nur der Gerechtsame der Stände, sondern auch selbst dem Regierhause zum Präjudiz gereichen möchte, da die Fürstin schwanger seyn könnte. Die Deputirten giengen hierauf nach Aurich. Die verwittwete Fürstin, niedergebeugt von dem sie getroffenen harten Schicksal, war unpaß. Sie ließ die Deputirten vor sich, und nahm die Condolenz auf ihrem Bette an. An eben diesem Tage, am 9ten April, wurden sie von dem Grafen zur Audienz gelassen. Der Hofrichter, Freiherr von In- und Kniphausen, als ständischer Mit-Deputirter, hielt die Anrede, dem erhaltenen Auftrag gemäß. Der Rath Bucho Wiarda dankte im Nahmen des Grafen den Ständen für das bezeigte Beileid, und führte zugleich an, daß der Graf die auf ihn verstammte Regierung bereits angetreten habe, und verhoffte solche zum wahren Wohl des Vaterlandes zu führen. Die Deputirten wurden hierauf zur gräflichen Tafel gezogen (a). Wir bemerken nur noch, daß der Hofrichter sich durch seine Anrede schon gleich in Mißcredit gesetzet habe. Denn er hatte sich blos des Titels hochgräflichen Excellenz, anstatt hochgräflichen Gnaden bedienet. Hieran stießen sich die gräflichen Räthe um so viel mehr, weil er sich nachher verlauten ließ, daß er, als Freiherr, einem Grafen keine andere Titulatur schuldig wäre (b).

§. 2.

(a) Landschaftl. Acten.
(b) Deductio wegens den Grafen Ständen §. 2. und Korte Deductie p. 7.

Erster Abschnitt.

§. 2.

Dann verfügten sich die Deputirten, jedoch mit 1660 Ausschluß des Hofrichters, Freiherrn von Kniphausen, zu dem Hofgericht, und ersuchten dasselbe, so lange kein neues Siegel von dem Grafen anzunehmen, bis er die Huldigung eingenommen hätte. Das Hofgericht erwiederte: Es wäre ihm noch kein neues Siegel zugestellet; sobald aber solches geschehen sollte, würde es sich nach dem geleisteten Eide, und den Pflichten, welche es dem Landesherrn und dem Lande schuldig wäre, zu verhalten suchen. Mit dieser auf Schrauben gestellten Antwort wollten die Deputirten sich nicht abweisen lassen. Sie drangen auf eine bestimmtere Erklärung. Das Hofgericht weigerte sich, solche von sich zu geben (c). Der Richter Carl Friedrich von Kniphausen, ein einsichtsvoller kluger Mann, wird diese Antwort vielleicht selbst eingeleitet haben, um nicht bei dem Hofgericht, welches größtentheils gräflich gesinnet war, oder bei den Ständen anzustoßen. Denn er führte als Hofrichter den Vorsitz bei dem Hofgerichte, und war zugleich Präsident bei den Ständen. Kaum waren die Deputirten wieder abgereiset; so erhielt das Hofgericht den gräflichen Befehl, das alte Siegel abzugeben, und statt dessen das neue Siegel des Grafen anzunehmen, und in seinem Nahmen die Justiz zu verwalten. Der Hofrichter konnte sich ein solches gräfliches Rescript wohl vermuthen. Um die öffentliche Aeußerung seiner Meinung zu vermeiden, war er nach Bremen gereiset. Wie nun das Hofgericht von den Deputirten und Administratoren ein drohendes Schreiben erhielt, sich durch Annahme des Siegels nicht in Verant-

(c) Landschaftl. Acten.

1660 wortung zu setzen; so schrieben der Vice-Hofrichter Halo Conring (d) und die Assessoren an den Hofrichter. Sie ersuchten ihn, schleunig zurückzukommen, um sein Gutachten über das Siegel zu ertheilen. Unter dem Vorwande dringender Geschäfte blieb er aber zurück. Das Hofgericht fand hierauf gut, das Siegel anzunehmen. Es erkannte Processe, publicirte Urtheile, und ließ Citationen und Mandate in dem Nahmen des Grafen und unter dem neuen Siegel ergehen. Die Ordinair-Deputirten und Administratoren gaben nun unter dem 5. Julii dem Land-Rentmeister auf, die Gehälter des Hofgerichts einzuhalten und nicht auszuzahlen. Nachher nahmen die Irrungen zwischen dem Grafen und den Ständen immer zu. Wie nun der Hofrichter, als ritterschaftliches Mitglied, den häufigen Versammlungen der Deputirten in Emden immer beiwohnte, und an den gefaßten Schlüssen den stärksten Antheil nahm, so verlangte unter dem 30. Aug. das Hofgericht, daß er sich nach Aurich verfügen sollte. Man hielt seine Gegenwart in dem Hofgericht bei den wichtigen Berathschlagungen, besonders über die eingezogene Gehälter, nothwendig. Der Baron entschuldigte sich damit, daß er für seine Person sich in Aurich nicht sicher hielt. Er bezog sich auf den Vorfall, wie man seine Scheune heruntergerissen und seine Mobilien vernichtet hätte, und

(d) Er war ein Sohn des Land-Rentmeisters Jost Warner Conring. Er war gebohren 1616, wurde 1645 Hofgerichts-Assessor, und 1655 Vice-Hofrichter. Zwei Bücher seiner practischen Observationen sind 1698 zu Gröningen gedruckt. Das dritte Buch liegt noch in der Handschrift. Er starb 1666. Iladens gelehrtes Ostfr. 3. Band, p. 1. et seq.

Erster Abschnitt.

und fügte noch hinzu, daß auch der nun regierende 1660 Graf Georg Christian harte Drohungen gegen ihn ausgestoßen hätte. Diese Besorgniß suchte das Hofgericht dadurch zu heben, daß sie von dem Grafen eine Erklärung ausbrachten, wornach dem Baron völlige Sicherheit versprochen wurde, wenn er in Amts-Geschäften sich in Aurich aufhalten würde. Hierauf ladeten die Hofgerichts-Assessoren ihn nochmalen ein, ihren Deliberationen auf den 12. Sept. beizuwohnen. Sie fügten die Drohung hinzu, daß sie ihn als Hofrichter suspendiren müßten, wenn er sich nicht einfinden sollte. Die Administratoren und Deputirten nahmen sich seiner an. Sie schrieben an das Hofgericht, daß die Gegenwart des Barons und sein Beirath in den wichtigsten Landes-Sachen in Emden durchaus unentbehrlich sey. Sie ersuchten das Hofgericht, ihn mit der Reise nach Aurich zu verschonen. Sie schlossen ihr Schreiben:

„Sollten die Herren aber unser wohlmeintlichen
„Vermahnung ungeachtet, hierin noch weiter
„verfahren, (um ihn nämlich zu suspendiren) so
„werden Dieselben uns nicht verdenken, daß wir
„uns des Herrn Hofrichters annehmen, und eben
„dasselbe justissimo retorsionis jure, wider die
„Herren, Dero Güter und Verwandten ins Werk
„richten müssen, was wider denselben unterfan-
„gen werden möchte; womit wir sonst die Herren
„sowohl, als uns selbst gerne verschonet sehen.„

Unterdessen war der blutige Auftritt in Marienhave vorgefallen, dessen ich nachher erwähnen werde. Nun fand das Hofgericht selbst Bedenken, auf die Ueberkunft des Freiherrn zu bringen, weil der Graf gar zu sehr auf ihn erbittert war; denn vorerst hatte er

172 Ein und zwanzigstes Buch.

1660 er sich durch seine vorhin bemeldete Anrede bei der Audienz schon gehässig gemacht, und dann wurden die damaligen Unruhen vorzüglich ihm zugeschrieben. Das Hofgericht sandte daher ihren Secretair nach Emden, und verlangte von dem Hofrichter, seine Meinung schriftlich darüber zu eröffnen: Ob die Administratoren und Deputirten befugt seyn, die hofgerichtlichen Gehälter einzuziehen, und ob er derselben Verfahren billigte? Hierauf ertheilte er folgendes Votum:

„Demnach Herren Vice-Hofrichter und Assessoren „auf mein Votum über die mir zugeschickten Pun„cte so hart dringen, habe ich die Sache bei mir „erwogen, und befinde, daß es darauf beruhet, „ob die Herren Deputirten und Administratoren „im Nahmen der Stände, Macht haben, eine „solche Resolution zu nehmen? Dieselben soute„niren, daß es ihnen zukomme. Hingegen will „das Hofgericht aus den Verträgen behaupten, „daß es denenselben nicht zustehe. Sollten nun „Parteien sich in der Güte nicht finden, oder ein „jeder seine Intention mit den Texten der Ver„träge anweisen können; so wird es auf die Aus„sprache derer, denen die Explication derselben „zustehet, ankommen, welchem ich alsdenn bil„lig beipflichten muß. Will also mein Votum „dahin hiemit gegeben haben. Emden den 24. „Sept."

Bei diesem unbedeutenden Voto wollte sich das Hofgericht nicht beruhigen. Es verlangte eine cathegorische Erklärung. Wie sich der Hofrichter dazu nicht verstehen wollte; so wurde er als Hofrichter suspendiret. Er appellirte von dieser Resolution an den kaiserlichen Reichshofrath. Die Folgen dieser Mißhel-

Erster Abschnitt. 173

Mißhelligkeiten waren, daß die Gehälter des Hof- 1660
gerichts einbehalten, und der Hofrichter einige Zeit
suspendirt blieb (e).

§. 3.

Wichtiger und von schlimmern Folgen waren die
Streitigkeiten der Stände mit dem Grafen selbst.
Kurz vor dem Absterben des Fürsten Enno Ludwig
hatte es das Ansehen, daß alle Mißhelligkeiten zwischen dem Fürsten und den Ständen durch einen gütlichen Vergleich beigeleget werden sollten. Der
Fürst sowohl als die Stände sehnten sich damalen
nach der Ruhe. Der Fürst wünschte die Huldigung,
und die Stände die Hebung der Beschwerden und
die Bestätigung der Landes-Verträge. Man hatte
um noch mehr Hoffnung, daß der Vergleich zu
Stande kommen würde, da der Graf Georg Christian den geheimen Rath und Canzlei-Director
Bluhm, der den Ständen so sehr gehässig war, wegen verschiedener wider ihn angebrachten Beschuldigungen einziehen ließ. Bluhm selbst schreibet davon: „Graf Georg Christian und Graf Edzard Fer-
„dinand waren mir darum gram, daß ihr Bruder
„Fürst Enno Ludwig einem jeden jährlich nicht mehr
„als 4000 Rthlr. zur Reise hatte beilegen wollen;
„da doch sie und die Leute, die um sie waren, des
„Hauses Beschwerden hätten erwägen, und mit die-
„sen sich befriedigen sollen." Der Graf war also
beim Antritt seiner Regierung dem geheimen Rath
Bluhm

(e) Kurzer Bericht, aus was Ursachen Vice-Hofrichter und Assessoren der Hofrichter, Freih. von Kniphausen ab officio suspendiret haben. Aurich 1660.
und Schreiben des Hofgerichts an die Deputirten
und Stände vom 25. Sept. 1660. bei Brenneisen
T. 2. p. 745.

1660 Bluhm nicht gut. Daher gab er seinen Anklägern gerne Gehör. Bluhm beantwortete alle schon bei dem Leben Enno Ludwigs wider ihn eingereichte Beschuldigungen, und ließ nachher diese seine Apologie in Hamburg drucken. Der Graf hob nun zwar gleich den Arrest auf, entließ ihn aber seiner Dienste (f). Die bisher unbesetzte Canzler-Stelle, worauf Bluhm sicher Rechnung gemacht hatte, wurde nun dem Doctor Hermann Höpfner anvertrauet (g).

Dadurch

(f) Aitzema B. 40. p. 1036. Bluhms Aufsatz von seinen ostfriesischen Bedienungen, und Funks Regentenstab. Der geheime Rath Reinhold Bluhm war 1645 Hofmeister der beiden Grafen Georg Christian und Edzard Ferdinand. Nach dem Tode Grafen Ulrichs wurde er bei der damaligen Hof-Cabale dieses seines Dienstes entlassen. Er wurde hierauf Hofmeister der jungen Grafen von Königsmark und nachher schwedischer Archivarius in Stade. 1653 zog ihn Fürst Enno Ludwig wieder in seine Dienste. Er wurde geheimer Rath und Canzlei-Director. Nach seiner Entlassung war er fiscalischer Commissarius in der Vormundschafts-Sache über Enno Ludwigs Töchter, und half diese Erbschaft in Richtigkeit bringen. Bald nachher wurde er schwedischer Gesandter auf dem Reichstage zu Regensburg, mit einem Gehalt von 3000 Rthlr. und dann Professor Juris in Heidelberg, und endlich Churpfälzischer Kammer-Präsident. Wegen verschiedener Unruhen mußte er diesen Dienst verlassen. Eine kurze Zeit hielt er sich erst in Bremen auf, und gieng dann wieder nach Ostfriesland. Hier privatisirte er auf seinem Gute Midlum, und starb 1693. Er war verheirathet mit des Canzlers von Bobard Tochter. Er war ein gelehrter Mann. Unter andern hat er Hottomans Antitribonianus aus dem Französischen ins Lateinische übersetzt.

(g) Mit einer Besoldung von 1000 Rthlr., mit freier Wohnung auf der Canzlei, freiem Brand, und

Heu

Erster Abschnitt.

Dadurch aber kamen die Stände aus dem Regen 1660
in die Traufe. Höpfner war ein gelehrter und wohl
erfahrner Mann. Er hatte vorhin in schwedischen
Diensten gestanden, und war einer andern Regierungsform
gewohnt. Er war von Natur streng und
unbiegsam, und konnte sich nicht in die freie Denkungsart
und Sprache der Ostfriesen fügen (h). An
ihm scheiterte wieder der gewünschte Vergleich. Die
folgende Geschichte wird dieses näher entwickeln.

§. 4.

Gleich nachher, wie die ständische Deputation
in der zugelassenen Audienz ihr Beileid über das
Absterben des Fürsten Enno Ludwig bezeigt hatte,
berief Graf Georg Christian durch ein Ausschreiben
vom 12. April die Stände zu einem allgemeinen
Landtag nach Aurich auf den 1sten desselben Monats
zusammen. Der Emder Magistrat protestirte
wider diesen Landtag, und behauptete, daß ein Landesherr
die erledigte Regierung nur mit vorhergehender
ausdrücklichen Bewilligung der Landes-Stände
antreten könnte, und auch die Bestätigung der wohlhergebrachten
Privilegien und der Verträge, so
wie auch die wirkliche Abstellung der Contraventionen
vorhergehen müßte. „Wir vernehmen aber
„itzt — so drückten sich Bürgermeister und Rath
in dem Schreiben vom 14. April an den Grafen
aus — „mit großer Befremdung und Leidwesen aus
„Ew.

Heu und Gras für vier Kutschpferde und vier Kühe,
außerdem hatte der Canzler seinen Antheil an den
Sporteln. Auch war den vorigen Canzlern Francius
und Wiarda in ihren Bestallungen schon 1000
Rthlr. Gehalt, und freies Futter für Pferde und
Kühe angewiesen. Regier. Acta.

(b) Aitzema l. c.

1660 „Ew. Hochgr. Gnaden Ausschreiben, daß Diesel-
„ben Sich darin ausdrücklich erkläret, Sie hätten
„Sich der Landes-Regierung und Administration
„bereits angemaßet, da doch mit uns und unsern
„Mit-Ständen, als die Accorde es gleichwohl er-
„fodern; hierüber nicht Rath gepflogen, noch uns
„und andern Ständen die Accorde und wohlherge-
„brachten Freiheiten gebührlich confirmiret, vielwe-
„niger die geklagten Contraventionen wirklich abge-
„schaffet worden. Diesemnach wollen Ew. Hochgr.
„Gnaden uns in Ungnaden nicht verdenken, daß wir
„zur Erhaltung dieser Stadts und des gemeinen
„Vaterlandes Privilegien und Freiheiten, wie auch
„der theuer erworbenen Accorde, solcher Anmaßung
„der Landes-Regierung hiermit in bester Form Rech-
„tens contradiciren, uns auch nicht verstehen kön-
„nen, einige wegen dieser Stadt auf den gegen den
„17. dieses nach Aurich anmaßentlich ausgeschriebe-
„nen Landtag abzuordnen, sondern uns gemüßiget
„sehen, allen dem, so von einigen über Verhoffen
„daselbst, wider die einhellige und zum Besten des
„gemeinen Vaterlandes gerichtete gute Wohlmei-
„nung aller ordinair- und extraordinairen Landes-
„Deputirten, erscheinenden, tractiret und resolviret,
„oder auch von Ew. Hochgr. Gn. darüber verab-
„scheidet werden möchte, als einer unziemenden
„Handlung hiermit zu contradiciren, und Kraft die-
„ses am zierlichsten dawider zu protestiren. — Die-
„selben wir dann auch hiermit unterthänig ersuchen,
„daß Sie gnädig belieben wollen, einen sicheren
„förderlichsten Tag nach bevorstehenden Oster-Ferien
„in dieser Stadt ohnbeschwert zu benennen, und ei-
„nige Dero itzigen, der geschöpften Hoffnung nach,
„friedliebenden Räthen anhero abzuordnen, um mit
„unsern und andern unserer Mit-Ständen auf ver-
„schiede-

Erster Abschnitt. 177

„schiedenen zu Leer, Norden und Marienhave ge- 1660
„haltenen Landtagen, zur Abhandlung der Grava-
„minum verordneten extraordinair Deputirten über
„gütliche Hinlegung aller Contraventionen sich zu
„besprechen und zu vergleichen. Wodurch denn,
„geliebts Gott! alle fernere Mißhelligkeiten verhü-
„tet und hinwiederum das alte gute Vertrauen zu
„des gemeinen Vaterlandes Wohlfarth ersetzet und
„restabiliret werden kann." Grade so dachten auch
die Administratoren, die Ordinair- und Extraordinair-Deputirten, die zur Aufmachung und Anordnung der Gravaminum angeordnet waren. Auch
diese protestirten mit einander wider diesen Landtag.
Sie wollten sich mit dem Grafen durchaus nicht eher
einlassen, so lange die Contraventionen nicht abgestellet wären. Dieses Verfahren hielt der Graf so
widerrechtlich, als unschicklich. Er führte an, daß
er nach dem Lehn-Rechte, nach der Constitution des
deutschen Reiches und nach der beständigen Observanz in dem gräflichen Hause, auch vor der Huldigung die Regierung antreten könne, und die Unterthanen ihm Respect, Gehorsam und Treue schuldig
wären. Dagegen gaben die protestirenden Stände
vor, daß ihre Absicht nicht sey, das Erbrecht und
die Lehnsfolge zu bezweifeln, sondern daß sie nur
behaupteten, daß der Graf nach Anleitung des ersten Artikels der Concordate, die Administration der
Regierung nur mit vorhergehendem Consens der
Stände, nach ertheilter Bestätigung der Privilegien und der Landes-Verträge, und wirklich abge-
stellten Contraventionen antreten könne. Indessen
gieng der Landtag vor sich. Von der Ritterschaft
fanden sich blos die beiden Hofgerichts-Assessoren,
Junker Joost Hane von Upgant, und der Freiherr
Johann Wilhelm Freitag von Gödens, einige we-

Ostfr. Gesch. 5 B.   M   nige

1660nige Deputirte aus den Städten Norden und Aurich, und verschiedene Deputirte aus den Aemtern
Aurich, Norden, Berum, Leer, Stickhausen und
Friedeburg ein. Der Graf eröfnete selbst den Landtag, und erbot sich, alle vorschwebende Mißverständnisse in der Güte beizulegen, die Landes-Beschwerden erörtern zu lassen und abzustellen, und die Landes Verträge und ständischen Privilegien zu bestätigen. Dagegen verlangte er, daß man ihm die
Erbhuldigung leisten sollte. Die anwesenden Stände dankten dem Grafen für seine gnädige Erklärung,
versprachen ihm aufrichtige Treue und Gehorsam,
und bezeigten sich zur Huldigung bereitwillig (i).

§. 5.

Dem Grafen war mit den Aeußerungen der wenigen anwesenden Landtags-Comparenten nicht geholfen, weil die Administratoren und Ordinair-Deputirten, wie auch die Stadt Emden wider alle gefaßte Schlüsse auf diesem Landtage protestiret hatten.
Und diese hatten eben den größten Anhang in dem
Lande. Nicht einmal alle auf dem Auricher Landtage

(1) Landschaftl. Acten. Abgedrucktes Schreiben an
den Grafen Georg Christian von Bürgermeistern
und Rath der Stadt Emden 1660 p. 6. 16 u. 18.
Gräfliches Placat vom 20. Aug. 1660. Deductie
wegens den Graff ende Stenden von Oostfrieslandt,
door haeren Afgesanten an de Staaten Gener. In
Scriptis overgelevert. Delfzyl 1660. §. 1. 2. Korte Deductie ende waerachtig Verhael van den te-
genswoordigen Toestand in Oostfriesland p. 7.
Groendelyke Aenwysinge op en tegens seekere on-
gefoederde Deductie p. 20. Diese und noch andere kleine Piecen, die ich vor und nach anführen
werde, kamen während der Unruhen unter der Regierung Georg Christians heraus.

Erster Abschnitt. 179

tage anwesende Deputirte dachten gleichstimmend. 1660 Einige hatten sich schon vor der genommenen Resolution entfernet. Es würde also der Graf, wenn er die Einnehmung der Erbhuldigung hätte durchsetzen wollen, allenthalben Widerspruch gefunden haben. In dieser Lage konnte die Sache nicht immer hinstehen. Dem Grafen war daran gelegen, daß er durch geleistete Huldigung öffentlich als Landesherr anerkannt würde, und den Ständen, daß ihre so öfters unter den vorigen Regierungen angebrachten Beschwerden untersucht, beglichen und abgestellet würden. Sie besorgten, daß die Contraventionen sich immer mehr häufen und verewigen würden, wenn die Landesherren so, wie Enno Ludwig, ohne Huldigung, und zugleich ohne förmliche Bestätigung der Landes-Constitution wegsterben sollten. Die Stände, oder vielmehr ihre Repräsentanten, die Ordinair-Deputirten und Administratoren beschlossen daher, eine Deputation an den Grafen zu senden. Diese sollte die Bestimmung eines baldigen Termins zur Behandlung der Gravaminum nachsuchen, und in Absicht des Ortes Emden in Vorschlag bringen. Denn dort war das ständische Archiv, wo man die Acten gleich bei der Hand hatte. Diese Deputation erhielt am 30. April bei dem Grafen Audienz. Der Graf setzte nun zwar den 3. Jun. und die folgenden Tage an, um über die einzureichenden Gravamina Tractaten zu pflegen, nur wollte er darin nicht nachgeben, daß die Behandlung in Emden vorgenommen werden sollte. Er bestimmte seine Residenzstadt Aurich dazu, und ließ unvermuthet einen neuen allgemeinen Landtag nach Aurich auf den 17. May ausschreiben. Das Gerüchte kriegerischer Anstalten in der Nachbarschaft hatte ihn zu diesem Landtage veranlasset. Die Sicher-

M 2 stellung

1660 stellung der Grafschaft für etwaige fremde Einquartierung sollte also der Hauptgegenstand der Berathschlagung seyn. Freilich waren diese Gegenstände von großem Belang; die Stände besorgten aber, daß sie dem Grafen nur zum Vorwande dienten, um auf eine schickliche Art eine Versammlung der Stände zu veranstalten, und daß alsdenn an einer Trennung der Stände und Auswahl neuer Deputirten gearbeitet werden sollte. Sie glaubten dieses um so viel mehr, weil die gräflichen Räthe den Wunsch geäußert hatten, einige Mitglieder der zur Aufsuchung und Behandlung der Landes-Beschwerden vorhin niedergesetzten Deputation auszustoßen. Die Stände fanden sich mit diesen besorglichen Vorurtheilen in Aurich ein. Die gräflichen Räthe und die vorhin bemeldete ständische Faction, die dem Grafen und den Räthen anhieng, suchten in der That sich Anhang zu verschaffen, aber umsonst. Die übrigen Stände, die weit Majora vor sich hatten, hielten fest zusammen. Sie hielten den Landtag ganz unnöthig, und waren der Meinung, daß die gräflichen Propositionen von der Deputation auf den bevorstehenden 3. Jun., da die Tractaten zur Abstellung der Beschwerden ihren Anfang nehmen sollten, allenfalls zugleich mit beherziget werden könnten. Sie wollten sich auf diesen Landtag nicht einlassen, bestätigten nochmals die Deputation und giengen auseinander (k).

§. 6.

Dies waren denn schon schlimme Vorbereitungen zu einem gütlichen Vergleich. Die Aussichten wurden

(k) Landschaftl. Acten. Grondl. Anwyf. p. 20. Korte Deductie p. 8. Gallfr. Stenden Belang p. 3.

Erster Abschnitt.

wurden noch immer trüber, weil damalen der schon 166. angeführte Streit wegen des hofgerichtlichen Siegels ausgebrochen war. Am 3. Jun. fand sich die aus vielen Mitgliedern bestehende ständische Deputation in Aurich ein. Die Deputirten ließen, sobald sie versammlet waren, dem Canzler Höpfner ihre Ankunft vermelden, und ersuchten ihn, sich mit den Räthen zur Eröffnung der Tractaten in ihrer Versammlung einzufinden. Dieses Compliment war bisher Herkommens, da denn immer die gräflichen Commissarien sich in den ständischen Versammlungen einfanden. Nun aber weigerte sich der Canzler, zu den Deputirten zu kommen; weil er den Versammlungs-Ort in einem Wirthshause (hier war die gewöhnliche Versammlung der Stände) seinem Ansehen nachtheilig fand. Nachdem man sich hierüber lange gestritten hatte, gab der Canzler vor, daß der Graf den Sessionen selbst beiwohnen wollte. Die Deputirten erklärten sich hierauf, daß sie sich es gefallen lassen wollten, wenn der Graf ihnen ein anderes anständiges Haus anwiese, doch müßten sie das Schloß, weil nach den Accorden in keinen festen Häusern ständische Versammlungen gehalten werden sollten, und solches wider die Accorde stritte, und dann auch die Wohnungen der gräflichen Bedienten in der Stadt, ausnehmen. Hierüber einigte man sich von beiden Seiten. Indessen war über diese Formalitäten die ganze Woche verstrichen. Es war nichts weiter ausgerichtet, als daß einige Beschwerden über den Justiz-Punct eingereicht waren. Wegen des bevorstehenden Pfingstfestes giengen die Deputirten auseinander. Man beschloß, sich auf den 18. Jun. wieder zu versammlen. Wie sie sich wieder einfanden, war ihnen das Haus des gräflichen Rentmeisters Noa von Petkum zur Versammlung

1660 angewiesen; hier sollten auch der Canzler und die gräflichen Räthe erscheinen. Dieses entsprach nicht der genommenen Abrede. Die Deputirten bezogen wieder den Saal in ihrem Wirthshause, und wollten dort den Canzler und die Räthe gewärtigen. Nun wurde von beiden Seiten heftig protestirt und reprotestirt. Man wandte sich selbst an den Grafen. Wie der Graf keine Resolution ertheilte, sondern gar nach Jhlo reiste, so giengen die Deputirten auseinander. Die Tractaten wurden also abgebrochen (l).

§. 7.

Auf dem letzten Marienhaver Landtage waren am 10. März durch Mehrheit der Stimmen 2 Capital- und 10 Personal-Schatzungen zum ferneren Abtrag der holländischen Schuld bewilliget (m). Durch Absterben des Fürsten und die bisherige Anarchie waren diese Schatzungen nicht erhaben. Da die General-Staaten nothwendig befriediget werden mußten, beschlossen nun die Deputirten und Administratoren, schleunige Anstalten zur Eincassirung vorzukehren. Sie wurden um so viel mehr dazu ermuntert, weil die Ritterschaft und die Stadt Emden, die damalen auf dem Marienhaver Landtag eine andere Schatzungs-Art vorgeschlagen hatten, sich nun in Emden erklärten, daß sie der Mehrheit der übrigen Stimmen beitreten wollten. Wie der Graf diese Anstalten vernahm, ließ er schleunig einen Landtag auf den 10. August nach Aurich ausschreiben. Der Gegenstand dieses Landtags sollte die Erneuerung der

(l) Deductie wegens den Graef ende Stenden §. 8. Korte Deductie p. 7 u. 8. Grondelyke Anwysing p. 21 u. 22. Oostfr. Stenden Bolang p. 3 u. 4.

(m) s. 20. Buch 4. Abschnitt §. 16.

Erster Abschnitt. 183

der Tractaten über die Gravamina und denn die Be- 1660
stimmung der Schatzungen seyn. Die Stände waren noch immer in zwei Factionen getheilet. Die
antigräflichen Stände waren zur Reassumtion der
Tractaten geneigt, nur wollten sie die Behandlung
der Deputation überlassen, und durchaus sich auf
keinen Landtag einlassen. Wegen des zweiten Puncts
hielten sie den Landtag um deswillen unnöth, weil
auf dem Marienhaver Landtage schon 2 Capital- und
10 Personal-Schatzungen beliebet waren, und nun
noch die dissentirende Ritterschaft und die Stadt
Emden diesem ständischen Schlusse beigetreten waren. Sie beschlossen daher, sich nicht in die Kirche
zu verfügen, um die gräflichen Propositionen anzuhören. Indessen wünschten sie eine baldige Vereinbarung mit dem Grafen zu treffen. Sie suchten bei
dem Grafen nach, ihnen oder vielmehr einem engeren Ausschuß Audienz zu verstatten. Dabei verbaten sie sich aber die Gegenwart des Canzlers, den sie
für das Triebrad der neuen Mißhelligkeiten ansahen.
Diese Audienz wurde ihnen indessen nicht verstattet.
Sie ertheilten hierauf den Ordinair-Deputirten, den
Administratoren, und dem engeren Ausschuß zur
Aufmachung und Behandlung der Gravaminum den
Auftrag, schleunig dafür zu sorgen, daß die Regierung förmlich angetreten, die Verträge bestätiget
und die Contraventionen abgestellet würden. Die
Ordinair-Deputirten besonders setzten sie, so lange
diese Unruhen währen würden, zu ihren beständigen
Repräsentanten an. Auch beorderten sie das Administrations-Collegium, die auf dem Marienhaver
Landtage bewilligten Schatzungs-Termine beizutreiben. Hierauf giengen sie auseinander. Dagegen
verfügten sich von der andern Seite, Joost Hane,
und der Freiherr Freitag von Göbens von der Ritterschaft,

184 Ein und zwanzigstes Buch.

schafft, von Aurich der Bürgermeister Speulda und ein Bürger Tiemens, und von dem dritten Stande einige Deputirte in die Kirche. Von dem dritten Stande hatten die gräflich gesinnten Stände schon mehrere an sich gezogen, weil sie eine Verminderung der Schatzung durchsetzen wollten. Diese Erleichterung war ihnen angenehm, daher traten sie auf die gräfliche Seite über. Indessen hatten die antigräflichen Stände, wenn auch der ganze dritte Stand abfallen möchte, doch immer die Majora vor sich, weil von der Ritterschaft nur zwei Glieder, und aus dem Städte-Stande blos aus der Stadt Aurich nur zwei Deputirte ihnen entgegen waren. Die Stände, welche in der Kirche die gräflichen Propositionen angehöret hatten, willigten zum Abtrag der holländischen Schuld zwei Capital- und sechs Personal-Schatzungen ein. Dabei beschlossen sie, daß die Schatzungs-Register genau revidiret, und aus den häufigen Restanten, die sich verfinden würden, der Abgang an der fehlenden Summe ersetzet werden sollte. Der Graf genehmigte diesen Landtags-Schluß, und ertheilte darüber einen Landtags-Abschied (n)

§. 8.

Die Administratoren befolgten nun den ständischen Auftrag, und schrieben die auf dem Marienhaver Landtag eingewilligten 2 Capital- und 10 Personal-Schatzungen aus. Zu dem Ende ließen sie unter dem 14. Aug. Patente drucken. Hiernach wurden die Eingesessenen angewiesen, die Hälfte dieser

(n) Landschaftl. Acten. Grondelyke Deductie p. 22. Korte Deductie p. 8. Der Oostfr. Stenden Belang p. 32. Altzema p. 1035.

Erster Abschnitt.

dieser Schatzungen binnen 10 Tagen bei Strafe der 1660
zu verhängenden Execution zu entrichten. Diese
Patente wurden an öffentlichen Oertern angeschlagen
und publiciret (o). Der Graf wollte seinen Landtags-Abschied aufrecht erhalten. Er ließ die Placate herunter reissen, und dagegen eine andere Verordnung unter dem 20. August anschlagen und von
den Canzeln publiciren. Hierin führete er an, daß
die widerspenstigen Stände ihn nicht für einen regierenden Landesherrn erkennen wollten, so lange er die
Gravamina nicht abgestellet, die Privilegien und
Landes-Verträge nicht bestätiget und die gewöhnliche Huldigung eingenommen hätte. Die mehresten
Gravamina nannte er neue ungereimte Postulate,
die lange vor seiner Zeit entstanden, und durch das
Absterben seiner Vorfahren erloschen wären. Wider die Rädelsführer dieses strafbaren, einer Rebel-
lion ähnelnden Beginnens behielte er sich kraft des
ihm von Gott anvertrauten obrigkeitlichen Amtes,
alle zustehende Mittel vor. Auch könnte er nicht
glauben, daß die sämmtlichen Landes-Stände und
getreue Unterthanen mit den Rebellen einig wären,
sich der unausbleiblichen schweren Strafe mit zuzie-
hen, und sich von ihren eignen Deputirten durch ihr
unbesonnenes Vornehmen regieren und in die
Sklaverei stürzen lassen würden. Hierauf führte er
weiter aus, daß er berechtiget gewesen, die Schatzungen auf 2 Capital- und 6 Personal-Schatzungen
zu bestimmen, und daß sein Landtags-Abschied befolget werden müßte. Er schloß:

„So haben Wir nicht umhin gekonnt, solche af-
„figirte Charteken hinwieder abzureissen, und es
„bei der am 8. August eingekommenen Landtags-
„Resolu-

(o) Grondel. Anwys. p. 24. Korte Deductie p. 9.

1660 „Resolution (welche unsern getreuen Unterthanen,
„insonderheit der lieben Armuth erträglich, sodann
„auch zur Beitreibung der staatischen Termins-
„Gelder hinreichend ist) allerdings bewenden zu
„laſſen. Iſt demnach an alle und jede Unſer gnä-
„diger und ernſter Befehl, daß ſie demjenigen,
„was am ꝛc. dieſes auf dem hieſelbſt zu Aurich
„gehaltenen Landtag geſchloſſen, bei Strafe einem
„jeglichen 20 Gold-Gulden und anderer arbitrai-
„ren Strafe, gehorſamlich nachkommen ſollen —
„Und weil wir uns im übrigen verſichert halten,
„daß der mehrere Theil unſerer Stände und Un-
„terthanen Gott und die Obrigkeit vor Augen
„halte, alſo wollen wir auch dieſelbe gnädiges
„Ernſtes hiemit vermahnet haben, daß ſie ſich
„von Niemand wider ihre unterthänige Schul-
„digkeit und Gehorſam aufwiegeln und verleiten
„laſſen, ſondern dabei, als redlichen und getreuen
„Unterthanen gebühret, beſtändig verharren, uns
„wider alle etwa erfolgende Thätlichkeiten und
„widerrechtliche Executionen getreulich aſſiſtiren,
„und im geringſten nicht zweifeln, daß wir Ih-
„nen ſammt und ſonders alle Gnade zu erweiſen,
„und uns als einen Landesvater zu erzeigen, ſie
„auch für alle unbillige Gewalt durch zulängliche
„Mittel, daran es uns gönnts Gott! nicht er-
„mangeln ſoll, obrigkeitlich zu ſchützen, nicht
„unterlaſſen wollen" (p).

§. 9.

Jede Erleichterung und Verminderung der Schatzung war zu allen Zeiten den Contribuenten, beſonders den Eingeſeſſenen auf dem platten Lande, die

(p) abgedruckt bei Brenneiſen T. 2. p. 1121—1124.

Erster Abschnitt.

die das mehreste zu den Landeslasten beitragen muß- 1660
ten, willkommen. Da nun der Graf in dem Landtags-Abschiede, nach dem eingereichten Gutachten
der gehorsamen Stände, die schon auf dem 10.
Mürz beliebten zehn Personal-Schatzungen auf sechse
herunter gesetzet hatte, und dann in dem gräflichen
Placate behauptet wurde, daß man mit sechs Schatzungen hinreichen könnte; so machte dieses Placat
unter dem dritten Stande starke Sensation. Man
dachte günstiger für den Grafen, und argwöhnte,
daß das Administrations-Collegium die Landes-Casse
nicht pflichtmäßig verwaltete. Kurz, die von den
übrigen Ständen getrennte Faction erhielt mehrern
Anhang. Wie Bürgermeister und Rath der Stadt
Emden eine Gährung merkten, ließen sie unter dem
7. Septemb. ein Schreiben an den Grafen abgehen.
Hierin drückten sie sich unter andern so aus:

„Wir vernehmen mit Leidwesen, daß Ew. Hoch-
„gräfl. Gn. durch Dero Räthe ein mit allerhand
„spitzigen stachlichten Wörtern gefülltes anzäpfli-
„ches Placat, worin unserer und anderer Stände
„Deputirte, als auch die Administratoren des
„hiesigen Collegii aufs höchste injuriiret, auch un-
„verschuldeter maßen schärflich bedrohet worden,
„und hingegen Dero Räthe ihre ungegründete
„Procedüren zu justificiren sich unterstehen, abfaß-
„sen, abdrucken, und von den Canzeln öffentlich
„ablesen laßen. — Warlich eine bisher in dieser
„Grafschaft ungewöhnliche Procedur, wodurch der
„Weg zur gütlichen Accommodation gleichsam
„versperret wird, aus welchen auch Ew. Hochgr.
„Gnaden Räthe böse Intention erblicket, um
„nämlich den einfältigen Leuten einen Dunst vor
„die Augen zu machen, die Stände von einander

1660 „zu trennen, die guten Patrioten zu intimidiren,
„und die Unterthanen wider die Extra- und Ordi-
„nair-Deputirten als auch Administratoren, ver-
„mittelst deren Denigration aufzuhetzen, und also
„eine hochschädliche Verwirrung zu des gemeinen
„Vaterlandes Verderben anzurichten. — Weil
„auch einiger wenigen Personen jüngst zu Aurich
„unternommene vermeinte Handlung für eine
„Landtags-Resolution gehalten, verfechtet und
„werkstellig gemacht worden, so streitet solches
„wider offenkündige Rechte, und dieses Landes
„Accorde, sintemalen dabei Niemand als Assessor
„Joost Hane, der den ganzen ritterschaftlichen
„Stand nicht alleine repräsentiren kann, und für-
„ders neben ihm nur zwo Personen aus der Stadt
„Aurich, und einige wenige geringe aus den Aem-
„tern Aurich, Friedeburg und Stickhausen auf-
„gebothene Hausleute sich befunden, da hingegen
„in der anderen Stände Versammlung viele vor-
„nehme Glieder der Ritterschaft, als auch unsere
„und der Stadt Norden Deputirte in großer Anzahl
„sich eingestellet, welche Versammlung dahero auch
„für eine rechtmäßige Versammlung der Stände
„zu achten, und derselben durch einige wenige
„aufgewiegelte Personen nicht präjudiciret werden
„mag. — Wir möchten von Herzen wünschen,
„daß Ew. Hochgr. Gnaden aus Ihren eigenen Au-
„gen sähen, und Sich nicht von den Räthen ver-
„leiten ließen. Seyn sonsten unsers Orts nach
„als vor des ohnaussetzlichen Erbietens, alles
„was einigsins zur Erhaltung des gemeinen Be-
„stes und Wohlfarth dienlich ist, zu prästiren, und
„möglichsten Fleißes zu befördern, daß weder Ew.
„Hochgr. Gnaden, noch jemand auf der Welt uns
„mit Fug soll haben zu beschuldigen — Ersuchen
Ew.

Erster Abschnitt.

„Ew. Hochgr. Gnaden ganz unterthänig, von der
„gleichen weit aussehenden Proceduren gnädig
„abzustehen, und das ausgegangene Placat, als
„nach einer Dissidation und Absage riechend, ja
„die Eingesessenen zur Thätlichkeit anbringend,
„unverweilet wiederum einzuziehen. — Müssen
„sonst nochmals von allen Ungelegenheiten, so
„bei Weigerung dessen zu besorgen, zum zierlich-
„sten uns bedingen, daß wir nämlich daran un-
„schuldig seyn, und uns und gemeiner Landschaft
„darob wider die Urheber alle gebührende Mittel
„reserviret haben wollen" — (q).

§. 10.

Der Graf war nicht gesonnen, von dem Aurk-
cher Landtags-Schlusse abzuweichen, und die erlassenen Placate wieder einzuziehen. Er ließ daher das
Schreiben des Magistrats unbeantwortet. Dagegen
beharrten die Stände, oder vielmehr derselben in
Emden versammlete Repräsentanten auf dem Marienhaver Landtags-Schluß vom 10. März. Sie,
die Administratoren und Deputirten, machten nun
Anstalten, die 2 Capital- und 10 Personal-Schatzungen zu erheben. Sie vermutheten Widerstand.
Daher gaben sie den Schatzungs-Hebern eine kleine
Bedeckung mit. In Hinte fanden sie zuerst Widerstand. Unter Anführung des Vogten trieben die
Hinter die Schatzungs-Heber mit den Soldaten zurück. Hierauf erhielt Marcus Meyer, ein Hauptmann
unter der Embder Garnison, den Auftrag, die Scha-
tzungsheber bei den Executionen zu schützen. Mit 100
Mann und drüber marschirte er nach Gretmer Amt.
Hier waren die Eingesessenen zur Zahlung willig.
Es

(q) Aus dem abgedruckten Embdischen Schreiben.

1660 Es fanden sich wenigstens bei der Dorfsweise vorgenommenen Hebung keine Unordnungen vor. Aus Gretmer Amt giengen die Heber am 12. September nach Marienhave unter einer Bedeckung von 16 bis 18 Soldaten. Der Capitain Meyer hatte dieses Commando vorausgesandt. Auf der Brücke hatte sich der Bauerrichter mit dreißig bewaffneten Bauern gestellet. Der gräfliche Vogt und der Deputirte Abbo Poppinga giengen dem Commando entgegen, und begehrten von dem Unterofficier die Einsicht seiner Ordre. Hierüber geriethen sie in Wortwechsel. Von beiden Seiten wurde endlich Feuer gegeben. Es ist nicht ausgemacht, von welcher Seite der erste Schuß gefallen. Man hat sich lange nachher noch darüber gestritten. Der Bauerrichter, ein 80jähriger Greis, blieb auf dem Platze. Zwei andere Bauern wurden ebenfalls erschossen. Einige wurden blessirt, und starben nachher an ihren Wunden. Das daher entstandene Gerücht von vergifteten Kugeln ist von den Ständen immer widersprochen, und auch nachher nicht wieder gerüget worden. Auch von dem Commando blieben einige Soldaten. Gleich hierauf rückte der Capitain Meyer vor. Er drang in Marienhave ein, und nahm sein Quartier in der Kirche. Die Marienhaver mußten sich nun bequemen, die Schatzungen zu entrichten. Auch mußten sie dem Commando Proviant und Bier verschaffen. Wie der Graf dieses vernahm, ließ er die ganze Brokmer Vogtei durch Abbo Poppinga an dem folgenden Tage aufbieten. Willig griffen diese Eingesessenen zu den Waffen. Zu ihnen fügten sich die gräflichen Soldaten. Der Capitain Meyer hielt es nicht rathsam, sich mit einer so sehr überlegenen Macht in ein Gefecht einzulassen. Er brach schleunig auf und gieng nach Emden zurück.

Die

Erster Abschnitt.

Die Administratoren hielten es nun rathsam, mit dem executivischen Verfahren, um ein allgemeines Blutvergießen zu verhindern, Anstand zu nehmen (r).

§. 11.

Nach diesem tragischen Vorfall ließ der Graf durch Trommelschlag die Eingesessenen aus dem Lande aufbieten, und traf Anstalten zur Werbung fremder Soldaten. Er selbst gieng in Person nach Marienhave. Dahin folgten ihm eine Menge Eingesessene von dem platten Lande. Dagegen saß man in Emden auch nicht stille. Der Magistrat setzte sich in Vertheidigungs-Stand, und nahm ein Schiff mit Pulver und Blei weg. Dieses hatte der Graf aus Amsterdam kommen lassen. Unter dem 15. Sept. ließen die Administratoren und Deputirten in dem Nahmen der Stände wieder ein neues Patent anschlagen. Hierin schilderten sie ihre vorige Bereitwilligkeit, sich mit dem Grafen zu vergleichen, und zeigten an, daß die angefangenen Tractaten durch den Stolz des neuen Canzlers sich zerschlagen hätten, behaupteten, daß Canzler und Räthe nur dahin arbeiteten, die Accorde und die Privilegien des Landes zu untergraben, und eine türkische Despotie einzuführen, führten weiter aus, daß der Graf nicht befugt gewesen, den ständischen Landtags-Schluß vom 10. März auf Ansuchen einiger wenigen ohnehin verleiteten ständischen Deputirten über den

(r) Landschaftl. Acten. Aitzema p. 1036. Deductie wegens den Graef §. 22. Abdruck eines unbesonnenen Schreibens an den Grafen p. 17. Korte Deductie p. 10. Grondel. Anwyf. p. 24. 25. Oostfr. Stenden Belang p. 8. 17 und 30.

1660 den Haufen zu werfen, und daß der aus Erleichterung der Armuth hervorgesuchte Vorwand zur Verminderung der Personal-Schatzung nur blos dahin ziele, einen Aufruhr in dem Lande zu erwecken. Der Schluß des Patents lautet so:

„Wir wollen hiemit allen und jeden dieser Grafschaft Eingesessenen ernstlich, und so lieb einem Jeden die Wohlfarth des allgemeinen Vaterlandes und der Stände Freiheit seyn kann, ersuchet und ermahnet haben, sich dermaßen von Canzler, Räthen und Beamten nicht mehr verleiten oder mißbrauchen zu lassen, sondern die 2 Capital- und 10 Personal-Schatzungen zur Hälfte alsofort beizubringen, und der Execution sich nicht widersetzen. In Entstehung dessen bezeugen wir vor Gott und der ganzen Welt, daß wir an allem, was darauf erfolgen möchte, unschuldig seyn" (s).

§. 12.

Am 16. Sept. sandte der Graf einen Trompeter nach Emden. Dieser überreichte den Administratoren, Deputirten und dem Magistrate ein Schreiben. Hierin verlangte der Graf die schleunige Beantwortung folgender Fragen: Ob sie von den Thätlichkeiten abstehen und die Executionen einstellen wollten? Ob sie einen gefangenen Lieutenant Scheusel wieder auf freien Fuß stellen, und ob sie das genommene Pulver und Blei, welches er schon vorlängst zum Behuf seiner Häuser aus Amsterdam kommen lassen, wieder zurückgeben wollten? Die Deputirten und Administratoren ließen durch

(s) Kurze vorlaufende Anzeige p. 1—4.

Erster Abschnitt.

durch einen Trommelschläger an dem folgenden Tage 1660 erwiedern, daß sie verpflichtet gewesen, die eingewilligten Schatzungen einzuziehen, und die Widerspenstigen durch executivische Mittel zu ihrer Schuldigkeit anzuhalten. Auf die vorgelegten Fragen könnten sie sich nicht einlassen, bevor der Graf folgende Puncte beantwortet hätte: Ob es ihm gefällig wäre, die wider die Accorde begangenen Contraventionen abzustellen? Ob er die Landes-Privilegien und Verträge bestätigen, und die Landschaft vertreten und schadlos halten wollte, wenn die General-Staaten wegen Mißzahlung die Execution verhängen würden? Ferner ob er den von einem Junker, zwei ständischen Deputirten, und wenigen Deputirten des dritten Standes wider Willen der sämmtlichen Stände abgefaßten Auricher Landtags-Schluß handhaben wollte? Und dann, ob er erböthig sey, seine Bediente, die wider die Accorde gehandelt, zu bestrafen und sie zu entlassen; und endlich, ob er die aufgebotenen Hausleute wieder auseinander gehen, und die angestellte Werbung und alle feindliche Attentate einstellen lassen wollte? Sie schlossen ihr Schreiben: „Wenn Ihro hochgräflichen Gnaden „sich hierauf gnädig erklären möchten, werden sich „Deputirte und Administratoren auf die vorgelegten „Puncte gebührend vernehmen lassen. In Entste„hung dessen vertrauen die Deputirten und Admi„nistratoren der Stände gerechten Sache, und zwei„feln nicht, der Allmächtige werde ihnen im Nah„men der Stände solche Mittel an die Hand geben, „dadurch des allgemeinen Vaterlandes und derselben „Freiheit conserviret, und sie vor ungerechter Ge„walt beschützet, auch Ihro hochgräflichen Gnaden „aus der Sclaverei eines ausländischen stolzen und „dominirenden Ihro hochgräflichen Gnaden Auto-

1660 risät mit Füßen tretenden Canzlers und anderer
„bösen Rathgeber Händen errettet werden" (t).

§. 13.

Der Sammelplatz der aufgebotenen Eingesessenen war zu Marienhave. Es hatte sich eine große
Menge Hausleute aus den Aemtern Aurich, Norden, Berum, Stickhausen und Friedeburg eingefunden. Ihre Anzahl wurde auf 9000 Mann berechnet. Da der Hauptmann Meyer sich nach Emden zurückgezogen hatte, und die Deputirten und
Administratoren die Execution vorerst nicht weiter
fortsetzten, so führte der Graf die aufgebotenen Hausleute nach Aurich zurück. Das Volk lagerte sich
auf der Wiese vor dem Norder Thor (u). Hier
wurde das Volk auf gräfliche Kosten herrlich bewir-
thet. Der Canzler Höpfner nutzte diese Gelegenheit. Er hielt eine Anrede, und nahm von der
ganzen Menge für den Grafen die Huldigung ein.
Am folgenden Tage veranstaltete der Bürgermeister
Speulda, daß auch der Graf von der Bürgerschaft
der Stadt Aurich auf dem Markte gehuldiget wurde.
Gleich darauf wurde die Huldigung in Norden, jedoch nicht so sehr einstimmend, verrichtet. Denn
selbst einige der Magistrats-Personen wurden von
gräflichen Soldaten gezwungen, sich auf dem Platz
einzufinden, um dem Grafen zu huldigen (v).

Darun-

(t) Kurze vorlaufende Anzeige p. 6 et seqq.

(u) Auf dieser Wiese wurde damalen das jährliche
Vogelschießen gehalten. 1665 ist die Vogelstange
abgenommen und die Wiese in eine Bleiche verwandelt worden. Junks Chronik 6. Theil p. 264.

(v) Grondel, Anwyl p. 25. Deductie wegens den
Grafen §. 36. Korte Deductie p. 10.

Erster Abschnitt.

Darunter gehörte vorzüglich der Bürgermeister und Administrator Wermelskirchen, der ein Erzpatriot war (w). Der Graf hatte in der That nur das gemeine Volk auf seiner Seite. Die vornehmsten der Bürger und der ganze Bürger-Ausschuß waren ständisch gesinnt. Dieser Bürger-Ausschuß bestand bisher aus 16 Männern (x). Diese waren, so wie in Emden die Vierziger, Repräsentanten der Bürgerschaft, und wurden von dem Magistrat in den wichtigsten Angelegenheiten zu Rath gezogen. Dieser Bürger-Ausschuß wurde nun von dem Grafen aufgehoben (y). Sobald dieses geschehen, entstand in Norden eine völlige Anarchie. Statt der Bürger fanden sich nun Taglöhner, Handwerker, Bettler und Fremde auf dem Rathhause ein (z).

§. 14.

Man rüstete sich indessen von beiden Seiten. Die Stände, oder deren Repräsentanten in Emden, und der dortige Magistrat ließen noch drei Compagnien anwerben, und machten neue Fahnen mit der Umschrift: pro libertate et patria. So bestand denn wieder die Emder Garnison, wie vormals, aus 6 Compagnien (a). Dagegen nahm der Graf viele

---

(w) Der Graf sagte von ihm: habebit tandem ukorem Deum, qui sprevit jurisjurandi religionem, et cui religio fuit, contemnere Deum et Magistratum. Brenneisen p. 898.

(x) Seit der Mannsfeldschen Invasion. Vorher war die Zahl willkührlich.

(y) Grondel. Anwyl. und Deductie l. c.

(z) Brenneisen p. 896.

(a) Aitzema p. 1036. Propofide an haere Hoochmog. pag. 4.

1660 viele ausländische Soldaten in Dienst. Diese ließ er mehrentheils in Aurich einquartieren (b). Mit einigen ließ er das Esener und das Wittmunder Schloß verstärken. Dann bot er die Bauern in Harrlingerland auf, gewaffnet sich auf dem Esener Schloßplatz zu versammlen. Hier ließ er ihnen eröffnen, daß sie unter Anführung der Kirchspielsvögte nach Ostfriesland marschiren sollten. Er war bereits am 29. Jul. von den Harrlingerländern gehuldiget, und hatte ihnen den beständigen Genuß ihrer Rechte, Privilegien und Gewohnheiten zugesichert. Daher erwartete er von ihnen die besten Gesinnungen. Allein diese Hoffnung verschwand. Sie erklärten sich, daß sie die Gränzen Harrlinger-landes bis auf den letzten Blutstropfen vertheidigen, indessen sich mit den ostfriesischen Streitigkeiten nicht bemengen und nach Ostfriesland gehen wollten. Indessen bewilligten sie dem Grafen, um sich von den lästigen Wachdiensten zu befreien, so lange diese Unruhen währen würden, monatlich einen halben Stüber von jedem Diemath Landes (c). Wie nun der Graf seine mehresten Truppen nach Aurich gezogen hatte, schrieb er schleunig einen Landtag nach Aurich auf den 1. October aus. Sobald dieses Landtags-Ausschreiben ergieng, ließen die Deputirten und Administratoren, welche befürchteten, daß die getrennten Stände stärkern Anhang finden möchten, ein gedrucktes Placat unter dem 27. Sept. an öffentlichen Oertern anschlagen. Hierin sprachen sie von gefährlichen Machinationen des Canzlers und der Räthe wider die Privilegien der Nation, von dem Huldigungs-Eide, welcher mit gewaltsamer Hand erzwun-

(b) Grondel. Anwyf. p. 25 und 26.
(c) Ulrich v. Werdum Ser. Fam. Werd.

Erster Abschnitt.

erzwungen, und durch Kunstgriffe erschlichen wor- 1660
den, und dann von ihren friedliebenden Gesinnungen. Sie zeigten ihr Verlangen an, die abgebrochenen Tractaten wieder anzufangen, wenn nur der
Gräf die Versammlung, der zur Aufnahme und
Behandlung der Beschwerden niedergesetzten Commission veranlassen wollte. Dabei behaupteten sie,
daß der Landtag nun blos darum ausgeschrieben sey,
die Verwirrungen zu häufen und sie unauflöslich zu
machen. „Solchemnach — sagten sie am Schlusse — „haben wir im Nahmen der ostfriesischen
„Stände, aus specialer Commission, nöthig erach-
„tet, alle und jede dieser Graffchaft Eingesessene
„und gute Patrioten hiemit ernstlich zu vermahnen,
„sich auf den gen Aurich ausgeschriebenen Landtag
„nicht einzufinden, oder eins oder anders zu der
„Privilegien, der Accorde und vorigen Resolutionen
„Nachtheil vorzunehmen, einige Propositionen an-
„zuhören; vielweniger einen vermeinten Landtags-
„Receß abzufassen, sondern vielmehr dahin zu trach-
„ten, daß die Regierung dieser Graffchaft förmlich
„angetreten, die Accorde und Privilegien nicht wört-
„lich, sondern wirklich, confirmiret, die Gravamina
„abgeschaffet, und darauf förmlich und dem Her-
„kommen gemäß die Huldigung eingenommen wer-
„de; zu dem Ende auf des Canzlers und der Räthe
„vorgenommenen Aufbote, sich in die Waffen nicht
„zu geben, sondern sich stille zu halten. In widri-
„gen unverhoften Fall, wollen wir alle und jede, so
„dawider handeln, als Störer der gemeinen Ruhe
„halten, und uns auf deren Person und Güter zu
„erholen, hiemit ausdrücklich vorbehalten haben.
„Gleich denn auch hingegen wir, im Nahmen unser
„Herren Principalen, alle und jede, welche mit uns
„die Freiheit des Vaterlandes, sammt Accorden

1660„ und Verträgen, jedoch Ihro Hochgräflichen Gna-
„den unsers gnädigen Grafen und Herrn Hoheit und
„Gerechtigkeit allenthalben vorbehältlich, vorzutre-
„ten und zu befehdiren, wider alle unbillige Gewalt,
„durch gebührende in Händen habende Mittel zu
„schützen, und die starke Hand zu bieten, willig und
„geneigt seyn, wozu sich jedermänniglich zu ver-
„lassen (d).

§. 15.

So sehr die Deputirten und Administratoren und die Stadt Emden sich bemühten, den Landtag wendig zu machen, so verfehlten sie doch das Ziel ihrer Absicht. Von den Städten Norden und Aurich und von dem dritten Stande fanden sich verschiedene Deputirte ein. Von der Ritterschaft war blos Joost Hane erschienen. Am 2. Oct. wurde der Landtag eröffnet. An dem folgenden Tage war man schon mit dem Landtags-Schlusse fertig. Darnach wurden einstimmend die auf dem Marienhaver Landtage bewilligten 10 Personal-Schatzungen auf 6 wieder herunter gesetzet. Dann gaben sie dem Land-Rentmeister auf, die hofgerichtlichen Gehälter sofort auszuzahlen, und in der Folge sie zur gehörigen Zeit zu entrichten, und endlich ersuchten sie den Grafen, den Häuptern der Renitenten den fiscalischen Proceß zu machen, und sie nachdrücklich zu bestrafen. Es ließ sich nun freilich leichte ein Landtags-Schluß fassen, nur sah man bei der Execution unübersteigliche Schwierigkeiten. So lange diese Irrungen nicht gehoben, sahen sich die zur Aufmachung und Behandlung der Beschwerden angeordneten Extraordinair-Deputirten, die Ordinair-Deputirten und Administratoren für beständige Reprä-
senstan-

(d) Aus dem abgedruckten Placate.

sentanten der Stände an. Diese waren mit der 1660 ganzen Ritterschaft bis auf Joost Hane und mit der Stadt Emden einverstanden. Aus dem dritten Stande waren die vornehmsten und begütertsten Eingesessenen auf ihrer Seite. Selbst in den beiden Städten Norden und Aurich fehlte es, der Huldigung ohnerachtet, nicht an Malcontenten. Dann konnten sie sich auf die feste Stadt Emden und auf die Garnison sicher verlassen. Die Auricher Landtags-Comparenten beschlossen daher, eine Deputation nach dem Haag zu senden. Diese sollte den Unfug der antigräflichen Stände vortragen, und die General-Staaten zur Abstellung desselben und zur Manutenenz dieses Landtags-Schlusses auffordern. Am 5. October erfolgte der gräfliche Landtags-Abschied, worin das ständische Conclusum überall genehmiget wurde (e).

§. 16.

Die Deputirten und Administratoren mußten indessen einen allgemeinen Aufstand in dem ganzen Lande befürchten, wenn der Graf den dritten Stand, der doch lieber sechs als zehn Schatzungen entrichten wollte, immer mehr an sich ziehen würde. Sie hielten dafür, daß der Graf blos aus diesem Gesichtspuncte den Landtag ausgeschrieben hätte. Daher suchten sie die Versammlung in Aurich zu trennen. Joost Hane stand an der Spitze der gräflich gesinnten Stände, und lenkte den Gang ihrer Geschäfte. Wie der Landtags-Schluß unterschrieben war, gieng er in häuslichen Geschäften nach Upgant. Sobald man in Emden seine Abreise erfahren

(e) Landschaftl. Acten. Korte Deductie p. 11. Deductie wegens den Graf §. 39 et seq.

1660ren hatte, ließen die Deputirten und Administratoren ein starkes Commando nach Upgant rücken, um ihn des Nachts am 5. October aus seinem Bette aufzuheben, und nach Emden zu bringen. Dieser Anschlag mißlang. Joost Hane war kurz vor Ankunft des Commando davon benachrichtiget. Er warf sich ungekleidet in einen Wagen und kam glücklich nach Aurich. An dem folgenden Tage rückte der Capitain Meyer mit 400 Mann und 3 Kanonen nach Aurich. Er blieb ohngefähr eine Viertelmeile vor der Stadt stehen. Die Deputirten und Administratoren gaben vor, daß sie sich gerne mit dem Grafen vergleichen wollten, wenn es nur dem Grafen ein Ernst wäre. Sie hätten sich auch entschlossen, darin nachzugeben, daß sie in dem Fall auf dem Landtag erscheinen wollten, wenn sie in der mit gräflichen Soldaten besetzten Stadt für ihre Personen nur Sicherheit hätten. Zu dem Ende wollten sie von dem Grafen die Erlaubniß nachsuchen, daß zu ihrem Schutz der Capitain Meyer mit den vier Compagnien und den Kanonen in Aurich einrücken möchte. So lautete auch die unter dem 2. Octob. dem Capitain Meyer zugestellte Ordre. Diese sollte er mit einem Tambour nach Aurich senden, und den gräflichen Bescheid erwarten. Daß der Graf sich nie entschließen würde, die Emder Garnison in seine Residenzstadt zu lassen, dies konnten sie mit Gewißheit voraussehen. Die Stadt Aurich mit Gewalt anzugreifen, dies durften sie aber nicht wagen. Dazu war auch kein Grund vorhanden, und dahin lautete auch nicht die dem Capitain ertheilte Ordre. Ihre Absicht war also wohl lediglich, um den in Aurich versammleten Ständen ein panisches Schrecken einzuflößen, und sie so auseinander zu jagen. Das konnten sie sich aber nicht vorstellen,

daß

Erster Abschnitt.

daß der Landtag so bald geendiget seyn würde. Der Capitain Meyer rückte nun zwar bis zum Vogelsang (f) vor, kam aber viel zu spät. Der Landtag war schon geschlossen, und so marschirte er wieder unverrichteter Sachen nach Emden zurück. Indessen blieben noch verschiedene Deputirte in Aurich zurück, um sich mit dem Grafen über die Deputation nach dem Haag, und über die sonstigen Landesangelegenheiten zu berathen (g).

(f) Neben der hintersten Bleiche vor dem Norder Thor liegenden zwei Kämpe, der eine heißt Vogelsang, der andere Vogelheerd.

(g) Landsch. Acten. Korte Deductie p. 11. Oostfr. Stenden Belang p. 13 und 43.

Zweiter Abschnitt.

§. 1. Auf die von dem Grafen und den gehorsamen Ständen in dem Haag geführten Beschwerden, und auf die angebrachte Gegen-Klage der antigräflichen Stände rathen die General-Staaten beiden Theilen friedfertige Gesinnungen an, und ertheilen eine provisorische Resolution. §. 2. Irrungen des Grafen mit seinem Bruder über die väterliche Mobilal-Nachlassenschaft, und über die Appanage. §. 3. Trauriger Todesfall des Freiherrn und Drosten von Aulva. §. 4. Fortwährende gräfliche und ständische Streitigkeiten. §. 5. Neue Verhandlungen darüber in dem Haag. §. 6. Staatliche Resolution. §. 7. In Norden soll in Gegenwart staatlicher Commissarien ein Landtag gehalten werden. §. 8. Durch Betrieb des Canzlers Höpfner wird ohne Abwartung der Ankunft der staatlichen Commissarien der Landtag ausgeschrieben. §. 9. Die antigräflichen Stände protestiren dawider und bleiben zurück, die gehorsamen Stände fassen einen würkungslosen Landtags-Schluß. §. 10. Ankunft der staatischen Commissarien. §. 11. Eröffnung des allgemeinen Landtags in Norden. §. 12. Die Stände reichen ihre Beschwerden ein. §. 13. Canzler und Räthe wollen sich nicht darauf einlassen. Der Landtag wird abgebrochen, und die staatischen Commissarien treten ihre Rückreise an. §. 14. Der Graf widersetzet sich der Hebung der auf diesem Landtag eingewilligten Schatzungen. §. 15. Auf die deshalb wieder von beiden Seiten bei den General-Staaten geführten Klagen §. 16. nehmen diese sich vor, die Streitigkeiten zu erörtern und zu entscheiden, und verlangen die Ueberkunft einer gräflichen und ständischen Deputation.

§. 1.

1660 Wir kommen nun wieder auf den alten Fleck. Von beiden Seiten wurde der so oft betretene Weg nach dem Haag eingeschlagen. Die Deputirten und Administratoren beschwerten sich schriftlich, daß der Graf die eingewilligten Schatzungen mit Zuziehung eines Edelmanns und einiger wenigen unwilligen ständischen Deputirten eigenmächtiger Weise erniedriget, und die Hebung gehemmet habe. Da diese Schatzungen zur Abführung des vierten Termins der holländischen Schuld bestimmet war, so klagten sie, daß die Landschaft bei dieser Lage der Sache sich nicht

Zweiter Abschnitt. 203

im Stande befände, Ihro Hochmögenden gerecht 1660
zu werden. Die General-Staaten ersuchten hierauf den Grafen, die eingewilligten Schatzungen nicht zu behindern, und der Execution ihren Lauf zu lassen. Dagegen verfügten sich von der andern Seite der gräfliche Rath Bucho Wiarda, und Jooft Hane von Upgant nach dem Haag. Jener war von dem Grafen, dieser von den gräflich gesinnten Ständen abgeordnet. Sie schilderten mit grellen Farben die Renitenz der Deputirten und Administratoren, die sich als Repräsentanten der sämmtlichen Stände aufgeworfen hatten. Sie bemüheten sich, das rechtswidrige Verfahren bei Einziehung von 10 Personal-Schatzungen, da doch nur 6 Personal-Schatzungen unter gräflicher Genehmigung auf öffentlichem Landtage eingewilliget worden, nachzuweisen. Dann klagten sie über die Vermehrung der Embdischen Garnison, über die Sistirung der hofgerichtlichen Gehälter, und über die schlechte Verwaltung der Landes-Mittel. Vorzüglich suchten sie auszuführen, daß die Ritterschaft und die Stadt Emden diesen Unfug veranlasset hätten, und daß dagegen die Städte Norden und Aurich, und der ganze dritte Stand mit dem Grafen einverstanden wären, dem sie auch bereits gehuldiget hätten. Die General-Staaten gaben hierauf den Deputirten und Administratoren, wie auch der Stadt Emden auf, schleunig Deputirten abzusenden. Diese bevollmächtigten den landschaftlichen Secretair Westendorf. Nach seiner Ankunft setzten die General-Staaten eine Commission zur Untersuchung dieser Streitigkeiten an. Diese vernahmen beide Theile, und statteten denn an Ihro Hochmögenden den Bericht ab. Hierauf erfolgte unter dem 25. November eine Resolution. Darnach wurde provisorisch ohne Präju-

biß

Ein und zwanzigstes Buch.

1660 biz der gräflichen Landeshoheit und der ständischen Gerechtsame festgesetzet, daß zum Abtrag des vierten Termins der holländischen Schuld 2 Capital- und 8 Personal-Schatzungen eingehoben werden sollten. Die General-Staaten schlugen also den Mittelweg ein, um beide streitende Partheien desto eher zur Nachgiebigkeit zu überholen. Dann verfügten sie, daß die rückständigen und laufenden hofgerichtlichen Gehälter aus der Landes-Casse bezahlet, von beiden Seiten die angeworbenen Soldaten abgedanket, und alle Feindseligkeiten eingestellet werden sollten. Auch riethen sie dem Grafen und den getrennten Ständen freundschaftlich an, sich über alle verschwebende Irrungen auf die bestmöglichste Weise unter sich zu vergleichen. In Entstehung der Sühne wollten sie indessen eine mit hinlänglichen Vollmachten versehene Deputation auf den 1. April des folgenden Jahres in dem Haag gewärtigen (a).

§. 2.

Außer den Irrungen mit den Ständen war auch der Graf in häusliche Streitigkeiten verwickelt. Sein einziger Bruder, Graf Edzard Ferdinand, residirte zu Norden. Dieser verlangte seinen Antheil an der Allodial-Nachlassenschaft seines Vaters, die er auf 1,300,000 Rthlr. anschlug, seine Erbportion an der mütterlichen Verlassenschaft, und eine anständige Appanage. Wie sie sich in der Güte hierüber nicht setzen konnten, so compromittirten sie auf den Herzog Christian Ludwig von Braunschweig-Lüneburg, ihren vormaligen Vormund. Dieser subdelegirte seinen Canzler und geheimen Kammerrath

(a) Landsch. Acten und Aitzema p. 1035 u. 1036.

rath langebock, und bestimmte im December die 166o Stadt Bremen zu einer Zusammenkunft. Von Seiten der gräflichen Brüder wurden zur angesetzten Zeit Abgeordnete nach Bremen gesandt. So lange man die drei Puncte, die väterliche Verlassenschaft, die mütterliche Nachlassenschaft, und die Appanage besonders behandelte, konnte keine Vereinbarung zu Stande kommen. Man kam daher überein, diese Puncte zusammen zu werfen. Am 19. Jan. 1661 wurde diese Streitigkeit durch einen Vergleich glücklich beendiget. Darnach setzte Graf Georg Christian seinem Bruder Edzard Ferdinand in den ersten sechs Jahren 8000 Rthlr., und dann fernerhin 9000 Rthlr. aus, und räumte ihm nießbräuchlich das gräfliche Haus in Norden zu seiner Residenz ein. Dagegen that Edzard Ferdinand auf seine väterliche und mütterliche Allodial-Nachlassenschaft Verzicht; dagegen behielt er sich seinen Antheil oder ein Drittel an 30000 Rthlr., die dem Hessen-Darmstädtischen Hause vorgestrecket waren, sowohl in Absicht des Hauptstuhls als der Zinnsen vor. Diese 9000 Rthlr. Appanage haben auch nach Absterben Edzard Ferdinands, dessen beide Söhne jährlich genossen. Wie der älteste Edzard Eberhard Wilhelm 1707 verstarb, entstand zwischen dessen Bruder Grafen Friedrich Ulrich und dem Fürsten Christian Eberhard über die Frage, ob die Hälfte der Appanage nun erloschen sey, oder nicht? einige Streitigkeiten. Ersteres behauptete der Fürst, weil in dem Bremischen Vergleiche der Erben des Grafen Edzard Ferdinand nicht erwähnet war. In dem folgenden Jahre verlobte sich Graf Friedrich Ulrich mit der Tochter des Fürsten. Bei dieser Gelegenheit wurde über die Appanage am 10. März 1708 ein Vergleich getroffen, und selbige auf 8000 Rthlr.

1660 Rthlr. festgesetzet. Dagegen mußte Graf Friedrich Ulrich auf die Darmstädtische Foderung renunciren. Wie dieser Graf 1710 verstarb, und nur eine Tochter nachließ, war der Fürst Georg Albrecht der Meinung, daß die Appanage sich nicht auf die weibliche Linie erstrecken könne, sondern mit dem Tode des Grafen erloschen sey. Dagegen behauptete die gräfliche Wittwe, Maria Charlotte, daß die von dem ostfriesischen Regierhause jährlich entrichtete 9000 Rthlr. vorzüglich aus der Allodial-Nachlassenschaft des Grafen Ulrich II. herrührten, und diese Einkünfte nun schon ohnedem seit 1710 um 1000 Rthl. und durch den Verzicht auf das Darmstädtische Capital geschmälert worden. Hierüber wurden verschiedene Streitschriften abgedruckt (b). Da die Gräfin indessen eine leibliche Schwester des Fürsten war, so kam 1711 ein gütlicher Vergleich durch Vermittelung des Haro Joachim von Closter, Herrn von Dornum, als Subdelegirten der General-Staaten zu Stande. Diese nahmen sich um beswillen der verwittweten Gräfin an, weil sie nach dem väterlichen Testamente ihre Vormünder waren. Vermöge dieses Vergleichs verpflichtete sich der Fürst, der Tochter Grafen Friedrich Ulrichs, Christine Louise, jährlich bis zu ihrer Verheirathung 3500 Rthlr. auszuzahlen, einen dem Grafen geleisteten Vorschuß von 11000 Rthlr. schwinden zu lassen, und ihr zum Abtrag dringender Schulden 4000 Rthlr. zu schenken (c).

§. 3.

(b) Facti species, woraus zu ersehen, daß das Appanagium Grafen Friedrich Ulrich mit seinem Tode aufhöre, gedr. 1710. Gründliche Gegen-Antwortsung, worin die facti species erläutert wird, 1710. und Fürstl. Ostfriesische kurze Abfertigung 1710.

(c) Junts Regentenstab.

Zweiter Abschnitt.

§. 3.

Bevor ich zu der Geschichte des folgenden Jahres übergehe, muß ich noch den traurigen Todesfall des Freiherrn Hessel Meckema von Aylva anführen, welcher in diesem Jahre vorgefallen ist. Er stand erst als Obrister in Diensten der General-Staaten. Diese ernannten ihn 1645 zum Commandanten der Stadt Emden, wie Ehrentreuter der jüngere diese Stelle niederlegte. Wie der Magistrat und die Bürgerschaft ihn nicht in dieser Qualität erkennen wollten, und dem Hauptmann Jewen diese wichtige Stelle anvertrauten, so hielt sich der Freiherr von Aylva während der daraus entstandenen Irrungen zwischen den General-Staaten und der Stadt Emden, mit seiner Frau Elisabeth von Altheim in Aurich an dem gräflichen Hofe auf. 1650 that er auf die Commandanten-Stelle Verzicht, und wurde von den General-Staaten auf sein Anhalten des geleisteten Eides entbunden (d). Ich habe zum Theil dieses schon vorhin erwähnet. Bei dem Fürsten Enno Ludwig war er sehr gelitten. Dieser machte ihn zum Drosten des Amtes Leer. Noch keine drei Wochen überlebte er seinen Fürsten. Am 21. April wurde er von den Warfsleuten seines Amtes bei einer gerichtlichen Handlung erschlagen. Die Geschichte verhält sich so: Zwischen den Bauern und Warfsleuten oder Arbeitern der Communen Wehner und Holthausen entstand über die Nutzung der gemeinen Weide ein hitziger Prozeß. Erstere bestritten letztern das Recht, entweder überhaupt oder nur mit einer gewissen Anzahl Vieh die gemeine Weide zu beschlagen. Die Arbeiter wurden sachfällig. Wie sie

---

(d) Aitzema B. 25. p. 80. B. 26. p. 219. B. 27. p. 441 u. 846. B. 30. p. 30.

208 Ein und zwanzigstes Buch.

1660 sie sich der rechtskräftigen Sentenz nicht unterwerfen wollten, mußte die Execution vorgenommen werden. Um die Bauern in Possession zu setzen, ritten der Drost Aylva, und der Amtmann und Rath Bucho Wiarda selbst nach der gemeinen Weide. Ersterer nahm 8 Soldaten aus der neuen Schanze, und letzterer 4 gräfliche Soldaten und sämmtliche Vögte und Gerichtsdiener mit sich. Zu ihnen fügten sich auch viele erbgesessene Bauern mit geladenen Flinten. Dagegen fanden sich von der andern Seite die Warfsleute mit Mistgabeln, Knütteln und andern Waffen ein. Da sie fest beschlossen hatten, ihr Vieh zu schützen und sich nicht aus dem Besitz des Mitgenusses an der Weide setzen zu lassen; so ward diese Scene mit einem heftigen Wortwechsel eröffnet. Will man uns — schrieen die Warfsleute — die Weide nehmen, wovon wir unsere Weiber und Kinder nähren müssen, so nehme man auch nur unsere Kinder zu sich. Der Zank wurde immer heftiger. Endlich gab ein Soldat Feuer. Hiedurch wurden die Warfsleute noch mehr aufgebracht. Einer schlug den Drosten mit einer Mistgabel so über den Kopf, daß ihm gleich das Blut bei dem Gesicht herunter strich. Der erhitzte Drost befahl seinen Leuten Feuer zu geben. Da schossen sogleich Soldaten, Vögte und Gerichtsdiener. Sie schossen, und trafen unglücklicher Weise den vor ihnen stehenden Drosten. Er sank zwischen seinem schwer verwundeten Bedienten und drei erschossenen Warfsleuten nieder und starb auf der Stelle. Nun kamen die Bauern und Warfsleute selbst an einander. Ohngefähr 70 wurden verwundet, und viele starben an den Wunden. Um dem ferneren Tumulte Einhalt zu thun, und die Rädelsführer zu bestrafen, ließ der Graf ein Commando nach Weh-

ner

Zweiter Abschnitt.

ner rücken. Die Warfsleute waren aber zum Theil 1660 ausgetreten und hatten ihre Häuser ledig stehen lassen. Indessen wurden 14 Warfsleute in Verhaft gezogen. Erst nach dem Tode des Fürsten 1666 wurde der Criminal-Proceß geendiget. Der erste Anführer, Heinrich Jacob Nachtigall, welcher vorhin als Lieutenant gedienet hatte, wurde in Aurich öffentlich enthauptet. Zwei Warfsleute wurden ewig des landes verwiesen, und die übrigen mußten durch einige Deputirten der verwittweten Fürstin fußfällige Abbitte thun, und 1000 Rthlr. fiscalische Brüche erlegen. Sonderbar war es, daß die Advocaten, welche den Inquisiten bedient gewesen, ihrer Advocatur verlustig erkläret wurden. Die Sentenz gründete sich auf ein eingeholtes Gutachten von der Universität Strasburg (e).

§. 4.

Die General-Staaten hatten in der jüngsten Resolution sowohl dem Grafen als den Ständen freundschaftlich gerathen, sich unter sich in der Güte auseinander zu setzen. Zu dem Ende trugen die Deputirten und Administratoren unter dem 10. Dec. an, einen Termin zur Eröffnung der Tractaten anzuordnen. Sie überließen dem Grafen die Bestimmung des Orts, nur verbaten sie sich Aurich. Der Graf ließ dieses Schreiben unbeantwortet, dagegen schrieb er wieder einen Landtag auf den 17. December

---

(e) Aitzema p. 1034. Sonderbar, daß Aitzema diesen nämlichen Vorfall fast wörtlich auch unter dem Jahre 1658 erzählet p. 309. und Funks Ostfries. Chronik 6. Theil p. 246—251. und 7. Theil p. 69—72.

1660 ober nach Aurich aus. Nach dem Landtags-Ausschreiben sollte Joost Hane von seinen Verrichtungen in dem Haag und von der staatischen Resolution referiren, das Administrations-Collegium sollte über seine Wirthschaft überhaupt, und über die unnützen Ausgaben, die zur Vermehrung der Emder Garnison verwandt worden, zur Rechenschaft gefodert werden, und dann sollte über die Bezahlung der holländischen Schuld eine feste Resolution gefasset werden. Ein solches Landtags-Ausschreiben war gewiß der unrechte Weg zu einem Vergleiche. Der Ort war schon an und für sich gehässig. Dem Grafen bestritt man beständig das Recht, einen Landtag auszuschreiben, so lange er nicht förmlich die Landes-Constitution bestätiget, und darauf die Huldigung eingenommen hätte. Und dann waren die Gegenstände der Verhandlungen größtentheils von der Art, daß sie neue Erbitterungen erwecken mußten. Friedensgesinnungen äußerten die gräflichen Räthe gewiß nicht dabei, weil sie voraus wissen konnten, daß von den gegenseitigen Ständen Niemand erscheinen würde. Noch gehässiger war dieses Landtags-Ausschreiben um deswillen, weil die Stadt Emden nicht mit zu dem Landtage verschrieben war. Indessen gieng der Landtag zur bestimmten Zeit vor sich. Die gräflich gesinnten Stände ließen es bei den 2 Capital- und 8 Personal-Schatzungen zum Abtrag des vierten Termins der holländischen Schuld diesmal bewenden, weil sie der Resolution der General-Staaten, auf die sie compromittiret hatten, nicht entgegen handeln durften. Dann gaben sie dem Landrentmeister auf, keine Gelder aus der Landes-Casse zum Behuf der Emder Garnison auszuzahlen, indem sie sonst diese Ausgabe bei der Rechnungs-Abnahme streichen wollten, ferner dem Junker Joost Hane

Zweiter Abschnitt.

Hane seine Deputations-Kosten zu entrichten, und 1660 dann sich mit den Renten-Büchern am 7. Jan. in Aurich einzufinden. Endlich hoben sie die Deputation auf, die zur Erörterung und Behandlung der Beschwerden angeordnet war, und setzten neue Deputirte aus ihren Mitteln an. Dies war es hauptsächlich, woran die gräflichen Räthe so lange gearbeitet hatten. Allein dieser Landtags-Schluß, und der sich darauf gründende Landtags-Abschied konnte nicht die mindeste Würkung haben, so lange das Administrations-Collegium in Emden war, und dieses von der Mehrheit der Stände gehandhabet wurde (f).

§. 5.

Bei der Lage wurde der staatischen Resolution von keiner Seite gelebet. Die angeworbenen Soldaten wurden nicht abgedanket, die hofgerichtlichen Gehälter blieben eingezogen, und an eine Aussöhnung wurde nicht mehr gedacht. Der Graf griff sogar die Pacht-Comtoire an, um daraus vorzüglich die hofgerichtlichen Gehälter bezahlet zu machen. Nun wandten sich sowohl der Graf als die Stände in dem Anfang des folgenden Jahres mit neuen Klagen nach dem Haag. Um je eher je lieber Friede, Eintracht und Ruhe wieder herzustellen, fanden die General-Staaten gut, den auf den 1. April zur Untersuchung und Abmachung der wechselseitigen Beschwerden angesetzten Termin zu verkürzen. Sie ersuchten den Grafen, die Stände überhaupt und die Stadt Emden besonders längstens in der Mitte des März ihre Deputirten nach dem Haag abzusenden. Früh im März fanden sich die ständischen Bevollmächtigten, der Hofrichter von Knlphausen und der

(f) Landschaftl. Acten.

1651 der landschaftliche Secretair Westendorf, und von der Stadt Emden der Doctor Aubree ein. Bis auf den 29. März wartete man umsonst auf die Ankunft der gräflichen Deputirten. Die General-Staaten gaben hierüber dem Grafen ihr Mißvergnügen zu verstehen, und setzten peremtorisch einen neuen Termin auf den 7. April an, mit dem Zusatz, daß sie bei dem etwaigen fernern Ausbleiben blos auf die ständischen Eingaben Rücksicht nehmen würden. Dabei ermahnten sie den Grafen, sich in der Zwischenzeit aller feindseligen Thätigkeiten zu enthalten, und besonders die Administratoren weder mittelbar noch unmittelbar in der Hebung der Landes-Mittel zu hindern. Denen Commandanten zu Emden und Leerort gaben sie auf, hierüber ein wachsames Auge zu halten, und von den Contraventionen sofort zu berichten. Endlich fanden sich denn von Seiten des Grafen die Räthe Wiarda und Wittkopf, und von Seiten der gräflich gesinnten Stände Jost Hane von Upgant, der Baron Freitag von Gödens von der Ritterschaft, der Bürgermeister Speulda von den Städten Norden und Aurich, und Abbo Poppinga von dem dritten Stande ein. Diese überreichten am 20. April eine Deduction, die gleich nachher unter dem Titel: Propositie gedaan in de Vergadering van haer Hoogmog. abgedruckt wurde. Hierin führten sie aus, daß sie am 15. März auf einem förmlichen Landtag zu Aurich von den sämmtlichen Ständen bevollmächtiget worden, die Rechte des Vaterlands und der Stände zu vertreten. Sie baten daher die General-Staaten, die andern anwesenden ständischen Deputirten abzuweisen, weil ihre Vollmacht nur in einer Winkel-Versammlung zu Emden geschmiedet worden. Dagegen überreichten der Hofrichter von Knipphau-

sen

Zweiter Abschnitt.

sen, Secretair Westendorf und Andree unter dem 1661.

3. May eine Deduction, die ebenfalls unter dem Titel: Der Oostvriesche Stenden Gedeputeerden Belang op der Heeren Graeflycken Afgesanten Propositie, abgedruckt ist. Hierin wiesen sie nach, daß die Ordinair-Deputirten und Administratoren schon in dem vorigen Jahre, so lange diese Unruhen währen würden, zu beständigen ständischen Repräsentanten angesetzet worden, und sie von diesen mit Zuziehung vieler ständischen Mitglieder in einer öffentlichen Versammlung zu Enden bevollmächtiget worden. Dagegen, sagten sie, könnten zwei einzelne ritterschaftliche Mitglieder nicht den ganzen Stand vorstellen, vielweniger, welches unerhört wäre, sich selbst bevollmächtigen. Die übrigen, welche sich aus den beiden Städten Norden und Aurich und dem dritten Stande von den rechtmäßigen Ständen getrennet hätten, machten nur ein kleines Häuflein aus. Daher ersuchten sie die General-Staaten, sich mit diesen disqualificirten Deputirten nicht einzulassen. Sie drangen noch vorzüglich darauf, dem Junker Haue und dem Freiherrn Freitag die Audienz zu versagen, weil sie keine ritterschaftliche Mitglieder mehr wären. Dieses verhielt sich so: Nach der bereits oben bei dem Jahre 1650 erwähnten ritterschaftlichen Union sollten die Mitglieder, welche Trennungen verursachen würden, mit 100 Gold-Gulden Strafe beleget, und aus der Ritterschaft ausgeschlossen werden. Auf einem am 26. März dieses Jahres (1661) zu Emden gehaltenen Rittertage hielt die Ritterschaft dafür, daß die aus der Union angeführte Stelle auf den Junker Joost Hane von Upgant und den Freiherrn Johann Wilhelm Freiherrn von Gödens ihre Anwendung finden müßte. Sie schlugen beide in 100 Gold-Gulden

1661 Gulden Brüche, und schlossen sie völlig von der Ritterschaft aus. So wie sie nun aufhörten Mitglieder der Ritterschaft zu seyn, so konnten sie auch keine ritterschaftlichen Deputirten mehr vorstellen. Die Streitigkeiten über die Qualification der ständischen Deputirten, und denn über die dringendsten wechselseitigen Beschwerden, wurden von einer besondern staatischen Commißion untersuchet. Diese bestand aus den Herren von Balveren, Cant, Raths-Pensionair de Witt, Renswoude, Bootsma, Yssselmülben und Schulenburg (g).

§. 6.

Nach eingegangenem commissarischen Berichte erfolgte unter dem 10. Jun. die staatische Resolution. Darnach wurde 1) der Graf freundnachbarlich ersuchet, in dem Anfange des Monats Jul. einen allgemeinen Landtag nach der Stadt Norden zur Herstellung der Einigkeit auszuschreiben, und dahin sämmtliche Stände einzuladen, 2) wurden die Administratoren nochmalen autorisiret, zum Abtrag des vierten Termins der holländischen Schuld mit der Einhebung der 2 Capital- und 8 Personal-Schatzungen, nach Anleitung der vorjährigen staatischen Resolution, fortzufahren. Diejenigen, welche schon 10 Personal-Schatzungen bezahlet hatten, sollten diesen Ueberschuß in dem folgenden Termine kürzen können. Wegen des fünften Termins sollten auf dem bevorstehenden Norder Landtage neue Contributions-Mittel eingewilliget werden. 3) Sollte längstens gegen Ausgang Junii alle neu geworbene Miliz

(g) Alterma T. 10. B. 41. p. 192—194. Propofitie ged. in de Vergader. — Oostfr. Stenden Belang. und Rittertags-Schluß von 1661.

Zweiter Abschnitt.

Miliz wirklich abgedanket werden. 4) Hegten Ihre 1661 Hochmögenden zu dem Grafen und den beiden Factionen in der Stadt Norden das Zutrauen, daß sie sich wegen des abgesetzten aus 16 Bürgern bestehenden Ausschusses der Bürgerschaft, auf dem Landtag oder vorher gütlich vereinigen würden. 5) Sollten die Administratoren durch den Landrentmeister in Conformität des Osterhusischen Accordes und der nachherigen staatischen Resolutionen die hofgerichtlichen Gehälter zur gehörigen Zeit immerhin abführen. 6) Sollte der bisher als Hofrichter suspendirte Freiherr von Kniphausen wieder sein Amt antreten. Auch sollte die Ritterschaft ihre vorige bisher ausgeschlossene Mitglieder, den Junker Hane von Upgant, und den Freiherrn Freitag von Gödens wieder in die Ritterschaft aufnehmen. 7) Ermahnten Ihre Hochmögenden die streitende Parteien, sich einander die freundschaftliche Hand zu reichen, sich zu vereinigen, alle Streitigkeiten in der Güte beizulegen, und dann Hand in Hand das wahre Wohl des gemeinen Vaterlandes zu bewürken. Da die hitzigen Gemüther von beiden Seiten sich durch ihr Zureden schon mehr abgekühlet hätten, so hofften sie, daß diese ihre auf aufrichtige und freundschaftliche Gesinnungen sich gründende Ermahnung von der besten Würkung seyn würde, und sähen mit Verlangen nächstens einem Bericht von der völligen Aussöhnung entgegen. Möchte ihnen diese Hoffnung täuschen, so wären sie entschlossen, einige Committirte aus ihren Mitteln nach Norden zu senden, um dem Landtag beizuwohnen. Diese sollten sich nochmalen eifrig bemühen, Einigkeit zu stiften. In Entstehung derselben sollten sie alle Streitigkeiten genau untersuchen. Nach eingegangenem Bericht wollten sie, die General-Staaten, die Streitigkei-

1661ten nach Anleitung der Accorde entscheiden. 8) Wurde der Graf ersuchet, Ihro Hochmögenden den angeordneten Tag des Landtages zeitig zu benachrichtigen. 9) Sollte zur Sicherheit sämmtlicher Landes-Stände, und zur Vermeidung alles etwaigen Unwesens, jedoch ohne Präjudiz des Grafen und der Stände, eine Compagnie der staatischen (nicht embdischen) Garnison aus Emden nach Norden einrücken, und bis zum Schluß des Landtags daselbst verweilen (h).

§. 7.

Nach ertheilter Resolution reisten der Baron von Kniphausen und Secretair Westendorf wieder ab. Die Deputirten der antigräflichen Stände blieben noch zurück. Sie ersuchten die General-Staaten, die übrigen Streitigkeiten in dem Haag zu erörtern und zu schlichten, weil eine local-Untersuchung vielen Schwierigkeiten unterworfen seyn möchte. Auf allen Fall verbaten sie sich eine staatische Deputation auf dem Norder Landtage. Sie wandten vor, daß eine solche Deputation mit gar zu vielen Kosten für das Land verknüpfet wäre. Die gräflichen Räthe reichten ebenfalls eine Vorstellung ein. Hierin suchten sie nach, daß keine Compagnie staatischer Truppen in Norden während des Landtages geleget werden möchte. Ihre Gründe waren diese: Durch die gütigste Interposition Ihro Hochmögenden wären die erhitzten Gemüther besänftiget. Das ganze Land wäre nun ruhig, und hätte man auf dem Landtage keinen Tumult zu besorgen. Dann ermangelte es dem Grafen weder an gutem Willen, noch

(h) Aitzema p. 194—197. Diese Resolution ist auch noch besonders abgedruckt.

Zweiter Abschnitt.

noch an Macht, seine Unterthanen überhaupt, und 1661 besonders auf offnen Landtagen die Comparenten wider alle Gewaltthätigkeiten zu schützen. Zu allem Ueberfluß wollte der Graf in dem Landtags-Ausschreiben unter seiner Hand und Siegel den Landtags-Comparenten Schuh und Sicherheit versprechen. Endlich hinderten solche bewaffnete Landtage das wechselseitige Zutrauen, und erweckten nur Mißtrauen und Argwohn. Dagegen stellte der ständische Agent Aitzema vor, daß das schleunige Ausschreiben eines Landtages, die Gegenwart einer staatischen Commission, und die Anwesenheit einer staatischen Compagnie durchaus nothwendig wären, und daß man nur bloß dadurch auf den Weg der Vereinbarung kommen könnte. Die General-Staaten fanden hierauf für gut, es bei ihrer Resolution bewenden zu lassen. Zu Commissarien auf dem Landtage ernannten sie am 13. Jul. Floris Cant, Bürgermeister der Stadt Gouda, Bonifacius von Wrybergen, Pensionarius der Stadt Tholen, Epeus von Gliestra, Doctor der Rechte, Boldewin Jacob Mulert, Herr von der Leemkuhlen, und Johann Schulenburg, Rathsherrn der Stadt Gröningen. Diese sollten bei ihrer Anwesenheit frei Quartier und Zehrung haben. Diäten und Reisekosten hin und zurück übernahmen die General-Staaten (i).

§. 8.

Wie dieses in dem Haag vorfiel, reiste der Graf auf sechs Wochen nach Würtenberg. An dem Tage seiner Abreise am 12. Jun. (22. neuen Styls) also gleich nach erhaltener staatischen Resolution, schrieb

D 5 er

(1) Aitzema p. 197 und 198.

1661er einen Landtag auf den 31. Jul. nach Norden aus. Der Canzler behielt indessen das Landtags-Ausschreiben ganzer fünf Wochen unter sich. Er wollte vielleicht abwarten, was die in dem Haag anwesenden gräflichen Räthe und die Deputirten Hane und Freitag wider die Resolution auswürken würden. Den Deputirten und Administratoren in Emden war von diesem Landtags-Ausschreiben nichts bewußt. Sie ersuchten schriftlich unter dem 25. Jun. den Grafen, den Landtag, zufolge der staatischen Resolution, doch ja nicht zu verzögern. Sie erboten sich auch, noch vorher, zu einem gütlichen Vergleich, und überließen dem Grafen die Bestimmung des Orts. Nur Aurich verbaten sie sich wieder (k). Sie erhielten von der gräflichen Canzlei in Abwesenheit des Grafen keine Antwort. Vielmehr hielt noch der Canzler das Landtags-Ausschreiben unter sich. Endlich rückte er nur einige Tage vor dem 31. Jul., an welchem Tage der Landtag eröffnet werden sollte, damit hervor. Das Landtags-Ausschreiben war in einem bittern und harten Ton abgefasset. In dem Schreiben an den Hofrichter Carl Friedrich von Kniphausen und an zwei andere ritterschaftliche Mitglieder war die Titulatur: Liebe, Getreue! ausgelassen. Statt des gewöhnlichen Schlusses: Wir bleiben euch mit Gnaden gewogen, war die Clausel zugesetzet: Jedoch mit Vorbehalt Unsers wider euch habenden rechtmäßigen Zuspruchs, woferne die Güte nicht zureichen sollte. Durch dieses unvermuthete Landtags-Ausschreiben, worin ein so kurzer Termin angesetzet war, wurde die ständische Resolution wendig gemacht. Denn die staatischen Commis-

(k) Gedrucktes Schreiben an Ihro hochgräfl. Gnaden vom 25. Jun. 1661.

Zweiter Abschnitt. 219

Commiſſarien waren noch nicht angekommen. Auch 1661 durfte bei dem Abweſen des Ember Commandanten, der älteſte Capitain Olies ohne beſondre Ordre keine Compagnie nach Norden marſchiren laſſen. Die Deputirten und Adminiſtratoren proteſtirten bei dem Grafen über dieſen unzeitigen Landtag, und baten inſtändigſt, denſelben bis zur Ankunft der ſtaatiſchen Committirten auszuſetzen. Sie wieſen in dieſem Schreiben nach, daß der Graf ſich dadurch bei den General-Staaten verhaßt machen würde, wenn er durch Betrieb ſeines Canzlers die ſtaatiſche Reſolution, die doch die beſte Abſicht hätte, zu vereiteln ſuchte. Auch zeigten ſie an, daß die harten Ausdrücke und der ungewöhnliche Styl in dem Landtags-Ausſchreiben den Weg des Zutrauens und des Friedens, den man doch ſo nöthig aufſuchen müßte, verrammeln würde. Sie ſchoben alle Schuld auf den Canzler. „Gelanget demnach,“ ſchrieben ſie, „an Ew. hochgräflichen Gnaden, gleich vor dieſem „geſchehen, unſer nochmaliges unterthäniges Bit„ten, dieſes ausländiſchen ſchädlichen Mannes bö„ſen, und zu Ew. Hochgräfl. Gnaden eigenen und „Ihres gräflichen Hauſes Nachtheil ſtreckenden Con„ſiliis kein Gehör zu geben, ſondern ſich deſſen zu „entſchlagen, und dasjenige bei der Hand zu neh„men, dadurch aufrichtige Vertraulichkeit und Ei„nigkeit zu allerſeits Flor und Aufnahme fundiret „werden mögen; maſſen wir des unterthänigen Er„bietens ſeyn, uns alsdenn alſo dabei zu bezeigen, „daß Ew. hochgräflichen Gnaden ſelbſt, noch kein „unparteiiſcher Biedermann, ein mehreres von uns „wird verlangen können; angeſehen wir anders „nicht ſuchen, als Ew. hochgräfl. Gnaden bei Ihrer „Hoheit, die Stände aber bei ihrer Freiheit zu con„ſerviren ꝛc.“ Dieſes Schreiben war am 30. Jul. abgefaſ-

1661 abgefaſſet, an dem Tage, wie der Graf wieder zurückgekommen war (l).

§. 9.

Dieſes Schreiben änderte nicht die Geſinnung des Grafen. Der Landtag wurde am 31. Jul. in Norden eröffnet. Von den antigräflichen Ständen erſchien Niemand. Von der andern Seite waren nur Junker Hane und der Baron Freitag aus der Ritterſchaft, aus Emden Niemand, aus den Städten Norden und Aurich 5 Deputirte, und aus dem dritten Stand überhaupt 27 Deputirte gegenwärtig. Die Landes-Propoſition betraf die auf dem Kreistage zu Cöln eingewilligte Türken-Steuer zu 25 Römer-Monaten, und dann noch die zur Entſchädigung des kaiſerlichen Feldmarſchalls, Jobſt Maximilian, Grafen von Broakhorſt, ausgeſetzte zwei Römer-Monate; ferner den fünften Termin zum Abtrag der holländiſchen Schuld (m), und endlich die Sühne über alle bisherige Mißhelligkeiten. Zu den 27 Römer-Monaten willigten die anweſenden Stände eine Capital- und drei Perſonal-Schatzungen ein, die aus den Pacht-Geldern genommen werden ſollten. Die Contributions-Einwilligung zu der holländiſchen Schuld wurde vorerſt ausgeſetzt. Da Niemand von den antigräflichen Ständen ſich eingefunden hatte; ſo wurde der Sühne gar nicht erwähnet. Dann unterſagte die ſtändiſche Verſamm-

---

(l) Schreiben an den Grafen vom 30. Jul. 1661. Iſt nachmalen mit Anmerkungen von dem Cantzler Höpfner ausgegeben, unter dem Titel: Abdruck eines unbeſonnenen Schreibens an den Grafen.

(m) Der vierte Termin war endlich kurz vorher abgetragen.

Zweiter Abschnitt.

sammlung dem Landrentmeister, zum Behuf der Em- 1661
der Garnison fernerhin Gelder aus der Landes-Casse
verabfolgen zu lassen. Auch gaben sie ihm auf, gegen
Ausgang dieses Monats eine vollständige Rechnung
seit einigen Jahren von Empfang und Ausgabe abzu-
legen. Mit diesem Landtags-Schluß endigte sich am 3.
Aug. dieser Landtag (n). Es war doch wohl in der That
blos Caprice des Canzlers, wenn er einen solchen Landtag veranstaltete. Wozu konnten wohl eingewilligte
Schatzungen und Römer-Monate, wozu ertheilte
Inhibitionen und Aufträge an den Landrentmeister
nutzen? Der Canzler konnte ja voraussehen, daß
das Administrations-Collegium zu solchen Einwilli-
gungen keinen Pfennig aus der Landes-Casse hergeben würde, und der Landrentmeister solchen von einer kleinen ständischen Faction gemachten Schlüssen
nicht geleben dürfte. Er mußte ja voraus, daß die
gegnerische Protestation die Landtags-Schlüsse über-
wiegen würde. Es mußte ihm ohnehin einleuchtend
seyn, daß er den jungen Grafen, der sich so ganz
von ihm lenken ließ, bei den General-Staaten gehässig machen würde, wenn er aus Eigensinn ihre
Resolution wenig machte. Hätten nun zumahl die
General-Staaten die Hand von Ostfriesland abgezogen, in welchen verwirrten Zustand würde die
Grafschaft alsdenn gerathen seyn? Vielleicht würde
gar ein förmlicher Bürger-Krieg ausgebrochen seyn.
Die General-Staaten dachten aber ädler, wie der
Canzler. Sie ließen sich die Beilegung der Mißhelligkeiten angelegen seyn, und sandten ihre Committirten ab.

§. 10.

(n) Landtags-Propos. von 1661. und Abdruck eines
unbesonnenen Schreibens.

§. 10.

1661 Die staatischen Committirten kamen bereits am 10. August in Gröningen an. Hier wurden sie von dem landschaftlichen Secretair Westendorf bewillkommet, und von ihm nach Emden geleitet. Von der Stadt wurden sie am 13. August von einer ständischen Deputation empfangen. Bei ihrem Einzuge wurden die Kanonen von den Wällen abgeschossen. Die ganze Garnison zog vor ihrem Quartier auf, und begrüßte sie mit einer dreimaligen Salve. Ein köstliches Tractement beschloß diesen feierlichen Tag. Der Graf ließ sie durch seinen Drosten Eck in zwei sechsspännigen Kutschen nach Aurich abholen. Eine halbe Meile vor der Stadt kamen ihnen der Graf und sein Bruder Edzard Ferdinand in Begleitung der gräflichen Räthe entgegen. Unter dem Schall der Pauken und Trompeten, und dem Donner der abgebrannten Kanonen fuhren sie auf das gräfliche Schloß. An dem folgenden Tage überreichten die Commissarien dem Grafen ihr Creditiv, und suchten die Ausschreibung des Landtags nach Norden zu beschleunigen. Der Graf sahe gern, daß der Landtag in Aurich gehalten würde. Wie aber die Commissarien von der staatischen Resolution und ihrem Auftrag nicht abgehen konnten; so ließ er sichs gefallen, den Landtag nach Norden auszuschreiben. Dann ließ sich endlich der Graf überreden, in denen Anschreiben an alle ritterschaftliche Glieder ohne Unterschied die vorige Formel, mit den Ausdrücken: Liebe, Getreue! und am Schlusse: Sind Euch mit Gnaden gewogen, wieder zu gebrauchen. Endlich ersuchten die Commissarien den Grafen, seine angeworbene Truppen zufolge der staatischen Resolution und zur Hebung alles Miß-

trauens

Zweiter Abschnitt. 223

trauens abzubanken. Der Graf bestand aber dar 1661
auf, daß er der staatischen Resolution schon dadurch
nachgekommen wäre, daß er seine Leibgarde auf den
alten Fuß wieder eingeschränket, und seine übrigen
Truppen nach Esens und Wittmund verleget, also
wirklich aus Ostfriesland abgeführet hätte. Indessen versicherte er, daß er sie nicht in Ostfriesland gebrauchen wollte (o).

§. 11.

Am 22. Aug. wurde der Landtag zu Norden von
dem Canzler Höpfner in der Kirche eröffnet. Nach
vorgelesenen gräflichen Propositionen schritt man sofort zur Auswahl einer Deputation, um die Vollmachten durchzusehen, und wider die unqualificirten Comparenten Monita zu machen. Man ernannte dazu
aus jedem Stande zwei Personen. Der Canzler
war sehr unzufrieden, daß man aus der Ritterschaft
den Junker Hane, oder den Freiherrn Freitag von
Gödens nicht als Mitglieder dieses engern Ausschusses ernannt hatte. Wie er von den Ständen ersuchet wurde, als gräflicher Commissarius der Visitation der Vollmachten mit beizuwohnen; so weigerte
er sich, zu erscheinen. Es wären — ließ er erwiedern — unter den Ständen zwei Parteien, daher
müßten von jeder Seite Deputirte ernannt werden.
Die Stände ließen dem Canzler durch den Secretair vortragen, daß sie keine zweierlei Stände kenn-
ten, und daß die Auswahl der Glieder zu dieser Deputation nach der bisherigen Observanz lediglich von
der ständischen Versammlung abhienge. Sie baten
ihn daher nochmals, sich mit seinen Commissarien,
ben

(o) Aitzema p. 199 und 200. Abdruck eines unbesonnenen Schreibens.

1661 den Räthen Wiarda und von Croneck einzufinden. Wie der Canzler und die Räthe zurückblieben; so wurde an dem folgenden Tage mit der Visitation der Vollmachten, ohne Beiseyn eines gräflichen Commissarii verfahren. Diese Visitation der Vollmachten ward auf dem Rathhause vorgenommen. Hier war auch die gewöhnliche Versammlung der Stände, wenn zuvor der Landtag in der Kirche eröffnet war. Indessen hatten einige Deputirte aus der Stadt Aurich und aus dem dritten Stande ihre Vollmachten zurückgehalten. Der Canzler veranlaßte eine Versammlung dieser Deputirten bei sich in dem Weinhause. Auch hier fanden sich aus der Ritterschaft Hane und Freitag ein. Hier nahm er die Visitation der Vollmachten dieser Deputirten vor. Die auf dem Rathhause versammleten Stände protestirten wider dieses Verfahren. Sie warfen dem Canzler vor, daß er mit diesem Benehmen eine völlige Trennung der Stände bezielte, und wiesen aus der Landes-Constitution und dem beständigen Herkommen nach, daß er nicht befugt sey, ohne Vorwissen des ständischen Präsidenten eine Versammlung der ständischen Deputirten zu veranlassen, vielweniger eigenmächtiger Weise die Visitation der Vollmachten vorzunehmen. Bei diesem ihrem Protest ließen sie es bewenden. Ohne weiter auf den Canzler und auf die von ihnen sich getrennten Mitglieder Rücksicht zu nehmen, ließen sie nun die staatischen Commissarien zu ihrer Versammlung einladen. Diese waren schon von den Streitigkeiten über die Vollmachten, und von der Trennung der Stände unterrichtet. Sie wünschten vorher die Aufhebung dieser Trennung und eine allgemeine ständische Versammlung. Diese ihre Aeußerung war der Sache völlig angemessen. Sie mußten nämlich bei etwaiger

Zweiter Abschnitt. 225

ger fortwährenden Trennung auf eine legale Art 1661 wissen, mit welcher ständischen Faction sie sich denn eigentlich abzugeben hätten. Sie baten sich daher von dem ständischen Präsidenten, dem Hofrichter von Kniphausen vorläufig das abgehaltene Protokoll über die Visitation der Vollmachten aus. Die Stände fanden so wenig Bedenken, den staatischen Commissarien das Protokoll mit den originalen Vollmachten einzuhändigen, daß sie sogar auf ihre Entscheidung compromittirten. Die gegenseitige Faction ließ sich auch endlich die commissarische Entscheidung gefallen. Die Commissarien verfertigten hierauf eine Liste der sämmtlichen Landtags-Comparenten. Diese mißfiel der Hanischen Parthei; weil von ihrer Seite verschiedene Deputirte als bisqualificirt ausgeworfen waren. Nach dieser Liste, waren aus der Ritterschaft zehn Mitglieder, aus Emden fünf, aus Norden fünfe, aus Aurich drei, und aus dem dritten Stande 73. landtagsfähige Deputirte gegenwärtig. Sämmtliche Stände wurden nun zwar wieder eine Heerde; sie hatten aber zwei sich stets entgegen arbeitende Hirten, den Hofrichter von Kniphausen und den Junker Hane, und durch sie zweierlei Gesinnungen (p).

§. 12.

Die staatischen Commissarien fanden sich nun in die allgemeine ständische Versammlung auf dem Rathhause ein. Sie überreichten zuvörderst ihr Credltiv. Dann empfohlen sie den Ständen aufrich-

(p) Landsch. Acten. Aluema p. 200. und 201. 209. und 507.

1664 richtige patriotische Gesinnungen, Friede und Eintracht, und versicherten ihnen, daß sie keine Arbeit, keine Mühe sparen wollten, ein gutes Vernehmen zwischen dem Landesherren und den Ständen, und zwischen den Ständen unter sich wieder herzustellen. Dann ersuchten sie die Stände, auf hinlängliche Mittel zu denken, wodurch der fünfte Termin der holländischen Schuld baldmöglichst abgeführet werden könnte. Der Gegenstand dieses Landtages betraf also die Vereinigung der Stände mit dem Landesherrn, oder die Abstellung der Landes-Beschwerden, und dann die Abführung des fünften Termins der holländischen Schuld. So wie sich nun die Stände über diese Gegenstände vorbereiten wollten, blieben Joest Hane und Freitag zurück, und hielten mit einigen Deputirten der Stadt Aurich und des dritten Standes privat Conventikeln. Da dieses wieder eine neue Trennung veranlassen konnte; so wurde ihnen solches ernstlich verwiesen; worauf sie sich denn größtentheils in die ständische General-Versammlung wieder einstellten. Nun wurde eine Deputation ernannt, die die Gravamina entwerfen, und darüber mit den Gräflichen Commissarien Tractaten pflegen sollte. Dazu wurden durch Mehrheit der Stimmen fast alle die Deputirten genommen, denen schon bei dem Leben des Fürsten Enno Ludwig die Aufmachung der Beschwerden anvertrauet war, und die sich nachher mit den ordinär Deputirten und Administratoren für beständige Repräsentanten der Stände gehalten hatten. Man benachrichtigte nun die staatische Commissarien von der Anordnung dieser Deputation, und überließ ihnen die Zeit und den Ort zu bestimmen, wann und wo sie sich versammeln sollten, die Beschwerden zu überreichen, und sich über die Behand-

Zweiter Abschnitt.

handlung einzulassen. Die Commissarien nahmen 1661 hierüber mit dem Canzler Rücksprache. Sie waren in Absicht des Orts, vor Emden. Denn diese Stadt lag ihnen gelegener. Der Canzler war vor Aurich. Wie sie sich hierüber nicht einigen konnten, ließ man es bei Norden bewenden. Die Stände blieben nun in Norden bei einander, und überreichten am 3ten September das erste Capitel der Landes-Beschwerden, die Justiz betreffend. Die staatischen Commissarien ersuchten hierauf den Canzler und die Räthe sich auf diese Gravamina einzulassen, und ihnen zugleich diejenigen Beschwerden, welche der Graf wider die Stände hatte, einzuhändigen. Diese erwiderten schriftlich, daß sie sich auf keine Behandlung einlassen könnten, und daß auch die Aufmachung der gräflichen Beschwerden nicht das mindeste fruchten würde, so lange man nicht die Quelle aller Unruhen und Feindseligkeiten ausgespähet und dann verstopfet hätte. Diese Quelle finde man nicht bei den wahren Landesständen, sondern bei den Administratoren und Deputirten, und einigen Edelleuten. Diese hätten den Nahmen der Stände bisher eigenmächtigerweise sich angemaßet und gemisbrauchet. Sie wären es, die sich der Landes-Obrigkeit unverantwortlich widersetzet, und die getreuen Landes-Stände unterdrücket hätten. Sie wären es, die dem Lande Schatzungen, die auf keinem rechten Landtage eingewilliget worden, aufgebürdet, und solche mit Kriegesmacht eingefodert hätten. Sie wären es, die die Landes-Eingesessenen mit giftigen Kugeln erschießen lassen, die öffentliche Werbungen angestellet, und die Emder Garnison den Landes-Accorden und den ausgestellten eidlichen Reversen zuwider zu einer solchen Expedition gebrauchet hätten. Sie hätten die gemeine Landesmittel unnütz ver-

1661 verschwendet, und sich sogar nicht entblödet, durch öffentliche Patente bei schwerer Ahndung zu verbiethen, dem Landesherrn zu gehorchen oder auf ausgeschriebenen förmlichen Landtagen zu erscheinen. Zwar wären körperliche Strafen die rechtliche Folge solcher Handlungen; indessen wollte der Graf nach seiner Milde mit ihnen nachsehen. Nur verlangte er zu einiger Satisfaction, daß sie, die Stifter dieser Landes-Unruhen ihr Verbrechen eingestehen, sich zur Erstattung allen Schadens verpflichten, und einen Revers ausstellen sollten, nie wieder dergleichen Verbrechen zu begehen, sondern sich künftig als getreue Unterthanen aufzuführen. Dann aber müsten sie zugleich, um den Grafen und die Stände für dergleichen Gewalt zu sichern, darauf antragen, daß die ganze Emder Garnison völlig abgedanket werde. Wenn auf solche Weise der Grund aller Unruhen gehoben worden, so zweifelten sie nicht, oder der Vergleich würde leicht zu Stande kommen. Mit ihnen waren Junker Hane und der Freiherr Freytag von Göbens völlig einverstanden. Sie hielten noch immer mit einigen Deputirten der beiden Städte Norden und Aurich Conventikeln, und überreichten ebenfalls eine Vorstellung. Hierinn trugen sie vor, daß die Emder Garnison nothwendig abgeschaffet, und die Administratoren und Deputirten, die auf eine unverantwortliche Weise die Landesmittel verschwendeten, und despotisch über die Stände herrschten, in ihre Schranken zurückgewiesen werden müßten. Dann erst, wenn dieses geschehen, würden die getrennten Stände sich bald vereinigen, und dann erst wäre der Weg zu einem Vergleich gebahnet. Die ständischen Commissarien stellten den Ständen beide Eingaben zu. Diese widerlegten die von den gräflichen Commissarien angeführ-

Zweiter Abschnitt.

führten Thatsachen, die sie theils völlig entkannten, 1661 theils unter einem andern Gesichtspunct darstellten. Besonders führten sie aus, daß die extraordinär Deputirten, ordinär Deputirten und Administratoren specialen Auftrag von den Ständen erhalten hätten, sich der gemeinen Landes-Wohlfahrt, in ihrem ganzen Umfang während dieses critischen Zeitpuncts anzunehmen. Sie erklärten sich dabei, daß sie alle Handlungen, welche von den Deputirten und Administratoren vorgenommen worden, nochmalen genehmigten. Dann wiesen sie nach, daß man in dieser Provinz unmöglich zwelerlei Stände annehmen könnte. Sie machten die staatischen Commissarien auf die itzige zahlreiche ständische Versammlung aufmerksam, worinn allenthalben Einigkeit herrschte. Sie bathen daher die Commissarien sich mit der geringen Hanischen Faction nicht ferner zu befassen, und von derselben keine Vorstellungen mehr anzunehmen, und ersuchten sie nunmehr mit Eröfnung der Tractaten über die bereits eingereichten Beschwerden, die Justiz betreffend, den Anfang zu machen. Unterdessen waren die mehresten ständischen Deputirten auseinander gegangen, und hatten die Behandlungen über die Beschwerden und alle Landtags-Angelegenheiten der Deputation überlassen. Diese fuhr immer in ihrer Arbeit fort. Sie überreichte vor und nach das zweite Capitel der Beschwerden über die Gerechtsame des Administrations-Collegium, das dritte über das Recht der Landtage, und das vierte über 59. allgemeine Beschwerden (q).

§. 13.

(q) Landsch. Acten. Altona 201. 202.

§. 13.

1661 Die staatischen Commissarien konnten den Canzler und die Räthe nicht bewegen, sich auf diese Gravamina einzulassen. Sie hielten daher ihre Anwesenheit unnütz, und eröfneten am 17. September der ständischen Versammlung und dem Canzler, daß sie an dem folgenden Tage wieder abreisen wollten. Die Stände fanden nun für gut, nicht den Landtag zu schließen, sondern vorerst stille auseinander zu gehen, und dann denselben fortzusetzen, wenn sie von dem Grafen oder den General-Staaten dazu wieder veranlasset werden sollten. Dann nahmen sie noch den zweiten Punct der Landtags-Proposition in Erwägung, und willigten zum Abtrag des fünften Termins der holländischen Schuld zwei Capital- und zwei Personal-Schatzungen ein. Die Stände ließen den Canzler von diesem Schluß durch den Secretär erst mündlich, und dann schriftlich benachrichtigen. Er weigerte sich diese Vorstellung anzunehmen. Der Vorwand war, daß der Graf so eben selbst in Norden eingetroffen, und dadurch seine Commission erloschen wäre. Der unvermuthete Entschluß der staatischen Commissarien zur Abreise hatte den Grafen bewogen, am 17. September nach Norden zu reisen. Er ließ bei seiner Ankunft die Commissarien durch einen Cavallier zur Abendmahlzeit bitten. Sie entschuldigten sich, und blieben zu Hause. Man sagt, sie hätten sich dadurch beleidiget gefunden, daß der Graf ihnen keine Gegenvisite in Emden gemacht hätte, noch mehr darum, daß er ihnen nicht erlauben wollen, mit den Hunden des Hofrichters von Knip-hausen zu jagen. Der Graf befürchtete indessen, daß die schleunige Abreise der Commissarien einen

üblen

Zweiter Abschnitt.

üblen Eindruck von ihm auf die General-Staaten 1661 machen möchte. Er entschloß sich daher, sie mit dem Canzler und den beiden Räthen Wiarda und von Cronecf in ihrem Quartier an dem folgenden Tage zu besuchen. Der Canzler führte, wie gewöhnlich das Wort. Er ersuchte die Commissarien noch etwas zu verweilen, um durch ihre Vermittelung die Gemüther zu besänftigen, und eine Vereinigung zu stiften. Eine solche Vereinigung hielt er alsdenn möglich, wenn eine allgemeine Amnestie zwischen den beiden streitenden ständischen Partheien erfolgte, so daß sie sicher ungetrennt und gemeinschaftlich auf dem Landtage erscheinen könnten. Dann erklärte er sich, daß der Graf nun geneigt wäre, alles zu vergessen und zu vergeben, und daß er zu seiner Satisfaction allenfalls sich mit einem reellen Compliment begnügen wollte. Auch wollte der Graf aus Neigung zum Frieden darinn wohl nachgeben, daß die Ember Garnison, die doch längstens hätte abgedanket werden müssen, vorerst beibehalten bliebe. Indessen könnten die von den Ständen übergebene Gravamina zur gelegenern Zeit abgestellet werden, weil es unmöglich wäre, solche auf einem Landtage genau zu untersuchen und darüber zu handeln. Die staatischen Commissarien erwiederten hierauf, daß man erst die Beschwerden abstellen müste, und daß wenn solches nicht vorher geschehen, die Amnestie keinen Nutzen schaffen würde. So lange der Graf noch zweierlei Stände annehme, sähen sie gar keine Hoffnung zu einem Vergleich vor sich. Jtzt wäre ein allgemeiner Landtag ausgeschrieben. Alle Landtags-Comparenten wären, nach geschehener Visitation der Vollmachten, völlig qualifiziret, so daß auch von gräflicher Seite nichts wider sie eingewandt worden. Hier wäre also das ganze

P 4

stän-

1660 ständische Corps zusammen gewesen, welches [nach Mehrheit der Stimmen ihre Schlüsse gefasset hatte. Mit dieser vollständigen Versammlung hätte man sich einlassen müssen. Allein die gräflichen Commissarien wären an aller Zögerung selbst schuld. Sie könnten daher nicht absehen, welche Früchte ihr längeres Verweilen bringen könnte. Sie müßten bei ihrem Entschlusse noch heute abzureisen verbleiben. Indessen wollten sie noch ein paar Tage in Emden sich aufhalten. Dort wollten sie abwarten, ob es dem Grafen gefällig wäre, von der Meinung, daß es zweierlei Stände gäbe, abzustehen, und ob er sich dann entschließen würde, die eingegebenen Beschwerden zu beantworten; alsbenn wären sie noch bereit, alles das anzuwenden, was zur Beförderung der Einigkeit und der Ruhe abzwecken könnte. Hierauf nahm der Graf und die Commissarien von einander Abschied. Gleich nachher kamen Junker Hane und vier Deputirten. Diese überreichten den Commissarien eine Resolution von den eingewilligten Schatzungen. Da diese Resolution nicht in der ständischen Versammlung abgefasset war; so gaben die Commissarien sie ihnen wieder zurück. Hierauf fanden sich der Hofrichter von Kniphausen mit einigen Deputirten ein. Diese überlieferten den Commissarien die gefaßte Resolution, wornach die Stände vorerst ohne förmlichen Landtags-Schluß auseinander gegangen waren, und der Deputation den Betrieb der landschaftlichen Angelegenheiten überlassen hatten; wie auch, daß zwei Capital- und zwei Personal-Schatzungen zum Abtrag holländischer Schuld eingewilliget worden. Hierauf nahmen sie von den Commissarien Abschied. Diese reiseten noch an demselben Tage nach Emden ab. So war denn dieser Norder Landtag hiemit abgebrochen.

brochen. So wie die Commiſſarien Norden verlaſ- 1661
ſen hatten, zog auch die ſtaatiſche Compagnie ab,
und rückte wieder in Emden ein. Die Commiſſarien hielten ſich noch einige Tage in Emden auf.
Sie nutzten dieſe ihre kurze Anweſenheit mit einer
Reiſe nach Berum, dem Wittwenſitz der Gemahlinn
Fürſten Enno ludwigs. Hier war der Herzog Ru-
dolph Auguſt von Braunſchweig gegenwärtig. Mit
ihm beſprachen ſie ſich wegen der Vormundſchaft
über Enno ludwigs Töchter, und über die Erb-
ſchafts-Streitigkeiten, machten darüber einige An-
ordnungen, und giengen dann wieder nach Emden
zurück. Hier erhielten ſie den Reſt der ausgear-
beiteten Beſchwerden. Dieſe überſandten ſie dem
Canzler nach Aurich. Am 24. September giengen
ſie an Bord, und ſegelten unter Abbrennung der
Kanonen und in Begleitung dreier Deputirten nach
Delfſyl ab (r).

§. 14.

Das Adminiſtrations-Collegium hatte von den
Ständen auf dieſem letztern Norder landtag den
Auftrag erhalten, zur Abführung des fünften Termins der holländiſchen Schuld 2. Capital-und 4.
Perſonal-Schatzungen auszuſchreiben. Zu dem Ende ließen die Adminiſtratoren noch bei Anweſenheit
der ſtaatiſchen Commiſſarien die gewöhnlichen Placate am 21. December abdrucken, und an öffentlichen Dertern anſchlagen. Kaum hatten ſich die
ſtaatiſchen Commiſſarien eingeſchiffet, ſo ließ der
Graf die Placate abreißen, und dagegen wieder
andere anſchlagen. Hierinn verwieß er den Ständen, daß ſie ihre gefaßte Reſolution, ihm als lan-
des-

(r) Landſch. Acten. Aitzema 203—207.

1661 desherren nicht zur Genehmigung zugestellet hätten. Er warf ihnen ihre Widerspenstigkeit vor, die nur dahin abzweckte, die vorige Tragödie in Marienhave wieder fortzusetzen, und befahl den sämmtlichen Eingesessenen, eine Capital- und zwei Personal-Schatzungen aufzubringen; so viel hatten nämlich Junker Hans und seine Anhänger eingewilliget. Der Graf sah also diese noch immer, als die rechtmäßigen Stände an. (s)

§. 15.

Unter dem 2. October berichteten die Deputirten und Administratoren das Verfahren des Grafen nach dem Haag. Sie bedauerten, daß durch den Starrsinn des Canzlers die heilsame Absicht Ihro Hochmögenden, und die gute Hofnung der Stände zu einem gütlichen Vergleich auf dem Norder Landtage gescheitert wären. Sie provocirten auf die staatischen Commissarien, unter deren Augen der Canzler sich nicht entblödet hätte, die Stände nicht blos durch Winkelzüge, sondern selbst durch Gewalttreibereien zu trennen. Sie führten dabei an, daß wie während des Landtages in den Flecken und auf den Dörfern verschiedenen Eingesessenen die Fenster eingeschlagen, und ihre Wagen und Pflüge zerhauen worden, der Canzler sogar auf wiederholtes Ersuchen der staatischen Commissarien sich geweigert habe, Vorkehrungen zu treffen, solchen Gewaltthätigkeiten Wandel zu schaffen. Und dieses blos darum, weil diese beschädigte Leute nicht zu den sogenannten gehorsamen Ständen gehörten, oder sich unter das Joch des Canzlers nicht schmiegen wollten. Die Commissarien hätten, nach genauer Untersuchung,
nun

(s) Aus den abgedruckten Placaten.

Zweyter Abschnitt.

nun selbst die rechtmäßigen Stände anerkannt, und 1661 diese hätten, der Landes-Verfassung gemäs, die nöthigen Schatzungen eingewilliget. Unerhört wäre es daher, daß der Canzler die Schatzungsplacaten abreissen, und unter dem Nahmen Sr. Hochgräfl. Gnaden ein anderes Publicandum ausgehen lassen. Sie bathen daher Ihro Hochmögenden, zu bewirken, daß die eingewilligten Schatzungs-Termine allenfalls mit militärischer Hülfe von der staatischen Garnison in Gang gebracht, das gedrückte Land von der Tyranney des Canzlers entlastet, und die Gravamina untersuchet und entschieden würden. So wie nun die Deputirten und Administratoren alle Schuld auf den Canzler warfen, so gab der Graf den Hofrichter von Kniphausen für den Rädelsführer aller dieser Unruhen in einem unter dem 7. October an die General-Staaten gerichteten Schreiben an. Er wies hierin nach, daß er gleich Anfangs aus friedliebenden Gesinnungen sich so nachgiebig bezeiget hätte, daß er alle ritterschaftliche Glieder in dem Landtags-Ausschreiben, liebe, Getreue! genannt hätte, daß er an der Vereinigung der Stände, und dann an der Hebung des ersten Grundes aller dieser Verwirrungen mit allem Eifer arbeiten lassen, daß aber alle seine Mühe fruchtlos gewesen, weil die widerspünstigen Stände zuerst auf die Erörterung und Abstellung der seichten und zum Theil veralteten Beschwerden bestanden hätten. Dann führte er an, daß der Hofrichter von Kniphausen, und dessen Abhärenten aus gehäßigen Absichten sich unterfangen hätten, eine ungültige so genannte ständische Resolution zur Execution zu bringen, und daß er daher sich gemüßiget gesehen, die angeschlagenen Placaten abreissen zu lassen. Falls es den General-Staaten gefällig seyn möchte,

1661te, die durch das unverantwortliche Benehmen der widerspenstigen Stände abgebrochenen Tractaten wieder anzufassen, so wollte er sich noch immer geneigt dazu finden lassen; indessen wünschte er, daß, wegen des bevorstehenden Winters, und verschiedener ihm zugestoßenen Hindernissen, die neuen Tractaten bis zu dem Frühjahr ausgestellet würden. (t)

§. 16.

Die General-Staaten hatten indessen den Verlauf der Handlungen auf dem Norder Landtage sich von ihren Comittirten vortragen zu lassen. Sie erhielten hierauf unter dem 14. October folgende Resolution. Es sollte sowohl an den Grafen, als an die Stände geschrieben werden, daß sie ihre Deputirten am 15. Novemb. nach dem Haag absenden sollten. Hier sollte denn nochmalen die Güte versuchet, und in derselben Entstehung alle Streitigkeiten und Beschwerden nach Anleitung der Accorde entschieden werden. Dann sollte der Graf ernstlich ersuchet werden, sichere Maasregeln zu treffen, daß in der Zwischenzeit so wenig in den Städten als auf dem platten Lande Unordnungen verübet werden, und Excesse vorfallen. Ferner sollte man dem Grafen zu verstehen geben, daß es Ihro Hochmögenden sehr befremdet hätte, daß er nach der Abreise der staatischen Committirten die Placaten, die die Administratoren zu Folge der beständigen Observanz zur Einziehung der auf öffentlichem Landtage auf eine legale Weise eingewilligten Schatzungen ausgeschrieben, abreißen, und dagegen andere wieder ab-
hindl-

(t) Aitzema p. 207-210. Beide Schreiben sowohl von gräflicher als ständischer Seite sind vollständig hier abgedruckt.

Zweiter Abschnitt.

kündigen und anschlagen laßen, und darin verordnet 1661
habe, daß die Eingeseßenen diese willkührlich abgeänderten Schatzungen nicht nach dem ständischen Landtags-Schluß, sondern nach diesen seinen Patenten und Befehlen aufbringen sollten. Dabei sollte er denn ermahnet werden, diese seine Placaten wieder einzuziehen, und keine Neuerungen in dem Schatzungswesen weiter vorzunehmen, da er nach den klaren Worten der Landesverträge, weder mittelbar noch unmittelbar sich in die Landes-Mittel mischen sollte. Dann sollte an die Commandanten zu Emden und Leerort geschrieben werden, den Administratoren auf ihr Verlangen bei den Executionen über die zwei Capital- und 4 Personal-Schatzungen, die starke Hand zu bieten. (u Erst in dem folgenden Jahre wurden die Tractaten in dem Haag eröfnet. Davon unten weiter.

(u) Altsema p. 211. und 212. Diese Resolution ist hier vollständig abgedruckt.

Ditter

Dritter Abschnitt.

§. 1. Graf Georg Christian wird zwar mit seinen Descendenten in den Reichsfürsten-Stand erhoben. §. 2. Aber nicht in den Fürstenrath eingeführet. §. 3. Er vermählet sich mit der Würtembergischen Prinzeßin Christine Charlotte §. 4. Die gräflichen und ständischen Deputirten finden sich in dem Haag ein. §. 5. treten mit den staatischen Commissarien in Conferenz, und vergleichen sich über einige Haupt-Beschwerden. §. 6. Die General-Staaten bestätigen diesen Vergleich, und ersuchen den Fürsten über die Abstellung der noch unerörterten Beschwerden einen Landtag auszuschreiben. §. 7. Der Fürst ertheilet dem Canzler Hüpfner seine Entlassung, schreibt einen Landtag nach Emden aus, und vereinbaret sich mit den Ständen. §. 8. Einige noch übrig gebliebene Gravamina, sollen von einer staatischen Commission abgestellet werden. §. 9. Diese Commission trifft den Final-Receß. §. 10. Durch den dreisachen Vergleich, durch den Haagischen Vergleich, den Emder Vergleich und den Final-Receß sind alle Streitigkeiten zwischen dem Fürsten und den Ständen gehoben. §. 11. Einhalt dieses dreifachen Vergleichs. Von der Justiz §. 12. Von dem Administrations-Collegio. §. 13. Von dem Recht der Landtage. §. 14. Von den ständischen allgemeinen Beschwerden. §. 15. Von den Beschwerden der Ritterschaft. §. 16. Der Stadt Emden. §. 17. Der Städte Norden und Aurich und des dritten Standes. §. 18. Die Stände verpflichten sich, dem Kaiser unter dem Nahmen eines erellen Compliments eine grose Summe Geldes auszuzahlen. §. 19. Die General-Staaten übernehmen die Manuteney des dreisachen Vergleiches. §. 20. Der Fürst nimmt erst in Emden von den Embern die speciale Huldigung, und dann §. 21. in Aurich die allgemeine Huldigung ein.

§. 1.

1661 Kaiser Ferdinand III. hatte die Enno Ludwig ertheilte Fürsten-Würde nur blos auf den ältesten seiner männlichen Descendenz eingeschränket. Daher mußte Georg Christian sich bisher mit dem gräflichen Titel begnügen. Er stand itzt in Begriff, sich mit einer Prinzeßin aus dem angesehenen Herzoglichen Würtembergischen Hause zu vermählen. Um deswillen hielt er es anständig für sich, seine Nachkommenschaft und das ganze ostfriesische Haus

den

Dritter Abschnitt.

den Reichsfürstenstand nachzusuchen. Kaiser Leo- 1662
pold gewährte ihm seine Bitte, und ertheilte ihm
unter dem 18. April 1662 den Fürstenbrief. Darnach wurde Graf Georg Christian, seine itzige und
künftige Leibeserben, beiderlei Geschlechts, und deren Leibeserben in beständiger absteigender Linie, und
nach deren Absterben die nächstfolgenden regierenden
Grafen aus der zweiten Linie seines Vaters Grafen
Ulrichs, und deren Nachkommen in den Reichsfürstenstand erhoben. In dem Diplom heißt es weiter: „Meinen, setzen und wollen hierauf, daß Graf
„Georg Christian zu Ostfriesland, seine eheliche
„Leibeserben und derselben Erbes Erben, Mannes
„und Frauens-Personen, und nach deroselben Ab-
„sterben der nächstfolgende succedirende Graf zu Ost-
„friesland seines weiland Vaters Ulrichen Linie,
„sammt desselben Descendenten in ewige Zeit unsere
„und des heiligen Reichs Fürsten und Fürstinnen,
„sich also von und neben ihnen allen wohl und rühm-
„lich hergebrachten Titeln nennen und schreiben, von
„Uns und unsern Nachkommen im Reich und aller-
„männiglich geachtet, erkennet, geehret, genennet
„und geschrieben werden, auch alle und iede Gnade,
„Ehre, Würde, Vortheil, Präeminenz, Regalien,
„Session, Fürstenstand, Recht, Gerechtigkeit in
„Versammlung und Ritterspielen mit Beneficien
„auf hohe und niedere Stift geist- und weltlichen
„Lehen und Aemtern zu empfahen und zu tragen,
„und sonst alle andere Sachen haben, deren theil-
„haftig und empfänglich seyn, sich auch dessen allen,
„sonderlich aber des fürstlichen Titels, Kron, Schild
„und Wappens allenthalben, mit allen Ehren, Re-
„galien und Zubehörungen, Präeminenzen, Sessi-
„onen, Stimmen in den Reichsversammlungen, und
„andern Zusammenkünften an allen Orten, nach ih-
„ren

240 Ein und zwanzigstes Buch.

1662 „ren Ehren, Nothdurften und Wohlgefallen freuen „und gebrauchen sollen und mögen. Jedoch mit „dem Vorbehalt, daß solche succebirende Linie nicht „befugt seyn solle, sich der fürstlichen Dignität und „Titels zu bedienen, sie haben dann zuvor bei Un„serer Reichshofraths - Canzellei Gebühr halber „Richtigkeit gemacht. (a)

§. 2.

Wegen des ausgebrochenen Türken-Krieges sahe sich der Kaiser Leopold genöthiget, die bisherige Reichsdeputation in Frankfurth aufzuheben, und dagegen einen vollständigen Reichstag nach Regensburg auszuschreiben, woraus, wie bekannt, die immerwährende Regensburgische Reichsversammlung erwachsen ist. Fürst Georg Christian glaubte nun dem Ziel seiner Wünsche nahe zu seyn, um auf diesem Reichstage Sitz und Stimme auf der Fürstenbank zu erhalten. Er suchte ein Kaiserliches Decret zu seiner Administration an das Churmaynzische Reichsdirectorium nach. Wiewohl nun dieses sein Gesuch von dem Herzog Eberhard von Würtemberg sehr unterstützet wurde, so erfolgte doch erst unter dem 3. November 1664 dieses Decret. Hierin machte der Kaiser dem Churmaynzischen Reichsdirectorio bekannt, daß der Fürst wiederholentlich gebeten habe, um auf diesem Reichstage in den Fürstenrath eingeführet, und ihm Sitz und Stimme eingeräumet werde. Der Kaiser eröffnete dabei weiter, daß er gerne sähe, daß dem Fürsten damit geholfen würde, und ersuchte den Churfürsten nicht nur für sich darin zu gehelen, sondern auch die andern Churfürsten und Fürsten zu bewegen, daß Fürst Georg

(a) Das Diplom ist in dem Regier-Archive.

Dritter Abschnitt.

Georg Christian förderſamſt in den Fürſtenrath ein-1662
geführet, und ihm ſein Sitz und Stimme eingeräumet werde. Zu gleicher Zeit empfahl ſich der
Fürſt ſchriftlich den Churfürſten und den Reichsfürſten. Nun ſchien in dem folgenden Jahre 1665
ſeine Einführung in den Reichsfürſtenrath nahe zu
ſeyn; allein der Tod täuſchte ſeine Hofnung. (b)

§. 3.

Fürſt Georg Chriſtian hatte, wie er in Tübingen ſtudirte, dann und wann den württembergiſchen
Hof beſuchet. Hier hatte er die Prinzeßin Chriſtine
Charlotte, eine Tochter Eberhard III. regierenden
Herzogs von Würtemberg und Teck, kennen gelernet. Ihre feine Geſichtsbildung, ihr ſchlanker
Wuchs, ihr gefälliges Weſen, hatte ihn ſo eingenommen, daß er in dem vorigen Sommer ſelbſt
nach Würtemberg reiſete, und ſich perſönlich um
ihre Hand bewarb. Nach ſeiner Zurückkunft ließ er
durch eine feierliche Geſandſchaft, um ſie anhalten. Er erhielt ihre Einwilligung und die väterliche
Zuſtimmung. Hierauf trat er in dem Frühling dieſes Jahres wieder eine Reiſe nach Stutgardt an.
Der regierende Herzog Eberhard machte in einem
Schreiben der Ritterſchaft, den Städten und dem
dritten Stande die bevorſtehende Vermählung bekannt, und erſuchte ſie inſtändig, dieſem Vermäh-
lungsfeſte mit beizuwohnen, oder doch wenigſtens
einige Deputirte nach Stutgardt abzuſenden. Die
Stände konnten wegen der ſo weiten Entfernung von
dieſer Einladung keinen Gebrauch machen. Sie
dankten für die ihnen erzeigte Ehre, und ſtatteten

zu

(b) Regier. Acten.

Oſtfr. Geſch. 5B.   Q

1662 in der Vermählung ihren warmen Glückwunsch ab. Am 8. May wurde die Vermählung in Stutgardt vollzogen. Hier verweilte der Fürst noch vier Wochen, und kehrte dann nach Ostfriesland zurück. Am 31. Jul. traf er mit seiner Gemahlin in Aurich ein. Hier wurde er von den Ständen feierlich empfangen. Eine ständische Deputation stattete den Glückwunsch ab, und brachte zur Bezeigung ihres guten Willens den Neuvermählten tausend Ducaten in einem Pokale dar. In den errichteten Ehepacten hatte der Fürst seiner Gemahlin das Haus und Amt Pewsum zum Wittthum mit 6000 Rthlr. jährlichen Einkünften, und 300 Thlr. Revenüen für die Morgengabe verschrieben. Am 16. September versammleten sich die Eingesessenen Pewsumer Amtes, aus den Dörfern Pewsum, Wequard, Loquard und Campen, auf dem Pewsumer Burgplatz, und leisteten als Leibgeding-Unterthanen, auf den Fall, wenn die Fürstin ihren Gemahl überleben sollte, den Huldigungseid. Diese Huldigung nahm der dazu besonders abgeordnete Würtembergische geheime Rath Wolfgang Förster ein. (c)

§. 4.

Ueber die Streitigkeiten der Stände mit dem Fürsten sollten, nach der letzten staatischen Resolution, schon am 15. November vorigen Jahres neue Tractaten in dem Haag eröfnet werden. Der Canzler sah es nun ungern, daß diese Streitigkeiten in dem Haag untersuchet, und dann beglichen oder geschlichtet werden sollten. Unter verschiedenen Entschuldigungen wurde von fürstlicher oder damals noch gräflicher Seite, die Absendung einer Deputation erst verzö-

(c) Regier. und Landschaftl. Akten.

Dritter Abschnitt. 243

verzögert, und dann gar abgelehnet. Der Vor-1662
wand war, daß der Graf einen neuen allgemeinen
Landtag auf den 28. Januar ausgeschrieben hätte.
Auf diesem Landtage sollte kein ständischer Deputirter ausgeschlossen werden, und so wollte der Graf erst
versuchen, die Stände unter sich zu vereinigen, und
dadurch den Weg zur allgemeinen Sühne bahnen.
Was sollte aber wohl bei einem solchen Landtage
herauskommen? Sicher würde derselbe schon bei
Visitation der Vollmachten gescheitert seyn. Der
Hanischen Partey waren schon bei dem vorigen Norder Landtage viele ungültige Vollmachten, die sie
gesammlet hatte, um das Gleichgewicht unter den
Ständen zu halten, von der staatischen Commission
ausgeworfen, und mit diesen ausgemusterten Deputirten hielten der Canzler und Junker Hane und
seine Anhänger noch immer zusammen. Würden
nicht diese Deputirten wieder erschienen seyn? Und
wer sollte denn über ihre Qualification urtheilen?
Auch über diese vormahlige Visitation der Vollmachten brachten nun Junker Hane und Freitag von
Gödens neue Klagen in dem Haag an, und baten
die Generalstaaten, zu verfügen, daß sie mit zu der
Deputation nach dem Haag gelassen, und der Landrentmeister ihnen dazu die Reisekosten und Diäten
entrichten möchte. Die Generalstaaten ließen es
aber bei ihrer leztern Resolution bewenden, ersuchten den Grafen die Absendung seiner Deputirten zu
beschleunigen, und verwarfen das Gesuch des Junker Hane und des Baron von Freitag. Sie überließen denen Ständen, die sie einmal für die wahren Stände anerkannt hatten, und deren Repräsentanten in Emden, die Ernennung der Deputirten,
zu welchen sie Zutrauen hatten. Diese hatten sich
auch schon seit dem Februar in dem Haag eingefunden,

1662den, und sehnlich auf die Ankunft der gräflichen Abgeordneten gewartet. Endlich stellten sich auch letztere in der Mitte des Märzes ein. Diese brachten wieder das System des Canzlers Höpfner in Anregung. Sie bestanden darauf, daß die Administratoren und ihre Anhänger zuerst dem Grafen für alle bisherige unverantwortliche Proceduren hinlängliche Satisfaction geben sollten, und alsdann die getrennten Stände wieder vereiniget werden müßten. Diese allgemeinen, alsdann wieder vereinigten Stände, müßten die Gravamina aufmachen, und hierüber könnten denn die Behandlungen getroffen werden. Die General-Staaten fanden nun am 15. März für gut, eine Committe niederzusetzen, alle diese Streitigkeiten zu untersuchen, zu vergleichen oder längstens binnen sechs Wochen zu entscheiden. (d)

§. 5.

Nach verschiedenen Conferenzen traten sich die fürstlichen und ständischen Abgeordneten so nahe, daß sie am 27. April allerseits ihre Vollmachten für gültig, und ihre Qualificationen für richtig annahmen. Sie machten sich anheischig, die bereits überreichten, und andere etwa noch zu überliefernde Beschwerden zu justificiren, und sich wechselseitig darauf einzulassen. Dann unterwarfen sie sich der commissarischen und staatischen Entscheidung, und verpflichteten sich, Nahmens des Fürsten und der Stände, allen staatischen Verfügungen und Decisionen in diesen vorschwebenden Streitigkeiten genau nachzukommen. Dies war der rechte Schritt zu Hebung aller Zwistigkeiten, ein Schritt, den der Canzler immer zurückgehalten hatte. Am 29. Jun. kam man schon

(d) Altenna. B. 42. p. 507 - 510.

Dritter Abschnitt. 245.

schon so weit, daß der Vergleich über die vor 1662
nach vorgenommenen Punkte unterschrieben und besiegelt wurde. Dank sey es diesen wackern Männern, die durch ihre rastlose Bemühungen mit Hintansetzung aller Nebenabsichten, das wahre Wohl dieser Provinz beherzigten, und den Anfang zur wiederhergestellten Ruhe machten. Wir können nicht umhin, ihre Nahmen zu nennen. Die aus den sieben Provinzen angeordneten Commissarien waren, Rudolf von Ommern, Pensionarius Johann de Witt, Bonifacius von Vrybergen, Johann von Rede, Eppeus von Glinstra, Roper und Einmius. Diese hatten zum Theil auch dem Norder Landtage mit beigewohnet. Die fürstlichen Abgeordneten waren die Räthe Bucho Wiarba und Johann Witkopf und der fürstliche Resident Jacob de Groot. Die ständischen Deputirten waren der Hofrichter Carl Friedrich von In- und Kniphausen, der Administrator Wermelskirchen, der Ember Burgermeister Gerhard, der ständische Secretair Westendorf, Tako Hayen, Deputirter des dritten Standes, der Ember Secretair Andree, und der ständische Agent Siewe von Aitzema. (e)

§. 6.

Es war in dem Haag ein ungeheures Heer von Beschwerden angebracht. Sie waren in verschiedene Classen gebracht, und machten fünf Haupt-Capitel aus. Diese betrafen die Justiz, das Administrations-Collegium, das Recht der Landtage, allgemeine Beschwerden, und dann einige nachgefügte Beschwerden. Dann hatte die Ritterschaft,

Q 3 Emben,

(e) Aitzema 510-511. und abgedruckter Haglscher Vergleich.

1662 Emden, Norden, Aurich und der dritte Stand wieder ihre speciale Beschwerden. Auch führte der Fürst besondere Beschwerden wider die Stadt Emden. Auf diese Art brachte man zusammen 284 Gravamina dar. Es war nicht möglich, in einer so kurzen Zeit alle diese Gravamina genau zu untersuchen. Daher waren nur einige beglichen und entschieden. Dann war man mit einander übereingekommen, die nicht beglichenen und unentschiedenen Artikel, bei einer localen Untersuchung und Behandlung zu verebenen und zu schlichten. Emden hielt man für den gelegensten Ort. Denn hier war das landschaftliche Archiv, welches dunkle und zweifelhafte Knoten so öfters lösen mußte. Auch wurde es zuträglich erachtet, die fernere Behandlung über die ausgesezten Beschwerden nicht blos der Deputation zu überlassen, sondern solche auf einem öffentlichen Landtage vorzunehmen. Zu dem Ende sollte der Fürst von den General-Staaten ersuchet werden, einen Landtag nach Emden auszuschreiben. Hier trat nun die Besorgniß ein, daß die alte Zänkereyen über rechtmäßige und unrechtmäßige, gehorsame und patriotische Stände, und über gültige und ungültige Vollmachten wieder erwachen würden. Diese Besorgniß zu heben, verglich man sich von beiden Seiten unter Vermittlung der staatischen Commission auch hierüber. Darnach sollten auf den Embner Landtag nur die Deputirten zugelassen werden, deren Vollmachten auf dem Norder Landtage von der damaligen staatischen Caminission für gültig angenommen worden. Falls aber einige dieser Deputirten verstorben seyn möchten, oder falls die Qualification einiger Deputirten sich offenbar nach der Zeit so verändert haben sollte, daß sie nicht mehr landtagsfähig seyn, so sollte den Städten und Communen

minen frey stehen, den Abgang solcher Deputirten 1665
durch Ernennung anderer zu ersetzen. Die Untersuchung und Decision über die Gültigkeit und Ungültigkeit solcher neuen Vollmachten sollte für diesesmal
von der ständischen Versammlung, nach der Mehrheit der Stimmen abhangen. Hieraus läßt sich richtig folgern, daß selbst die fürstlichen Abgeordneten
überzeuget gewesen, die patriotischen Stände seyn
die rechtmäßigen Stände, und die Hanische Partey
sey nur eine geringe Faction unter den Ständen.
Sollten sie sonst wohl in diesem Puncte so nachgiebig gewesen seyn? Die Staatische Commission berichtete von diesem vorläufigen Hagischen Vergleich
an die Versammlung der Generalstaaten. Ihro
Hochmögenden bestätigten diesen Vergleich, übernahmen die Manutenenz desselben, empfahlen dem
Fürsten und den Ständen, bei den guten Gesinnungen zu beharren, die noch schwebenden übrigen Streitigkeiten in der Güte beizulegen, die Einigkeit herzustellen, und ein wechselseitiges Zutrauen zu stiften.
Dann ersuchten sie den Fürsten, zu dem Ende, sobald
seine Geschäfte es erlauben würden, einen Landtag
nach Emden auszuschreiben. Um bei der Behandlung der noch unerörterten Beschwerden die Partheilosigkeit zu erhalten, so setzten die Generalstaaten vorläufig fest, daß wenn etwa wieder Commissarien nach
Ostfriesland gesandt werden sollten, diesen so wenig
wie den vorigen, Diäten, Geschenke, oder Gaben,
so wenig mittelbar als unmittelbar gereichet werden
sollte. (t)

§. 7.

Der Fürst schrieb hierauf einen Landtag nach
Hinte aus. Weil aber dieses Dorf gar zu unbequem

(t) Aitzema p. 511 — 514 und Landsch. Acten.

248 Ein und zwanzigstes Buch.

1662 quem für eine große ständische Versammlung war, so ließ er sich auf Anhalten der Administratoren, und in Rücksicht auf die staatische Empfehlung bewegen, den Landtag nach Emden auszuschreiben. Dieser Landtag wurde am 10. September eröfnet. Bis zu dem 17. September hielt man sich mit Vorbereitungen und allgemeinen Berathschlagungen auf. An diesem Tage fand sich der Fürst selbst ein, um persönlich mit den Ständen in Traktaten zu treten. Die Behandlung der Tractaten war diesesmal wieder der vorigen Deputation überlassen. Ueber den Ort der Zusammenkunft entstanden gleich Anfangs einige Misheiligkeiten. Die Stände hielten es accordwidrig, wenn auf einer fürstlichen Burg über Landesbeschwerden gehandelt werden sollte, dagegen verlangten die fürstlichen Räthe den Rang bei den Sessionen über die Deputirten. Allein diese unwesentliche Sache wurde bald so gehoben, daß die Deputation sich auf die gräfliche Burg verfügte, und dann den Ständen, die auf dem Collegii-Saal ihre Versammlungen hatten, vor und nach von dem Lauf dieser Angelegenheiten Relation abstatteten. Dagegen ließ der Fürst die Deputirten zu seiner Rechten, und seine Räthe zu seiner linken Hand sitzen. Die Gegenwart des Fürsten, der glückliche Vorgang in dem Haag durch Abstellung vieler Beschwerden, und dann die bei dem so sehr gehäßigen Canzler Höpfner kurz vorher ertheilte Dimission (g) zeigten die besten

---

(g) Er wurde nachher Braunschweigischer Canzler. Daß er erst aus Unkunde mit der ostfriesischen Verfassung, und dann aus Caprice die Zwistigkeiten zwischen dem Fürsten und den Ständen genähret habe, bewähren viele Thatsachen. Gleich nach seiner Entlassung herrschte zwischen dem Fürsten und den Ständen die beste Harmonie.

Dritter Abschnitt.

sten Aussichten zur Beendigung aller Streitigkeiten. 1662 Allein der Ausgang entsprach nicht so ganz dieser Hofnung. Von denen bei dem Haagischen Vergleich unerlediget gebliebenen Beschwerden, wurden nur einige abgethan. Man verglich sich indessen von beiden Seiten, daß man wegen der noch rückständigen Beschwerden auf die Generalstaaten compromittiren und sie ersuchen wollte, diese durch ihre Vermittelung beizulegen, und zu entscheiden. Dieser Emder Vergleich und Landtags-Schluß wurde am 18ten November von dem Fürsten und den Ständen unterschrieben und besiegelt. (k)

§. 8.

Zufolge dieses Vergleiches trugen zu wiederholtenmalen der Fürst, die Stände, und auch die Stadt Emden bei den Generalstaaten an, einige Commissarien nach Ostfriesland abzuordnen, um die noch offen stehenden Beschwerden abzustellen. Die Generalstaaten eröfneten hierauf unter dem 31. Jan. 1663. dem Fürsten und den Ständen, wie sie gerne 1663 sähen, daß sie nochmalen die Tractaten unter sich anfaßten. Falls aber alsdenn nicht sämmtliche Streitpuncte sollten gehoben seyn, so wären sie erbötig, durch Vermittelung ihrer Commissarien die noch offen stehenden Gravamina, nach Bewandniß der Umstände, zu vergleichen oder zu schlichten. Zu dem Ende wollten sie alsdenn eine fürstliche und ständische Deputation in dem Haag in der Mitte des Aprils gewärtigen. Der Fürst dankte schriftlich den Generalstaaten für ihre Fürsorge und gute Gesinnungen, zeigte aber dabei an, daß er es für sich und seine Nachkommenschaft nicht verantworten könnte, in die

von

k) Landsch. Acten und gedruckter Emder Vergleich.

1663 von den Ständen unter nichtigem Vorwande verlangten Einschränkungen seiner Landeshoheit und Gerechtsame zu geheelen. Dabei hegte er das Zutrauen zu Ihro Hochmögenden, daß sie darinn die Stände nicht patrociniren würden. Der Fürst schrieb nun zwar einen Landtag, aber nach Aurich aus. Weil die Stände nun immer Aurich für einen unsichern Ort hielten, worinn eine fürstliche Besatzung lag, sie auch den letztern Ember Landtag nicht für geendiget hielten; so wollten sie den Landtag nach Emden prorogiret haben. Die Zwistigkeiten über den Ort, wo der Landtag gehalten werden sollte, behinderten die Erneuerung der Tractaten. Von beiden Seiten liefen nun wieder Klagen in den Haag ein. Die General-Staaten verfügten hierauf, daß die fürstlichen und ständischen Deputirten sich gegen den 25. Mai in den Haag einfinden sollten. Die ständischen Deputirten fanden sich frühzeitig ein, die gräflichen Abgeordneten blieben aber bis in der Mitte Julii zurück, weil der Fürst wegen der lichtensteinischen Schuldfoderungen damalen sie nicht füglich entbehren konnte. Nach ihrer Ankunft wurde gleich zur Conferenz geschritten. Man sahe aber bald wie erst fünf Puncte instruiret waren, die Unmöglichkeit ein, sämmtliche Puncte in dem Haag durch einen Vergleich oder durch eine Entscheidung abzumachen. Daher fanden die General-Staaten gut, eine neue Commission nach Ostfriesland abzuordnen, um durch sie alle noch übrig gebliebene Streit-Puncte abstellen zu lassen. Die Commissarien waren, Floris Cant, Bürgermeister von Gouda, Marinus Stavenisse Rath und Pensionarius von Zierenzee, Eppeus von Glinstra beider Rechten Doctor, Wilhelm Hoger Bürgermeister von Zwoll, und Tiard Gerlacius. Diese musten

Dritter Abschnitt.

muſten eidlich angeloben, auf irgend eine Art keine Geſchenke oder Gaben anzunehmen (l).

§. 9.

Im Ausgang Auguſt trafen die Commiſſarien
in Grö ingen ein. Hier wurden ſie von Seiten
des Fürſten durch den Droſten Eck und den Rath
Kettler, und von Seiten der Stände durch den
landſchaftlichen Secretär Weſtendorf bewillkommt.
In deren Begleitung ſtiegen ſie in Delfſyl an Bord,
und ſegelten nach Emden. Am 3. September fuhren ſie nach Aurich. Der Fürſt empfieng ſie eine
halbe Meile vor der Stadt, holte ſie mit einem
ſtattlichen Geleit ein und bewirthete ſie fürſtlich.
Die Commiſſarien erſuchten nun den Fürſten ſchleunig einen Landtag auszuſchreiben. Er zeigte ſich zwar
gleich dazu bereit, nur beſtand er wieder auf Aurich.
Endlich ließ er ſich überholen, den Landtag nach Emden auszuſchreiben. Am 18. September wurde
der Landtag eröffnet. Gleich Anfangs ſetzte es wieder Debatten über die Vollmachten. Die ſtaatiſchen Commiſſarien beſtrebten ſich die Einigkeit unter den Ständen zu erhalten, und alle Neben-Zwi-
ſtigkeiten, die ſie von dem Hauptzweck abführten,
zu heben. Die Stände nahmen ihren wohlmei-
nenden Rath an. Sie entſchloſſen ſich diesmal keine Viſitation der Vollmachten vorzunehmen. Sie
erkannten daher ohne Unterſuchung alle Deputirten
für landtagsfähige Comparenten. Indeſſen faßten
ſie den Schluß, daß alle diejenigen, welche ſich wieder von den Ständen trennen würden, auf ewig
von den ſtändiſchen Verſammlungen ausgeſchloſ-
ſen werden ſollten. Junker Hane von Upgant und
der Baron Freitag von Goedens waren nun zwar
dies-

(l) Altzema D. 42. p. 516. B. 43. p. 788—793.

1663 diesmal zu diesem Landtage mit zugelassen, doch mußten sie fürchten, daß man sie in der Folge bei den ständischen Versammlungen nicht als ritterschaftliche Mitglieder annehmen würde. Denn sie waren noch immer von der Ritterschaft ausgeschlossen. Die staatischen Commissarien ließen es sich auf besondere Empfehlung des Fürsten sehr angelegen seyn, diese ausgeschlossene Mitglieder wieder mit der Ritterschaft auszusöhnen. Dazu wollte sich die Ritterschaft nicht bequemen, so lange jene nicht einen ihnen vorgelegten Revers unterschrieben hätten. Dieser war in der That ehrenrührig. Daher konnten sie sich nicht dazu verstehen. Endlich erfolgte kurz vor der Abreise der staatischen Commissarien die Versöhnung. Junker Haue und Freitag erklärten mündlich, daß sie die von ihnen veranlaßte Trennung bereueten, und die ritterschaftlichen Glieder, und die übrigen ständischen Deputirten für aufrichtige und patriotisch-gesinnte Männer hielten. In der Hauptsache waren die staatischen Commissarien so glücklich, daß sie die erst bei dem hagischen, und dann bei dem Emder Vergleiche ausgestellten Puncte theils verglichen, theils entschieden. Am 5. October reiseten die staatischen Commissarien unter Begleitung von fürstlichen und ständischen Deputirte wieder ab. Die Leiche des Mitcommissarii, des Rath und Pensionärs Staveniße, welcher während dieser Commission in Emden verstorben war, wurde in einem besondern Transport-Schiff nach dem Haag abgesandt (k).

§. 10.

(k)(Landsch. Acten und Altema p. 793. 794. 797. 800. und 801.

Dritter Abschnitt.

§. 10.

"Dieser so glücklich getroffene Vergleich, wird 1663 der Final-Receß genannt. Am 4. October wurde dieser Final-Receß von dem Fürsten, von den staatischen Commissarien und den Ständen unterschrieben. Ueber die unter der Regierung des Fürsten Georg Christian aufgemachten Gravamina, sind also drei kurz aufeinander folgende Vergleiche vorhanden; nämlich der Hagische Vergleich vom 19. Juni 1662. der Embder Vergleich vom 18. November 1662. und dieser Final-Receß vom 4. October 1663. durch diese drei Vergleiche, wurden sämmtliche Gravamina erlediget. Wir würden in eine unnütze Weitläufigkeit gerathen, wenn wir alle diese Gravamina, alle diese beglichene und entschiedene Puncte hier nahmhaft machen wollten. Wir begnügen uns also, nach der strengsten Auswahl einige Haupt-Artikel zu bemerken, und weisen übrigens den Leser auf den Hagischen und Embischen Vergleich, und auf den Final-Receß selbst hin (l).

§. 11.

In diesen dreien Vergleichen ist erst das Capitel von der Justiz vorgenommen. Darnach ist der fürstlichen Canzlei und dem Hofgerichte die bisher streitige Befugsamkeit zugestanden, die Eingesessenen der adelichen Herrlichkeiten immediate und ohne Requisiterialen zur Ablegung eines Zeugnisses zu verabladen. Der Fürst verpflichtete sich bei hofgerichtlichen Vacanzen, aus den von dem Hofgericht vorgeschla-

(l) Diese drei Vergleiche sind besonders abgedruckt. Sie sind auch bey Brenneisen Tom. 2. p. 750—912. zu finden.

254 Ein und zwanzigstes Buch.

1663 geschlagenen drei Candidaten binnen Monatsfrist einen auszuwählen. Dem Hofgericht ist verstattet, weiter zu procediren, wenn die Canzellei die Remissorialen verweigern sollte. Canzler und Räthe und Beamte sollen vor dem Hofgericht justitiabel bleiben. Ein Gefangener soll sich wegen seines Arrestes an das Hofgericht wenden können, da denn die Canzellei dem hofgerichtlichen Relaxations-Mandate zu geleben hat. In Criminal-Sachen fällt die Revision weg. Die Correctur des Landrechtes soll von der nun wieder angeordneten Deputation baldigst vorgenommen werden. Die Intestat-Erben sollen keine förmliche Besitz Ergreifung mehr nöthig haben, vielmehr soll bei dem Erbfall der Besitz von selbst für continuirt erachtet werden. Fideicommisse verlieren ihre Gültigkeit, wenn sie nicht bei dem Hofgerichte, oder den Gerichten, worunter die Fideicommiß-Güter belegen sind, protocolliret worden. Die Unterrichter sollen, so viel möglich die Weitläufigkeiten in Bagatel-Sachen zu vermeiden suchen, damit die Sporteln nicht das Object des Processes übersteigen (m).

§. 12.

Nun folget das Capitel von dem Administrations-Collegio. Darnach sollen die Administratoren die Schatzungs-Register revidiren und von den Beamten die nöthige Information einziehen. Keine, als die in fürstlichen Häusern wohnen, sollen von Schatzungen und Imposten frei seyn. Der Fürst soll weder directe noch indirecte, unter welchem Vorwand es auch seyn mag, die Hand an die Landes-Comtoiren legen. Beamte sind schuldig, den

(m) Brennels. p. 750—774.

Dritter Abschnitt.

den Erecutoren des Collegii die hülfreiche Hand zu bieten. Sie sollen auch besonders bei Antritt ihrer Bedienung schwören, daß sie den Administratoren zur Ausführung der Pacht-Ordnung behülflich seyn wollen. Die neu erwählten Administratoren sollen innerhalb 14. Tagen, nach dem Ansuchen, confirmiret werden. Dagegen sollen sich die Administratoren genau nach ihren Instructionen richten, und in ihren gehörigen Schranken bleiben. Besonders sollen sie alle Excesse bei den Executionen vermeiden, die Processe über Pachtsachen beschleunigen, sich aller Judicatur in Criminal-Sachen enthalten, und dem Landesherrn die Hälfte der auserkannten Brüche jährlich entrichten. Der Landrentmeister soll jährlich auf den 10. Mai seine Rechnung ablegen (n).

§. 13.

Das dritte Capitel betrift das Recht der Landtage. Darnach sollen sich die fürstlichen Beamten, imgleichen die Vögte und Auskündiger nicht in die Auswahl der Landtags-Deputirten und Errichtung der Vollmachten einmischen. Ein durch Intervention der fürstlichen Officianten erwählter Deputirte soll nicht auf dem Landtag zugelassen werden. Die Vota auf Landtagen sollen durchaus frei sein. Wegen der Execution der einstimmig, oder durch Mehrheit der Stimmen gefaßten Landtags-Schlüsse, soll es bei der kaiserlichen Resolution artic. 17. und dem Emder Landtags-Schlusse von 1618. art. 6. und 12. verbleiben. Bei Ausschreibung eines Landtages soll der Fürst keinen vorbei gehen, der das Recht hat, auf Landtagen zu erscheinen. Von nun an soll keine Separation der Stände mehr geduldet wer-

(n) Brenneisen p. 774—782.

1669

1663 werden, und mit den getrennten Gliedern sollen keine Landtagssachen abgehandelt werden (o).

§. 14.

Das vierte Capitel behandelt die ständischen allgemeinen Beschwerden. Die Stände hatten immer behauptet, daß die ostfriesische Regierung nicht anders, als mit der sämmtlichen Stände Bewilligung angetreten werden könnte, da benn zuvor die Gravamina behandelt, die Contraventionen abgestellet, und die Accorde bestätiget werden müsten, auch der Landesherr durch einen solemnen Eid bei einer ordentlichen Huldigung sich zu der beständigen Observanz der Landes-Constitution verpflichten müste. Dabei bestanden sie darauf, daß auch dem Hofgerichte kein neues Siegel aufgedrungen werden könnte, so lange dieses alles von dem Landesherrn nicht wirklich geleistet worden. Diese beide Gravamina stellten sie an die Spitze ihrer allgemeinen Beschwerden. Dagegen behauptete der Fürst, daß seine Vorfahren ohne Zuthun der Stände, und ohne vorhergegangene Verträge, die Landes-Regierung unmittelbar von dem Kaiser und dem Reiche als ein Erblehn erhalten, und sich mehr als hundert Jahre vor den errichteten Concordaten und den folgenden Verträgen in beständiger und ruhiger Possession befunden hätten. Da nun dieser Punct sich nicht in den nachher errichteten Accorden gründete, folglich auch die staatische Manutenenz, die sich nur blos auf die unter ihrer Garantie abgeschlossenen Verträge beschränkte, hier nicht ihre Anwendung finden könnte; da auch ferner blos der Kaiser als Oberlehnsherr, die Successions-Form ändern,

(o) Brenneisen p. 783—790.

Dritter Abschnitt.

dern, oder bestimmen müßte, so könnte der Fürst 1663
auf die Decision Ihrer Hochmögenden nicht submittiren. Nach dieser fürstlichen Erklärung ist dieser
Punct ausgestellt. Den Ständen ist überlassen,
ob sie denselben ferner in Anregung bringen wollten.
Nun folgen die übrigen Beschwerden. Zur Landes-
regierung sollen zufolge der Accorde Eingesessene genommen werden. Canzler, Räthe, Richter und
Rentmeister sollen auf die Accorde schwören. Die
von ihnen unterschriebene Eidesformel soll den Ständen zugestellet werden. Zu den Prediger-Wahlen
sollen die Kirchen-Vorsteher, und die Eingesessenen,
die in den Marschländern zwanzig Diematen und in
den Gast-und Haidämtern einen ganzen oder halben Heerd besitzen oder die auch überhaupt 1000
Rthlr. im Vermögen haben, stimmen. Für die Confirmation der Prediger sollen von der Canzlei keine
Gebühren genommen werden. Ohne ständischen Bei-
tritt sollen keine neue Gesetze und Ordnungen gemacht,
oder alte geändert werden. Ohne Zuthun, Rath
und Zustimmung der Stände, soll in gemeinen Sachen, die das gemeine Beste betreffen, nichts unternommen, und besonders außer der ordinären Besatzung keine Truppen angeworben werden. Es sollen keine neue Zölle angeleget werden. Nur die
fürstlichen Burgländer sollen von den Deichlasten befreiet seyn. Gestrandete Güter fallen dem Fisco anheim, wenn die Eigenthümer nicht ausgemittelt
werden können; reclamiren aber die Eigenthümer
die gestrandeten Sachen, so soll nur lediglich das
Retorsions-Recht statt finden, und soll der Fürst
den Ausländern dieselbe Immunität angedeihen lassen, die die Ostfriesen bei Strandfällen in andern
Ländern genießen. Eingesessene bezahlen nur ein

Ostfr. Gesch. 5 B.   R   billi-

Ein und zwanzigstes Buch.

1663 billiges Bergelohn (p). Die von den Ständen nachgesuchte Combination Harlingerlandes mit Ostfriesland.

(p) Von dem Strandrecht kömmt in unsern Landesgesetzen und Accorden wenig vor. Dieses ist die Hauptstelle. Außer derselben gehöret auch der osterbusische Vergleich von 1611. Art. 16. und der Embdische Landtags-Schluß von 1618 cap. 6. Resol. 6 dahin. Nach alter friesischer Gewohnheit erhielten die Eigenthümer der gestrandeten Güter ⅔. zurück, und ⅓. blieb für die Berger. So heist es ausdrücklich in dem Gröninger Vergleich von 1422. Res naufragae ex undis servatae, more veteri ex asse restituantur dominis, triens servatoribus cedit. Emmii rer. fris. hist. L. 19. p 289. Nachher hat man vor und nach die Gewohnheit eingeführet, daß nur den Eigenthümern ⅓. der Ladung zurückgegeben, die übrigen ⅔. aber unter dem Landesherren und den Insulanern vertheilet werden. Dieses hat die Stände zu dieser Beschwerde veranlasset. Die staatlichen Commissarien haben nun in diesem Final-Receß lediglich die Retorsion, und vielleicht aus eigenem Interesse festgesetzet, weil in den vereinigten Niederlanden das Strandrecht nicht ausgeübet wird. Indessen musten die Eigenthümer der Ladung, welches ich beiläufig erinnere, oft dorten mehr an Sportuln entrichten, als ⅓ der Ladung betragen konnte. Dies kann vielleicht das fürstliche Haus bewogen haben, sich nachher nicht an diese Resolution zu binden, und die Stände, daß sie dazu still geschwiegen haben. Schon in einer Verordnung vom 29. December 1692 gab Fürst Christian Eberhard den Beamten auf, bei den Strandungen folgende Vertheilung zu machen. Die Rheder und Eigenthümer sollen ⅓. der Ladung und ⅔. von den Ankern, Tauen, Segeln und was sonst an dem Schiff nicht nagelfest ist, zurück erhalten, die übrigen ⅔. der Ladung und ⅓. der Anker, Segeln ꝛc. sollen in zwei gleiche Theile geleget werden, wovon die eine Hälfte

Dritter Abschnitt.

land wird ausgestellt. Dagegen verbinden sich Fürst 1663 und Stände die Beschleunigung des am Cammergericht zu Speier schwebenden Processes wegen der Restitution der Herrlichkeit In- und Kniphausen zu bewürken. Beamte sollen das an die Renteien zu liefernde Korn nach gestrichenem Maaß annehmen. Wegen der Prästationen, soll kein Schreibgeld genommen werden. Die Eingesessenen Aurichet und Stickhausener Amtes sollen den fürstlichen Consens zur Fällung eines Baumes nachsuchen, um dann für jeden gefällten Baum fünf oder sechs junge Bäume wieder pflanzen. Abzugs-Geld findet nur als eine Retorsion statt. Krämern, Bäckern und Krügern sollen keine Monopolien ertheilet werden. Von fürstlichen Klostergütern und Bauerpflichtigen Landen sollen landschaftliche Lasten entrichtet werden. Hofrichter, Assessoren und Hofgerichts-Officianten, sollen keine andere Dienste bekleiden, auch keine andere Pensionen von dem Lande genießen.

Nach dem vierten Capitel sind die nachgefügten Gravamina behandelt. Darnach sollen alle confirmirte Rollen und Bauerrechte streng befolget werden. Geldmühlen sollen nicht in Mattmühlen verwandelt werden. Vögte und Gerichtsdiener können nicht ihre eigne, vielweniger Bauerpflichtige Länder von gemeinen Lasten befreien. Die übrigen größtentheils von den Eingesessenen des platten Landes angebrachten Gravamina sind gar zu local, als daß ich sie hier berühren kann (q).

R 2 §. 15.

Hälfte dem Landesherrn, und die andere den Insulanern zufallen sollte, doch sollten die Insulaner das Wrack allein behalten. Endlich sollten die Beamte von dem ⅓ der Insulaner ihre Gebühren, nicht aber, wie es wohl gewöhnlich gewesen, wieder ⅓ abziehen. Feltmann vom Strandrecht Mspt.

(q) Brennelsen p. 791—849.

§. 15.

1663 Nach dem fünften Capitel von den ritterschaftlichen Beschwerden ist festgesetzet: die von der Ritterschaft durch Mehrheit der Stimmen gefaßten Schlüsse, sollen für ritterschaftliche Resolutionen ohne alle Rücksicht auf etwaige Opposition einiger ritterschaftlichen Glieder angenommen werden. Der Fürst kann kein immatriculirtes ritterschaftliches Mitglied bei Ausschreibung eines Landtages vorbeigehen. Der Fürst soll der Ritterschaft kein neues Mitglied aufdringen, und die Besitzer der Herrlichkeiten in der Ausübung ihrer Jurisdiction nicht beeinträchtigen, auch sollen Magisträte und Beamte die ritterschaftlichen Justitiarien in Subsidium Juris requiriren. Ferner soll der Fürst die Ritterschaft bei dem Besitz der Moräste und Fehnen, unter dem Vorwand der Wildnisse nicht stören. Die Beamten sollen die Executionen in den Herrlichkeiten nicht selbst verrichten lassen, sondern sie bei den Besitzern der Herrlichkeiten nachsuchen. Nur die Besitzer immatriculirter adlicher Güter, die auf Landtagen verschrieben werden, sollen zu Hofrichtern und Assessoren ernannt werden (r). Dann hat der Fürst sich mit der Ritterschaft über die Gränzen ihrer Jagd-Gerechtigkeit beglichen, und ihnen darüber eine besondere Concession ertheilet. Darnach sind den Edelleuten im Embder und Gretmer Amte, den Besitzern der Häuser Lütesburg, Langehaus, Dornum, Nesse, Gödens, Lehr, Petkum, Risum, Jennelt und Arrel die besondern Bezirke angewiesen, worin sie jagen mögen. Indessen hat sich der Fürst, als Landesherr, in allen diesen Bezirken die Mit-Jagd auch vorbehalten, und der Ritterschaft empfohlen, beson-

(r) Brenneisen p. 149—263.

Dritter Abschnitt.

besonders die hohe Jagd zum Ruin der Wildbahn 1663 nicht zu mißbrauchen (s).

§. 16.

Das sechste und siebente Capitel enthalten die Resolutionen und Vergleiche über die streitigen Puncte zwischen dem Fürsten und der Stadt Emden. Darnach soll der Magistrat die Confirmation der eingewählten Rathspersonen bei dem gehuldigten Landesherrn nachsuchen. Die von der Stadt Emden verlangte Befugsamkeit, Juden-Geleite zu ertheilen, wird zur ordentlichen Justiz verwiesen, weil die Landes-Accorde davon nichts melden, und also solches nach den Reichs-Constitutionen entschieden werden muß. Delinquenten, die am Leben strafbar sind, sollen auf die fürstliche Burg überliefert werden. In zweifelhaften Fällen, ob das Verbrechen capital sey, oder nicht, bleibet die Cognition vor dem Magistrat. Emden soll nicht berechtiget seyn, neue Zölle einzuführen, oder die alten Zölle zu erhöhen. Die fürstliche Canzley und das Hofgericht bleiben befugt, die Bürger der Stadt Emden, wann sie ein Zeugniß der Wahrheit ablegen sollen, unmittelbar und ohne einige Requisition zu verabladen. Der Fürst bestätiget der Stadt Emden ihre Jagd-Gerechtigkeit in ihren Herrlichkeiten. Wann der Fürst ausländische Reisen vornimmt; so ist er verpflichtet, einen qualificirten Landsassen zum Stattharter zu' ernennen. Wenn er in gemeinen das Vaterland betreffenden Sachen Reichs- und Kreistage zu beschicken nöthig findet, so muß er darüber mit den Ständen und der Stadt Emden Rücksprache nehmen.

(s) Brenneisen p. 853. und Lünings Reichs-Archiv. Pars spec. Cont. 2. Abth. 4. p. 594.

1667men. Die Stadt Emden läßt ihre Indemnisations-Foderung wegen des aus den Contraventionen wider die Accorde erlittenen Nachtheils zu 187510 Gulden schwinden, und verpflichtet sich, dem Fürsten wegen rückständiger Recognitions-Gelder 72000 Gulden auszuzahlen. Dagegen überläßt der Fürst dem Magistrat die ungestörte Jurisdiction, so weit die alten Wälle sich erstrecken (t).

§. 17.

Das achte und neunte Capitel machen den Beschluß. Sie enthalten die Beschwerden der Städte Norden und Aurich. In Absicht der Stadt Norden ist die nachgesuchte Combination der Stadt mit dem Amte abgeschlagen. Die Drosten oder Amtsverwalter zu Norden sollen in dem Norder Magistrate bei wichtigen Angelegenheiten den Vorsitz haben, indessen bei Antritt ihrer Bedienung auf dem Rathhause schwören, daß sie nichts zum Nachtheil der Stadt und der Bürgerschaft vornehmen wollen (u). Wider Willen der Bürgermeister sollen keine

(t) Brenneisen p. 863—888.

(u) Vorhin hatte Norder Amt einen Amtmann und einen besondern Drosten. Der Norder Drost Arnold Hermann Scherff starb 1657, und zwar grade zu der Zeit, wie der Doctor Engelbert Kettler, der sich als Verfasser der juristischen Observationen rühmlich bekannt gemacht hat, als Amtmann resignirte. Hierauf trug Fürst Enno Ludwig dem Landrichter Stürenburg die erledigte Drost- und Amtmanns-Stelle unter dem Titel eines Amtsverwalters auf. 1660 setzte Georg Christian den Baron von Croned wieder zum Drosten an. Wie dieser 1667 seinen Abschied nahm, wurde Doctor Pauli wieder Amtsverwalter. Nach dieser Zeit ist kein

Dritter Abschnitt.

keine Unsinnige und fremde Leute von dem Fürsten 1663 dem Gasthause aufgedrungen werden. Juden sollen keine bürgerliche Nahrung treiben. Die Besetzung der Ausmiener-Stellen hängt von dem Grafen ab, nur sollen die Ausmiener dem Magistrat hinlänglichen Vorstand leisten. Die Stimmführenden Bürger und Siel-Richter sollen angesessen seyn. Das Stadt-Siegel soll nie außerhalb der Stadt gebrauchet werden (v). Die Auricher drückten sich am glimpflichsten aus. Sie nannten ihre Beschwerden nicht Gravamina, sondern unterthänige Postulate. Zufolge der fürstlichen Erklärungen und der staatischen Resolutionen sollen nur blos die Officianten des Hofgerichts und der Canzley, und derselben Wittwen, die Häuser, welche sie selbst bewohnen, von den bürgerlichen Lasten befreien. Doch sollen alle die, welche bürgerliche Nahrung treiben, wes Standes sie auch sonst seyn mögen, bürgerliche Lasten tragen. Wagenmeister, Ausrufer und Stadtbiener werden von dem Magistrat, Ausmiener von dem Fürsten angesetzet. Außer dem Magistrate darf nur der Fürst in Person, oder dessen Fischer in dem Stadtgraben fischen. Schützen und Jäger sollen um Verfolgung des Wildes keine Hecken mit Gewalt aufbrechen. In den Märkten sollen die

R 4 Thore

---

kein besonderer Droste in Norden wieder gewesen. Dieser weigerte sich, auf dem Rathhause den vorgedachten Eid zu leisten, und deshalb wollte ihm der Magistrat 1670 den Vorsitz nicht zustehen. Hierüber sind viele Weitläuftigkeiten entstanden. S. Schlußschrift in Sachen Pauli wider den Magistrat in Norden. Gedruckt Oldenburg 1681. und erwiederte Causales in Sachen Pauli contra den Norder Magistrat. 1681.

(v) Brenneisen. p. 888—895.

1663 Thore von den Bürgern besetzet werden (w). Endlich bemerke ich noch, daß die Gravamina des dritten Standes unter dem angeführten vierten Capitel der allgemeinen Beschwerden stecken. Indessen hat der Fürst die besondern Aemter noch außerdem unter dem 5. Oct. mit Special-Concessionen begünstiget (x).

§. 18.

Der schlimmste Knoten, welcher zu lösen war, betraf die Geldfoderung des Fürsten auf die Stände überhaupt, und auf die Stadt Emden besonders. Mit Emden hatte er sich, wie sich bereits angeführet habe, auf 72000 Gulden beglichen. Seine Foderung auf die Stände bestand aus folgenden Posten: aus verschiedenen von dem Grafen Ulrich von 1628 bis 1636 zum Besten des Landes verwandten Kosten zu 16290 Rthlr., aus dem Unterhalt der geworbenen Miliz von 1631 bis 1637, aus den verausgabten Kosten zu dem Defensions-Werke zu 116570 Rthlr., aus den 1649 und 1650 an das Hofgericht vorgeschossenen Salarien-Geldern, und aus Legations-Kosten nach Regensburg von 1653 bis 1654 zu 4802 Rthlr. Sämmtliche Posten betrugen außer den noch zu liquidirenden Zinsen zusammen 183280 Rthlr. Schon einige Jahre lang hatte Fürst Georg Christian und vorher sein Bruder Enno Ludwig die Stände um die Bezahlung dieser Posten ansprechen lassen. Die Stände wollten aber nie die Richtigkeit derselben anerkennen, und hielten sich nicht zur Vergütung derselben verpflichtet. Auch auf diesem Landtag erkannten sie durchaus ihre Ver-
bindlich-

(w) Brenneisen p. 898—911.
(x) Bei Brenneisen p. 913—916.

Dritter Abschnitt.

bindlichkeit. Weil aber der Fürst wegen der ihn so 1663 hart bringenden lichtensteinischen Schuldfoderung in der äußersten Verlegenheit war, so ließen sich die staatischen Commissarien sehr angelegen seyn, die Stände zu überholen, den Fürsten mit einer ansehnlichen Summe Geldes zu unterstützen, oder, wie sie sich ausdrückten, dem Fürsten ein reelles Compliment zu machen. Sie drangen so sehr in die Stände, daß sie nach einigen hitzigen Debatten drohten, Ostfriesland sofort zu verlassen. Endlich erklärten sich die Stände, daß sie aus freien Stücken unter nochmaliger Entkennung ihrer Verbindlichkeit dem Fürsten zum Abtrag der lichtensteinischen Schuld 300000 Gulden holländisch in drei Terminen auszahlen wollten. Doch machten sie dabei diese Vorbedingung, daß der Fürst in seinen Huldigungs-Reversalen alle Landes-Verträge überhaupt, und besonders den 21. Artikel der kaiserlichen Resolution, wornach in Regierungs- und Landes-Sachen blos Einländer und keine Fremde gebrauchet werden sollten, bestätigen müßte; ferner daß die Verpfändung für die lichtensteinische Schulden dem Lande nicht nachtheilig seyn sollte, und endlich daß alle Foderungen des Fürsten und seiner Vorfahren auf die Stände hiemit getödtet seyn sollten. Da der Fürst versprach, auf diese Bedingungen zu seiner Zeit Rücksicht zu nehmen, so war dann auch dieser schlimme Punct von den fürstlichen Geldfoderungen abgemacht (z).

§. 19.

So waren denn nun alle Streitigkeiten zwischen dem Fürsten und den Ständen ausgeglichen, oder entschie-

(z) Brenneisen p. 782. 783. Aitzema p. 800 und 801. und Landsch. Acten.

266 Ein und zwanzigstes Buch.

1653 entschieden. Nur einige Puncte, jedoch von geringer Erheblichkeit, waren bis zur gelegenern Zeit ausgesetzet, oder zur Justiz verwiesen, da denn dem Fürsten oder den Ständen überlassen war, selbige durch den Weg Rechtens auszumachen. Fürst und Stände sicherten sich nun von beiden Seiten zu, alle bisherige unangenehme Auftritte in ewige Vergessenheit zu stellen, und versprachen sich wechselsweise, von nun an die Eintracht stets zu erhalten. Auch sollten von nun an alle Irrungen zwischen den Gliedern der Ritterschaft, den Städten und dem dritten Stande zu einem mahle getödtet und abgethan seyn. Auf besonderes Ersuchen des Fürsten und der Stände übernahmen die General-Staaten die Auslegung aller etwaigen dunklen Stellen dieser Vergleiche, und die Entscheidungen der daraus etwa entspringenden Streitigkeiten, so wie auch die Manutenenz des Hagischen Vergleiches, des Ember Vergleiches und des Final-Recesses (a). Nach der Abreise der staatischen Commissarien blieben die Stände noch einige Tage in Emben bei einander. Sie besprachen sich über ein zwischen Aurich und Emden anzulegendes Trecktief, über die Conservation der stets abspülenden Inseln, und über die Erbauung eines neuen hofgerichtlichen Hauses, und giengen dann aus einander (b).

§. 20.

Die Folge der so glücklich gehobenen allgemeinen und besondern Beschwerden, war die nun vorzunehmende Huldigung. Die Ritterschaft fand noch einige Bedenklichkeiten, die sie erst wollte gehoben haben.

(a) Brenneisen p. 912.
(b) Landschaftl. Acten.

Dritter Abschnitt.

haben. Die Ember hingegen drangen eifrig auf die 1663 Huldigung. Sie kamen mit dem Fürsten überein, daß dazu der 18. November angesetzt wurde. Am 16. November fand sich der Fürst mit seiner Gemahlin und dem ganzen Hofstaat in Wolthusen ein. Hier wurden sie von Deputirten aus den Vierzigern und dem Magistrat empfangen, und unter deren Begleitung durch das Herrenthor in Emden eingeführet. Bei dem Einzuge wurden die Kanonen losgebrannt. An beiden Seiten der Straßen standen erst die bewaffneten Bürger, und dann die Garnison unterm Gewehr. Voran ritt eine Schwadron Reuter. Dann folgten die Drosten und Hofbediente zu Fuß. Hiernach fuhr der Fürst und seine Gemahlin in einem sechsspännigen Wagen. Gleich darnach fuhr die Kutsche des Grafen Edgard Ferdinands, und dann schlossen die Kutschen der Deputirten des Raths und der Vierziger an. So gieng der Zug nach der Burg. Hier zog der Fürst die Deputirten zur Tafel. An dem folgenden Tage conferirte der Magistrat mit dem Fürsten über die Huldigungs-Reversalen und über den Homagial-Eid. In den Huldigungs-Reversalen bestätigte der Fürst der Stadt Emden alle ihre Rechte, Privilegien und Gerechtigkeiten, die sie von alten Zeiten her gehabt, oder durch Accorde, Verträge, Resolutionen, Abschiede, Apostillen, auch durch die Declaration von 1626, sodann durch die jüngsten Tractaten in dem Haag und in Ostfriesland erlanget hatten, und verpflichtete sich, weder mittelbar noch unmittelbar etwas dawider vorzunehmen, sondern vielmehr Bürgermeister und Rath, Vierziger und sämmtliche Bürger und Einwohner dabei zu schützen. Diesen schriftlichen Revers ertheilte er bei Fürstlichen Ehren, wahren Worten, Treu und Glauben, an Eydes Statt. Damit

1663 Damit nun diesen Verträgen unverbrüchlich nachgekommen werde, so versprach er, daß künftig Canzler, Räthe, Landrichter und Rentmeister bei Antritt ihrer Bedienungen auf die Landesverträge verpflichtet, und jedesmal ein von diesen Bedienten unterschriebenes Formular dem Magistrat zugestellet werden sollte. (c) Da auch einige der Stände 1660 bei der tumultuarischen Versammlung in Aurich dem Fürsten den Eid der Treue und des Gehorsams bereits geschworen hatten, so erklärte sich der Fürst in einem Nebenrevers, daß diese damalige Huldigung so wenig den Ständen überhaupt, als der Stadt Emden besonders zum Nachtheil gereichen sollte. Der Homagialeid enthielt nichts besonders. Die Formel war die gewöhnliche. Am 18. November verfügten sich die vier Bürgermeister, die Rathsherren und die sämmtlichen Vierziger nach der Burg. Hier unterschrieb der Fürst den Huldigungs-Revers. Auch unterschrieben die Fürstlichen Räthe das Formular ihrer Verpflichtung auf die Landesaccorde. Hierauf verfügten sie sich alle in folgender Ordnung nach der großen Kirche. Voran die Reuterei, dann die Vierziger, ferner die Rathsherrn, und dann wieder die Bürgermeister. Hierauf folgte der Fürst zu Pferde, und dann Graf Edzard Ferdinand ebenfalls zu Pferde. Beide waren von ihren Trabanten und Bedienten umgeben. Nun folgten die Räthe Wiarda, Freyherr von Cronect, Bombach, Kettler und Stamler; ferner die Drosten und Edelleute. Dann fuhr die Fürstin in ihrer Kutsche. Einige Edelleute schlossen den Zug. Der Prediger Ritzius hielt die Huldigungs-Predigt. Sein Text war 1 Buch der Könige 3. V. 9. So wolltest du deinem Knecht geben ein gehorsam Herz, daß er dein Volk richten

(c) Huldig. Revers. bei Brenneisen p. 916 und 917.

Dritter Abschnitt.

richten möge, und verstehen, was gut und böse ist. 1663
Denn wer vermag dies dein mächtig Volk zu richten? Nach geschlossener Predigt ging der Zug nach dem Rathhause. Der Fürst verfügte sich in die Rathsstube. Hier hielt der Rath Wiarda erst eine kurze Anrede. Ich führe nur daraus an, daß er darin die Bürgermeister und Rathsherren, in Rücksicht der Embder ablichen Herrlichkeiten, Edle betitelt habe. Es hat dieses dem Magistrat so baß gefallen, daß man diesen Umstand besonders in dem Protocoll bemerket hat. Wie nun dem Magistrat erst die Huldigungs-Reversalen übergeben, und darnach die Eidesformel vorgelesen worden; so statteten nun die Bürgermeister und Rathsherren und die Vierziger den Huldigungs-Eid ab. Nach geleistetem Huldigungs-Eide verfügte sich der Fürst auf den Altan. Der Embische Secretair Aubree machte der vor dem Rathhause versammelten Bürgerschaft bekannt, daß der Fürst die Reversalen dem Magistrat eingeliefert habe, und forderte sie zu einer deutlichen Erklärung auf, ob sie gesonnen wären, dem Fürsten zu huldigen? Ein einstimmendes Ja! durchschallte die Luft. Hierauf wurde der Eid vorgelesen und abgestattet. Nach diesem geleisteten Eide traten die Bürgermeister und Rathsherren und Vierziger hervor. Der Fürst reichte Jedem die Hand, und versicherte öffentlich, daß er alles das erfüllen würde, was er in den Huldigungs-Reversalen der Stadt versprochen hätte. Festliche Tractamente von Seiten des Magistrats auf dem Rathhause, und am andern Tage von Seiten des Fürsten auf der Burg beschlossen die Huldigungs-Feierlichkeiten. (d)

§. 21.

(d) Embder und Landsch. Acten.
(e) Bei Brenneisen p. 918.

§. 21.

1663 Ueber eine allgemeine ständische Huldigung wurde lange gehandelt. Erst im Ausgang März 1664. kam die desfalsige Verabredung auf dem damaligen Landtage in Emden zu Stande. In den Huldigungs-Reversalen, vom 29. März 1664. bestätigte der Fürst sämmtliche Landesverträge, und sicherte den Ständen noch besonders zu, daß in Landesregierungs-Sachen Eingebohrne und keine Ausländer gebraucht werden sollten. (e) Dann stellte er noch einen Neben-Revers aus, worin er sich verpflichtete, den Ständen förmlich über alle Ansprüche, so er und seine Vorfahren auf sie gehabt, zu quittiren, sobald der lezte Termin der ihm versprochenen 300000 Gulden entrichtet seyn würde. Endlich erklärte er sich auch, daß die 1661 in Aurich vorgenommene Huldigung den Ständen auf keine Art zum Nachtheil gereichen sollte, und er denen, die damals den Eid der Treue und des Gehorsams geschworen, selbst überlassen wollte, ob sie ihm nochmalen huldigen wollten. (f) An dem 29. März 1664 wurde der Fürst von der Ritterschaft und den beiden Städten Norden und Aurich, wie auch dem dritten Stande gehuldiget. (g)

Zwei

(f) Landschaftl. Acten.

(g) Ravingas neue Ostfr. Chronik. p. 108. Der Cunder Secretair Ravinga schließet seine kleine Chronik mit dem Jahre 1660. Der fürstliche Secretair, nachheriger Professor der Philosophie in Göttingen Isaac von Colom du Clos hat diese Chronik vermehret, und bis 1744 fortgesetzet.

Zwei und zwanzigstes Buch.
Von 1663—1665.

Erster Abschnitt.

§. 1 — 4. Geschichts-Erzählung des Lichtensteinischen Processes. §. 5. Die Kaiserliche Reichshofrath tragt dem Bischof von Münster die Execution wider den Fürsten Georg Christian über die Lichtensteinische Forderung auf §. 6. Der Bischof will sich auf die Einreden des Fürsten nicht einlassen. §. 7 und eilet über die Execution zu verfahren. Daher siehet sich der Fürst gezwungen, mit dem Fürsten von Lichtenstein einen neuen Vergleich einzugehen. §. 8. Mißverstehen des Sidnde über die von dem Fürsten Georg Christian dem Lichtensteinischen ausgestellte Versicherungs-Acte, und die darin enthaltene Verpfändung der Grafschaft Ostfriesland. §. 9. Durch einen Mißverstand scheitert eine zur Bezahlung der Lichtensteinischen Schuld angestellte Geldnegotiation in Holland.

§. 1.

Durch den am 26. Jan. 1600 abgeschlossenen 1663 Berumer Vergleich brachte Graf Enno III. Harlingerland, oder die Herrlichkeiten Esens, Stedesdorf und Wittmund an das ostfriesische Regierhaus. Graf Enno hatte mit seiner Gemahlin Walpurgis, einer gebohrnen Gräfin von Rittberg, zwei Töchter, Sabine Catharine, und Agnes gezeuget. Auf diese seine Töchter war die Grafschaft Rittberg und Harlingerland nach dem Tode der Mutter verstammet.

1663 stammet. Nach dem Berumer Vergleich fand Graf Enno sie mit 200000 Rthlr. ab. Für diese beglichene Summe traten sie ihm in dem Berumer Vergleiche Harrlingerland ab. Die älteste Tochter erhielt die Gräfschaft Rittberg und 35000 Thlr, die jüngste, Agnes, die übrigen 165000 Thlr., welche bis zur Ablösung verzinset werden sollten. (a) Diese vermählte sich 1604. mit dem damaligen Freyherrn, nachherigen Fürsten Gundacker von Lichtenstein. Ihr misfiel nachher der Berumer Vergleich. Sie stellte, wie sie volljährig geworden war, wider ihren Vater 1608. bei dem Reichshofrath eine Klage an, und suchte wider den Vergleich die Wiedereinsetzung in den vorigen Stand nach. Ihr Grund war, eine weit über die Hälfte sich erstreckende Betiefung. Da indessen sie und ihre Schwester auf alle gesetzliche Einreden eidlich Verzicht geleistet hatten, so glaubte Graf Enno dabei gesichert zu seyn. Sie war indessen, so wie ihre Schwester zur römisch-catholischen Religion übergetreten, und nun ließ sich die ihr entgegenstehende Schwierigkeit leichter heben. Der päbstliche Nuncius löste 1615 zu Prag diesen Knoten. Er entband sie von dem Eide, und erklärte sie zur Fortsetzung des Processes wider ihren Vater befugt. Wie sehr ihr dieser Proceß am Herzen gelegen, beweiset ihr Testament. Sie legte darin ihren Kindern die Fortsetzung desselben ausdrücklich zur Pflicht auf (b).

§. 2.

(a) Dritter Band dieser Geschichte p. 351. et seqq.

(b) Allerunterthgst. in iure et facto gegründete Deductio tam nullitatis, quam iniqui. Gravam: in Sachen Fürsten Enno Ludwig, wider Fürsten Gundacker von Lichtenstein den 1653. p. 12 und 13 und Beweiß der Rechte Sr. Königl. Majestät von Preußen auf Harlingerland p. 83. et seq.

Erster Abschnitt.

§. 2.

Nach ihrem 1616 erfolgten Absterben reassumirten die Curatoren der minderjährigen lichtensteinischen Kinder den Proceß. Sie trugen nun auf die Rescission des Berumer Vergleiches an. Ihre Gründe waren: Graf Enno hätte seine beiden Töchter weit über die Hälfte benachtheiliget, ihnen wären in ihrer damaligen Minderjährigkeit keine beeidigte Curatoren zugefüget, von dem Kaiser wäre die Confirmation (sub- et obreptitie erschlichen, es wäre kein förmliches Decretum de alienando vorhergegangen, und auf das statutarische Vorzugs-Recht, wornach das älteste Kind die Theilung machet, und das jüngere die Auswahl hat, wäre keine Rücksicht genommen. Graf Enno hielt sich in seinem Gewissen überzeuget, daß er seine Töchter nicht benachtheiliget habe. Denn Harlingerland trug damalen nur 16860 Thlr. 1 schl. 12¼ wl. ein; dagegen hatte er schon 121644 Thlr. auf die Nachlassenschaft seiner Gemahlin und besonders auf Rietberg haftende Schulden bezahlet, und außerdem alle übrige Schulden übernommen, die er nachher mit 30000 Thlr. abgeführet hatte. Dann hatte er auf den ihm als Vater zustehenden Niesbrauch Verzicht geleistet, und endlich seinen Töchtern ein Capital von 200000 Thlr. zugesichert. Bei dem damaligen hohen Zinsfuß waren also die beiden Töchter gewis wohl nicht durch diesen Vergleich benachtheiliget. Und eben in dieser läsion steckte das Hauptfundament der Klage. Der Graf verlies sich anfänglich ganz auf seine gerechte Sache. Daher bezeigte er sich nicht nachgiebig, wie 1620 von Kur-Cöln, auf die Kaiserliche Verfügung, die Sühne versuchet wurde. Ein Nebenumstand machte indessen den Grafen besorgt. Die-

1663ster bestand darin, daß sein Schwiegersohn Gundacker von Lichtenstein bei dem Kaiser viel vermochte, und selbst Kaiserlicher Geheimer Rath und Hof-Kammerpräsident war. Um den Proceß mit aller Vorsicht zu betreiben, sandte der Graf seinen Canzler Dothias Wiarda selbst nach Wien. Dieser schloß mit den Curatoren der lichtensteinischen minderjährigen Kinder am 18. Jan. 1622. einen Transact ab. Hierin wurde der Berumsche Vertrag bestätiget, und dem Hause Lichtenstein außer den vorhin veraccordirten 165000 Thlr. annoch 135000 Thlr. in dreijährigen Terminen versprochen. Die 165000 Thlr. sollten indessen bis zur Ablösung mit 6 von Hundert verzinset werden. Dann versprach das Haus Lichtenstein dem Grafen und seinen Nachkommen die Eviction wider alle Ansprüche auf Harlingerland. (c)

§. 3.

Graf Enno brachte nun in demselben Jahre den ersten Termin der 135000 Thlr. zusammen. Wie nun der Fürst von Lichtenstein mit der nothwendigen Vorkehrung zum Empfang dieser Gelder zögerte; so ließ der Graf diese Gelder in 18 Fässern gepacket, unter ein Gewölbe in dem Esener Schlosse in Verwahrung bringen. Gleich hierauf erfolgte die Mansfeldische Invasion. Die Mansfelder späheten diesen Schatz aus, und nahmen die 18 Fässer zu sich. Dieser besondere Unfall, und die Drangsale welche in dem damaligen Zeitpunkt die ganze Grafschaft drückten, sezte den Grafen außer Stand, die 135000 Thlr.

(c) Allerunt. Deduct. p. 14 — 28 und 40 und Beweiß der Rechte ic. l. c. und 149 — 156 Hier ist der Wiener Vergleich vollständig abgedruckt.

Erster Abschnitt.

Thlr. aufzubringen. (d) Enno starb als Schuldner 1663 des Fürsten von Lichtenstein dahin. Unter Rudolf Christians kurzer Regierung, und bei der damaligen lästigen Kaiserlichen Einquartirung, wurde an keine Zahlung gedacht. Graf Ulrich II. wurde zwar scharf angemahnet, allein seine zerrüttete Finanzen erlaubten Ihm nicht, dem Lichtensteinischen Hause aus dem Wiener Vergleiche gerecht zu werden. Er hatte noch ohnehin den Verdruß, daß der regierende Graf von Ritberg, Ernst Christopher ebenfalls in einer 1630. angestellten Klage Harlingerland in Anspruch nahm, und auf die Aufhebung des Verumischen Vergleides antrug. Indessen suchte Graf Ulrich eben durch diesen neuen Proceß, die Zahlung der Lichtensteinischen Schuld zu verzögern. Er ließ nun das Lichtensteinische Haus a. Litem citiren, und verlangte nach dem Wiener Vergleich die versprochene Eviction und Indemnisation. Zwar brachte er hierüber 1631. günstige Kaiserliche Decrete aus, dagegen wußte es der Fürst von Lichtenstein dahin einzuleiten, daß er wider den Grafen Ulrich ein Mandatum de solvendo sine clausula erhielt. Dem ohnerachtet zog Graf Ulrich diesen Proceß aus der seinem Vater zugesicherten Eviction noch einige Jahre in die Länge. Wie die Lage des Processes für den Grafen Ulrich immer mißlicher wurde, so schlug er einen andern Weg ein. Er stellte 1637. dem Reichshofrath vor, daß sein Vater durch den Wiener Vergleich unendlich benachtheiliget worden, und trug aus diesem rechtlichen Grunde auf die Aufhebung dieses Vergleiches an. Diese nachgesuchte Restitutio in integrum wurde verworfen, dagegen wurde 1638. dem Grafen Ulrich auferleget, die 135000 Thlr. sofort zu entrichten. Diese Gelder sollten bei einer

(d) Beweiß der Rechte p. 86.

1663 einer Reichsstadt so lange zimlich beleget werden, bis das Haus Lichtenstein Gelegenheit finden würde, dafür Landgüter anzukaufen, und dann sollten diese Landgüter bis zum Austrag des Rittbergischen Processes dem ostfriesischen Regierhause für die Eviction verpfändet bleiben. Uebrigens sollten die Verzugs-Zinsen von den 165000 Thlr. aus dem Berumschen Vergleiche und von der Zugabe aus dem Wienerischen Transacte entrichtet werden. Endlich sollte das Lichtensteinische Haus in Harlingerland immittiret werden, wenn die 135000 Thlr. nicht entrichtet würden. Wider diese Paritions-Sentenz kam Graf Ulrich mit einer neuen Vorstellung ein. Hierin wieß er sein Unvermögen nach, bei den damaligen bedrängten Umständen der Grafschaft ein so großes Capital mit einmal aufzubringen. Er glaubte auch nicht dazu verbunden zu seyn, so lange er nicht eine reelle Versicherung der Evictionsleistung erhalten hätte. Die Belegung dieser Gelder bei einer Reichsstadt, hielt er für eine sichere Vorbereitung zu einem neuen Processe. Noch stritt man sich hierüber bis 1643. In diesem Jahre erkannte der Kaiser, auf näheres Anhalten des Fürsten von Lichtenstein, die Execution auf den Bischof von Münster. Bis 1647. hielt Graf Ulrich durch eine Appellation die Execution auf. Nun wurde zwar wieder damals die Execution erkannt, sie wurde aber nicht vollstreckt. Wie nun in dem westphälischen Frieden 1648 ausdrücklich verordnet war, daß Jedwedem, welcher während des dreißigjährigen Krieges durch ein Urtheil graviret worden, die Revision frei stehen sollte, und daß bis zu derselben Beendigung die rechtskräftige Sentenz nicht exequiret werden sollte; so interponirte das ostfriesische Regierhaus nach Anleitung des Friedens-Instrumentes die Revision. (c)

§. 4.

(c) Allerunt. Deduction p. 20 — 45.

Erster Abschnitt.

§. 4.

1663

So zog sich dieser Proceß immer in die länge herum, bis endlich der Kaiserliche Reichshofrath unter dem 6. Jan. 1663. die Revision für unstatthaft erklärte, die vorigen Sentenzen, jedoch mit einiger Ermäßigung, bestätigte, und dem Bischof von Münster, wie auch dem Grafen Anton Günther von Oldenburg den Auftrag ertheilte mit der Execution wider den Fürsten Georg Christian zu verfahren. (f) Die Erleichterung, die der Fürst in der Revisions-Sentenz erhielt, bestand darin, daß ihm der §. de indaganda in dem westphälisch-osnabrüggischen Friedensschluß (g) und dessen nähere Bestimmung in dem Reichsabschiede von 1654 zu statten kommen sollte. In diesem bekannten Reichsabschiede wurde festgesetzet, daß die Schuldner, welche durch der dreißigjährigen Krieg gar zu sehr mitgenommen, oder durch aufgeschwollene langjährige Zinsen stark in Rückstand gekommen, sich des angeführten §. des westphälischen Friedens zu ihrem Vortheil bedienen könnten. Die Modificationen waren diese: Der Hauptstuhl sollte dem Gläubiger ungekränkt bleiben; indessen sollten dem Schuldner abschlägige Zahlungen in siebenjährigen Fristen vergönnet werden. Von den rückständigen Zinsen indessen sollte der Gläubiger

---

(f) Abdruck des dem Kurmaynzischen Directorio zu Regensburg am 19. Jul. 1664. übergebenen Memorials p. 2. 3. und 23.

(g) So lautet dieser §. de Indaganda aliqua ratione et modo aequitati conveniente, qui persecutiones actionum contra debitores ob bellicas calamitates fortunae lapsos, aut nimium usurarum cursu aggravatos moderate terminari, indeque nascituris maioribus incommodis etiam tranquillitatem publice noxiis obviam iri possit. & caetr. Artic. 8. §. 5.

1663ger nur gehalten seyn, ein Viertel zu entrichten, künftige laufende Zinsen aber sollten mit fünf von hundert erleget werden. (h)

§. 5.

Graf Anton Günther von Oldenburg lehnte den kaiserlichen Auftrag wegen seines hohen Alters ab, und nun erhielt der Bischof von Münster, Christian Bernhard von Galen alleine die Executions- und Immissions-Commission. Fürst Georg Christian war sehr unzufrieden, daß einem catholischen Reichsstand alleine die Commission aufgetragen war. Dann sah er ungerne, daß das Bißthum Münster, womit das ostfriesische Regierhaus so oft Gränz-Streitigkeiten gehabt hatte, festen Fuß in Ostfriesland erhielt, und endlich glaubte er, daß diese Sache zur Execution und Immission noch nicht reif genug wäre (i). Er wandte sich, wie er den Ernst merkte, an die Staaten von Geldern als Oberlehnsherren von Harrlingerland. Diese brachten die gräfliche Vorstellung zu der Versammlung der General-Staaten. Ihro Hochmögenden trauten dem Bischof nicht. Sie gaben am 5. August den Commandanten in Emden, Leerort und in den benachbarten Schanzen Gröningerlandes auf, auf den Bischof ein wachsames Auge zu haben, und von allen ihnen bemerkten verdächtigen Schritten des Bischofes sofort nach dem Haag zu berichten (k). Indessen hatte Hartmann, Fürst von Lichtenstein, den Doctor Ignatius Franz von Haase nach Münster gesandt.

(h) Reichs-Abschied von 1654. §. 170—175.
(i) Abdruck des Churmaynz überg. Memorials p. 3.
(k) Aitzema p. 792.

Erster Abschnitt.

fande. Dieser hatte den Auftrag, die Beschleuni-1663 gung der Execution und Immission bei dem Bischof zu bewürken. Schon machte der Bischof Anstalten in Ostfriesland einzurücken, wie durch Vermittelung der Herzöge von Würtenberg und Braunschweig-Lüneburg in dem Flecken Irmaum ein Vergleich versuchet wurde. Allein die Sühne kam nicht zu Stande. Am 12. August fand sich der Fürst Georg Christian auf einer Jagd-Parthie zu Sögel ein. Hier war der Bischof von Münster mit dem lichtensteinischen Abgeordneten Doctor von Haase gegenwärtig. Man eröffnete von neuem die Tractaten. Haase war unbiegsam. Er bestand darauf, daß die Zinsen binnen Monatsfrist erleget, und auch beide Hauptstühle aus dem Berumer und dem Wiener Vergleiche zusammen mit 300000 Rthlr. bezahlet werden müßten. Doch wollte er zugeben, daß ihm für die eine Hälfte unbewegliche Güter angewiesen und cediret würden, die andere Hälfte müßte aber in zweien Terminen erleget werden. Dagegen hielt sich der Fürst zur Bezahlung des Berumschen Capitals durchaus nicht verpflichtet, weil ihm und seinen Vorfahren in dem Berumschen Vergleich ausdrücklich die Ablöse vorbehalten war. In Absicht des Wienerischen Capitals bezog er sich zufolge der Revisions-Sentenz auf den §. de indaganda und den darüber ergangenen Reichsschluß, wornach er mit Particular-Zahlung freistehen konnte. Wegen der rückständigen Zinsen erbot er sich nach dem angeführten Reichs-Abschied zur Entrichtung der Quarte. Wie man nun an beiden Seiten mit der Sühne nicht fortkommen konnte; so schlug der Bischof vor, daß der Fürst innerhalb 4 Wochen zu Erlegung der Quarte der rückständigen Zinsen Anstalten vorkehren möchte. Dann sollte er ihm,

S 4   nach

1663 nach vorhergehender unpartheiischen Schäßung ein Theil von Rheiderland für 150000 Rthlr. überlassen. Dieses Capital wollte er an Lichtenstein auszahlen; wegen der übrigen 150000 Rthlr. wollte er den Fürsten von Lichtenstein zu bewegen suchen, selbige auf billige Termine zu stellen. Fürst Georg Christian fand nicht gerathen, diesen Vorschlag sofort von der Hand zu weisen. Er versprach, diese Sache mit seinem Bruder und den Würtenbergischen und Braunschweigischen Gesandten zu überlegen, und binnen 14 Tagen seine Erklärung darüber abzugeben. Der Bischof stand ihm aber nur 8 Tage zu. Hierauf reisete der Fürst mit seinem Rath Wiarda und seinen Drosten von Cronect und Baumbach nach Aurich zurück (i).

§. 6.

Unter dem 16. August ließ der Fürst an den Bischof eine Vorstellung abgehen. Hierin wieß er nach, daß die Erecution auf die 165000 Rthlr. aus dem Berumer Vergleich nicht gerichtet werden könnte, weil ihm die Ablösung bei 25000 Reichsthalern darin vorbehalten worden, und denn für dieses Capital nach dem Vergleiche Reichs-Güter angeschaffet werden sollten, worin dem ostfriesischen Regierhause, nach Abgang des lichtensteinischen Hauses die Succession zugesichert worden. Wegen des Wienerischen Capitals müßte er sich des beneficii particularis solutionis nach dem Reichs-Abschiede von 1654 bedienen. Indessen wäre er erbötig, von 1654 an die Zinsen zu 5 p. C. von diesem Capitale gegen Michaeli in Amsterdam auszuzahlen. Bei dieser

(i) Abdruck des an Mayn; übergebenen Memorials P. 37 — 39.

Erster Abschnitt.

dieser Erklärung hielt er dafür, daß er der Revi- 1663
sions-Sentenz ein Gnüge geleistet hätte. Er ersuchte ferner den Bischof, es bei dieser Parkitions-
Anzeige bewenden zu lassen, und alles executivische
Verfahren einzustellen. Da indessen der regierende
Fürst Hartmann von Lichtenstein noch vier Schwe-
stern, Juliane, Elisabeth, Maximiliane und Anna
am Leben hatte, so müßte er zugleich darauf antragen, daß der Doctor Haase sich von den sämmtlichen
Lichtensteinischen Mit-Erben, vor Auszahlung der
Gelder, legitimirte. Weil auch das Berumische
und Wienerische Capital mit Fideicommiß beschweret worden, und dem ostfriesischen Regierhause der
Rückfall zustünde; und dann auch wegen der Ritbergischen Prätension, Eviction und Indemnisation
geleistet werden müßte, so müßte ihm dieserhalb
tüchtiger Vorstand geleistet werden. Ferner hätte
er aus neu vorgefundenen Documenten ersehen, daß
bereits 70000 Rthlr. in Abschlag gezahlet worden.
Diese müßten wieder in Abgang kommen. Endlich
hätte Lichtenstein die Zinsen zum Capital geschlagen,
und Zinsen von Zinsen gerechnet. Es müßte daher
darüber näher liquidiret werden, und dann müßten
die bisher zu 6 p. C. entrichtete Zinsen auf 5 p. C.
reduciret werden. Ueber alle diese Posten wollte er
sich dieserhalb zu jeder Zeit seine Nothdurft vorbehalten haben (m).

§. 7.

Diese Vorstellung und Parkitions-Anzeige war
ohne alle Würkung. Vielmehr drohte der Bischof,
nun mit der Execution wirklich zu verfahren. Um
nun diese Execution und Immission abzuwenden, sah
sich

(m) Abdruck des Mem. an Maynz p. 25—32.

282 Zwei und zwanzigstes Buch.

1663 sich der Fürst gezwungen, folgenden Vergleich unter dem 4. Septemb. einzugehen: Er verpflichtete sich darin, gegen Michaeli, oder längstens 14 Tage später, also binnen 6 Wochen 135000 Rthlr. an rückständigen Zinsen, von 1654 an bis hieher in Meppen auszuzahlen; dann im Ausgang April des folgenden Jahres 1664 das Wienerische Capital zu 135000 Rthlr., und endlich in den Jahren 1665, 1666 und 1667 das Berumische Capital zu 165000 Rthlr. mit den inzwischen laufenden Zinsen aufzubringen, und endlich die Quarte der vor 1654 rückständigen Zinsen zu bezahlen. Im Mißzahlungs-Falle wollte er sich der paraten Execution und der Lichtensteinischen Immission unterwerfen. Indessen behielt er sich vor, bei dem Reichshofrath wider den Fürsten von Lichtenstein auf die Legitimation von dessen Geschwister, auf eine Caution für den Rückfall, und für die in Absicht der Ritbergischen Anforderungen zu leistende Eviction, dann auf die Compensation der bezahlten 70000 Rthlr., ferner auf die Reduction der Zinsen, und endlich auf die Verlängerung der Zahlungs-Termine anzutragen. Zur Sicherheit des Fürsten von Lichtenstein setzte er seine sämmtliche Güter und das ganze Fürstenthum mit allen seinen Renten und Gefällen zum Unterpfande (n).

§. 8.

Die fürstlichen Räthe theilten den Ständen diese von dem Fürsten ausgestellte Versicherungs-Acte am 13. September mit. Diese waren sehr darüber bekümmert. Sie reichten an dem folgenden Tage den

(n) Abgedruckt bei Aitzema p. 794—796. und in dem Abdruck des Memor. an Maynz 2c. p. 39 bis 43.

Erster Abschnitt.

den staatischen Commissarien, die zur Bearbeitung des Final-Recesses in Emben anwesend waren, eine Vorstellung ein. Hierin zeigten sie an, daß nach ihrer Meinung der Fürst nach seiner Paritions-Anzeige vom 16. August der kaiserlichen Sentenz vollkommen ein Gnüge geleistet, und in der Versicherungs-Acte vom 4. Septemb. mehr versprochen hätte, als er schuldig gewesen. Dann hielten sie davor, daß der Bischof die Gränzen seines erhaltenen Auftrages überschritten hätte, indem er einen Paß für 100 Soldaten verlanget, und bei Weigerung des Passes mit dem Einrücken einer größern Macht gedrohet hätte, da doch seine Commission nicht dahin gienge, mit bewaffneter Hand die Erecution zu verrichten. Der Fürst wäre auch nach den Accorden nicht befugt, fremde Truppen in das Land zu führen, oder ihnen einen Paß zu vergönnen. Sie könnten nicht zugeben, daß Ostfriesland, oder auch nur ein Theil dieses Fürstenthums für eine fremde Schuld, die blos Harrlingerland beträfe, verpfändet würde. Sie müßten bei dieser Verpfändung und bei dem etwaigen Einrücken der Münsterischen Truppen die Benachtheiligung der ständischen Privilegien und der Accorde, und die Schmälerung der Landes-Mittel, woraus die General-Staaten selbst wegen der Vorschüsse befriediget werden müßten, billig befürchten. Daher baten sie die staatischen Commissarien, bei Ihro Hochmögenden, die die Manutenenz der Accorde übernommen, schleunige Vorkehrungen zu bewürken, um die Provinz für die drohende Gefahr zu sichern (o). Der Fürst sollte zahlen und hatte kein Geld. Er war noch verlegener, wie die Stände. Auch er wandte sich an die staatischen Commissarien. Diese stellten den
Ständen

(o) Aitzema p. 796 und 797.

284 Zwei und zwanzigstes Buch.

1663 Ständen die mißliche Lage des Fürsten vor. Durch stetes Zureden, durch gute Worte und Drohungen brachten sie es endlich dahin, daß die Stände, wie ich oben bereits erzählet habe, sich verpflichteten, den Grafen mit 300000 holländischen Gulden zum Abtrag der lichtensteinischen Schuld zu unterstützen. Sie machten dabei die besondere Bedingung, daß der Fürst eine schriftliche Versicherung ausstellen müßte, daß die geschehene Verpfändung des Fürstenthums so wenig den Ständen überhaupt, als besonders auch Rheider- und Oberledingerlande nicht nachtheilig oder schädlich seyn sollte (p). Daß hier Rheider- und Oberledingerland besonders gedacht worden, rühret wohl aus dem Vorschlag des Bischofs von Münster her, wernach er ein Stück von Rheiderland dem Fürsten für 150000 Rthlr. abkaufen wollte. Dabei waren denn die Stände allerdings interessiret, weil alsdenn dieses abgesonderte Stück nicht mehr die Landes-Lasten tragen würde. Die Trennung der Herrlichkeit Kniphausen, und der daraus geflossene jährliche Cassen-Verlust war noch in frischem Andenken.

§. 9.

Der Fürst erhielt nun zwar von den Embdern, wie ich ebenfalls vorhin angeführet habe, 72000 Gulden und von den Ständen 300000 Gulden; allein hiemit konnte er zur Befriedigung des Fürsten von Lichtenstein noch nicht ausreichen. Er konnte nicht einmal den auf 135000 Rthlr. beglichenen und nun bald fälligen Termin davon abführen, weil die Stände nur jährlich 100000 Gulden, und zwar von 1665 an bis 1667 versprochen hatten. Er sandte

(p) Aitzema p. 798. 800 und 801.

Erster Abschnitt.

sandte nun seinen Oberrentmeister Rudolf Brenn- 1663
eisen nach dem Haag, um einige Capitalien zu negotiiren. Brenneisen traf aber so wenig Credit vor
seinen Herrn an, daß man statt von Vorschüssen
nun von Loskündigung schuldiger Capitalien sprach.
Unterdessen erhielt der Fürst von dem Bischof noch
einen fünfwöchigen Aufschub zur Abführung der
135000 Rthlr. (q) In dieser Zwischenzeit bewürkte der fürstliche Resident de Groot bei den General-
Staaten, daß sie ihm diese 135000 Rthlr. vorstre-
cken wollten. Die Verschreibung wurde unter dem
4. November ausgestellet. Hierin verpfändete der
Fürst für dieses Anlehn seine sämmtliche Habe und
besonders seine Domainen-Güter in Harrlingerland.
Er wieß ihnen außerdem verschiedene Landgüter an,
die zusammen 24000 Rthlr. saubere Einkünfte trugen. Diese sollten die General-Staaten unmittelbar von den Pächtern so lange erheben, bis dadurch
der ganze Vorschuß mit den auf 5 p. C. gesetzten
Zinsen abbezahlet worden. Zur mehreren Sicherheit wollte er den General-Staaten die Dieler
Schanze und den Jemgumer Zwinger einräumen.
Er erlaubte ihnen darein eine Besatzung zu legen,
und die Schanzen zu verbessern und zu verstärken (r).
Sowohl der Fürst als die General-Staaten ließen
den Bischof von dieser Geld-Negotiation benachrichtigen, und so behielt es bei der verstatteten fünfwöchigen Frist sein Bewenden (s). Aller Vermuthung
nach würde nun die Erecution abgewendet worden
seyn, wenn nicht ein Mißverstand zwischen dem Fürsten und den General-Staaten dazwischen gekommen

(q) Abdruck des Memor. an Mapas p. 43—45.
(r) Aitzema p. 802—806.
(s) Aitzema p. 807.

1663men wäre. Der Fürst trug Bedenken, den General-Staaten die Dieler Schanze und zugleich den Jemgumer Zwinger zu überliefern. Er behauptete, daß er bei Anfertigung der Verschreibung unter dem Jemgumer Zwinger die Dieler Schanze verstanden hätte, weil dieser Zwinger gar nicht mehr vorhanden, sondern längst geschleifet war (t). In dem einen Exemplar der Obligation stand auch wirklich: de gegenwordige Dyh'er Schunßen, fynd e de Jemmingummer Dwenger (u). Da die Herstellung des Jemgumer Zwingers mit außerordentlichen Kosten besonders wegen der niedrigen Lage des Landes und der wässerigten Gegend verknüpfet war; da ferner nach dem Delfsylischen Vertrage an der Emse keine neue Festung errichtet werden durfte, und in dem westphälischen Frieden ausdrücklich festgestellet war, daß durchaus keine neue Gränz-Festungen ohne Zustimmung des Kaisers und des Reiches angeleget werden sollten, so ersuchte der Fürst die General-Staaten, theils zur Ersparung so vieler Kosten, theils aber, um ihn als Reichsstand bei dem Kaiser, und als Landesherrn, der den Accorden nachkommen müßte, bei den Ständen nicht verantwortlich zu machen, von diesem Puncte abzustehen. Die General-Staaten konnten sich hierein nicht sofort fügen, und so unterblieb vörerst die Auszahlung des versprochenen Vorschusses (v). Ein fataler Umstand trat noch hinzu. Am 30. Octob hatte eine außerordentliche hohe Wasserfluth vielen Schaden angerichtet. Eine Menge Vieh ertrank, einige Deiche brachen durch, und verschiedene Sylen wurden

---

(t) Aitzema p. 810—812.
(u) Abdruck des Memor. an Mayntz p. 50.
(v) Aitzema l. c.

Erster Abschnitt.

den beschädiget. Bei Pectum entstand ein großer 1663 Kolk von 300 Fuß breit (w). Da nun zur Herstellung der zerrissenen Deiche und der beschädigten Schleußen viel baares Geld erfodert wurde, so gieng auch eine von dem Fürsten zum Abtrag der lichtensteinischen Schuld bewürkte einländische Geld-Negotiation zurück (x).

(w) Outhof Verhael der Watervloed. p. 606. Noch in dem folgenden Jahre waren einige Deiche noch nicht wiederhergestellet. Es stand mehr als ein Drittel des Landes unter Wasser. Aitzema Bock 44. p. 7.

(x) Abdruck des Memor. x. p. 46.

Zwei und zwanzigstes Buch.

Zweiter Abschnitt.

§. 1. Der Bischof von Münster, Bernhard von Galen, macht mit der Execution den Anfang und überrumpelt die Dieler Schanze. §. 2. Die General-Staaten treffen kriegerische Vorkehrungen, den Bischof aus der Schanze zu vertreiben. §. 3. Die ostfriesischen Stände beschweren sich bei dem münsterischen Commandanten, dem Obristen von Elberfeld, über die Einnahme der Schanze. §. 4. Dieser fodert die fürstlichen Rentmeister auf, ihm ihre Hebungs-Bücher einzuliefern, und suchet die Eingesessenen durch ein Manifest zu beruhigen, daß die Execution sich blos auf die fürstlichen Güter erstrecken solle. §. 5. Die General-Staaten lassen es sich sehr angelegen seyn, diese Streit-Sache in der Güte beizulegen, und den Bischof zum Abzug zu bequemen. §. 6. Der Fürst läßt den verfallenen ersten Termin der Lichtensteinischen Schuld der Münsterischen Regierung anbieten. Diese weigert sich solche zu empfangen. §. 7. Die General-Staaten senden Commissarien nach Ostfriesland, den Vergleich zu erleichtern. §. 8. Der Fürst läßt nun den ersten Termin erst dem Münsterischen Obristen in Diele, und dann dem Lichtensteinischen Receptor in Meppen fruchtlos anbieten. §. 9. Diese Gelder hatte er von den General-Staaten empfangen. Zur Tilgung dieses Vorschusses weiset er ihnen die Intraden von Harrlingerland an. §. 10. Die Stände entschließen sich zur Anticipation der dem Fürsten zugesagten 300000 Gulden, §. 11. durch den ständischen Präsidenten von Knipphausen dem Bischof selbst gegen Einräumung der Schanze 235000 Rthlr. anzubieten. Der Bischof will sich zur Annahme des Geldes und Räumung der Schanze nicht verstehen.

§. 1.

1663 Wie nun die dem Fürsten verstattete Frist zu Ende lief, so sandte er unter dem 24 Novemb. einen Trompeter nach Münster, und suchte bei dem Bischof einen nochmaligen kurzen Aufschub zur Zahlung nach. Der Bischof erwiederte unter dem 2. December, wie es ihn sehr befremdete, daß der Fürst sein gegebenes Wort aus nichtigen und unerheblichen Gründen zurückzöge, und diese Sache in das weite Feld spielen wollte. Kaum war der Trompeter in Aurich zurückgekommen, so rückte der Münsterische

Zweiter Abschnitt.

sterische Obriste Elverfeld nach Rhene, dicht an die 1663 ostfriesische Gränze. Dieser ließ einen Capitain mit 60 Mann am 7. December zur Nachtzeit nach Dyle marschiren. Der Capitain besetzte alle Pässe nach der Schanze hin. Die Schanze war schwach besetzet. Es lag nur ein Officier mit 7 Soldaten darin. Dieser merkte des Morgens früh eine Pünte auf der Emse, und hinter dem Deiche eine Menge Volks. Er ließ gleich rufen: Wer da! Hierauf trat ein gewisser Klepping hervor. Dieser rief, man sollte nicht schießen, er wäre ein Kaiserlicher Commissarius und müßte nothwendig den Commandanten sprechen. Nach einigem Wortwechsel stieg der fürstliche Officier Schwalwe auf die Batterie, und ließ Klepping auf die Contrescarpe hervor kommen. Klepping eröffnete hierauf dem Officier, daß er den Kaiserlichen Auftrag hätte, den Fürsten von Lichtenstein in die Dyler Schanze zu immittiren. Er hätte 1100 Soldaten, drei Pontons, vier Kanonen und drei Mörser bei sich. Er versähe sich zu ihm, dem Commandanten, daß er ihn gutwillig einlassen würde; wo nicht, so wollte er ihn in dem Thore hängen, und die Soldaten und Kinder niedermachen lassen. Der Commandant Schwalwe lachte, und sagte, es wäre nicht Sitte jemanden zu hängen, ehe man ihn hätte. Klepping erwiederte, ob er die Kaiserliche Ordre nicht befolgen wollte? Schwalwe antwortete, er diene dem Fürsten, dessen Ordre müßte er sehen; er bäte sich daher zur Einholung des fürstlichen Befehls eine 24 stündige Frist aus. Nicht so viele Minuten, schrie Klepping. So sollte er denn sein Bestes thun, erwiederte Schwalwe, er hätte gute Soldaten und Pulver und Blei. Klepping gieng eilends zurück. Gleich hierauf ließ der Obriste Elverfeld, (dieser war

1663 war nun auch schon angekommen) die Trommeln rühren und lärm schlagen. Nun rückten sie zu der Schanze heran, und warfen die Brücken über den Graben. Wie der Commandant Schwalwe den Ernst merkte, und voraus sah, daß er sich mit seiner kleinen Mannschaft nicht halten konnte, übergab er die Schanze. Diese wurde nun mit 300 Münsterischen Soldaten besetzt. Obgleich dem Commandanten versprochen war, daß die Soldaten die Gewehre bei ihrem Abzuge behalten sollten; so ließ der Obriste doch ihnen die Gewehre abnehmen. Er nahm auch alle vorhandene Munition, Pulver, Kugeln, Lunten und Flinten zu sich. Nicht weit von der Dieler Schanze lag die kleine Hampoler Schanze. Diese war nicht besetzet. Der Obriste ließ durch ein Commando alle Gebäude und Wohnungen abbrechen, und die Bau-Materialien, Holz, Ziegel und Steine nach der Dyler Schanze bringen. Hievon ließ er neue Wohnungen errichten. Er besserte auch die Schanze aus, legte neue Bollwerke und Außenwerke an, und versah die Schanze mit einem großen Vorrath von Proviant und Ammunition. So machte er sich auf jeden Anfall zur Gegenwehr gefaßt (a).

§. 2.

(a) Abdruck des Memor. ic. p. 2. 18—23. und 45 bis 48. Ueber die Einnahme der Dieler Schanze kam in dem folgenden Jahre 1664 eine gedruckte Piece heraus: Unterredung zwischen einem Westphälinger und Ostfriesländer über die Einnahme der Dieler oder auch sogenannten Eyfterderischen Schanze. Hierin vertheidiget der Verfasser, ein Münsterländer, das Verfahren des Bischofs, welcher verpflichtet gewesen, die kaiserlichen Befehle auszuführen, und ohnedem schon gar zu viele Nachsicht mit dem Fürsten gehabt hatte. Uebrigens

Zweiter Abschnitt.

§. 2.   1663

Die Generalstaaten hatten schon Nachricht von dem Anrücken der münsterischen Truppen erhalten, ehe die Dieler Schanze eingenommen war. Sie hatten daher an den Prinzen Wilhelm Friedrich von Nassau, Statthalter von Friesland und Gröningen, geschrieben, um sichere Maasregeln zu treffen, daß keine fremde Truppen unter die Kanonen der Bollingwolder, und lange-Ackerschanzen, wie auch der Festung Leerort kommen sollten. Dann gaben sie den Commandanten dieser Schanzen auf, auf den Bischof ein wachsames Auge zu haben, und von jedem Vorfall sofort zu berichten. Dem Fürsten verwiesen sie, daß er mit Uebersendung der Obligation für das in Bereitschaft stehende Anlehn, und mit der versprochenen Einräumung der Dyler Schanze zauderte. Aber diese Vorsichtsmasregeln kamen zu spät. Kaum waren diese Schreiben abgegangen, so lief schon der Bericht des Fürsten von der unvermutheten Einnahme der Dyler Schanze ein. (*) Die Generalstaaten waren über die Ueberraschung der Dyler Schanze äußerst unzufrieden. Sie besorgten, daß dieser streitbare Bischof (c) sich in Ostfriesland

T 2   zu

gend ist er sehr ungehalten darüber, daß der Fürst sich an die General-Staaten gewandt, und den bischöflichen Antrag, demselben Apelderland einzuräumen, verworfen hatte.

(b) Aitzema p. 812.

(c) Ein treffendes Gemählde findet man von ihm in der allgemeinen Litt. Zeitung von 1793. N. 274. Weil er in der ostfriesischen Geschichte so oft auftreten wird; so copire ich dieses Gemälde. „Bernhard von Galen, einer der berühmtesten, wenn auch nicht

1663 zu ihrem Nachtheile festsetzen würde, und wahrscheinlich war auch das Augenmerk des Bischofs dahin gerichtet, weil er kurz vorher so sehr in den Fürsten gedrungen hatte, ihm ein Stück von Rheiderland für eine ansehnliche Summe Geldes abzutreten. Dann aber war zwischen ihnen und dem Bischof seit einigen Jahren kein gutes Vernehmen. Sie hatten sich in die Streitigkeiten zwischen dem Bischof und der Stadt Münster gemischet, und die Stadt während der Belagerung mit Geld unterstützet. Die Einwohner der Stadt waren so sehr wider den Bischof eingenommen, daß sie rein heraus sagten, sie wollten lieber den Staaten ihre ganze Hand, als dem Bischof einen Finger geben. Ein hitziges Schreiben des Bischofs an die Staaten, vermehrte dieses Misverständniß. Die Generalstaaten würden schon sicher losgebrochen seyn, wenn nicht die Provinz Holland, aus Furcht für Frankreich diesen öffentlichen Bruch zurückgehalten hätte. — Dann hatte der Bischof die Herrlichkeit Borkelo, die die Niederländer seinen Vorfahren, nach seinem Vorgeben entrissen hatten, kurz vor Einnahme der Dyler Schanze förmlich zurückgefodert. (d) Alles dieses vergrößerte das Misverständniß zwischen dem Bischof und den Staaten. Es war also ganz natürlich, daß sie die Einnahme der Schanze nicht mit gleichgültigen Augen ansehen konn-

„nicht eben durch Thaten, die eines Bischofs würdig sind, doch durch solche, die einem Fürsten in
„der Geschichte großen Nahmen verschaffen — deutschen Kirchen-Prälaten, ein Krieger und Held, wie
„es unter deutschen Regenten dieser Classe vielleicht
„keinen gab, und schwerlich auch von ieher geben
„konnte, ein Mann von seltenem Unternehmungs„geiste.

(d) Wagenaer Bock 19. p. 80—89.

Zweiter Abschnitt.

konnten, die ihnen selbst bei der Auszahlung des 1663 Vorschusses von dem Fürsten eingeräumet werden sollte. So wie sie die Nachricht von der Einnahme der Schanze erhielten, faßten sie auch schon den Schluß, dem Bischof die Schanze entweder durch Aufhebung der Execution mittelst Beschleunigung der Zahlung, oder durch Heereskraft wieder zu entreißen. Sie trafen sofort die Veranstaltung, daß drei Regimenter Cavallerie und sieben Regimenter Infanterie mobil gemacht wurden. Der Prinz Wilhelm von Nassau wurde zum Chef dieses ganzen Corps bestellet. Der Prinz von Tarante sollte die Reuterey commandiren. Der Staatsrath übernahm für den Train, Artillerie und Ammunition zu sorgen, und Ordre zu stellen, daß alle abwesende Officiere und beurlaubte Soldaten sich in ihren Garnisonen einfinden sollten. (e)

§. 3.

Mit diesen Veranstaltungen lief das in der ostfriesischen Geschichte so merkwürdige Jahr ab, und der Bischof blieb ruhig in dem Besitz der Dyler Schanze. Der Commendant der Festung war selbst der Oberste von Elberfeld. In dem Anfange des folgenden Jahres 1664 sandten die Stände den landschaftlichen Secretair Westendorf nach Dyle. Dieser hatte den Auftrag, dem Commendanten vorzustellen, wie es die Stände sehr befremdete, daß der Bischof in diesen friedfertigen Zeiten in Ostfriesland eingerücket, und mit gewafneter Hand sich der Dyler Schanze bemeistert hätte; daß sie noch weniger begreifen könnten, warum man den Eingesessenen Geld abpreßte, und sie in der sichern Hofnung lebten, daß der Bischof nicht weiter vorrücken würde. Dieses Verfahren

des

(e) Aitzema l. c. u. T. XI. Buch 44 p. 1—6.

1664 des Bischofs, sagte der Secretair, stritte wider den westphälischen Frieden. Auch wäre der Vorwand von der lichtensteinischen Schuld ganz unerheblich, da solche die Stände und die Eingesessenen dieser Provinz nichts angienge, sondern von dem Fürsten, als Herrn von Harlingerland, entrichtet werden müßte. Der Commendant war ein braver Mann, wenigstens antwortete er brav. Auf das Recht oder Unrecht der Einnahme, erwiederte er, kann ich mich nicht einlassen. Ich bin ein Officier, und muß dem Befehle meines Herrn, des Bischofs nachkommen. Eine Ordre weiter vorzurücken, hab ich bisher nicht erhalten. Niemanden hab ich Geld abgepreßt. Nur hab ich von den benachbarten Eingesessenen Proviant verlangt, weil ich Mangel daran hatte. Jezt hab ich Zufuhr erhalten, und habe nun Ueberflus. Das wenige Unbedeutende, was mir die Eingesessenen etwa geliefert haben, soll ihnen reichlich ersetzet werden. Ich werde strenge Mannszucht halten, und bitte recht sehr, mir alle Excesse, die vorfallen mögen, nahmhaft zu machen, damit ich die Verbrecher bestrafen kann. Mit dieser Antwort fertigte er den Secretair wieder ab. (f)

§. 4.

Der Commendant Oberst Elberfeld, und der münsterische Rentmeister Johann Heinrich Mariels, ließen unter dem 5. Januar, als subdelegirte Commissarien der Executions-Commission, die abgedruckten Patente an öffentlichen Oertern anschlagen. Hierin befahlen sie allen Rentmeistern, Vögten und sonstigen Einwohnern der fürstlichen Tafel-Güter und Intraden, binnen einem Monath sich in die

Dieser

(f) Almena T. XI. p. 7.

Zweiter Abschnitt.

Dieler Schanze bei ihnen einzufinden, ihnen alle 1654 Listen und Register von ihren Hebungen einzuliefern, und bei Vermeidung der Execution alle Einkünfte und Renten dem Receptor Sprengelmeyer einzuliefern. Dieser hielt sich ebenfalls in der Dieler Schanze auf, und war zu der Hebung von dem lichtensteinischen Abgesandten Haas besonders bevollmächtiget. Da nun die Execution sich blos auf die fürstlichen Güter erstrecken sollte; so machten sie zugleich bekannt, daß kein Dritter oder ein ostfriesischer Unterthan darunter leiden sollte, wenn nur Jeder die dem Fürsten schuldige Intraden richtig abführte. (g)

§. 5.

Zwar hatte die Einnahme der Dieler Schanze die Generalstaaten zu kriegerischen Anstalten veranlasset; indessen wollten sie ungerne den kühnen Bischof mit gewafneter Hand aus der Schanze treiben. Nur im Nothfall wollten sie diesen Weg einschlagen, wenn alle ihre Vorstellungen keinen Eindruck auf den Bischof machen sollten. Daher eröfneten sie die erste Scene mit gütlichen Verhandlungen. Sie schrieben gleich in dem Anfange dieses Jahres an den Bischof von Münster, und an den Fürsten von Lichtenstein. Dieser war damals in Wien, jener in Regensburg. In diesen beiden Schreiben äußerten sie ihren Wunsch, daß die vorschwebenden Streitigkeiten zwischen den Fürsten von Lichtenstein und Ostfriesland in der Güte beigeleget, und zwischen diesen so nahe verwandten fürstlichen Häusern die alte Freundschaft und Einigkeit wieder hergestellet werde. Sie erbäthen sich zur Vermittelung dieser Streitigkeiten, und lebten in der gewissen Zuversicht, daß man

(g) Abdruck des Memor. p. 68—71.

1664 man ihren billigen freundschaftlichen Vorschlägen Gehör geben würde. Zu dem Ende wollten sie einige Abgeordnete nach Ostfriesland senden. Diese sollten sich gegen den 12. Febr. in Leerort einfinden. Sie ersuchten hierauf den Fürsten von Lichtenstein und den Bischof, gegen diese Zeit ebenfalls ihre Abgeordneten nach Ostfriesland abzusenden. Dem Fürsten von Ostfriesland theilten sie die Abschriften dieser Schreiben mit, um darnach seine Masregeln zu nehmen. Von ihm wollten sie denn auch seine Deputirten auf Leerort gewärtigen. Ihrem Generalempfänger Doublet, gaben sie auf, 135000 Thlr. in Bereitschaft zu halten, um solche auf die erste Ordre dem fürstlichen ostfriesischen Oberrentmeister auszuzahlen (h) dabei stellten sie eine Versicherungs-Acte aus, worin sie sich verbindlich machten, dem Fürsten mit Entsagung aller Einreden die Dyler Schanze wieder einzuräumen, sobald der Vorschus getilget worden. Auch leisteten sie, zur Hebung der vorigen Irrungen, auf die Herstellung und Besetzung des Jemgummer Zwingers völlige Verzicht. (i) So sehr ließen sich die Generalstaaten angelegen seyn, diese Streitigkeiten zu berebnen, und den Bischof in der Güte aus dem Besitz der Schanze zu setzen.

§. 6.

Wie nun der Fürst gesichert war, daß er die 135000 Thlr. nächstens erhalten sollte, denn die staatischen Commissarien sollten die Gelder mitbringen; (k) so war er nun im Stande, den beglichenen

erste

(h) Aitzema p. 7 und 8.
(i) Abdruck des Memor. p. 52.
(k) Aitzema p. 9.

Zweiter Abschnitt.

ersten Termin der lichtensteinischen Schuld abzuführen. Unter dem 29sten Jan. meldete er dem Bischof, der sich noch immer in Regensburg aufhielt, daß er mit vieler Mühe die Gelder zusammen gebracht, und bereit wäre, den ersten Termin bei Abwesenheit des Bischofs, den heimgelassenen Regierungsräthen, oder deren Bevollmächtigten auszuzahlen. Er ersuchte ihn daher, die Execution aufzuheben, und ihm die Dyler Schanze wieder einzuräumen. Am 1. Febr. ließ der Fürst dem Obersten Elberfeld die 135000 Thlr. anbieten. Dieser antwortete, er hätte keinen Auftrag, diese Gelder in Empfang zu nehmen, wollte indessen an den Bischof berichten, und müßte denn dessen Befehle abwarten. Dann wandte sich der Fürst an die heimgelassene Regierung zu Münster. Er zeigte ihr an, daß er den ersten Termin auszahlen wollte. Er ersuchte sie, schleunige Vorkehrungen zu treffen, um die Gelder gegen auszustellende Quittung des Fürsten von Lichtenstein zu erheben, und die Schanze ihm wieder zu überliefern. Sie erwiederte, daß sie von der Bewandniß der lichtensteinischen Schuld-Forderung und der deshalb verhängten Execution nicht unterrichtet wäre. Der Bischof hätte nicht ihr, sondern gewissen subdelegirten Commissarien diese Sache anvertrauet. Daher dürfte sie sich nicht damit befassen. Vielweniger hätte sie einen Auftrag zur Erhebung dieser Gelder erhalten. Dabei machte sie dem Fürsten bekannt, daß der lichtensteinische Mandatarius nach Cölln abgereiset wäre, wie die bestimmte Termine zur Zahlung nicht eingehalten worden. Sie erboth sich indessen von der itzigen Lage der Sache nach Regensburg an den Bischof zu berichten. (l)

§. 7.

(l) Abdruck des Memor. p. 65 — 68. 71 — 74. und Aitzema p. 10 — 11.

1664

§. 7.

Unterdeſſen kamen die ſtaatiſchen Commiſſarien von Haren Grietman aus Friesland, Tiard Gerlacius, Rathsherr in Gröningen und der Schatzmeiſter Hieronymus von Bevering in Oſtfriesland an. Ihr Auftrag war, die Befriedigung des Fürſten von Lichtenſtein, und die Räumung der Dyler Schanze auf die beſtmöglichſte Weiſe zu bewirken. Nach ihrer Inſtruction ſollten ſie dahin arbeiten, daß der erſte Termin baar angebothen werde, und der Fürſt die Verſicherung erhalte, daß ihm die Schanze nach der Zahlung wieder überliefert werde. Möchten von dem erſten am 17. Sept. 1663. fällig geweſenen Termin, Verzugs-Zinſen verlanget werden; ſo ſollten ſie den Fürſten bewegen, auch dieſe zu entrichten. Um keinen Aufenthalt zu veranlaſſen, ſollten ſie dieſe Verzugszinſen aus den Comtoiren von Wedde oder Weſtwoldingerland nehmen. Auf den zweiten Termin ſollten ſie ſich gar nicht einlaſſen, weil derſelbe noch nicht verſchienen war. Wenn aber von Biſchöflicher Seite darauf gedrungen werden möchte, alsdenn ſollten ſie verſichern, daß die Generalſtaaten ſich würden angelegen ſeyn laſſen, daß auch dieſer Termin richtig abgeführet würde. Ferner ſollten ſie dahin arbeiten, daß die Stände die Auszahlung der verſprochenen 300000 Gulden verfrüherten, damit der Fürſt die ganze lichtenſteiniſche Schuld deſto eher abführen könnte. Um die Einreden der Stände von etwaigen Geldmangel zu heben, ſollten ſie ihnen zur Bezahlung des ſiebenden Termins der holländiſchen Schuld Aufſchub verſtatten, auch ihnen die Verſicherung ertheilen, daß die Generalſtaaten ihnen dieſe Gelder vorſtrecken würden. Um die Stände deſto eher zu der Anticipation zu beque-

Zweiter Abschnitt.

bequemen, sollten sie dem Fürsten anrathen, das In-1664
terusurium sich abkürzen zu lassen. Im Fall sie endlich Schwierigkeiten bei der Räumung der Dyler
Schanze spüren möchten, so sollten sie ihre Verhandlungen abbrechen, und auch dem Fürsten die 135000
Thlr. vorenthalten. Am 9. Febr. fanden sich die
staatischen Commissarien in Gröningen ein. Hier
wurden sie von den fürstlichen Beamten Einder
Amts, dem Drosten Freese und dem Amtmann Jen-
gering empfangen. Sie reiseten sofort über Emden
nach Aurich, und traten mit dem Fürsten und dessen Räthen Wiarda, von Croneck und Ammersbeck
in Conferenz (m).

§. 8.

Der Fürst beschwerte sich über das harte Verfahren des Bischofs, der nicht nur alle seine Intraden
und Tafelgüter, sondern auch die Einkünfte seines
Bruders und der verwittweten Fürstin, seiner Schwä-
gerin, mit Arrest bestricket hatte. Das Schlimmste
dabei war, nach der fürstlichen Aeußerung, daß die
subdelegirten Bischöflichen Commissarien nicht den
Auftrag hatten, die Dyler Schanze zu räumen,
wenn er schon würklich Zahlung verfüget hätte. Die
staatischen Commissarien riethen dem Fürsten, den
ersten Termin gegen auszustellende Quittung und
Zusicherung der Ueberlieferung der Schanze gehörigen Orts anbiethen zu lassen (n). Hierauf ließ der
Fürst den Notarius Fabricius nach Leerort reisen.
Hier ließ er ihm die in 21 Fässern eingepackten
135000 Thlr. vorzeigen, dann sandte er ihn erst
an den Obersten Elberfeld in der Dyler Schanze,
und

(m) Aitzema p. 8—10.
(n) Aitzema p. 11 und 12.

1664 und dann an den Rentmeister Martels, wie auch an den lichtensteinischen Receptor Sprengmeyer in Meppen, um ihnen nochmalen die 135000 Thlr. anzubieten. Der Oberste erwiederte, er habe nur den Auftrag, die Schanze zu vertheidigen, nicht aber die Gelder in Empfang zu nehmen. Der Rentmeister Martels gab dem Notario ein Attest der geschehenen Präsentation des ersten Termins, entschuldigte sich aber, daß er die Gelder nicht annehmen könnte, weil er dazu nicht bevollmächtiget worden. Der Receptor Sprengmeyer sagte, er könnte sich mit dieser Requisition gar nicht befassen. Hierauf ging der Notarius unter gewöhnlichen Protestationen und Reservationen wieder nach Aurich zurück. Zu gleicher Zeit ließ der Fürst durch seinen Agenten in Regensburg nochmalen den Bischof ersuchen, daß er schleunige Vorkehrungen zum Empfang des Geldes und dann zur Evacuation der Schanze treffen möchte (o).

§. 9.

Es ist vorhin angeführet, daß der Fürst seine Intraden in Harlingerland den Generalstaaten verpfändet hatte, und daß daraus jährlich 24000 Thlr. abbezahlet werden sollten. Die staatischen Commissarien ließen sich nun von den Rentmeistern aus Esens und Wittmund die Rentel-Bücher und Register vorweisen. Daraus ersahen sie, daß die Fürstlichen Einkünfte aus Harlingerland jährlich ohngefähr 32000 Thlr. betrugen. Sie ließen nun zwar den Rentmeistern die Hebungen, verpflichteten sie aber mit einem förmlichen Eide, von den Fürstlichen Intraden 24000 Thlr. jährlich gegen den 5. Januar

an

(o) Abdruck des Memor. p. 54—66.

Zweiter Abschnitt. 301

an den General-Empfänger Doublet in dem Haag, 1664
is zur Tilgung des Vorschusses auszuzahlen. Der
Ueberschus blieb also für den Fürsten. Sie riethen
hierauf dem Fürsten an, auf eine anständige Einschränkung seines Hofstaats bedacht zu seyn, um endlich sich und das Regierhaus von den drückenden
Schulden zu entlasten. Sie machten ihm einen
Etat, wornach er bei Verminderung seiner Bedienten und Pensionen, und bei mäßiger Einschränkung
an seiner Tafel, in seinem Stall, und auf der Jagd,
wenigstens 12000 Thlr. ersparen könnte. Der Fürst
nahm dieses nicht übel, ließ sich vielmehr diesen
Vorschlag wohlgefallen; denn er sah sehr wohl ein,
daß ihm die Menage zuträglich war (p).

§. 10.

Die staatischen Commissarien hatten also die Generalstaaten für den Vorschus gesichert, nun arbeiteten sie auch darauf, die Stände zu der Anticipation
der dem Fürsten in drei jährigen Terminen versprochenen 300000 Gulden zu überholen, um ihn in
Stand zu setzen, den im Ausgang April fälligen
zweiten Termin, oder das Wienerische Capital zu
135000 Thlr. an den Fürsten von Lichtenstein abzuführen. Auf Veranlassung der staatischen Commissarien wurde zu dem Ende von dem Fürsten ein Landtag nach Emden auf den 22. Febr. ausgeschrieben.
Der Fürst fand sich selbst mit den Commissarien in
Emden ein. Diese hatten ihr Quartier auf der Fürstlichen Burg. Bei Eröfnung des Landtages entstanden einige Irrungen über Formalien, besonders wegen der allgemeinen Huldigung. Die Versicherung
des Fürsten, daß solche nächstens vorgenommen werden

(p) Aluermo p. 12 und 13.

1664 den sollte, — sie wurde auch einige Wochen nachher in Zurich eingenommen (q) stellte die Einigkeit wieder her. Die staatischen Commissarien stellten den Ständen die misliche Lage des Fürsten, und die schlimmen Folgen für das ganze Land vor, wenn nicht die Aufhebung der münsterischen Execution beschleuniget würde. Sie legten daher den Ständen die Anticipation der dem Fürsten zugesicherten 300000 Gulden an das Herz. Die Ember fanden diesen Vorschlag billig, und den ißigen Umständen angemessen, nur setzten sie voraus, daß man von der Räumung der Schanze versichert seyn müßte. Unter dieser Bedingung wollten sie gerne darein willigen, daß die Gelder bald möglichst von der Landschaft negotiiret würden. Sie zeigten sich selbst bereitwillig, die ebenfalls auf Terminen stehenden 72000 Gulden, die sie aus dem Finalreceß dem Fürsten besonders entrichten mußten, auf einmal gegen Ostern zu bezahlen. Da indessen der Fürst verschiedenen Privatbürgern in der Stadt ansehnliche Capitalien schuldig war, so wünschten sie nur eine Anweisung von dem Fürsten, wodurch diese Schulden vor und nach getilget werden könnten. Nicht so dachten und sprachen die übrigen Stände, und besonders die Ritterschaft. Die 300000 Gulden, sagten sie, wären dem Fürsten nur unter gewissen Bedingungen bewilliget, so lange diese nicht erfüllet worden, könnte man sich überhaupt nicht auf die Zahlung, vielweniger auf eine Anticipation einlassen. Die Bedingungen waren, daß der Fürst alle Landesverträge, und besonders den 20. und 21. Artikel der Kaiserlichen Resolution von 1597 bestätigen sollte. Darnach sollten in Landes-Regierungs-Sachen Eingebohrne und keine Fremde gebrauchet werden. Hierüber entstanden zwischen den

(q) s. oben 21. Buch §. 21.

Zweiter Abschnitt. 303

den Fürstlichen Räthen und den Ständen heftiger 1664 Debatten. Jene sahen die 300000 Gulden als eine verpflichtete Schuld an, wodurch die Fürstlichen Foderungen auf die Stände getödtet worden; diese erkannten wieder die fürstlichen Ansprüche, und hielten die 300000 Gulden für ein Geschenk, welches sie dem Fürsten unter vorgedachter Bedingung gemachet hatten. Da indessen der Fürst sich einmal dieser schon in der Kaiserlichen Resolution liegenden Bedingung unterzogen hatte; so ging die Absicht der fürstlichen Räthe nicht sowohl auf eine völlige Auflösung, als auf eine dem Fürsten minder lästige Modification. Man stritt sich vorzüglich über folgende Fragen: Zu welchen Bedienungen muß der Fürst Eingebohrne nehmen? Sind Ausländer, die liegende Gründe in Ostfriesland angekaufet, die viele Jahre sich mit der Wohnung hier niedergelassen, oder sich mit Landestöchtern verheurathet haben, den Eingebohrnen gleich zu achten? Macht eine dieser Qualitäten die Ausländer zu solchen Bedienungen schon fähig, oder müssen sie alle diese Qualitäten zusammen besitzen? Wie viele Jahre werden erfordert, wenn ein sich hier angesetzter Ausländer auf das Ius indigenatus Anspruch machen kann? Gehet die von den Ständen gemachte Bedingung nur auf die Zukunft, oder auch auf die gegenwärtigen Räthe und sonstigen Bediente? Die Stände suchten bei allen diesen Punkten dem Fürsten die Hände zu binden. Dagegen gaben die staatischen Commissarien sich außerordentliche Mühe, die Stände zur Nachsicht zu überholen. Fast täglich machten sie neue Vorschläge, die aber immer von der Hand gewiesen wurden. Auf die dringendsten Vorstellungen der staatischen Commissarien erwiederte der Hofrichter Karl Friedrich von Knipphausen, daß die Stände

1664 die gegründetſte Urſache hätten, zum Beſten des Landes auf die Beſetzung der Bedienungen mit Einländern zu beſtehen. Die vorigen Grafen, ſagte er, hätten bis auf Edzard II. immer den Eingebohrnen die Bedienungen anvertrauet. So lange hätte auch die beſte Harmonie zwiſchen dem Regierhauſe und den Ständen vorgewaltet, ſo lange hätte auch die ganze Grafſchaft geblühet. Bei der nachherigen Verbindung mit Schweden und andern auswärtigen Häuſern, wären die wichtigſten Bedienungen mit Ausländern beſetzt worden. Dieſe, an eine andere Verfaſſung gewöhnet, hätten immer den Ständen nachtheilige Neuerungen eingeführet. Daher wären die landverderblichen Unruhen entſtanden. Sie könnten alſo von ihrer einmal geäußerten Meinung nicht abgehen. Dagegen beſtanden die fürſtlichen Räthe ſchlechterdings darauf, daß es dem Fürſten freiſtehen müßte, auch einige Ausländer zu ſeinen Räthen zu beſtellen, weil er bei den Reichsgerichten, bei dem Kaiſerlichen Hofe, und andern Höfen verſchiedene Verrichtungen hätte, wozu die Eingebohrnen ſelten Kunde und Erfahrungen hätten. Dabei warfen ſie der Ritterſchaft vor, daß nicht einmal alle ihre Mitglieder Einländer wären, und daß ſie oft ſelbſt Fremde zu den Hofgerichts-Bedienungen in Vorſchlag gebracht hätten. Auch waren ſie der Meinung, daß die von dem Fürſten eingegangene Bedingung blus ihn, nicht aber ſeine Nachfolger verbindlich machte. Hiermit war den Ständen nichts geholfen. Dieſe Aeußerung widerſprach auch offenbar der Idee, die ſowohl der Fürſt als die Stände bei dem Entwurf der Bedingung gefaſſet hatten. Sie beſtanden nun darauf, daß der Fürſt ausdrücklich für ſich und ſeine Nachfolger den Revers ausſtellen müßte. Dann nahmen die ſtaatiſchen

Com-

Zweiter Abschnitt.

Commissarien es den Ständen übel, daß sie auch die 1664 Eingesessenen der vereinigten Provinzen von den ostfriesischen Bedienungen ausschließen wollten, da theils so viele Ostfriesen in staatischen Diensten stünden, theils aber die Generalstaaten sich so sehr um diese Provinz verdient gemacht hätten. Der Freyherr von Kniphausen gab aber den Commissarien zu bedenken, ob die Stände nicht in dem Fall sich bei dem Kaiser verantwortlich machen würden, wenn sie die Niederländer den Reichsunterthanen vorzögen? Die Commissarien machten nun über alle diese streitigen Punkte täglich neue Vorschläge, sie wurden aber nie angenommen. Endlich wurden die Commissarien verdrießlich, und drohten unverrichteter Sache abzureisen. Zulezt kam man darüber ein, daß man den Artikel von Besetzung der Bedienungen mit Eingebohrnen allgemein fassen müßte. Wie dieser Artikel darauf gefasset worden, gehet aus den schon oben angeführten, nachher unter dem 29. März ausgestellten Huldigungs-Reversalien hervor. Hierin heißt es: „Wir erklären uns ferner dahin in Gnaden, „den 20. Artikel der Kaiserlichen Resolution würk„lich zu effectuiren, daß nämlich in Landes-Regie„rungssachen Eingebohrne und nicht Ausländische ge„brauchet und bestellet werden sollen." Und am Schlusse: „dessen zu Urkund haben wir diesen Hul„digungs-Revers für Uns und unsere Erben und „Nachkommen, regierenden Fürsten und Herren zu „Ostfriesland, mit eigenen Händen unterschrieben." Um nun die 300000 Gulden, die nicht in Ostfriesland, vielweniger in der Landes-Casse vorräthig waren, gegen Ostern herbey zu schaffen, so verstatteten die Commissarien den Ständen mit dem Abtrag des schon längst fälligen siebenten Termins der holländ-

Ostfr. Gesch. 5 B.   U   schen

1664schen Schuld (r) Frist. Dieser Termin sollte denn zur lichtensteinischen Schuld verwandt werden. Der Rest sollte unter Garantie der Generalstaaten für die Landschaft aufgenommen werden. Die Rückzahlung dieses Vorschusses setzten sie auf drei Jahre fest. So war nun alles mit dem Fürsten und den Ständen in Richtigkeit gebracht. Beinahe hätten aber neue Streitigkeiten zwischen den Ständen und der Stadt Emden den ausgeführten Plan der staatischen Commissarien wieder rückgängig gemachet. Daß die Stadt Emden in dem vorigen Jahre dem Fürsten besonders gehuldiget, und sich bey diesem Landtage so sehr nachgiebig gezeiget hatte, war die Quelle vieler Debatten während dieses ganzen Landtages. Nun verlangten die Stände, daß die Stadt zu den 300000 Gulden ⅓ stehen sollte, und wollten sich daher nur für ⅔ dieses Vorschusses verpflichten. Blos unter dieser Bedingung, die namentlich in der Verschreibung ausgedrucket werden sollte, wollten sie den staatischen Vorschus annehmen. Die Emder hielten sich aber nicht dazu verpflichtet. So schien denn nun alle Mühe und Arbeit umsonst verwandt zu seyn. Denn welcher Capitalist wollte nun wohl so unsicher sein Geld vorschießen? Aeußerst aufgebracht, drohten die Commissarien, den Generalstaaten das ständische Benehmen vorzustellen, und ihnen anzuzeigen, wie wenig Rücksicht sie während des ganzen Landtages auf die wohlmeinende Vorschläge genommen, und wie geringschätzig sie, die Commissarien, behandelt worden. Der Tresorier von Bevering gerieth so in Hitze, daß er, zu Folge der landschaftlichen Acten, den lezten

---

(r) Zu diesem Behuf waren in dem vorigen Jahr 3. Capital- und 6 Personal Schatzungen eingewilligt. Die Gelder waren größtentheils schon zusammengebracht. Landschaft. Acten.

Zweiter Abschnitt.

ten ständischen Bericht, welcher ihm von dem Se- 1664
cretair eingereichet wurde, in Stücken zerriß. Würklich machten unter dem 24. März die Commissarien
Anstalt zur Abreise. Wie die Stände ihren Ernst
merkten, bequemten sie sich auch darin nachzugeben,
daß die Clausel nicht in der Verschreibung eingerücket werde; dagegen hielten sie sich ihr Recht wider
Emden über die sechste Quote vor (s).

§. 11.

So sehr hatten sich die Commissarien angelegen
seyn lassen, die Stände zu der Anticipation zu überholen. Sie hatten nun auch den Auftrag, einen
Vergleich zwischen dem Bischof und dem Fürsten zu
stiften, um auf eine gute Art die Räumung der
Schanze zu bewürken. Diesen Auftrag konnten sie
nicht ausrichten, weil der Bischof aus Regensburg
geschrieben hatte, daß er sich mit den staatischen
Committirten nicht einlassen könnte, da der Pro eß
bei den Reichsgerichten anhängig wäre. Wie sich
also keine bischöfliche Abgeordnete in Leerort einfanden, so traten die staatischen Commissarien am 26.
März ihre Rückreise über Delfsyl und Gröningen
nach dem Haag an (t). Gleich nach ihrer Ankunft
wurde zur Geld-Negotiation Veranstaltung getroffen. Man wurde bald damit fertig. Schon unter
dem 15. April machten die General-Staaten den
Ständen bekannt, daß sie 160000 Gulden durch
ihren General-Empfänger hätten aufnehmen und
dem Fürsten auszahlen lassen. Sie ersuchten nun
die Stände, 140000 Gulden (so viel waren sie
für den siebenten und aus dem Rückstande des sechsten

(s) Aitzema p. 13 — 35. und landsch. Acten.
(t) Aitzema p. 26 und 35.

1664sten Termins des holländischen Anlehns schuldig) dem Fürsten einzuliefern. Mit diesen 300000 Gulden und den in Leerort stehenden 135000 Rthlr. sollte der Fürst den ersten und zweiten Termin der Lichtensteinischen Schuld abführen, und sich denn die Dieler Schanze wieder einräumen lassen. Da nun dadurch die Stände ihnen 300000 Gulden schuldig geworden; so wollten sie darüber nächstens eine bündige Verschreibung gewärtigen; wie sie denn von ihrer Seite den Ständen eine vollständige Quittung über den sechsten und siebenten Termin der holländischen Schuld zustellen wollten. Alles dieses wurde bewerkstelliget. Die Staaten erhielten die Verschreibung über das neue Anlehn, die Stände die Quittung über den sechsten und siebenten Termin der holländischen Schuld, und der Fürst das baare Geld (u). Wie nun das erforderliche Geld bei einander war, reiste der ständische Präsident, Carl Friedrich von Kniphausen, und der Auricher Amtmann, Doctor Johann Rüssel, nach Münster. Diese boten dem Bischof, der von Regensburg zurückgekommen war, die beglichenen Zinsen oder den ersten Termin zu 135000 Rthlr., und das Wienerische Capital ebenfalls zu 135000 mit den Verzugs-Zinsen zu 15000 Rthlr., also zusammen 285000 Rthlr. gegen Ausstellung einer gültigen Quittung und Räumung der Schanze an. Der Bischof fand indessen Bedenken, die Gelder noch zur Zeit unter diesen Bedingungen anzunehmen. Er verlangte, daß die Schanze geschleifet werden sollte (v).

Dritter

(u) Aitzema p. 36.
(v) Abdruck des Memor. p. 8.

Dritter Abschnitt.

1. Kaiser Leopold siehet die Bewegungen der General-Staaten wegen der occupirten Dieler Schanze als einen Friedensbruch wider das deutsche Reich an, und läßt durch seinen Gesandten Kriquet in dem Haag eine scharfe Note übergeben. §. 2. Ohne Rücksicht auf diese Note zu nehmen, lassen die General-Staaten nach einer fruchtlosen Conferenz dem Bischof eröffnen, daß sie die Dieler Schanze angreifen müßten, falls er die Gelder nicht in Empfang nehmen, und dann die Schanze räumen wolle. §. 3. Prinz Wilhelm von Nassau bricht mit den staatschen Truppen auf, und belagert die Schanze. §. 4. Der Kaiserliche Gesandte in dem Haag insinuiret seiner vorigen Note mit einer deutschen Kraftsprache. §. 5. Neue Tractaten zwischen dem Bischof, dem Fürsten und den General-Staaten. §. 6. Der hierdurch veranlaßte Waffenstillstand ist von kurzer Daure. §. 7. Der Prinz setzt die Belagerung fort, und erobert die Schanze. Die neu eroberte Dieler Schanze wird mit einer staat. Garnison besetzt. §. 8. Die General-Staaten suchen ihr Benehmen bei dem Kaiser zu rechtfertigen. §. 9. Der Reichs-Fiscal macht dem Fürsten wegen Ueberlieferung einer Schanze auf dem deutschen Boden an eine fremde Macht den fiscalischen Proceß. Der Fürst verantwortet sich, und deponiret die 285000 Rthlr. §. 10. Neuer Transact zwischen dem Fürsten von Ostfriesland und dem Fürsten von Lichtenstein. §. 11. Fürst Georg Christian stirbt.

§. 1.

Kaiser Leopold war unzufrieden, daß die General-Staaten sich so sehr mit der lichtensteinischen Schuld-Sache bemengten. Unter dem 7. April stellte der in dem Haag stehende Kaiserliche Gesandte Friquet schriftlich vor, daß die lichtensteinische Schuld-Sache bei den Reichs-Gerichten vorgeschwebet hätte, und durch rechtskräftige Sentenzen entschieden worden. Da nun der Bischof von Münster, dem die Execution aufgetragen worden, nicht nur alle gesetzmäßige Formalitäten beobachtet; sondern sogar sich so gelinde betragen hätte, daß er dem sachfälligen Fürsten, seinem Auftrag zuwider, Frist zur Zahlung verstatten lassen, so hätte er sich dabei

1664

1664 nichts zu Schulden kommen lassen. Da der Fürst nach abgelaufener Frist keine Zahlung verfüget; so wäre der Bischof gezwungen gewesen, die Dyler-Schanze, die auf dem Reichs-Boden läge und dem Fürsten gehörte, einzunehmen, und sie so lange mit einer Garnison besetzet zu halten, bis der Fürst von Lichtenstein befriediget seyn würde. Se. Kaiserl. Majestät hätten über das Betragen des Commandanten genaue Erkundigung einziehen lassen, und vernommen, daß er weder Bürgern noch Bauern lästig gewesen, und sich aller Gewalttreiberei enthalten hätte. Nur käme er darin seinen Pflichten nach, daß er die Intraden des Fürsten für die lichtensteinische Schuld mit Arrest bestricken lassen. Da der Bischof bei dem Anrücken seiner Soldaten das Gebiet der vereinigten Niederlande nicht betreten hätte, da die eingenommene Schanze von geringer Bedeutung, und die Besatzung schwach wäre; so sähe man gar nicht ab, wie dieser Vorfall die General-Staaten auf beunruhigende oder argwöhnische Gedanken hätte hinleiten können. Auffallend wäre daher dem Kaiser die Nachricht gewesen, daß die General-Städten sich rüsteten, und willens wären, die zu dem deutschen Reich gehörende Dieler Schanze mit gewaffneter Hand anzugreifen. Der Kaiser müßte nothwendig ein solches Benehmen für einen Friedensbruch und für eine Krieges-Erklärung ansehen. Der ganzen Christenheit müßte es befremdend scheinen, wenn Ihro Hochmögenden grade in der Zeit, wo die Türken an der einen Seite das deutsche Reich angriffen, sie von der andern Seite die Krieges-Fackel anzünden wollten, in der Zeit, da der Kaiser sich genüßiget sähe, alle christliche Mächte und selbst auch Ihro Hochmögenden um Hülfe anzutreten. Ein solches Betragen könnten

Dritter Abschnitt.

n sie mit der Einwilligung und Zustimmung des 1664 ürsten von Ostfriesland nicht rechtfertigen. In em Fall würde sich der Fürst des Hochverraths und Zerbrechen der beleidigten Majestät schuldig ma)en, und der Kaiser würde sich genöthiget sehen, hrn durch den Reichs-Fiscal den Criminal-Proceß nachen zu lassen. Gute Nachbarschaft, Freundschaft und Zuneigung für den Fürsten blieben immer. eere Ausflüchte. Man könnte auch gar nicht einmal sagen, daß der Fürst durch die wider ihn verhängte Execution gedrücket, vielweniger unterdrücket worden. Sie wäre im Gegentheil das letzte und einzigste Mittel, dem Fürsten seinen gänzlichen Ruin vorzubeugen. Freilich müßte er sich einige Jahre wegen seiner eingezogenen Einkünfte einschränken; indessen wäre eine solche Einschränkung, wodurch er vor und nach aus seinen großen Schulden gerissen würde, ihm weit besser, als wenn er ein so ansehnliches Capital, zur Tilgung der Lichtensteinischen Schuld, auf einmal aufnehmen müßte. Sicher würde die Folge davon seyn, daß die alsdann aufgehobene Execution über einige Jahre wieder ergänzet werden würde. Da der Fürst den ersten Termin zur gehörigen Zeit nicht abgetragen hätte, er auch verpflichtet wäre, in Meppen Zahlung zu verfügen; so wären auch die Münsterschen Officiere in Dyle nicht befugt gewesen, die Ihnen angebotenen Gelder anzunehmen. Gesetzt nun auch, man könnte hieraus eine Härte oder Unbilligkeit folgern, gesetzt, hier wäre ein Versehen vorgegangen; so gäben doch Se. Kaiserl. Majestät Ihro Hochmögenden zu bedenken, wie eine solche Kleinigkeit, die so leicht gehoben werden könnte, ihnen zu einem Vorwande dienen möge, das deutsche Reich feindselig anzugreifen. Man müßte daher sicher vermuthen,

U 4

1664then, daß ihr Vorhaben sich nicht sowohl in der Zuneigung zu dem Fürsten gründete, als nur in der Absicht, um Gelegenheit hervorzusuchen, dem deutschen Reiche eine Festung zu entreissen, und darin eine immerwährende Besatzung zu halten. Die Sache möchte sich nun verhalten, wie sie wollte, so ersuchte er die General-Staaten, einige Deputirte zu ernennen, um mit ihm, oder mit dem münsterischen Dohm-Dechanten von Brabeck, welcher nächstens in den Haag kommen würde, in Conferenz zu treten. Er zweifelte nicht, oder man würde zur Beilegung dieser Irrungen angemessene Auskunft-Mittel treffen können (a).

§. 2.

Die General-Staaten ließen diese Kraft-Sprache unbeantwortet (b). Indessen würkte sie keine Aenderung ihres Plans. Zwei Tage später schrieben sie an den Bischof. Sie nannten das Verfahren des Bischofs, wornach er die ihm angebotene Gelder nicht in Empfang nehmen und die Execution mittelst Räumung der Schanze nicht aufheben wollte, ein tumultuarisches und gewaltsames Betragen. Sie machten ihm bekannt, daß sie für die richtige Zahlung des fälligen ersten und zweiten Termins einstünden, so daß beide Termine mit den Zinsen, zusammen 285000 Rthlr. ohnfehlbar auf den 23. April ausgezahlet werden sollten, dagegen erwarteten sie von ihm, daß er längstens gegen den 30. April seine Besatzung aus der Dyler Schanze zurückzöge, und die Schanze dem Fürsten wieder überlieferte. Falls sich der Bischof dazu nicht verstehen würde,

(a) Aitzema p. 37 — 39.
(b) Aitzema p. 48.

Dritter Abschnitt.

würde, so eröffneten sie ihm hiemit, daß sie ihre 1664
Truppen würden anrücken lassen, um seine Besa-
ßung mit Gewalt aus der Schanze zu vertreiben.
Unter dem 26. April gieng schon die bischöfliche Antwort ein. Hierin führte der Bischof aus, wie sehr
glimpflich er mit dem Fürsten verfahren, indem er
ihm zur Zahlung Frist verstattet, und nur die kleine
Dyler Schanze eingenommen habe, da er doch den
Fürsten von Lichtenstein in Harrlingerland hätte im-
mitiren sollen. Er ließ nun zwar die Drohungen
der General-Staaten, die zugleich wider den Kaiser
und seine Bundes-Genossen gerichtet zu seyn schienen, auf ihrem Grund oder Ungrund beruhen, wäre indessen erbötig, mit ihnen in Conferenz zu treten. Zu dem Ende würde der Dohm-Dechant von
Brabeck, welcher schon abgereiset wäre, nächstens
in dem Haag eintreffen. Die Conferenzen wurden
nun gleich hierauf zwischen einer Committee der General-Staaten, dem Dohm-Dechanten, und den
fürstlichen ostfriesischen Abgesandten, Gerhard von
Closter, Herrn von Dornum und Perkum und dem
Rath Wiarda abgehalten. In der Haupt-Sache
war man überall einig. Der Fürst sollte bezahlen,
er konnte und wollte auch zahlen. Der Bischof war
erbötig, das Geld in Empfang zu nehmen, die Execution aufzuheben, und die Schanze zu räumen.
Indessen bestand er darauf, daß er nur dem Fürsten, und keinem andern, die Schanze überliefern
wollte, und der Fürst sie alsdenn selbst besetzen oder
schleifen sollte. Dagegen wollten die General-Staaten von der bei dem Anlehn des ersten Terminus zu
135000 Rthlr. ausgestellten fürstlichen Verschreibung nicht abgehen, worin der Fürst sich verpflichtet hatte, ihnen die Schanze bis zur Tilgung des
Vorschusses einzuräumen. Der Fürst kan dadurch

1664 in eine große Verlegenheit. Von seiner Verpflichtung durfte er nicht abgehen, weil unter dieser Bedingung die General-Staaten die 135000 Rthlr. vorgestrecket hatten. Diese Gelder lagen in der Festung Leerort. Falls nun der Commandant diese Gelder nicht würde verabfolgen lassen; so behielt die münsterische Execution ihren Fortgang. Eben so mißlich war die Ueberlieferung der Schanze an die General-Staaten. Denn alsdenn mußte er die Ungnade des Kaisers fürchten. Die ostfriesischen Abgeordneten gaben sich viele Mühe, die Staaten oder den Bischof zur Nachgiebigkeit zu überholen. Besonders ließen sie es sich angelegen seyn, es dahin einzuleiten, daß die Staaten in die Schleifung der Schanze geheelen möchten. Sie richteten aber nichts aus. Das Resultat der abgebrochenen Tractaten war die staatische Schluß-Erklärung, daß wenn der Bischof gegen Empfang der 235000 Rthlr. die Schanze in der Güte nicht räumen wollte, sie mit Gewalt die Schanze einnehmen würden (c).

§. 3.

Die General-Staaten machten nun ihre Truppen mobil und ertheilten die Ordre zum Aufbruch. Dagegen ließ der Bischof die Schanze mit 60 Mann aus Warenburg verstärken. Größere Anstalten zur Gegenwehr traf er nicht. Vielleicht vermuthete er, daß die General-Staaten es bei den Drohungen bewenden lassen würden. Der Prinz Wilhelm brach am 1. May mit 17 Compagnien Infanterie und 20 Schwadronen Reuter von Ulsen auf. Am 9. May

(c) Altzema. p. 39 — 43. Winkelmanns Oldenb. Hist. p. 517 und 518. Abdruck des Memor. p. 9. 77 und 78.

Dritter Abschnitt.

Nun kam er bis Reine, nur eine Meile von der 1664
Dyler Schanze entfernet. Hier stießen noch 20
Compagnien aus Friesland und Gröningen zu ihm.
An dem folgenden Tage am 10. May kam er vor die
Schanze. An diesem nämlichen Tage ließ der Prinz
die Schanze durch den Obristen Ittersum auffodern.
Der Commandant Elberfeld erwiederte, daß er sich
bis auf den letzten Blutstropfen vertheidigen wollte.
Der Prinz ließ hierauf von zwei Seiten Laufgraben
eröffnen und Batterien aufwerfen. Dagegen ließ
der Commandant aus der Schanze, besonders zur
Nachtzeit, auf die Arbeiter heftig schießen. Wie
der Prinz mit den Laufgraben nahe an die Schanze
vorgerücket war, und die Batterien aufgeworfen
waren, ließ er am 18. May die Schanze von allen
Seiten beschließen. Grade an diesem Tage schloß
er mit dem Commandanten auf Befehl der General-
Staaten einen Waffenstillstand auf einige Tage
ab (d). Die Ursache davon lag in den Verhandlungen in dem Haag. Daher wenden wir uns erst
nach dem Haag wieder zurück.

§. 4.

Wie der Kaiserliche Gesandte Friquet diese kriegerischen Anstalten sah, reichte er den General-
Staaten am 10. May eine neue Vorstellung ein.
Ihr itziges Verfahren, sagte er darin, widersprä-
che durchaus ihren öfteren Versicherungen von der
aufrichtigen Freundschaft und Allianz mit dem Kaiser und dem Reiche. Die angebliche Unterdrückung
des Fürsten von Ostfriesland wäre nur ein Deckmantel ihres Benehmens, da der Fürst selbst sie so sehr
inbringlich ersucht hätte, die Schleifung der Schanze

(d) Aitzema p. 59—61.

1664ze zuzugeben. Ungerecht bliebe es immer, daß sie den Fürsten gezwungen hätten, von ihnen ein zinsbares Anlehn anzunehmen, um nur die Schanze wider die Pflicht des Fürsten, womit er dem deutschen Reich verwandt wäre, wider sein eigenes Interesse und sogar wider seinen Willen zu besetzen und zu befestigen. Zur Sicherheit für die Zinsen und Rückzahlung des Hauptstuhls bedürften sie keine Garnison in der Schanze, weil sie durch die Ueberweisung der Einkünfte aus Harlingerland genug gesichert worden. Wäre die Besatzung der Dyler Schanze von so geringer Bedeutung, wie sie wähnten, so wäre es ihm doch unbegreiflich, warum sie für einen so geringen Preis ihr gutes Vernehmen mit dem Kaiser und dem Reich stören wollten; wäre aber die Schanze von Wichtigkeit, und wären die Folgen der vorzunehmenden Besatzung erheblich, so sähe er die Befugsamkeit nicht ein, die sie berechtigte, an den Irrungen zweier Reichs-Fürsten Antheil zu nehmen, und solche zu ihrem Vortheil zu benutzen? Eine solche Befugsamkeit könnten sie mit den Tractaten, die sie mit dem Fürsten über die Besetzung der Schanze getroffen hätten, nicht beschönigen. Eine solche Verabredung führte schon an und für sich eine offenbare Nullität mit sich; weil nach der Reichs-Verfassung kein Fürst eine Festung einer ausländischen Macht übertragen dürfte. Wenn aber sie eine so unbedeutende Kleinigkeit der festen und wahren Freundschaft des Kaisers und des Reichs vorziehen, und ihren Entschluß, sich der Schanze zu bemächtigen, ausführen sollten; so protestirte er feierlich von nun an wider solche Ungerechtigkeiten und gewaltsame Usurpationen, und blieben sie für die Vergießung des Christen-Blutes und alle daraus entspringende üble Folgen allein verantwortlich.

Dritter Abschnitt. 317

lich (e). Die General-Staaten ließen die Eingabe 1664 des Kaiserlichen Gesandten wieder unbeantwortet, gaben aber ihrem Agenten in Regensburg Hamel Bruininx auf, ihr Verfahren auf dem Reichstage zu rechtfertigen. Dieser befolgte seinen Auftrag, so gut er konnte, er war aber nicht im Stande, den Churfürsten von Maynz von der Befugsamkeit der General-Staaten sich bei dem vorliegenden Fall in die deutschen Angelegenheiten zu mischen, zu überzeugen (f).

§. 5.

Nach dem Aufbruch des Prinzen Wilhelm wurde von dem münsterischen geheimen Rath und Dohm-Dechanten Brabeck und den ostfriesischen Abgeordneten von Closter und Wiarba eifrig an einem Vergleich gearbeitet. Es gelang ihnen, daß sie eine Vereinbarung bald zu Stande brachten. Darnach sollte der Fürst gegen den 21. May die beiden ersten Termine mit 285000 Rthlr. in Meppen gegen eine bündige Quittung auszahlen. Dagegen sollte der Bischof seine Besatzung, Magazine und Ammunition aus der Schanze zurückziehen, und befugt seyn, alle von ihm angelegte Außenwerke zu schleifen. Alles dieses sollte längstens innerhalb sechs Tagen nach verfügter Zahlung bewerkstelliget werden. Alsdenn sollte der Commandant dem Fürsten die Schlüssel zu der Schanze selbst überliefern. Nach der Ueberlieferung sollte dem Fürsten die freie Disposition über die Schanze verbleiben. Uebrigens behielt man sich von beiden Seiten vor, sich über die Execution-Kosten, und über die streitige Frage, in
wie

(e) Aitzema p. 45—51.
(f) Aitzema p. 57—59.

1664 wie ferne der §. de indaganda des westphälischen Friedens seine Anwendung finden könne, besonders zu vergleichen. Am 10. May, an dem nämlichen Tage, wie Prinz Wilhelm vor die Schanze rückte, ertheilte in Münster der Bischof die Genehmigung dieses Vergleiches. Die General-Staaten wurden von dem Vergleich und der Ratification des Bischofs unter dem 15. May benachrichtiget. Sie fanden dabei nichts zu erinnern. Nur bestimmten sie zur mehrern Deutlichkeit und zur Vorbeugung künftiger Irrungen, einige Artikel näher. Besonders fügten sie hinzu, daß man dem Fürsten wegen des ihm zustehenden Rückfalls bei dem Absterben des Lichtensteinischen Hauses Sicherheit stellen müßte, daß die 285000 Rthlr. auf eine feste Hypothek beleget, oder zum Ankauf liegender Gründe verwendet werden sollten. Den Zahlungstag setzten sie wegen Kürze der Zeit vier Tage später, nämlich auf den 25. May. Dann ertheilten sie noch eine besondere Verpflichtungs-Acte, wornach sie der münsterischen Execution weder mittelbar noch unmittelbar irgend ein Hinderniß in den Weg legen wollten, falls der Fürst dem zu Aurich am 4 Sept. vorigen Jahres abgeschlossenen Vergleich und diesem neuen Transact nicht genau nachkommen sollte. Endlich fanden sie für gut, den Bischof und den Fürsten von Ostfriesland zu ersuchen, ihre Bevollmächtigten gegen den 21. May nach Stapelmoer, dem Hauptquartier des Prinzen Wilhelm, abzuordnen, um zugleich mit ihren Deputirten, die sich ebenfalls alsbann einfinden sollten, den Vergleich zu vollziehen, und alle Nebenpuncte zugleich mit abzumachen. Dem Prinzen Wilhelm gaben sie auf, sofort alle Feindseligkeiten wider die Schanze einzustellen, die Belagerung aber wieder

fort-

Dritter Abschnitt.

ortzusetzen, wenn sich gegen den 21. May keiner 1664
münsterischen Abgeordneten einfinden sollten (g).

§. 6.

Am 18. May erhielt Prinz Wilhelm diese Or-
re von den General-Staaten. Er schloß sogleich
urch seinen General-Major Kirkpatrik mit dem
ommandanten Elberfeld einen Waffenstillstand ab.
Dieser sollte bis zum Anbruch des 22sten May währen. Unterdessen fuhr der Prinz fort an den Appro-
)en und Batterien zu arbeiten. Der Comman-
ant nahm dieses übel. Er drohte zu schießen. Der
)rinz ließ aber erwiedern, daß der Commandant
1 der Schanze, er aber draußen zu befehlen hätte,
nd so setzte er die Arbeit fort. Der Commandant
urfte es nicht wagen, seine Drohungen auszufüh-
en, weil schon zwei seiner besten Kanonen demon-
ret waren. Es fanden sich nun zur bestimmten
eit die staatischen Committirten von Haren und
ockinga, und dann von Seiten des Fürsten der
iofrichter von Kniphausen ein. Erst am 21. May
tten zwei fremde Personen mit ihren Bedienten
urch Stapelmoor. Wie sie angehalten wurden,
gten sie, sie wären bischöfliche Abgeordnete. Ge-
agt, ob sie mit den staatischen Committirten in
onferenz treten wollten? erwiederten sie, daß sie
ir den Auftrag hätten, mit den ostfriesischen De-
itirten zu sprechen, und sie sich also mit den staati-
en Committirten nicht einlassen könnten. Der
rinz verfügte sich selbst zu ihnen, erhielt aber die
mliche Antwort. Sie traten indessen mit dem
ofrichter von Kniphausen in Conferenz. Diesem
gten sie ihre Vollmacht und das Concept der Quittung

(g) Aitzema p. 51—57.

tung über die zu zahlende 285000 Rthlr. vor. Der Hofrichter fand aber die Quittung sowohl in Absicht der Formalien als Materialien so mangelhaft, daß der Fürst sie nicht annehmen konnte. Dabei erklärten die münsterischen Abgeordneten, daß der Bischof sich mit der von den General-Staaten in den Vergleich eingerückten Periode wegen Sicherstellung des Rückfalls weder befassen könnte, noch wollte. Bei so bewandten Umständen konnte bei der Conferenz nichts heraus kommen. Wie nun der Prinz von der Ankunft der münsterischen Abgeordneten nicht auf eine legale Art benachrichtiget, ihm auch ihre Vollmacht nicht vorgezeiget war, so hielt er davor, daß er nach seiner Ordre nun wieder die Belagerung fortsetzen müßte (h).

§. 7.

Prinz Wilhelm fieng am 24. May wieder an, die Schanze zu beschießen. Am andern Tage früh Morgens ließ der Commandant die Trommel rühren, und begehrte zu capituliren. Er sandte den Hauptmann Calcker und den Lieutenant Clant in das Lager des Prinzen, und schloß durch sie folgenden Accord ab: 1) Die Besatzung sollte mit fliegenden Fahnen, mit Ober- und Untergewehr, mit brennenden Lunten und mit ihrer Bagage ungehindert abziehen, und nach Coesfeld marschiren. 2) Sollte die Besatzung alle dem Bischof gehörige Artillerie, Munition, Proviant, und alles eingeführte Holzwerk mit sich führen, doch sollte sie alles, was Nied- und Nagelfest ist, zurücklassen. 3) Alles, was in der Schanze vor der Einnahme befindlich gewesen, sollte darin verbleiben. 4) Sollte der Abzug

(h) Aitzema p. 61—64.

Dritter Abschnitt.

Abzug am 27. May erfolgen. 5) Möchte in die-1665 ser Zeit nicht alles aus der Schanze verführet werden können, so sollte dem Commandanten vergönnet werden, so lange in der Schanze zu bleiben. Zufolge dieser Capitulation zog am 31. May die Besatzung ab. Sie war 300 Mann stark. Hierunter waren 80 Kranke und Blessirte, die auf Wagen fortgebracht wurden. Zu Abführung der Bagage wurden dem Commandanten 50 Wagen besorget. Der Prinz ließ die Schanze nun wieder besetzen, und bestellte den Hauptmann Cock zum Commandanten. Er ließ die von der Belagerung so sehr ruinirte Schanze wieder herstellen, und am 11. Jun. sein Lager wieder aufbrechen, da er denn nach den Niederlanden zurück gieng (i). So hatten denn nun die General-Staaten drei Besatzungen in dieser Provinz, in Emden, Leerort, und Diele.

§. 8.

Sobald nun die bischöfliche Besatzung die Schanze übergeben hatte, suchten die General-Staaten in einem weitläuftigen Schreiben ihr Verfahren bei dem Kaiser zu rechtfertigen. Sie führeten darin aus, daß der Bischof seine Commission überschritten habe, und als ein offenbarer Feind in Ostfriesland eingefallen sey; ferner daß er die gewaltsamer Weise eingenommene Schanze inwendig stark befestigen, auswendig mit vielen Außenwerken versehen, und mit einer ansehnlichen Garnison besetzen lassen. Hieraus folgerten sie die Absicht des Bischofes, sich in Ostfriesland beständig festzusetzen. Da sie nun mit dieser Provinz theils wegen der Nachbarschaft,

(i) Altzema p. 64—66.

1664 barschaft, theils wegen der von ihnen übernommenen Manutenenz der Landes-Verträge in besonderer Verbindung stünden, und dann die ganze Provinz ihnen vor verschiedenen großen Vorschüssen, die sie theils dem Fürsten, theils der Landschaft vorgestrecket hätten, haftete; so hätten sie bei dem Verfahren des Bischofes aus diesen angeführten Umständen nicht gleichgültig bleiben können. Um allen hieraus entspringenden Irrungen vorzubeugen, hätten sie den Fürsten in den Stand gesetzet, die beglichenen 285000 Rthlr. zahlen zu können. Der Bischof hätte sich indessen immer geweigert, die Gelder anzunehmen. Sie hätten in gemäßigtem Styl den Bischof von seinem ungerechten Verfahren, die Execution zu seinem Vortheil zu benutzen, abzulenken gesuchet; es hätte aber alles dieses nichts fruchten wollen. Zuletzt hätten sie ihm unter ihrem großen Siegel die Versicherung ertheilet, daß sie der Execution keine Hindernisse in den Weg legen wollten, wenn der Fürst nicht zur bestimmten Zeit Zahlung leistete. Indessen hätte ihre Nachsicht und ihre Mäßigung den Stolz und den Starrsinn des Bischofs nur verstärket. Bei dieser Lage wären sie genöthiget gewesen, ernsthafte Maasregeln wider den Bischof zu treffen. Sie bäten inständigst, daß der Kaiser einem andern billiger und gemäßigter denkenden Fürsten diese Commission auftragen möchte. Sie schlossen: „Wir bitten indessen, daß Ew. Kai„serl. Majestät aus dieser wahren Beschaffenheit „der Sache bemerken mögen, wie sehr wir die In„tention der erkannten Execution zum Besten des „Fürsten von Lichtenstein zu befördern gesuchet ha„ben, daß, wenn nicht der Bischof durch sein rechts„widriges Betragen es veranlasset hätte, der Fürst „von Lichtenstein ohne alle Weitläuftigkeit a: 5000
„Rthlr.

Dritter Abschnitt.

Kehlr. baar, und denn nachher den Rest ohne 664 term und Waffenrüstung würde erhalten haben. Wir versichern dabei Ew. Kaiserl Majestät, daß uns die Justiz so heilig ist, daß wir es uns nie in den Sinn kommen laſſen, die ordentlichen Execu„tionen über die bei den Reichs-Gerichten gefälleten „Sentenzen zu behindern, sondern vielmehr immer „suchen werden, sie zu befördern und zu begünsti„gen. Ew. Kaiserl. Majestät können Sich sicher „darauf verlaſſen, und auch darauf, daß uns nichts „mehr zu Herzen gehet, als die gute Freundschaft „und Nachbarschaft mit Ew. Majestät und dem „ganzen Reiche, wie auch mit allen Gliedern deſ„selben zu unterhalten." Der niederländische Geschichtschreiber, der uns dieses Schreiben vollständig geliefert hat, macht hierüber die Anmerkung, daß darin mehr eine Beleidigung, als eine Rechtfertigung stecke. Gesetzt, sagt er, der Bischof hätte seine Commiſſion mißbrauchet, so wäre es des Fürsten Sache gewesen, sich darüber bei dem Kaiser zu beschweren, die Staaten wären aber nicht befugt gewesen, sich darein zu mengen, und auf den Reichsboden Truppen zu führen. Dem Kaiserlichen Gesandten Friquet wurde eine Abschrift dieses Schreibens zu seiner Nachricht zugestellet. Er fand sich dadurch beleidiget, daß die General-Staaten unmittelbar an den Kaiser geschrieben, und ihm auf seine jüngst eingereichte Note nicht geantwortet hatten. In der Versicherung der General-Staaten, daß sie die gute Nachbarschaft und Freundschaft mit dem Kaiser und dem Reich so sehr beherzigten, und in ihrem Betragen, daß sie von der einen Seite, so wie nun die Türken von der andern Seite die deutschen Grenzen angriffen, fand er einen Widerspruch (k). §. 9.

(k) Aitzema p. 66—75.

§. 9.

1664 Der Fürst von Lichtenstein hatte schon in dem Anfange dieses Jahres bei dem Kaiser sich beschweret, daß der Fürst von Ostfriesland dahin arbeitete, die Execution wenbig zu machen, oder sie wenigstens in die länge zu ziehen, und von den General-Staaten, denen er die Schanze einräumen wollte, Unterstützung erwartete. Der Reichs-Fiscal Vitus Sartorius von Schwanenfeld machte hierauf dem Fürsten den fiscalischen Proceß. Er trug darauf an, daß der Fürst wegen seiner Eingriffe in die Lehn-Rechte und Reichs-Constitutionen mit der Strafe des Landfriedens zu belegen, und ihm bei Strafe von 1000 Mark Goldes und Verlust des Lehn-Rechtes aufzugeben sey, keine in dem deutschen Reich liegende Oerter, ohne Zustimmung des Oberlehnsherrn, zu versetzen, oder auswärtigen Staaten einzuräumen, und nicht zu gestatten, daß auf dem Reichsboden Festungen angeleget werden. Diese Klage mit den Pönal-Mandaten wurde dem Fürsten im Februar zugestellet, um seine etwaige Einreden binnen zwei Monaten darauf einzubringen (l): Am 19. Jul. ließ der Fürst durch seinen Rath Johann Heinrich Stamler und seinen Agenten Hagemeyer auf dem Reichstag zu Regensburg ein Memorial überreichen (m). Hierin entkannte er, daß er fremde Staaten angesuchet hätte, die Execution wenbig zu machen, behauptete aber, daß er genöthiget gewesen, die Dyler Schanze für ein Anlehn zur Abführung der Lichtensteinischen Schuld den General-Staaten

(l) Abdruck des Memor. an Maynz p. 34—37.

(m) Dies ist der von uns so oft in den Anmerkungen angeführte Abdruck des dem Chur-Maynzischen Reichs-Directorio übergebenen Memorials.

Dritter Abschnitt.

Staaten, und zwar mit dem ausdrücklichen Zusatz, 1664 den Rechten des Kaisers und des Reiches unbeschadet, zu verschreiben. Hiezu wäre er ohnehin aus Noth gezwungen worden, weil er sich sonst nicht im Stande befunden, der Kaiserlichen Revisions-Sentenz ein Gnüge zu leisten. Dadurch, sagte er, hätte er dem deutschen Reiche keinen Abbruch gethan, indem er nicht immer, sondern nur auf eine kurze Zeit, den Staaten die Schanze überlassen wollen, und nicht einmal den General-Staaten wirklich die Schanze eingeräumet habe, sondern solche mit den Waffen eingenommen worden, welches er unmöglich hätte verhindern können. Ferner führte er darin aus, daß wenn er gleich zu dem Wiener Vergleich aus Noth gezwungen worden, und er auch nachher wegen des harten Verfahrens des Bischofs widerrechtlich gedrungen worden, den Aurischer Vergleich vom 4. September vorigen Jahres einzugehen; er dennoch zu der Auszahlung der 285000 Rthlr. sich bequemet habe, und solche dem Bischof baar anbieten lassen. Da nun das Berumische Capital zu 165000 Rthlr. noch nicht fällig wäre, auch dieses bis zur rechtlichen Erörterung der vorbehaltenen Reservaten nicht ausgezahlet werden könnte; so hätte er durch die Obligation der 285000 Rthlr., die noch baar vorhanden wären, der Kaiserlichen Sentenz nachgelebet. Er protestirte daher wider allen Schaden und Kosten, und bat, dem Bischof aufzugeben, mit allem executivischen Verfahren Anstand zu nehmen (n). Um den Ansprüchen auf Verzug-Zinsen auszuweichen, ließ der Fürst am 17. Oct. die 285000 Rthlr. bei dem Hofgerichte deponiren. Die 51 Fässer, worin die Gelder eingekupert waren, wurden in ein Gewölbe auf dem Schloß

(n) Abdruck des Mem. p. 1—17.

1654 Schloß gebracht. Hierauf nahm das Hofgericht die Schlüssel in Verwahrsam (o).

§. 10.

Durch Vermittelung des Herzogs Eberhard von Würtemberg wurde am 15. April des folgenden Jahres 1665 zwischen dem Fürsten Georg Christian, und dem Fürsten Hartmann von Lichtenstein in Wien ein neuer Vergleich getroffen. Darnach machte sich Georg Christian verbindlich

1) die aus dem Berumischen Vergleiche herrührenden . . 165000
2) die in dem Wiener Vergleiche übernommenen . 135000 und
3) an aufgelaufenen Zinsen 185000

also überhaupt 485000 Thlr. in folgender Art auszuzahlen. Die bei dem Hofgerichte deponirten 275000 Thlr. sollte der Fürst von Lichtenstein innerhalb 8 Wochen in Amsterdam in Empfang nehmen, und in zehn jährigen Terminen noch 75000 Thlr. erhalten, womit denn die beiden lezteren Posten getilget werden sollten. Der alsdenn noch rückständige erste Posten aus dem Berumer Vergleich sollte aber stehen bleiben, und mit 5 p. C. verzinset werden. Durch diesen von dem Kaiser bestätigten Transact, wurden die so weit aussehenden Streitigkeiten über die lichtensteinische Schuld mit einmal gehoben. Es erfolgte auch gleich hierauf ein Kaiserliches Rescript an den Bischof von Münster, die Execution nicht fortzusetzen. Wir bemerken indessen dabei, daß nachher über die Zinsen wiederum Irrungen entstanden sind. Diese sind

durch

(o) Abdruck p. 90—94.

Dritter Abschnitt.

durch neue Vergleiche 1735 und 1740 wieder gehoben. Bis auf die aus dem Berumer Vergleiche herrührende 165000 Rthlr. ist die ganze Schuld mit allen bis zu 1743 fällig gewesenen Zinsen abgeführet. Nach gleich hierauf erfolgter veränderter Regierung, hat das Lichtensteinische Haus dieses Capital bei dem erlassenen Proclam über das Fürstliche Debit-Wesen angeben lassen (p). 1665

§. 11.

Wenn man die kurzen Regierungs-Jahre des Fürsten Georg Christian überschauet, so erblicket man eine aneinanderhangende Kette von Unruhen und Streitigkeiten mit den Ständen, und mit seinen nächsten und entferntern Anverwandten. Der Lichtensteinische Proceß, und die wider ihn verhängte Execution war der schwerste Kampf, den er bestehen mußte. Credit und baares Geld waren die Waffen, womit er streiten mußte. Da diese seine Waffen stumpf waren, so gerieth er in eine mißliche Verlegenheit. Der zulezt getroffene Vergleich, und die dadurch abgewendete Execution vereitelte die befürchtete Absicht des Bischofs, ein Stück dieser Provinz an sich zu reißen, befreite ihn von dem schon wider ihn verhängten Fiscalischen Proceß, und der Ungnade des Kaisers, und befestigte ihn in der Gunst seiner mächtigen Nachbarn der Generalstaaten. Durch eine vernünftige Oeconomie und kluge Regierung, denn nun war er auch mit den Ständen ausgesöhnt, möchte er vielleicht im Stande gewesen seyn, sein Haus in einen blühenden Zustand zu setzen. Er überlebte aber nicht lange den Lichtensteinischen Vergleich.

(p) Altzem p. 1403 und 1405 und aus den Reg. Acten.

1665 gleich. Er starb plötzlich, denn erst an dem vorigen Tage spürte er einige Unpäßlichkeit, am 6. Jun. in der besten Blüthe seines Lebens, im 32. Jahre seines Alters. (1) Ob der Fürst das Staats-Ruder selbst gelenket, oder ob er nur seinen Namen dazu hergegeben habe, läßt sich aus den erzählten Thatsachen nicht schließen. Ich bin mit den Personalien des Fürsten zu wenig bekannt, als daß ich darüber und über seinen Character urtheilen kann. Ich lasse daher einen Schriftsteller reden, der ihn persönlich gekannt hat. Georg Christian, sagte er, hat nur die Hand an das Steuerruder der Regierung gefaßet, es aber nicht selbst gelenket. Seine schwachen Geisteskräfte machten ihn unfähig, die Geschäfte selbst zu lenken (r). So viel sah er indessen wohl ein, daß alles täglich ärger wurde; er wußte aber alle Sorgen und Beschwerden nur allein mit einem starken Wein zu heben. Eben dadurch beschleunigte er sein Ende (s). Indessen war er sanftmüthig und leutselig, und gutherzig, und eben daher war er auch zuletzt, selbst bei den Embdern beliebt (t). Zu folge seiner Grabschrift wird er als ein frommer und gesetzter

(q) Geneal. des Ostfr. Reg. Hauses. Wir haben von ihm ein vortreffliches, dem vorhandenen Gemälde durchaus ähnliches Kupfer in Folio, von Anbriessen gezeichnet und von Bloetlingh gestochen. Darnach hat er zwar eine gute Bildung, seine Gesichtszüge versprechen aber nicht viel.

(r) Clavum Ostfrisiae tenuit magis, quam rexit.

(s) Ulrich von Werdum Series Famil. Werdum.

(t) Deete Vorst was van de Emders om Zynen Zagtzinnigen Inborst en Goedaardigheit bysonder geliefdt. Outhoff Warschowing p. 451.

Dritter Abschnitt. 329

ter oder standhafter Herr charakterisirt (u). Er hatte 1665 mit seiner Gemahlin Juliane Charlotte zwei Prinzeßinnen Töchter erzeuget, Eberhardine Catharine gebohren den 25 März 1663. und Juliane Charlotte, gebohren am 3 Jun. 1664 beide starben in ihrer zarten Kindheit, die älteste noch vor dem Vater am 10. Jul. 1664. und die jüngste am 9. März 1666. Seine Gemahlin hinterließ er schwanger. Sie kam nach seinem Absterben mit dem Erbprinzen Christian Eberhard nieder (v).

(u) Pius & conflans; und weiter unten: Crescent virtutum eius non Moritura praeconia, florebitque in aeternum Pietatis infucatae honor. Selig sind die zu dem Abendmahl des Lammes berufen sind. Die ganze weitläuftige Grabschrift stehet in der ostfriesischen Mannigf. 1. Theil p. 377 und 378.

(v) Aus der Geneal. des Fürstl. Hauses.

Drei und zwanzigstes Buch.
Von 1665 — 1668.

Erster Abschnitt.

§. 1. Der Graf Edzard Ferdinand wird bei der Schwangerschaft der verwittweten Fürstin Curator der Leibesfrucht, und übernimmt bis zu ihrer Entbindung die interimistische Regierung. §. 2. Ostfriesland wird mit der Pest heimgesuchet. §. 3. In dem zwischen England und Holland ausgebrochenen Kriege werden von den Engländern viele emdische Schiffe genommen. §. 4. In Ostfriesland besorget man eine Landung der Engländer, und von der Landseite einen Einfall des Bischofs von Münster. §. 5. Der Graf fodert die Stände auf, ihn mit einem Geldbeitrag zu einer Landesdefension zu unterstützen. §. 6. Die Generalstaaten rathen dem Grafen an, Braunschweigische Truppen zur Besetzung der Gränze einzunehmen. §. 7. wobei aber die Stände Bedenklichkeiten finden.

§. 1.

1665 Der verstorbene Fürst Georg Christian hatte keine männliche Erben nachgelassen. Da Ostfriesland ein Reichs-Mann-Lehn ist, so würde sein Bruder, Graf Edzard Ferdinand unstreitig sein Nachfolger in der Regierung geworden seyn, wenn die verwittwete junge Fürstin, Christine Charlotte, nicht schwanger gewesen wäre. Es hieng also von der Zukunft ab, ob sie mit einem Prinzen, oder mit einer Prinzeßin niederkommen würde. Gleich nach dem Ableben des Fürsten verglich sich Graf Edzard Ferdi-

Erster Abschnitt.

Ferdinand mit seiner Schwiegerin dahin, daß er die 1665 Regierung bis zu ihrer Entbindung allein antreten, jedoch als Curator ihrer Leibesfrucht über die wichtigsten Angelegenheiten mit ihr Rücksprache nehmen sollte. Dabei verpflichtete er sich, falls sie einen Prinzen zur Welt bringen sollte, diesen für einen Erbprinzen zu erkennen, und ihn an dem Recht der Erb - und Nachfolge auf keine Weise zu gefährden; dagegen hielt er sich die Succession und alle damit verknüpften Gerechtigkeiten vor, wenn die verwittwete Fürstin nicht mit einem Prinzen entbunden werden sollte. Graf Edzard Ferdinand benachrichtigte die Administratoren, als Repräsentanten der Stände von dieser getroffenen gütlichen Vereinbarung, und trat dann so fort die interimistische Regierung an (a).

§. 2.

Die verwittwete Fürstin gieng mit ihrem Hofstaat nach Esens. Dort wollte sie ihr Wochenbette halten. Graf Edzard Ferdinand hielt sich in Sandhorst auf. Die Ursache davon war, weil in dem Lande hin und wieder sich eine epidemische Seuche hervorthat, (b) die auch besonders in Aurich graßirte. Daher hielten sich die Fürstin und der Graf in Aurich nicht sicher. Die Aerzte hielten diese Seuche für die Pest. Der Graf gab seinem Leibarzt Simon Wolf auf, das Publicum mit den Mitteln bekannt zu

(a) Regierungs-Acten.

(b) In dem vorigen Jahre hatte die Pest schon stark in den Niederlanden gewüthet. Man vermuthete, daß sie von inficirten Personen, oder durch pesttangende Güter aus fremden Ländern herüber gebracht war. Wagen. vad. Hist. Koeck. 50. p. 139.

1665 zu machen, sich für diese Krankheit zu verwahren. Dieser gab zu dem Ende eine gedruckte Anleitung heraus, (c) und setzte einige Pest-Wund-Aerzte an, denen er eine besondere Instruction ertheilte (d). Noch bis in den Anfang des folgenden Jahres hinein währte diese epidemische Seuche. Emden muß wohl ungemein gelitten haben, weil 5518 Leichen in diesem Jahre zur Erde bestattet sind, da doch nach den Todtenregistern dieser Stadt im Durchschnitt von 1665 bis 1700 nur ohngefähr 750 Leichen beerdiget worden (e). Auch in Norden muß diese Pest sehr um sich gerissen haben, weil der Magistrat unter dem 5. Febr. 1666 berichtete, daß die Pest etliche 1000 Men-

(c) Kurze Anleitung und getreues Anrathen, sowohl zur Praeservation als Curation der abscheulichen anklebenden Seuche der Pestilenz. Aurich 1665. Die von ihm vorgeschlagenen Präservativ-Mittel bestanden in Pestpillen, die er besonders anfertigen ließ, in Amuleten, die man an dem Hals tragen mußte, in Aderlassen, Laxiren, Räuchern, und in mäßigschwachem Trinken. Dabei empfahl er die Beobachtung der alten teutschen Vorschrift: Nicht zu nüchtern, nicht zu voll, thut in Sterbensläuften wohl.

(d) Instruction, wornach die Chirurgi dieses Landes, vornehmlich die expresse benannte Pest-Chirurgi im Fall der Noth sich zu richten haben. Aurich 1665.

(e) Todten-Regist. von Emden in Harkenroths Noten zu Bennigs Chronik p. 858. In dem Trifolio aureo stehet gar vom 1. Jun. bis 31. Decemb. sind in Embden 5518. Menschen an der Pest gestorben. Dieses ist aber die ganze Zahl aller Verstorbenen. Indessen bemerket noch das Trifolium, daß drei Prediger, Rizius, Lampe und Schwart von der Pest weggerafft sind, und viele Häuser in dem folgenden Jahre ledig standen.

Erster Abschnitt.

Menschen weggeraffet habe, und nun viele Häuser 1665 ledig stünden (f). In dem Anricher Kirchspiel starben 186 Menschen (g). Ueberhaupt sollen in Ostfriesland ohngefähr 8000 Menschen durch die Pest umgekommen seyn. Diese Seuche wütete in dem Sommer am stärksten, und hörte fast in dem Winter völlig auf; ob sie gleich in der benachbarten Grafschaft Oldenburg noch lange nachher gespüret wurde. Harlingerland und die Herrschaft Jever ist fast ganz verschont geblieben. In Jever war der Magistrat sehr sorgsam, die Ausbreitung der Pest zu verhüten. Wir müssen es wenigstens aus folgender Anekdote schließen. Dort starb schleunig eine fremde Frau. Der Magistrat besorgte, daß sie mit der Pest behaftet gewesen. Es wurde den benachbarten Weibern, die zur Entkleidung der Leiche in dem Sterbhause versammelt waren, befohlen, alle ihre Kleidungsstücke, selbst das Hemd und die Schuhe in dem Sterbhause zurückzulassen, und so mußten sie völlig nackend in ihre Häuser zurückkehren. Sorgfältig wurde die Leiche begraben, und das Haus mit einem Graben umzogen (h).

§. 3.

Die erste Sorge des Grafen bei Antritt seiner vormundschaftlichen Regierung war, die ostfriesische Gränze für einem feindlichen Einfall zu sichern. Auf der einen Seite fürchtete er eine Landung der Engländer, auf der andern die Rache des Bischofs von Münster wegen der eingenommenen Dyler-Schanze. Der zwischen England und Holland ausgebrochene Krieg

(f) Regierungs-Acten.
(g) Auricher Leichen-Protokoll.
(h) v. Werdum Ser. fam. Werd.

334 Drei und zwanzigstes Buch.

1665 Krieg war besonders der Stadt Embden sehr nachtheilig. Diesen Umstand will ich kurz hier berühren. König Carl II. von England, hatte in dem Ausgang des vorigen Jahres unvermuthet der Republik der vereinigten Niederlande den Krieg angekündiget (i). Im März dieses Jahres 1665. ertheilte der König seiner Marine Ordre, alle Schiffe jeder Nation aufzubringen, die den Holländern Kriegsbedürfnisse zubringen würden, oder auch nur holländische Waaren an Bord hätten. Hierauf nahmen die Engländer 13 Ember Schiffe weg, erklärten sie für gute Prisen, confiscirten Schiffe und Ladungen, und kerkerten die Matrosen ein (k). Die Ember sandten ihren Syndicus Doktor Andree nach London, um die Rückgabe der Schiffe und der Ladungen zu bewürken. Damit nun aber diese Gesandtschaft keinen Anstoß bei den Generalstaaten erregen möchte, so trugen die Ember ihrem Burgermeister Gerhardi und Rentmeister Fewen auf, sich schleunig nach dem Haag zu verfügen, um diesen Schritt, welcher blos die Sicherstellung des Seehandels und die Zurückgabe der genommenen Schiffe bezielte, nicht misszudeuten, und dann die Generalstaaten zu ersuchen, bei diesen critischen Umständen, keine Compagnien von ihrer Garnison aus Embden zu ziehen. So gut diese Deputirten in dem Haag aufgenommen wurden; so mislich sahe es mit dem Syndicus Andree in London aus. Sein Gesuch wurde von dem Könige und dem Parlament um beswillen abgeschlagen, weil Embden eine staatische Besatzung hatte, und man sich in England einbildete, daß Embden und Ostfriesland unter der Protection der Generalstaaten stünde. Der Syndicus Andree stellte zwar vor, daß die staatische Garnison

(i) Wagenaer T. 13. Boek 50. p. 106.
(k) Aitzema p. 742 und 743 und Ember Acten.

Erster Abschnitt.

nison in Emden nur blos dahin abzweckte, die innere Ruhe in der Stadt und in dem Lande zu erhalten, daß sie nur unter gewissen Bedingungen eingenommen worden, und die Holländer nie eine Superiorität über die Stadt sich angemaßet, oder auch nur verlanget hätten. Auch diese seine triftigen Gründe wurden verworfen. Nirgends fand er Gehör. Endlich entdeckte er einen Canal, wodurch er zu dem Ziel seiner Wünsche zu gelangen hofte. Er fand nämlich Gelegenheit, sich einer gewissen Madam Haussey zu empfehlen, die viel über den König vermochte. Sie versprach ihm ihre kräftige Unterstützung, und zog William Offerington in ihr Interesse. Mit diesem errichtete der Syndicus einen schriftlichen Contract: darnach machte sich Offerington verbindlich, die arretirten Schiffe nebst den Ladungen, jedoch mit Ausnahme der etwa abhanden gekommenen Güter, und die Mannschaften wieder frei zu lassen, und dann die Neutralität für Ostfriesland zu bewürken. Dagegen sollte er und die Madam Haussey 500 Pfund Sterling, und die leztere noch außerdem ein anständiges Geschenk erhalten. Die Behandlungen nahmen aber einen so trägen Gang, daß die Ember sich im Jul. gezwungen sahen, ihren geschickten Syndicus Andree, den sie durchaus nicht entbehren konnten, zurück zu rufen, und dagegen ihrem Agenten Samuel Hartelieb die Fortsetzung dieses Geschäftes aufzutragen. Auf Ansuchen des Grafen Edzard Ferdinands, ließ der Kaiser unter dem 8. Aug. ein Vorschreiben für Ostfriesland und Emden an den König von England abgehen, worin der Kaiser besonders ausführen ließ, daß Ostfriesland blos ihm, dem deutschen Reiche und dem Regierhause unterworfen wäre, und als eine neutrale Provinz anzusehen sey. Alles dieses aber war fruchtlos, alle Verhand-

1665

336 Drei und zwanzigstes Buch.

166 Handlungen waren umsonst. Zwar machten die Holländer der Stadt Emden die Hofnung, daß sie (1667) in den Frieden zu Breda sollte mit eingeschlossen werden; da aber in den Präliminarien schon festgesetzet war, daß jeder behalten sollte, was er hatte, so konnte ein solcher Einschluß, nur blos als ein Compliment angesehen werden. Emden hat also nie, weder die Zurückgabe der Schiffe, oder der Ladungen, noch eine Schadens-Ersetzung erhalten (1).

§. 4.

Der Krieg zwischen England und Holland war also schon bei Lebzeiten des Fürsten Georg Christian ausgebrochen. Gleich Anfangs hatte der Fürst schon besorget, daß die Engländer feindselige Absichten auf Ostfriesland haben möchten, nicht sowohl, um Ostfriesland zu schaden, sondern nur in der Absicht, um durch Besetzung einiger ostfriesischen Häfen Meister von der Emse zu werden. In welche mislische Lage alsdenn die Provinz Gröningen kommen, und in welche Gefahr die vereinigte Provinz von der Seite benn ausgesetzet werden würde, läßt sich leicht erachten. Da auch der Fürst überzeuget war, daß der Bischof von Münster den Verlust der Dyler Schanze nicht verschmerzen könnte, und er dabei in dem Stifte Münster einige Waffen-Rüstung verspüret hatte; so hatte er sich auch von der Landseite nicht sicher gehalten. Diese seine nicht ungegründete Besorgniß hatte er den Ständen eröfnet, und sie ersuchet, ihn mit einer Summe Geldes zur Anwerbung 100 Soldaten, womit er Stickhausen besetzen wollte, zu unterstützen. Selbst die General-Staaten, die wegen ihres eigenen Interesse nicht gleichgültig dabei

(1) Emder Acten.

Erster Abschnitt.

dabei waren, wenn eine fremde Macht sich in Ost-1665
friesland festsetzen sollte, hatten antriglich den Ständen das Anliegen des Fürsten empfohlen. Allein
das beständige Mistrauen zwischen dem Landesherrn
und den Ständen, hatte diesen immer den Gedanken eingeflößet, daß die Landesherrn, wenn sie eine
Werbung veranstalten wollten, die Absicht hätten, sie
zu unterjochen. Auch dieses mal hatte der Fürst sie
nicht bewegen können, zur Anwerbung einiger Soldaten ihm einige Gelder aus den Landesmitteln zu
bewilligen. Zwar hatten sich die Generalstaaten selbst
erboten, die Festung Stickhausen durch ihre Truppen besetzen zu lassen, wowider die Stände auch nichts
zu erinnern hatten, nur hatte der Fürst Bedenken
gefunden, von diesem Anerbieten Gebrauch zu machen. Unter dem Vorwande, daß der Kaiser es
ungnädig aufnehmen möchte, hatte er es abgelehnet (p). So standen die Sachen, wie der Fürst verstarb. Es nahte also ein drohendes Ungewitter heran.
Ungewis blieb es, ob es herüber ziehen, oder sich vertheilen würde. So wie der Fürst verstorben war,
gab Graf Edzard Ferdinand denen Drosten Wersabe,

(p) Aitzema p. 1402 — 1407. Landsch. Acten und Deductie ende waerachtig Verhael in iure & facto gefondert, van de tegenwordige Oostfr. Differentien.
1666. p. 3 und 4. In dieser Piece wird die Befugsamkeit der vormundschaftl. Regierung die Lüneburgliche Truppen in das Land zu führen behauptet. Die Gründe wurden aus dem vorne stehenden Motto hergenommen. Lex, quamvis amplissimis verbis concepta, interpretatione restringitur, ne
publicae utilitati desit. Sie ist nicht mit der unter
der Regierung Georg Christiani herausgekommenen Korte Deductie van den tegenwordigen Toestandt in Oostfriesl. zu verwechseln.

1665 sabe, von Honstede und Eck auf, ein wachsames Auge auf ihre Festungen Stickhausen, Wittmund und Friedeburg zu haben, damit sie nicht überrumpelt würden (n).

§. 4.

Die Generalstaaten ließen den Grafen schriftlich ersuchen, bei diesen kriegerischen Aussichten auf die Sicherheit der Gränze bedacht zu seyn. Der Graf erwiederte, daß er zwar die Besetzung nach seinen Kräften bewürken wollte, bey Anrückung einer starken Armee empfahl er indessen das Land in den Schutz Ihrer Hochmögenden. Er schrieb hierauf einen Landtag auf den 31. August nach Leer aus. Bei Eröffnung des Landtages vernahm man, daß der Bischof von Münster jenseits Lingen seine Truppen zusammen zöge. Der Graf fand nun eine trefliche Gelegenheit, die Stände aufmerksam zu machen, wie sehr das Vaterland in Gefahr wäre. Er ermunterte sie, ihm zur Besetzung der Gränze, und besonders der Festung Stickhausen, eine ansehnliche Summe Geldes zu bewilligen. Die Generalstaaten ließen es sich auch sehr angelegen seyn, das Ansuchen des Grafen zu unterstützen. Sie ließen zu dem Ende den Landtag durch ihre Committirte Cant, Silvert, Aylva und Johann Drewes beschicken. Einige aus der Ritterschaft und aus dem Städten-Stand bewilligten auf ernstliches Zureden der staatischen Commissarien dem Grafen zu dem Defensions-Werk 25000 fl. mit der ausdrücklichen Bedingung, daß diese Gelder blos zur Vertheidigung des Vaterlandes verwendet werden sollten. Der dritte Stand wollte aber nicht mehr, als 3000 Rthlr. dazu aussetzen.

(n) Regier. Acten.

Erster Abschnitt.

gen. Die Uneinigkeit über diese Summe, oder vielmehr der innerliche Widerwille zur Bewilligung dieser Subsidien, veranlaßte es, daß die Stände keine förmliche Erklärung von sich gaben.. Sie wandten vor, daß sie die Gefahr noch nicht so sehr bringend einsähen, und sich über die eigentliche Summe unter sich näher vereinbaren wollten. Sie gingen unvermuthet auseinander, und suchten die Prolongation dieses Landtages auf den 13. September nach (o).

§. 6.

Die Stände sahen es indessen lieber, man konnte es ihnen auch nicht verargen, daß Stickhausen eine staatische, als eine gräfliche Besatzung erhielt. Denn jene würde so wie in Emden, Leerort und Dyle, auf staatische Kosten unterhalten worden seyn, diese aber war für sie mit beträchtlichem Kostenaufwand verbunden. Auch sorgten sie, daß sie dann dem Landesherrn das Schwerd in die Hände geben, und er die verstärkte Garnisonen zu ihrem Nachtheile misbrauchen würde (p). Aber die Generalstaaten konnten auch keine Truppen entbehren. Der Seekrieg mit England hatte ihre ganze Aufmerksamkeit so auf sie gezogen, daß sie die Sicherheit ihrer eigenen Gränze verabsäumet hatten. Außerdem hatten sie bei Ausbruch des englischen Krieges ihre englische und schottische Regimenter abgedankt. Dadurch war ihre ohnehin geringe Landmacht sehr geschwächet. Die Rüstungen des Bischofs von Münster veranlaßten sie, auf die Vermehrung ihrer Landmacht zu denken. Sie traten mit einigen deutschen Fürsten, und besonders mit den Herzögen Georg Wilhelm und

Ernst

(o) Aitzema p. 1407 und 1408. und Landsch. Acten.
(p) Aitzema p. 1404.

1665 Ernst August von Braunschweig-Lüneburg in Unterhandlungen. Diese beide Herzöge versprachen ihnen ein Corps von 4000 Cavalleristen und 8000 Infanteristen in Sold zu überlassen (q). So wie dieser Vertrag in Sept. errichtet war, both Herzog Georg Wilhelm, wahrscheinlich auf genommene Abrede mit den Generalstaaten, dem Grafen Edzart Ferdinand an, ihm 1500 Mann zur Gränzbesetzung zu überlassen, doch sollten sie in seinem Eide bleiben. Der Graf vermuthete indessen, daß eine so große Truppen Zahl die Stände stutzig machen, und ihn in die größte Verlegenheit setzen würde, wenn keine hinlängliche Subsidien bewilliget werden möchten. Er nahm daher das Anerbieten des Herzogs an, wenn er ihm 300 Mann überlassen wollte, und dann diese Miliz unter seinem Commando stehen sollte. Ueber die Uebernahme der Braunschweigischen Truppen, über deren Anzahl und über die Bedingungen setzte sich der Graf mit dem Herzog und den Generalstaaten in steter Correspondenz. Die Generalstaaten munterten theils schriftlich, theils mündlich durch ihre in Ostfriesland noch anwesende Commissarien, den Grafen und die Fürstin auf, die lüneburgischen Truppen zu der so nothwendigen Gränzbesetzung aufzunehmen. Besonders riethen sie dem Grafen an, in Gretsiel eine starke Garnison einzulegen, und vor diesem Flecken Retranchements und Batterien schleunig zu errichten. Denn sie befürchteten, daß der Bischof durch Oldenburg durchbrechen, und grades Weges auf Gretsiel losgehen möchte. Sollte ihm dieser Anschlag gelingen, so konnte er zum Nachtheil der Niederländer und auch der Ostfriesen, den Handel auf der Emse, Weser und Elbe stören. Noch mehr waren sie gerade zu
dieser

(q) Wagenaer c. L p. 172 u. 173.

Erster Abschnitt.

dieser Zeit für eine Landung der Engländer auf die ostfriesische Küste besorgt (r).

§. 7.

Unterdessen wurde am 13. Sept. der Landtag in Pewsum (s) wieder fortgesetzet. Hier wurde nun den Ständen die dringendste Gefahr des Vaterlandes vorgestellet. Sie wurden durch staatische Empfehlungsschreiben zur Unterstützung des Grafen zur Bewilligung von drei oder vier Capital-Schatzungen aufgefordert. So wie nun der Vortrag von der Uebernahme der lüneburgischen Truppen geschah, so ließen sie gleich ihre Abneigung dawider merken. Sie wollten sich gar nicht darauf einlassen, und mit ihrem Unterhalt nichts zu schaffen haben. Doch hielten sie die Befestigung von Gretsyl nothwendig, und erklärten sich dazu, eine Schatzung und 5000 fl. auszusetzen. Wegen Besetzung der Gränze nach der münsterischen Seite waren sie der Meinung, daß es so hinreichend als zweckdienlich wäre, wenn die Generalstaaten ihnen 2 bis 300 Mann überlassen wollten, da denn auch eine Compagnie von der Ember Garnison dahin rücken könnte. Diese Compagnie konnte Emden nun gut entbehren, weil auf ständische Kosten die Garnison mit einer Compagnie vermehret, und zur Besetzung der Gränze bestimmt war. Die ostfriesischen Räthe ließen nicht ab, die Stände zu bewegen, in die Einnahme einer hinreichenden lüneburgischen Besatzung einzuwilligen, und zu dem Ende eine angemessene Summe Geldes auszusetzen.

(r) Aitzema p. 1408 u. 1409. Korte Deductie p. 31 — 39. und Regier. Acten.

(s) Wegen der graßirenden Pest war der Landtag von Leer nach Pewsum verleget. Land. Acten.

1665 zusetzen. Sie versprachen, daß die zu bewilligende Schatzung als ein freiwilliges Subsidium angesehen, nie zur Folge gezogen, und die Gelder blos zur Landesdefension verwendet werden sollten. Dann versicherten sie, daß der Graf und die Fürstin ihnen einen Revers ausstellen sollten, diese Truppen nie wider die Stände überhaupt, oder wider einzelne Glieder derselben zu gebrauchen, und daß diese lüneburgische Miliz wieder abgedanket werden sollte, sobald die jezt vorschwebende Gefahr vorüber wäre. Die Stände prophezeihten sich aber von der lüneburgischen Miliz nicht viel Gutes. Sie wollten sich, so sehr auch in sie gedrungen wurde, darauf nicht einlassen, es sey denn, daß man ihnen das Commando über diese Truppen überlassen, und ihnen die Befugsamkeit einräumen wollte, sie nach ihrem Gutfinden wieder zu entlassen. Dabei gaben sie dem Grafen zu verstehen, daß es die Pflicht des Landesherrn sey, auf seine Kosten für die nöthige Defension des Landes zu sorgen. Unterdessen ließen die Stände durch ihren Agenten Aißema den Generalstaaten vorstellen, daß das Land durch häufige Deichbrüche verarmet, durch die Mansfeldische, Kaiserliche und Heßische Einquartierungen ausgesogen, und durch das dem Fürsten mit 300000 Gulden gemachte Real-Compliment, in tiefe Schulden versenket sey. Wegen dieses ihres Unvermögens, eine so kostbare fremde Miliz einzuführen, und wegen des kundbaren Interesse der vereinigten Republik an der Erhaltung dieser Provinz, ersuchten sie nochmalen Ihro Hochmögenden, Stickhausen auf die Art, wie Emden, Leerort und Dyle zu besetzen. Gleich nachher erklärten sich die Stände günstiger bei den noch anwesenden staatischen Commissarien. Die Generalstaaten hatten kurz vorher die Festung Leerort mit 200 Mann verstärken

Erster Abschnitt.

stärken lassen. Sie schlugen vor, daß diese 200 à 665 Mann ihnen zur Besetzung Stickhausens überlassen werden möchten. Sie erboten sich, für den Unterhalt dieser Garnison zu stehen, und Stickhausen mit Ammunition und allen Kriegsbedürfnissen zu versehen. Allein die fürstlichen Commissarien bestanden lediglich auf die Uebernahme lüneburger Truppen. So gieng man denn unverrichteter Sache auseinander, und prolongierte den Landtag in den andern Monath. Die verwittwete Fürstin und Graf Edzard Ferdinand sandten den Esener Drosten, Timan Johann von Linteloo (t) nach dem Haag. Dieser stellte vor, daß wenn zwar zu folge der Landesverträge, ohne Wissen und Willen der Stände keine fremde Truppen eingeführet werden dürften, man indessen doch itzo die lüneburgischen Truppen wohl einführen könnte; theils weil bei dem Verzug Gefahr vorhanden wäre, und eben dieser dringende Umstand eine Ausnahme von der Regel machen müßte. Da Ihro Hochmögenden selbst die Uebernahme der lüneburgischen Truppen zweckdienlich erachtet, und sie angerathen hätten, und die Fürstin und der Graf sich anerboten hätten, den Ständen wegen Versicherung der Landesverträge und der Privilegien einen Revers auszustellen, so glaubte er, daß nach dieser Lage bei der Aufnahme lüneburgischer Truppen wenige Bedenklichkeiten vorwalten dürften. Er ersuchte hierauf die Generalstaaten durch ihre Vermittelung die Stände bereitwillig zu machen, zu den Defensionsanstalten wenigstens 3 oder doch 4 Capitalschatzun-

Y 4 gen

(t) Er war ein Edelmann aus Geldern. Fürst Georg Christian hatte ihn kurz vor seinem Absterben statt des Drosten Baumbach, der nach Stutgard berufen war, zum Drosten in Esens bestellet. v. Weerdum. Ser. Fam. Werd.

1665 gen auszusetzen. Die Generalstaaten ließen auch sofort Empfehlungsschreiben an die Stände abgehen. Indessen hielt der Agent Aitzema, auf alle staatische Resolutionen ein wachsames Auge. Er erwiederte, daß die Einführung fremder Truppen, den Landesverträgen durchaus zuwider wäre, und die Generalstaaten, da sie die Manutenenz derselben übernommen hätten, verpflichtet wären, sie aufrecht zu erhalten. Niemals, sagte er, würden die Stände es zugeben, daß diese fremde Truppen blos in dem Eide des Grafen stehen sollten, da die Einführung der lüneburgischen Truppen um deswillen der Provinz gefährlich wäre, weil der Herzog von Braunschweig-Lüneburg selbst Vormund werden würde, wenn die schwangere Fürstin mit einem Prinzen niederkommen sollte. Endlich hielt er die Einführung fremder Truppen nun unnöthig, da man nunmehr gewiß müßte, daß der Bischof von Münster die Niederlande selbst, nicht aber Ostfriesland angreifen, und dadurch den Reichsfrieden stören würde (u).

(u) Aitzema p. 1409—1414. Reglr. und Landsch. Acten.

Zweiter Abschnitt.

§. 1. Die verwittwete Fürstin Christine Charlotte wird von dem Erbprinzen Christian Eberhard entbunden. §. 2. Die Fürstin übernimmt die vormundschaftliche Regierung. Graf Eberhard Ferdinand, Herzog Eberhard III. von Würtemberg und die Herzöge Georg Wilhelm und Ernst August von Braunschweig werden Mit-Vormünder. §. 3. und 4. Die Stände äußern ihr erstes Misvergnügen über die vormundschaftliche Regierung, besonders bestehen sie wider ausländische Curatoren. §. 5. Die ohne ihr Vorkenntniß auf Veranlassung der vormundschaftlichen Regierung eingerückten Braunschweigischen Truppen vermehren dieses Misvergnügen. §. 6. Die General-Staaten finden die Stände auf Anhalten der Fürstin zu dem provisorischen Unterhalt der Braunschweigischen Truppen zu überholen. §. 7. Diese wollen sich nicht dazu bequemen, und erbieten sich, noch zur Zeit die vormundschaftliche Regierung nicht anzuerkennen. §. 8. Hieraus entstehen viele Verwirrungen, die sich um so viel mehr häufen, weil zwischen der Fürstin und dem Mit-Vormund, Grafen Ehrard Ferdinand Mishelligkeiten ausbrechen. §. 9. Von allen Seiten laufen hierüber Klagen bei den General-Staaten ein. §. 10. Die Fürstin schreibet einen Landtag aus, um die Stände zu bewegen, den Unterhalt der Braunschweigischen Truppen zu übernehmen, weil aber gar keine Deputirten sich einfinden, §. 11. so schreibet sie selbst eine Schatzung aus, und läßt sie durch Execution betreiben. §. 12. Die Emder widersetzen sich der Braunschweigischen Einquartierung in Oldersum. §. 13. Die General-Staaten entschließen sich zur Beilegung der ostfriesischen Irrungen Commissarien nach Ostfriesland abzusenden. §. 14. und 15. In deren Gegenwart wird ein Landtag unter Streitigkeiten über die Präliminarien eröffnet. §. 16. und 17. Verhandlungen über die Materialien, besonders über die Landes-Defension. §. 18. Die Vergleichs-Vorschläge der staatischen Commissarien werden zwar nicht angenommen, §. 19. doch werden einige Puncte provisorisch mit beiderseitiger Zustimmung festgesetzt.

§. 1.

Während dieser Gefahr für einen feindlichen Einfall, und den Verhandlungen über die Defensions-Anstalten, kam die verwittwete Fürstin Christine Charlotte zu Esens am 1ten Octob. nieder. Sie gebahr den Erbprinzen Christian Eberhard (a).

1665

Durch

(a) Genealog. des Fürstl. Hauses.

346 Drei und zwanzigstes Buch.

1665 Durch die Geburt dieses Erbprinzen wurde das Concept des Grafen Edzard Ferdinand wohl sehr verrücket. Er hatte Hoffnung, regierender Herr von Ostfriesland zu werden, und mußte sich nun mit der Mit-Vormundschaft begnügen, die ihm in der That lüstiger als vortheilhaft war.

§. 2.

Die Regierung mußte nun nothwendig verändert werden. Bisher hatte Graf Edzard Ferdinand alleine die Regierungs-Geschäfte verwaltet, und hatte nur in den wichtigsten Angelegenheiten mit der verwitweten Fürstin Rücksprache genommen; und auch dieses mag vielleicht nur ein Formale gewesen seyn, weil die Fürstin sich wegen ihrer hohen Schwangerschaft, und wegen ihrer Entfernung in Esens, wo sie isolirt wohnte, um Staats Geschäfte wenig wird bekümmert haben. Sobald sie nun aber den Erbprinzen zur Welt gebracht hatte; so nahm sie sofort die Vormundschaft über. Zu dieser Vormundschaft war sie nicht blos nach den Gesetzen als Mutter, und nach der beständigen Observanz in dem ostfriesischen Regierhause berechtiget, sondern auch ihr verstorbener Gemahl hatte ihr diese Vormundschaft in den Ehepacten zugesichert. Die Mit-Vormundschaft trug sie ihrem Schwager, dem Grafen Edzard Ferdinand an, der sich auch derselben sofort unterzog. Dann ersuchte sie ihren Vater, den regierenden Herzog Eberhard III von Würtenberg, und die Herzöge Georg Wilhelm und Ernst August von Braunschweig-Lüneburg (b), die Mit-Vormund-

(b) Ernst August war Bischof zu Osnabrück, erbte nach dem Tode seines Bruders Johann Friedrich das Fürstenthum Calenberg oder Hannover, und wurde demnächst Churfürst.

Zweiter Abschnitt.

Vormundschaft zu übernehmen. Das Tutorium 1665 für sie, ihren Schwager und Vater wurde erst am 1. Febr. 1666 von dem Kaiser unterschrieben, nachdem sie vorher einer zwoten Heirath und dem Welleianischen Rathsschluß entsaget, und ihr Agent Jonas Schrimpf in ihre Seele den vormundschaftlichen Eid abgestattet hatte. Später erfolgte das Tutorium für die beiden Herzöge von Braunschweig-Lüneburg. Wir bemerken nur noch, daß nach dem Absterben des Herzogs Eberhard von Würtenberg, 1675 dessen Sohn Herzog Wilhelm Ludwig, und nach dessen Absterben der zweite Bruder, Herzog Wilhelm Carl 1679 von dem Kaiser als Mit-Vormünder bestätiget worden. Es ist übrigens leicht zu erachten, daß die Regierungs-Geschäfte von der Fürstin und dem Grafen wegen der Entfernung der übrigen Mit-Vormünder nur allein verwaltet worden, und daß man nur in den wichtigsten Angelegenheiten der Mit-Vormünder Gutachten eingeholet hat (c).

§. 3.

Die verwittwete Fürstin schrieb bald nach ihrer Entbindung für sich und im Namen ihrer Mit-Vormünder einen Landtag auf den 12. Oct. nach ihrem Witthums-Flecken Pewsum aus. In diesem Landtags-Ausschreiben machte sie den Ständen bekannt, daß sie mit einem Erbprinzen glücklich entbunden sey, und das Fürstenthum Ostfriesland mit dessen Verwaltung, Dignität, Hoheiten und Gerechtigkeiten auf diesen ihren Erbprinzen, zufolge der Kaiserlichen Investituren und Lehnbriefe, und der von dem Kaiser bestätigten Primogenitur-Gerechtigkeit, auf diesen Erbprinzen ungezweifelt verstammet und
gefallen:

(c) Regier. Acten.

1665 gefallen sey, und daß sie nun aus landesmütterlicher Sorgfalt bewogen worden, für sich und im Namen der übrigen hohen Mit-Vormünder diesen Landtag auszuschreiben. Der Gegenstand dieses Landtages sollte die so nöthigen Defensions Anstalten und die Sicherheit des Landes betreffen. Sie hegte das Zutrauen zu den Ständen, daß sie die Gefahr des Vaterlandes beherzigen, und ihr nicht nur mit einem getreuen Rath, sondern auch mit den erforderlichen Geldmitteln zur Hand gehen würden. Die Stände, welche sich in geringer Anzahl zu Perosum versammlet hatten, weigerten sich, die Landtags-Proposition anzuhören. Sie reichten den fürstlichen Räthen eine Erklärung ein. Hierin wünschten sie der Fürstin und dem ganzen Lande zu der Geburt des Erbprinzen Glück und Segen, ließen aber für diesesmal es dahin gestellet seyn, warum ihnen diese frohe Nachricht, nicht wie gewöhnlich durch ein besonderes Schreiben, sondern zur Verkleinerung der Stände beiläufig in einem öffentlichen Landtags-Ausschreiben bekannt gemacht worden. Sie könnten nicht begreifen, aus welchen Grundsätzen die Fürstin, ohne ihr Vorwissen, und dem Herkommen zuwider sich mit einigen noch zur Zeit unbenannten und wohl gar ausländischen Vormündern der Regierung des Landes anmaßen könnte, da ihnen doch nach den Kaiserlichen Privilegien keine fremde Herrschaft aufgedrungen werden sollte. Dann gaben sie zu erkennen, daß sie wider den Grafen Edzard Ferdinand nichts zu erinnern hätten, und auch um so viel mehr ihm zutrauten, daß er wider die Landes-Constitution nichts vornehmen würde, da er sich während seiner Curatel so sehr friedfertig betragen hätte; indessen hofften sie zugleich, daß auch er ohne ihr Vorwissen sich nicht mit der Mit-Vormundschaft

Zweiter Abschnitt.   349

schaft befassen würde. Sie wünschten übrigens dar- 1665
über Aufschluß zu erhalten, warum er das Landtags-
Ausschreiben, da er doch in dem Lande gegenwärtig,
nicht mit unterschrieben hätte? Da übrigens der leerer Landtag wegen der Landes-Defension vorhin ausgeschrieben war, und dieser Landtag noch nicht geendiget, sondern bis hiezu immer prolongiret worden,
so waren sie der Meinung, daß kein neuer Landtag
statt fände, und könnten sie in solche Neuerungen
nicht gehelen. Weil indessen wieder staatische Commissarien in dieser Provinz erwartet würden; so
wollten sie diesen fortgesetzten Landtag bis den 7ten
November prolongiren; und behielten sich alsdann
ihre Resolution vor. Endlich wollten sie die in dem
Landtags-Ausschreiben bemerkten Mängel nicht sowohl Ihro Hochfürstl. Durchl. als ihren ausländischen Räthen zur Last legen, die sie entweder aus
Unkunde, oder aus feindseligen Absichten gegen die
Stände dazu mißleitet hätten (d).

§. 4.

Die fürstlichen ausländischen Räthe, worüber
die Stände so sehr klagten, waren der Freiherr Hil-
fried von Cronect, Drost zu Friedeburg, Johann
Melchior Oinhausen, Drost zu Aurich, und Otto
Christopher von Baumbach, Drost zu Esens. Dieser letztere war zwar damals schon in Würtenbergi-
sche Dienste getreten, hielt sich aber noch eine geraume Zeit an dem ostfriesischen Hofe auf. Diese
drei Drosten waren zugleich geheime Räthe und
Minister der jungen Fürstin. Sie waren immer
um ihr, lenkten sie nach ihrem Gutdünken, und
suchten

(d) Brenneisen p. 919—922.

1665 suchten nicht nur die Canzlei-Räthe (e), sondern auch selbst den Grafen Edzard Ferdinand von den Regierungs-Geschäften zu entfernen. So zogen sie die ganze Regierung an sich. Es gieng so weit, daß, wahrscheinlich durch ihre Einleitung, die Fürstin nachher behauptete, sie sey alleine Haupt-Vormünderin, der Graf aber nur blos Ehren-Vormund, tutor honorarius. Eine solche Regierung mußte nothwendig den Unwillen der Canzlei Räthe, Mißverständniß zwischen der Fürstin und dem Grafen, und weitaussehende Streitigkeiten zwischen der Regierung und den Ständen würken. Den Ständen war noch in den letzteren Huldigungs-Reversalen zugesichert, daß die Landes-Regierung mit Einländern besetzet werden sollte, daher trugen sie zu wiederholtenmalen auf die Entlassung dieser ausländischen Räthe an, die den ganzen Staat verwirrten (f).

§. 5.

Die Stände hielten sich überzeugt, daß die projectirte Einführung der lüneburgischen Truppen blos das Werk der Fürstin und ihrer Räthe sey, und nur dahin abzielte, ihre Gewalt zu befestigen und die ständische Gerechtsame zu untergraben. Dieses glaubten sie nun um so viel mehr, da die Fürstin die Herzöge von Braunschweig zu ihren Curatoren ernannt hatte. Ihr Mißvergnügen über die vormundschaftliche Regierung nahm desto stärker zu, da wirklich

(e) Canzlei-Räthe waren damals Bucho Wiarda, Jodocus Ammersbeck, Johann Hinrich Stamler und der obgedachte Baron von Crouck.

(f) Landschaftl. und Regier. Acten.

Zweiter Abschnitt.

wirklich die Braunschweigischen Truppen eingeführet wurden. Es hatten nämlich die Fürstin und Graf Edzard Ferdinand mit dem Herzog Georg Wilhelm von Braunschweig-Lüneburg, zwar mit Vorbewußt der General-Staaten, jedoch ohne alle Vorkenntniß der Stände die Verabredung getroffen, um einige lüneburgische Truppen in das Land einzuführen. Sie hatten den Drosten zu Wittmund, Joachim von Honstede, Herren von Risum und Donnerhorst abgesandt, diese Miliz in das Land zu führen. Unter Anführung des Obristen von Fraiß rückte im Ausgang Octobr. ein Corps von 400 Mann, und am 1. Nov. noch 400 Mann ein. Mit diesen wurde Stickhausen und Gretsyl besetzet. Die Fürstin oder ihre Räthe beschönigten diese so schleunig getroffene Verfügung mit der Nothwendigkeit und mit dem Gerücht, daß eine englische Flotte, die 6000 Mann an Bord hatte, in die Emse einlaufen und bei Gretsyl landen wollte (g). Die Fürstin verlangte zugleich von der Stadt Emden die Verabfolgung von 12 Tonnen Pulver, 10 Bund Lunten und 5000 Musketen-Kugeln zum Behuf der Gretsyler Garnison, und wieß den Magistrat in Absicht der Vergütung auf die Landes-Casse an. Der Magistrat lehnte aber sofort dieses Anliegen ab, und berichtete der Fürstin, daß die Stände sich nie zu der Vergütung aus den Landes-Mitteln verstehen würden, weil die Braunschweigischen Truppen ohne Vorbewußt und wider Willen der Stände eingeführet worden (h).

§. 6.

(g) Aitzema p. 1415 und 1416. Winkelmanns Oldenb. Hist. p. 532 und landschaftl. Acten.

(h) Ender Acten.

§. 6.

1665

Kurz vorher ließ die Fürstin durch den Drosten Sinteloo den General-Staaten anzeigen, daß die Stände ihre vormundschaftliche Regierung nicht anerkennen wollten, daß sie sich geweigert hätten, ihre Landtags-Propositionen anzuhören, und den so dringenden Landtag eigenmächtiger Weise prorogiret hätten. Bei dieser unverantwortlichen Halsstarrigkeit der Stände, und da das Land nur durch schleunige Mittel von der demselben drohenden Gefahr gerettet werden könnte, hätte sie mit den Defensions-Anstalten um so viel weniger Anstand nehmen können, da Ihro Hochmögenden selbst dazu angerathen hätten. Wie nun die lüneburgischen Truppen sich schon der ostfriesischen Gränze näherten, und in einigen Tagen zur Besetzung der ostfriesischen Gränz-Festungen einrücken würden; so müßte sie Ihro Hochmögenden inständigst ersuchen, die Stände schleunig zur Einwilligung von vier Schatzungen zu bewegen, und, im Fall sie bei ihrer Widersetzlichkeit beharren sollten, ihr zur Beitreibung dieser vier Schatzungen die starke Hand zu bieten. Sie glaubte, daß dieses ihr Gesuch gerecht sey, weil wegen des augenscheinlichen Nothstandes die Verträge, wornach keine fremde Truppen ohne Vorwissen und Genehmigung der Stände eingeführet werden sollten, ihr nicht in dem Wege ständen, und die General-Staaten selbst ihr die Einladung der lüneburgischen Truppen zu verschiedenen malen an die Hand gegeben hätten. Wenn nun gleich der ständische Agent Aitzema wider diese fürstliche Vorstellung ein Protest einreichte: und darin ausführte, daß die vormundschaftliche Regierung nach den Landes-Verträgen nicht befugt wäre, ohne Vorwissen, vielweniger wider Willen

der

Zweiter Abschnitt.

der Stände, fremde Truppen einzuführen, daß die 1665 Stände zu der Landes-Defension billige und zweckmäßige Vorschläge eröffnet hätten, sie aber damit enthöret worden, und daß man wegen des Bischofs von Münster ganz sorglos seyn könnte, da er alle seine Kräfte auf den niederländischen Krieg verwenden müßte, und an Ostfriesland nicht denken könnte (i), so erfolgte doch unter dem 7. November ein staatisches Schreiben an die Stände. Hierin wurden sie ersuchet, nur vorerst provisorisch den Unterhalt der lüneburgischen Truppen so lange zu übernehmen, bis man sich auf eine oder die andere Art darüber würde verglichen haben. Zu dem Ende wollten sie wieder ihre Abgeordnete nach Ostfriesland senden, um durch ihre Vermittelung einen billigen Vergleich zu Stande zu bringen (k). Zu dieser Resolution waren die General-Staaten um so viel mehr bewogen, weil der Herzog von Braunschweig bei ihnen so sehr für seine Tochter, die verwittwete Fürstin, intercediret hatte (l). Da so eben des Bischofs von Münster gedacht ist, so bemerke ich nur noch, daß derselbe im Sept. den General-Staaten durch einen Trompeter förmlich den Krieg angekündiget hatte. In der Krieges-Erklärung wurde ausdrücklich zur Ursache angegeben, daß die General-Staaten sich in die ostfriesischen Angelegenheiten gemischet hätten, und ihm für seine Ansprüche auf Borkelo keine Genugthuung verschaffen wollten (m). So war denn die kleine Dyler Schanze in Ostfriesland

(i) Aitzema p. 1416—1418.
(k) Korte Deductie p. 40 und 41.
(l) Aitzema p. 1419.
(m) Wagenaer vad. Hist. B. 50. p. 174.

1665 land die veranlassende Ursache zu dem blutigen Kriege zwischen dem streitbaren Bischof und den Niederländern.

§. 7.

Am 7. November wurde der bis dahin ausgesetzte Landtag in Pewsum wieder angefangen. Die Fürstin hatte in die Prorogation nicht geheelet, daher fanden sich auf dem Landtag keine fürstliche Commissarien ein. Der einzige Gegenstand der ständischen Berathschlagungen betraf die nun wirklich eingeführten Braunschweigisch-Lüneburgischen Truppen. Sie verbanden sich unter einander, die beschwornen Accorde aufrecht zu erhalten, und den eingeführten Truppen keine Löhnungen und Unterhalt zu verschaffen. Sie fanden es so gewaltsam, als widerrechtlich, daß die Lüneburger, ihres so öfters bezeigten Widerwillens und Protestirens ohnerachtet, von der fürstlichen Regierung in das Land gebracht worden, da nicht einmal ohne ihr Vorwissen eine fremde Miliz, nach dem klaren Inhalt der Verträge, angenommen werden durfte. Sie ersuchten in einer Bittschrift die Fürstin inständigst, die schleunigsten Vorkehrungen zur Abführung der durch die unverantwortlichen Machinationen ihrer Minister hereingezogenen fremden Truppen zu treffen. Sie erboten sich, andere zweckdienliche Mittel zur Landes-Defension in Vorschlag zu bringen, und darüber mit ihr persönlich durch den dazu ernannten Deputirten, Hofrichter Carl Friedrich von Kniphausen, in Conferenz zu treten. Dann schrieben sie an das Hofgericht, daß es kein neues vormundschaftliches Siegel annehmen möchte, so lange die Landes-Verträge nicht förmlich bestätiget, und die Vormundschaft über den Erbprinzen nicht mit Bewilligung der Stände angetre-

Zweiter Abschnitt.

angetreten worden. Bis dahin verpflichteten sie sich 1665 unter sich, die vormundschaftliche Regierung nicht anzuerkennen Ferner berichteten sie an die General-Staaten. daß durch Betrieb der fürstlichen Räthe nun wirklich wider Wissen und Willen der Stände ein Corps Lüneburger einmarschirt sey. Sie foderten hierauf Ihro Hochmögenden, da sie die Garantie der Accorde übernommen hatten, zur Manutenenz derselben auf. Da auch die fürstlichen geheimen Räthe den Unterhalt der lüneburgischen Truppen von den Ständen erzwingen wollten, und man besorgte, daß sie mit Gewalt und durch lüneburgische Miliz die Pacht-Comtoire angreifen würden; so baten sie die Commandanten in Emden und Leerort zu beordern, die Comtoire zu schützen, und ihnen wider solche Eingriffe die starke Hand zu bieten (n).

§. 8.

In Ostfriesland herrschte überall Verwirrung. Die verwittwete Fürstin maßte sich die Landes-Regierung an, und die Stände wollten die vormundschaftliche Regierung nicht anerkennen. Sie erließ Befehle, und Niemand gehorchte. Sie schrieb Landtage aus, und es erschien kein Deputirter. Die Lüneburger waren einmal in dem Lande, und der Herzog Georg Wilhelm machte gerechte Ansprüche auf ihren Unterhalt und Söhnung. Die Fürstin konnte diese Kosten nicht bestreiten, und die Stände wollten keinen Heller dazu hergeben. Die staatischen Commandanten in Emden und Leerort schienen selbst über die Einführung der lüneburgischen Truppen mißvergnügt zu seyn. Der Embder Commandante Sirma gab auf Gesuch der Stände den Pächtern der

(n) Landschaftliche Acten.

1665 der Comtoire zu Norden, Aurich, Gretsyl und Nesse militairische Wache. Dieses wurde selbst von den General-Staaten genehmiget, denn sie befürchteten den Ruin des landes, wenn von der Fürstin die Comtoire gewaltsamer Weise durch lüneburgische Unterstützung sollten angegriffen werden. Wie das zweite Corps der lüneburger einrückte, und sich in Bingum und Leer einquartieren wollte; setzte sich der Commandant Siegers auf Leerort dawider, brannte die Kanonen auf sie loß, und zwang sie, sich weiter von der Festung zu entfernen. In der That befolgte er seine Ordre, denn er hatte ein vor allemal den Auftrag erhalten, keine fremde Truppen unter den Kanonen der Festung zu dulden. In dem Regierhause selbst brachen Uneinigkeiten aus. Die fürstlichen geheimen Räthe lenkten alles nach ihrem Gutfinden. Sie achteten nicht mehr auf den Mit-Vormund, den Grafen Edzard Ferdinand. Sie sahen ihn als einen Figuranten an, und gaben ihm auch nicht einmal von den wichtigsten Vorfällen Nachricht. Er fand sich dadurch beleidiget, und gab sein Mißvergnügen darüber öffentlich zu erkennen (o).

§. 9.

Bei dieser lage der Sachen konnte es nicht fehlen, oder die General-Staaten mußten mit vielerlei chen Klagen behelliget werden. Der Herzog von Würtenberg beschwerte sich über das Unrecht, welches seine Tochter erdulden müßte. Sie die Fürstin klagte über die Widerspenstigkeit der Stände, die ihre vormundschaftliche Regierung nicht anerkennen wollten. Die Herzöge von Braunschweig sandten

---

(o) Aitzema p. 1420—1422. und T. 12. B. 46. p. 868 und 869. und Landschaftl. Acten.

Zweiter Abschnitt.

sich durch das Benehmen der Commandanten in Em- 1665
den und Leerort, und über die ihren Truppen vorent-
haltene Löhnungen, da sie doch solche mit Vorbewußt
der General-Staaten in die Provinz eingeführet hatten, beleidiget; und die Stände gravaminirten über
die vormundschaftliche Regierung überhaupt, und
besonders über den Unfug der fürstlichen geheimen
Räthe, die nun sogar den Mit-Vormund von der
Regierung auszuschließen suchten, und dann vorzüglich über die lüneburgische Einquartierung. Alle
suchten die Abstellung dieser Beschwerden nach. Der
Hauptpunkt dieser Beschwerden betraf die lüneburgische Einquartierung. Dabei geriethen die General-Staaten selbst in Verlegenheiten. Die Abführung der lüneburgischen Truppen war wider ihr eigenes Interesse. Diese Truppen sollten diese Provinz decken, um zu verhüten, daß die Feinde der
vereinigten Republik, der Bischof von Münster oder
die Engländer sich zu ihrem Nachtheil nicht an der
Emse setzen. Dann gönnten sie den Herzögen von
Braunschweig zu ihrer Erleichterung gerne die Quartiere in Ostfriesland; weil diese immer klagten, daß
sie mit den staatischen Subsidien nicht auslangen
konnten. Dagegen stritt die wider Willen der Stände geschehene Einführung dieser Truppen wider die
von Ihnen selbst garantirte Accorde. Auf die Beibehaltung dieser Truppen fest zu bestehen, entsprach
nicht ihrer Redlichkeit, und ungerne wollten sie das
Zutrauen der Stände missen. Noch weniger waren
sie befugt, die Stände zur Bewilligung einiger Schatzungen zum Unterhalt der Lüneburger zu zwingen.
Auch konnten sie nicht füglich durch die Finger sehen,
wenn die Fürstinn die Pacht-Comtoire durch Lüneburgische Miliz gewaltsam angreifen sollte. Sie
selbst waren die größten Gläubiger der Landschaft.

Z 3   Sie

358 Drei und zwanzigstes Buch.

1665 Sie fürchteten daher für sich Mißzahlung, und welches das schlimmste war, eine förmliche Revolte. Die Befestigung Gretsyls lag ihnen vorzüglich am Herzen, weil sie immer für einer englischen Landung bange waren. In der That mögen auch wohl die Engländer auf Gretsyhl oder einen andern ostfriesischen Hafen ihre Augen gerichtet gehabt haben, weil, wie aus den Regierungs-Acten hervorgehet, am 22. November in dem hohen Rath zu Oxford resolviret war, daß alle ostfriesische Schiffe, Forte und Häfen, den feindlichen niederländischen Schiffen, Festungen und Häfen gleich geachtet werden sollten. Indessen wollten die Emder die Befestigung von Gretsyl durchaus nicht zugeben, weil ihnen in dem Delfsylischen Vergleich von 1595 ausdrücklich zugesichert war, daß ober- und unterhalb der Emse keine Festungen, Blockhäuser oder Schanzen zu ihrem Nachtheil angeleget werden sollten. Auch behaupteten die Emder, daß man für eine englische Landung ganz sorglos seyn könnte, weil sie schon alle See-Tonnen und Baken weggenommen hatten, und nun eine englische Flotte sicher scheitern würde, sobald sie in die Emse einlaufen sollte. Die General-Staaten konnten also auf die eingereichten Beschwerden keine Resolutionen ertheilen; sie hofften alles in der Güte beizulegen, und ersuchten die Fürstin und die Stände, zu dem Ende Deputirten nach dem Haag abzusenden. Die Fürstin fand indessen Bedenken, ohne Zustimmung ihrer entfernten Mit-Vormünder Committirte abzusenden. So verzog sich dieser Congreß (p).

§. 10.

(p) Aitzema p. 1422—1424. und Tom. 12. B. 46. p. 776 und 777. Landsch. Acten und Regier. Acten.

Zweiter Abschnitt.

§. 10.

In der Zwischenzeit schrieb die Fürstin auf den 5. Decembr. wieder einen Landtag aus. Sie stellte in dem Landtags-Ausschreiben die Nothwendigkeit vor, welche sie bewogen hatte, auf Anrathen der General-Staaten lüneburgische Auxiliair-Truppen anzunehmen, und folgerte daraus die ständische Verbindlichkeit, den Unterhalt dieser Truppen zu stehen. Da die General-Staaten die Stände schon im Oct. aufgemuntert hatten, zum Behuf der lüneburgischen Truppen drei bis vier Capital-Schatzungen einzuwilligen, und nachher im Nov. so sehr in sie gedrungen hätten, nur vorerst provisionaliter den Unterhalt zu stehen; so wollte sie nunmehr von ihnen gewärtigen, diese wichtige Sache patriotisch zu beherzigen, und zweckdienliche Schlüsse zu fassen. Dabei bezeugte sie vor Gott, daß sie mit dem Herzog Georg Wilhelm von Braunschweig-Lüneburg blos dahin eine Capitulation errichtet hätte, daß er nur für eine Zeitlang die Provinz sichern, und die Festungen für jeden Anfall sichern sollte. Es wäre also dieses nicht geschehen, die Unterthanen zu drücken, ihnen ihre Privilegien zu untergraben, und eine Despotie einzuführen, wie von friedhässigen Leuten! ausgesprenget worden. Die Truppen sollten vielmehr, sobald der dringende Nothstand gehoben, wieder abgeführet werden. Dann machte sie den Ständen bekannt, daß von dem Reichs-Pfennigmeister von Hohenfeld auf 5000 Rthlr. rückständige Türken-Steuer hart angedrungen würde, und daß man nächstens darüber eine Execution von dem Bischof von Münster befürchten müßte. Auch dieser Punct sollte ein Gegenstand des Landtags seyn. Der Landtag kam aber nicht

1665 zu Stande, denn es fand sich wieder kein einziger Deputirter ein (q).

§. 11.

Die Fürstin ließ hierauf ein öffentliches Ausschreiben an ihre sämmtliche Beamte unter dem 18. Decemb. ergehen. Hierin klagte sie über die ständische Renitenz. Dann führte sie darin an, daß sie bereits zur Verpflegung der lüneburgischen Truppen und zur Anschaffung nöthiger Ammunition und Vivers beträchtliche Summen verwendet hätte, und in der Zukunft diese Kosten nicht mehr bestreiten könnte. Um nun allen Unordnungen, und selbst einem Aufstand unter den lüneburgischen Truppen vorzubeugen, schrieb sie hiemit vorläufig eine Capital-Schatzung aus. Sie gab den Beamten auf, in ihren Aemtern nach den vorhandenen Schatzungs-Registern diese Schatzung binnen 10 Tagen, durch die Schüttmeister und Kebben jedes Kirchspiels beizutreiben und in Empfang zu nehmen. Dabei bedrohte sie die Saumseligen mit der zu verfügenden Real-Execution (r). Es ist leicht zu erachten, daß die mehresten Eingesessenen sich zur Zahlung unwillig bezeigten. Dieser Unwille bewog die Fürstin hin und wieder in dem Lande die Execution durch die lüneburgischen Truppen verrichten zu lassen. Von gewaltsamer Widersetzlichkeit finde ich indessen weiter keine Spuren vor, als daß ein Pächter erschossen ist, und die Einder sich der lüneburgischen Einquartierung in der Herrlichkeit Olbarsum widersetzet haben (s).

§. 12.

(q) Landschaftl. Acten.
(r) Brennelsen T. p. 923.
(s) Aitzema T. 12. B. 46. p. 871.

Zweiter Abschnitt.

§. 12.

Der Vorfall in Oldarsum hatte folgende Bewandniß. 1665 Die Stadt Emden wollte zu den Schatzungen ihre Quote nicht entrichten. Die Fürstin dachte daher sich an den Herrlichkeiten zu erholen. Zu dem Ende rückte am 5. Febr. 1666 der Braunschweigische Hauptmann Haupken mit 250 Mann in Oldarsum ein, um die Contribution beizutreiben. Der Magistrat war kurz vorher von dieser Invasion benachrichtiget, und hatte das feste Haus mit dem Fähnrich Meyer und 24 Mann verstärken lassen. So wie nun die Braunschweiger einrückten, schrieben die Ember an die Fürstin: Sie könnten nicht glauben, daß die Invasion der Braunschweigischen Truppen mit ihrem Vorbewußt und auf ihr Gutfinden geschehen sey, da nach ihrer Aeußerung diese Truppen blos zur Defension des Landes, nicht aber zur Oppression der Unterthanen gereichen sollten. Sie müßten daher inständigst bitten, daß sie ungesäumt den Abzug der Braunschweiger aus ihrer Herrlichkeit bewürken und solche Verfügungen treffen möchte, daß man von dergleichen Invasionen künftig verschonet bliebe. Wo nicht, so sähen sie sich verpflichtet, ihre Herrlichkeiten und ihre Güter wider alle solche Gewaltthätigkeiten nach ihren Kräften zu vertheidigen. Auch schrieben sie an den Grafen Edzard Ferdinand, zu dem sie das größte Zutrauen hatten. Sie beschwerten sich bei ihm über diese Invasion, und ersuchten ihn andringend, es dahin einzuleiten, daß die bösen Rathgeber, die immer um die Fürstin waren, doch endlich von dem Hofe verbannet würden. Demnächst beschwerten sie sich bei dem Braunschweigischen Obristen Frans über diese Invasion, und ersuchten ihn, seine Truppen wieder aus Oldarsum

1666 sum zu ziehen. Der Obriste wurde von der Fürstin mit Baarschaften zum Unterhalt seiner Leute nicht hinlänglich unterstützet, und aus der Landes-Casse erhielt er keinen Groschen; daher war ihm seine üble Laune nicht zu verargen. Er antwortete unter dem 7. Februar: „Es scheinet, daß den Herren Ständen „mehr gedient ist mit dem Ruin des Landes, als daß „sie Anstalten machen, daß mein Regiment, so doch „zur Conservirung der Gränzhäuser und Festungen „des Fürstenthums Ostfriesland auf Veranlassung „der General-Staaten hereingeschicket ist, möge un„terhalten und bezahlet werden. Ich versichere den „Herren, daß ich nicht allein Oldarsum, sondern auch „alle Herrlichkeiten wohl zu finden, und mit militairi„scher Execution zu besuchen wissen werde; und wird „mein Herr, der Herzog, woferne sie bei ihrer Wi„derseßlichkeit beharren, Volk genug hereinschicken, „und sein Regiment nicht hülflos lassen." Besser lautete die Antwort des Grafen Edzard Ferdinand. Er meldete dem Magistrat, daß die Invasion ohne sein Vorwissen und Zuthun vorgenommen worden, und versprach, seine Schwiegerin nach seinen Kräften auf andere Gedanken zu bringen, und diese Sache gütlich zu bemitteln. Er hielt redlich sein Wort. Gleich nachher erfolgte ein Schreiben von der Fürstin. Hierin eröffnete sie dem Magistrat, daß die Einquartierung in Oldarsum sich auf ein Mißverständniß gründete, und die Braunschweigischen Truppen wieder abziehen sollten. Dies geschah denn auch gleich nachher (t).

§. 13.

Die Fürstin seßte indessen seit dem Ausgange des vorigen

(t) Emder Acten.

Zweiter Abschnitt. 363

vorigen Jahres ihre gedrohte Execution über die 1666 von ihr eigenmächtig ausgeschriebene Capital-Schatzung auf dem platten Lande fort. Durch diese der Landes-Verfassung nicht entsprechende, indessen mit der Nothwendigkeit entschuldigte Verfügung goß sie Oel ins Feuer. Noch mehr, wie vorhin, sträubten sich die Stände wider die vormundschaftliche Regierung, und bestanden feste auf die Abstellung der Lüneburger, die sie nun nicht mehr als Hülfstruppen, sondern als Feinde ansahen. Die ständischen Deputirten Beninga, Wenckebach, Liaden, und der Secretair Westendorf fanden sich schon in dem Ausgang vorigen Jahres in Befolgung der staatischen Resolution in dem Haag ein, und foderten die General-Staaten zur Manutenenz der Accorde, um Aufhebung der eigenmächtig eingewilligten Schatzung, und Abführung der Lüneburger auf. Die Fürstin ließ sich durch ihren Residenten de Groot entschuldigen, daß sie ohne Zustimmung der Herzöge von Braunschweig und des Herzogs von Würtenberg sich nicht ermächtiget gefunden, Commissarien abzusenden. Indessen hätte sie diese ihre Mit-Vormünder bereits davon benachrichtiget, und erwartete stündlich ihre Genehmigung. Die General-Staaten ersuchten hierauf nochmalen die Fürstin, mit Absendung ihrer Committirten nicht länger Anstand zu nehmen. Sie wollten sich dann bemühen, die aus dem Defensions-Wesen herrührende Streitigkeiten zur beiderseitigen Zufriedenheit beizulegen. Falls aber die Fürstin wider Vermuthen keine Abgeordnete senden würde, so machten sie ihr hiemit bekannt, daß sie keinesweges gesinnet wären, die Landes-Verträge zu kränken, und die Stände zur Zahlung der von ihr eigenmächtig ausgeschriebenen Capital-Schatzung anzuhalten. Hierauf sandte die Fürstin

den

1666 den Drosten von Lintlo wieder ab. Dieser wurde am 20. Jan. 1666 zur Audienz gelassen. Er stellte nochmalen vor, daß seine Fürstin ohne Vorbewust ihrer Mit-Vormünder sich mit den Ständen nicht in Tractaten einlassen könnte oder dürfte. Endlich ließen die Fürstin und Graf Edzard Ferdinand die General-Staaten ersuchen, einige Committirte zu ernennen, um durch deren Vermittelung die Streitigkeiten sowohl über die Landes-Defension, als über die Kosten in Ostfriesland selbst beizulegen. Hierein willigten die General-Staaten, und ernannten unter dem 1°. Febr. die Herren Florenz Cant, Eppeus von Glinstra und Johannes Drewes zu ihren Committirten, dabei aber gaben sie der Fürstin zugleich auf in der Zwischenzeit alles executivische Verfahren zum Behuf der lüneburgischen Einquartierung einzustellen (u).

§. 14.

(u) Aitzema T. 12. B. 46. p. 867—872. Um diese Zeit arbeitete Ulrich von Weerdum ein Project zur Aussöhnung des fürstlichen Hauses mit den Ständen und zur beständigen Erhaltung der Ruhe aus. Diese bisher ungedruckte Schrift führte den Titel: Vermuthliche Mittel zur Einigkeit zwischen dem fürstlichen Hause und den Unterthanen. Er konnte in der That über die ostfriesischen Streitigkeiten unpartheiisch und unbefangen urtheilen, weil er in diese Streitigkeiten nicht mit verwickelt war, da er damalen noch keine fürstliche Bedienung bekleidete, und als ein Harlinger Edelmann nicht zu den Ständen gehörte, auch selbst nicht einmal in Ostfriesland wohnte. Sein Project scheint auch aus der Fülle seines guten Herzens geflossen zu seyn. Er war der Meinung, daß die General-Staaten mehr ihr Interesse, als die Wohlfarth dieser Provinz bezweckten. Daher rieth er sowohl dem fürstlichen Hause, als den Ständen, die staatische Mediation ab.

Zweiter Abschnitt.

§. 14.

1666

Im Anfang März fanden sich die staatischen Commissarien in Emden ein. Am 6. März verfügten

ab. Der Fürstin schlug er vor, die Landes-Verträge in allen Puncten genau zu erfüllen, den Ständen öfters zu erkennen zu geben, daß die Accorde unwandelbar fest stehen sollten, an alten Gebräuchen und dem Herkommen keine Aeuberungen zu machen, über unbedeutende Kleinigkeiten wegzusehen, die vornehmsten und klügsten Eingesessenen sich verbindlich zu machen, und sie in ihre Dienste zu ziehen, und endlich sachkundige und ehrliche Justiz-Bediente anzusetzen. Den Ständen rieth er an, sich strenge nach den Accorden zu richten, und vorzüglich ein wachsames Auge darauf zu heften, daß keiner aus ihrer Mitte die Accorde überschreite, dem fürstlichen Hause nachtheilige Neuerungen anfange, ungegründete Prätensionen mache, und die fürstliche Regierung halsstarrig beunruhige. Wie sehr bisher die fürstlichen Bediente auf die Untergrabung der Accorde gearbeitet, wie sehr die Stände auf der andern Seite sich bemühet haben, die Landes-Verträge zu ihrem Vortheil auszudehnen, und wie das fürstl. Haus die Ausländer den Eingebornen vorgezogen habe, gehet aus der ganzen Geschichte hervor. Stets klebte der Ostfriese von jeher an den Sitten und Gewohnheiten seiner Vorfahren, wie Emmius in seinem zweiten Buch richtig bemerket hat. Daher war ihnen jede Aenderung in den alten Sitten, die die Ausländer einführten, gehässig. Daß der Gang der Justiz äußerst träge war, läßt sich leicht begreifen, wenn ein Proceß bloß über die Frage, ob ein Advocat schuldig sey, das juramentum calumniae abzustatten? über 20 Jahre bei dem Hofgericht hingehalten werden konnte. Wenn man alles dieses zusammen nimmt: so wird man den Vorschlag des Ulrich von Werthum um so viel mehr zweckdienlich finden, weil er vorzüglich

1666ten sie sich nach Aurich, und traten mit der Fürstin über einen schleunig auszuschreibenden Landtag und über sonstige zweckdienliche Mittel, die Ruhe in dem Lande wieder herzustellen, in Conferenz. Dann giengen sie nach Emden zurück, und bemühten sich, die Administratoren und den Magistrat zur Nachsicht und friedliebenden Gesinnungen hinzuleiten. Die Fürstin hatte den Landtag auf den 13. März nach Aurich ausgeschrieben. Die Stände trafen nun zwar zur bestimmten Zeit ein, fanden aber gleich anfangs den Ort, wohin der Landtag verordnet war, und das Ausschreiben selbst anstößlich. Der Anfang des Ausschreibens lautete: Wir von Gottes Gnaden Christian Eberhard, Fürst zu Ostfriesland; und die Unterschrift: Christine Charlotte für Uns und im Namen der übrigen Herren Mit-Vormünder. Dieser letzte Zusatz mißfiel ihnen. Die Stände hatten bisher die vormundschaftliche Regierung nicht anerkannt, weil sie behaupteten, daß eine vormundschaftliche Regierung mit ihrer Zustimmung angetreten, und dann auch eine feierliche Bestätigung vorhergehen müßte. Sie hielten daher die Fürstin noch nicht befugt, die aus der Landeshoheit fließenden Rechte auszuüben, und achteten sie also auch nicht berechtiget, einen neuen Landtag auszuschreiben.

lich dadurch ein wechselseitiges Zutrauen begründen wollte, woran es so sehr gemangelt hatte. Einige Jahre vorher hatte Ulrich von Werdum auch einen Discursum politicum de caussis morae Ostfrisiae geschrieben. Hierin hat er die Ursache der Streitigkeiten zwischen dem Landesherrn und den Unterthanen untersuchet. Dieser Tractat bewähret zwar die große Belesenheit des Verfassers in der römischen und griechischen Geschichte; die ostfriesische Geschichte erhält aber dadurch keine Aufklärung.

Zweiter Abschnitt.

ben. Sie wollten diesen Landtag als den continuirten bisher immer prorogirten leeren oder Perosumer Landtag angesehen, und wieder nach Leer hinverleget haben. Da aber die Stände selbst, jedoch mit Vorbehalt ihrer Gerechtsame, diesen Landtag nachgesuchet hatten; so führten die staatischen Commissarien ihnen diesen Umstand zu Gemüthe, und bewogen sie, dieses Postulatum schwinden zu lassen. Weil indessen sowohl in Aurich selbst, als in der Nähe dieser Stadt auf den Dörfern Lüneburger einquartieret waren, so bestanden sie darauf, daß diese Soldaten nach andern Oertern verleget werden müßten, weil sie mitten unter den Waffen fremder Truppen keinen Landtag halten könnten. Hierin gaben die fürstlichen Räthe nach. Noch war den Ständen auf keine legale Art bekannt gemacht, ob die Fürstin die Solemnien als Vormünderin abgeleget hatte, und ob die Kaiserliche Confirmation erfolget war. Auch waren ihnen die Mit-Vormünder nicht nahmhaft gemachet. Sie verlangten daher eine beglaubte Abschrift oder die Einsicht des Originals der Kaiserlichen Confirmation. Auch dieses wurde ihnen zugestanden. Das Contutorium auf die Herzöge von Braunschweig war damals noch nicht ausgefertiget. Daher waren noch zur Zeit die Fürstin, der Graf Edzard Ferdinand, und der Herzog von Würtenberg von dem Kaiser confirmirte Vormünder. Wider die Fürstin und den Grafen, vorausgesetzt, daß sie die Landes-Constitution förmlich bestätigen würden, hatten die Stände nichts zu erinnern, nur wollten sie die Vormundschaft des Herzogs von Würtenberg nicht anerkennen. Sie protestirten um so viel mehr wider einen ausländischen Regenten, da nicht einmal ausländische Räthe nach den Verträgen angesetzet werden durften. Sie wandten sich darüber an

die

1656 die staatischen Commissarien; diese erwiederten aber, daß sie sich mit diesem Punct nicht befassen könnten, weil die Einrichtung der vormundschaftlichen Regierung außer den Schranken ihrer Commission wäre. Die Stände verlangten nun vor Publication der fürstlichen Landtags-Proposition die Einsicht dieser Propositionen. Dieses wurde ihnen abgeschlagen, weil es nicht Sitte war. Sie vernahmen indessen mündlich von den staatischen Commissarien, daß die Proposition in eben der Art abgefasset war, wie das Landtags-Ausschreiben, und die Fürstin sie für sich und im Namen der Mit-Vormünder unterschrieben hätte. Hierauf drangen die Stände, daß der Graf Edzard Ferdinand die Proposition mit unterschreiben müßte, es sey denn, daß er darauf Verzicht leisten würde, und dann, daß der Ausdruck: Im Namen der Mit-Vormünder, ausgelassen werden müßte. Der erste Punct wurde durch die Erklärung des Grafen Edzard Ferdinands, daß er es bei der alleinigen Unterschrift der Fürstin bewenden ließ, sogleich gehoben. Nur wollte die Fürstin sich nicht bequemen, den vorgedachten Zusatz wegzulassen, weil sie ihrem Vater, dem Herzog von Würtenberg, nichts vergeben könnte, denn er hatte als Grosvater des jungen Fürsten nicht nur den grösten Anspruch zu der Mit-Vormundschaft, sondern war als wirklicher Mit-Vormund von dem Kaiser bereits bestätiget. Die Stände weigerten sich nun, die Publication der Landtags-Proposition anzuhören, weil sie die Mit-Vormundschaft eines ausländischen Fürsten der Landes-Verfassung nicht entsprechend hielten. Da also bei dieser Lage der Sache der Landtag gar nicht zu Stande kommen konnte; so war die Anwesenheit der staatischen Commissarien durchaus unnütz. Sie entschlossen sich am 19. März, ihre Rückreise an

dem

Zweiter Abschnitt.

dem folgenden Tage anzutreten. Einem üblen Eindruck, welchen dieser Vorfall bei den General-Staaten machen konnte, auszuweichen, entschlossen sich die Stände, das zuletzt von den Commissarien vorgeschlagene Temperament anzunehmen. Darnach sollten sie die Publication der Landtags-Proposition zwar anhören, ihre Gerechtsame aber durch ein Protest sich vorbehalten, und noch überdem von den Commissarien eine besondere Acte de non praejudicando erhalten (v).

§. 15.

Nachdem man eine ganze Woche hindurch über diese Präliminarien debattiret hatte, so wurde am 20. März der Landtag in der Auricher Kirche eröffnet. Wie die Landtags-Proposition von dem Canzlei-Secretair Rüssel öffentlich vorgelesen und dann den Ständen eingehändiget war, protestirte der Hofrichter von Kniphausen, als ständischer Präsident, wider diese Landtags-Proposition, und zergliederte die darin vorgefundene Mängel, sowohl in Absicht der Formalien als Materialien, und zeigte dabei an, daß die Stände die originelle Proposition nur blos zu ihrer Nachricht annehmen könnten, sie indessen erbötig wären, mit Vorbehalt ihrer Gerechtsame zur Hauptsache zu treten, und zur Sicherheit des Landes dienstame Schlüsse zu fassen. An dem folgenden Tage überreichten die Stände den staatischen Commissarien ihren schriftlichen Protest, und erhielten darüber nachher den Revers de non praejudicando. Am 21. März fanden sich die fürstlichen Räthe Freiherr von Croneck und Bucho Wiarda auf Befehl

(v) Aitzema p. 873—877. und Landsch. Acten.

1666 siehl der Fürstin und des Grafen Edzards Ferdinand in die ständische Versammlung ein, um sich mit den Ständen über den Gegenstand des Landtages zu besprechen. Mit dem Baron von Croneck wollten die Stände sich durchaus nicht einlassen, weil vorzüglich durch seinen Betrieb die lüneburgischen Truppen in das Land geführet waren. Ein staatischer Mit-Commissarius suchte nun in einer Privat-Audienz die Fürstin zu überreden, statt des Baron von Croneck einen andern Commissarium zu ernennen. Am 24. März verfügten sich die Räthe Wiarda und Ammersbeck in die ständische Versammlung. Sie zeigten an, daß es die Fürstin sehr befremdete, daß die Stände sich unterfangen hätten, einen ihrer Räthe zu recusiren. Sie gedächte auch nicht, darin nachzugeben. Sie hätte vielmehr ihre sämmtliche Räthe zu diesen Conferenzen beordert, und würden solche sich immer einfinden, die sich am besten abmüßigen könnten. Weil indessen der Baron von Croneck diesmal nicht zugegen war, auch in der Folge die Räthe Wiarda, Ammersbeck und Stamler abwechselten; so ließen es die Stände dabei bewenden (w).

§. 16.

Noch an dem nämlichen Tage, am 24. März, wurde zur Hauptsache geschritten. Die staatischen Commissarien waren der Meinung, daß folgende drei Puncte: die Landes-Defension überhaupt und die Fortification Gretsyls besonders, die Abführung aller oder einiger lüneburgischen Truppen, und dann der rückständige Sold und der fortwährende Unterhalt der Lüneburger in Erwägung gezogen werden müßten. Auf den ersten Punct erklärten sich die Stände,

(w) Almens p. 177—182. und Landsch. Acten.

Zweiter Abschnitt.

Stände, daß, wenn gleich die Gravamina erst ab-1666 gestellet werden müßten, sie dennoch geneigt wären, mit den fürstlichen Räthen über die Sicherstellung des Landes, und über das Contingent der Kosten in Conferenz zu treten; und auf den zweiten und dritten Punct, daß sie sich mit der Abführung der Lüneburger, mit ihrem rückständigen Sold, und dem ferneren Unterhalt gar nicht befassen könnten, weil sie wider ihren Willen, und den Landes-Verträgen zuwider in das Land gezogen worden. Falls man aber ihnen erst feste zusichern möchte, daß die ganze lüneburgische Miliz abmarschiren würde; so behielten sie sich vor, sich darüber näher und billig zu erklären. Da man indessen wegen der rückständigen 5000 Rthlr. Türken-Steuer nächstens die Execution des Bischofs von Münster, und bei der Gelegenheit die rächende Hand dieses streitbaren Bischofs, dem die Dyler Schanze noch in gar zu frischem Andenken war, besorgen mußte; so fand man bei diesem Puncte gar keine Schwierigkeiten. Die Stände kehrten schleunige Anstalten zur Zahlung vor (x).

§. 17.

Die staatischen Commissarien ließen es sich nun sehr angelegen seyn, die fürstlichen Räthe und die Stände über die zu besetzende und mehr zu befestigende Plätze, über die Zahl statt der abziehenden Lüneburger anzuwerbenden Truppen, und über deren Unterhalt sich gütlich zu vereinbaren. Darüber dachte man allerseits einstimmend, daß Gretshyl vor allen Dingen befestiget werden müßte. Zu dem Ende nahmen die staatischen Commissarien, drei fürstliche Räthe und eine ständische Deputation mit

(x) Aitzema p. 880.

1666. Zuziehung der Ingenieur Rüsling und Honaert den Flecken in Augenschein. Die Kunstverständigen machten sofort einen Riß und einen Kosten-Anschlag von 8044 Gulden. Es kam aber noch darauf an, woher die Kosten genommen werden sollten. Hierauf wollten sich die Stände nicht eher einlassen, bis die Lüneburger nicht nur Gretsyl, sondern auch das ganze Land würden verlassen haben. Die vorzunehmende Werbung machte die mehresten Schwierigkeiten. Die Stände erklärten sich endlich dahin, außer der ständischen in Emden liegenden Garnison zu 300 Mann (y) noch 600 Mann zur Besetzung der Gränzen anzunehmen. Zu den Anwerbungs- und Unterhaltungs-Kosten sollte das Regierhaus ⅓ und die Stände ⅔ beitragen. Eben so sollte es mit der anzuschaffenden Ammunition, und mit Anlegung der Festungs-Werke gehalten werden. Auch sollte im Nothfall die ganze Ember Garnison zur Landes-Defension gebrauchet werden. Diese neu angeworbene Miliz sollte in dem Eide der Regierung und der Stände stehen, und besonders auch auf die Accorde verpflichtet werden. Die Patente sollten von der Regierung und den Ständen ausgestellet, und der Commandant von der Regierung und den Ständen angestellet werden. Nach Maasgabe der Bezahlung,

(y) Die Ember Garnison bestand bis zur Reduction unter der Regierung Georg Christians aus 600 Mann, damals wurde sie auf 300 Mann eingeschränket. Nach Georg Christians Tode wurde noch eine Compagnie von 100 Mann angenommen, die zur Besatzung von Stickhausen dienen sollte. Wie aber die Lüneburger in das Land kamen, und Stickhausen besetzten, hielt der dritte Stand diese Compagnie ganz überflüßig, und wurde darauf wieder abgedanket. So blieb die Garnison denn wieder auf 300 Mann eingeschränket.

Zweiter Abschnitt.

ung, also für ⅔ und ⅓, sollten die Officierstellen von 1666 der Regierung und den Ständen vergeben werden. Den Ständen sollte frei stehen, diese neue Compagnien nach ihrem Gutdünken entweder völlig, oder zum Theil abzudanken. Hiebei ersuchten sie nun die staatischen Commissarien, bei ihren Committenten die schleunige Abführung der Lüneburger zu bewürken. Sobald solches geschehen, wollten sie sich bereitwillig zeigen, der Fürstin freiwillige Subsidien, die aber nie zur Consequenz gezogen werden sollten, zu dem bisherigen Unterhalt der Lüneburger zu bewilligen. Die fürstlichen Räthe wollten sich hierauf nicht eher einlassen, bis die Stände den Unterhalt der Lüneburger, und die Befriedigung der Fürstin wegen ihrer desfälligen Vorschüsse würden übernommen haben. Auf Zureden der staatischen Commissarien reichten sie indessen ihre Gegen-Erklärung ein. Darin behaupteten sie, daß man zuvörderst die wirkliche Werbung veranstalten, und die Recruten bei der Hand haben müßte, bevor die Lüneburger, die blos zur Landes-Defension bei dem ganz außerordentlichen Nothfall und auf Anrathen der General-Staaten angenommen worden, abgeführet werden können. Dann aber hielten sie zur Landes-Besetzung 600 Mann nöthig, weil die ständische Besatzung zu Emden blos für Emden bestimmet war. Daß die Regierung zu den Kosten beitragen sollte, schien ihnen ein unbilliges der Reichs- und Landes-Verfassung widersprechendes Anmuthen zu seyn. Die Patente müßten blos im Namen des Erbprinzen ausgefertiget werden, auch müßten die angeworbenen Truppen ihm alleine, jedoch auch zugleich mit auf die Accorde schwören. Der Commandant müßte von der Regierung, jedoch mit Beirath der Landstände, angesetzet werden, und endlich müßte die

6166 Ansetzung der Officiere und die Beurtheilung, ob und wann die Truppen wieder zu entlassen seyn, lediglich von der Regierung abhangen (z).

§. 18.

Wie die ständische Erklärung und fürstliche Gegen-Erklärung den staatischen Commissarien eingereichet waren; so entwarfen diese Vergleichs-Vorschläge, die sie am 6. April den Räthen und den Ständen mittheilten. Die Officiere und Soldaten sollten dem Landesherrn und den Ständen den Eid der Treue und des Gehorsams schwören, und sich besonders verpflichten, das Land zu vertheidigen, und nichts wider die Accorde vorzunehmen. Die Hauptleute und geringere Officiere sollten von den Ständen vorgeschlagen, und von der vormundschaftlichen Regierung ihre Bestallungen erhalten. Alle an die Officiere zu erlassende Ordres und Patente sollen in dem Namen des Landesherrn nach vorheriger Zustimmung dreier ständischen Deputirten ausgestellet werden. Wenn die Emder Garison zur Landes-Defension außer der Stadt gebrauchet werden sollte; so sollte dem Magistrat ein Revers über die zuzusichernde Rückkehr nach verrichteter Expedition ertheilet werden. Die Fürstin sollte bei dem Herzog von Braunschweig den Abzug einiger Compagnien schleunig bewürken. Die übrigen sollten so lange zurückbleiben, bis eine hinlängliche Anzahl Soldaten zur Besetzung der Gränzen wirklich angeworben worden. Dann sollten die Stände von nun an bis dahin für den Unterhalt der Lüneburger stehen, und bei ihrem Abzug den Rückstand ihres Soldes entrichten. Dabei wurden die Stände zugleich ermahnet, da

Fürstin

(z) Aitzema p. 883—887.

Zweiter Abschnitt.

Fürstin ihre bisherigen Vorschüsse zu vergüten. Die Fürstin erklärte sich unter dem 8. April, diese Vergleichs-Vorschläge, jedoch mit einiger Einschränkung, anzunehmen. Dagegen fanden die Stände diese Einschränkungen ihnen sehr nachtheilig, und lehnten sie ab. (a).

§. 19.

Die staatischen Commissarien hielten nun ihre Anwesenheit überflüßig. Da die lüneburgische Einquartierung indessen die Hauptquelle aller dieser Mißhelligkeiten war; so bewogen sie vor ihrer Rückreise die Fürstin, wegen Abführung eines Theils dieser Truppen an den Herzog Georg Wilhelm von Braunschweig zu schreiben. Sie war dazu um so viel mehr bereitwillig, weil nun der Friede zwischen dem Bischof und den General-Staaten abgeschlossen war. Dann ersuchten sie die Fürstin und die Stände gegen den 25. April, einige Deputirten nach dem Haag abzusenden, um durch Vermittelung der General-Staaten endlich einmal alle Streitigkeiten beizulegen. Auch dieses wurde angenommen. Ferner überholten sie die Stände, in der Zwischenzeit der Fürstin zum Unterhalt der lüneburger 5000 Rthlr. auszusetzen. Endlich brachten sie den bisher gehemmten Lauf der Justiz bei dem Hofgericht wieder in Gang. Es hatten nämlich nach Absterben des Fürsten Georg Christian die Stände dem Hofrichter und den Assessoren bei Verlust ihrer Gehälter, die sie aus der Landes-Casse zogen, die Annahme eines neuen Gerichts-Siegels so lange, bis man die vormundschaftliche Regierung anerkennen würde, untersaget. Das Hofgericht, welches den ständischen Präsidenten,

(a) Aitzema p. 383—391.

1666ten, Carl Friedrich, als Hofrichter an der Spitze hatte, und welches vielleicht selbst über die vormundschaftliche Regierung mißvergnügt war, ließ sich das ständische Ansinnen gefallen, und weigerte die Annahme des neuen Siegels. Dadurch entstand von dem Absterben Georg Christians an bis hiezu ein Stillstand in der Justiz. Die staatischen Commissarien trafen eine Vereinbarung, daß im Namen der Fürstin und des Grafen Edzard Ferdinand, und ohne andere Mit-Vormünder zu erwähnen, das neue Siegel mit der bloßen Umschrift des Prinzen Christian Eberhard, dem Hofgericht sollte zugestellet werden. Nun nahm die Justiz zur Freude der Gläubiger und zum Mißvergnügen der Schuldner wieder ihren Lauf. Am 10. April fuhren die staatischen Commissarien unter Begleitung einer fürstlichen und ständischen Deputation, und unter dem Abbrennen der Kanonen aus Emden nach den Niederlanden zurück (b).

(b) Aitzema p. 191. 192. und Landsch. Acta.

Dritter Abschnitt.

§. 1. Der zwischen Holland und Münster geschlossene Friede benimmt den Oſtfrieſen die Beſorgniß für einen feindlichen Einfall von der Landſeite §. 2. Daher hält man nun die Anweſenheit der Braunſchweigiſchen Truppen unnöthig. Die Fürſtin macht den Ständen zum baldigen Abzug dieſer Truppen Hoffnung, und nun werden zwiſchen ihr und den Ständen die Tractaten wieder eröffnet. §. 3. Die General-Staaten befürchten eine engliſche Landung, und eine ſchwediſche Invaſion. Sie entſchließen ſich, ihre Beſatzung in Emden zu verſtärken. Da aber die Fürſtin und die Stände ſolches ungerne ſehen; ſo halten ſie ihre Truppen zurück. §. 4. Heimliche Unterhandlung der Fürſtin und des Grafen Ehrard Ferdinands mit dem Herzogen von Braunſchweig. §. 5. Statt des verſprochenen Abzugs der Braunſchweiger rücket unvermuthet ein neues Corps in Oſtfriesland ein. §. 6. Die Fürſtin ſchreibet zum Unterhalt dieſer Truppen eigenmächtiger Weiſe Schatzungen aus, und läßt ſie durch Execution beitreiben. Auch läßt ſie ein ausgebrachtes Kaiſerliches Reſcript, wornach die Stände die vormundſchaftliche Regierung anerkennen ſollen, abdrucken und publiciren. §. 7. Hierüber beſchweren ſich die Stände bei der Fürſtin, §. 8. und bei den General-Staaten. Dieſe wollen ſich zwar bei den von der Fürſtin angebrachten Beſchuldigungen nicht beruhigen, §. 9 finden indeſſen nicht gerathen, den Ständen wider die Herzoge von Braunſchweig die ſtarke Hand zu bieten; ſondern ſuchen nur durch Unterhandlung die Evacuation zu bewürken. §. 10. Die Grafſchaft Oſtfriesland wird mit in den Frieden zwiſchen Holland und Münſter eingeſchloſſen. §. 11. Fortgeſetzte Verhandlung über die braunſchweigiſche Evacuation in dem Haag §. 12. Die General-Staaten ſenden Committirte zur Beilegung aller Irrungen nach Oſtfriesland ab, §. 13. und verſtärken unvermuthet, jedoch mit Einſtimmung der Stadt Emden, ihre Garniſon in Emden. §. 14. Die Fürſtin will ſich mit den ſtaatiſchen Commiſſarien nicht einlaſſen; daher werden die zwiſchen ihr und den Ständen angefangene Tractaten abgebrochen. §. 15. Der Unwille der General-Staaten über den längeren Aufenthalt der Braunſchweigiſchen Truppen, §. 16 wranz laſſet endlich den Abzug der Braunſchweigiſchen Truppen. §. 17. Die ſtaatiſchen Commiſſarien reiſen wieder nach Holland zurück.

§. 1.

Der ſo blutige als koſtbare Seekrieg mit England 1666 machte die General-Staaten geneigt, den Landkrieg mit dem Biſchof von Münſter zu endigen. Die

1666 von dem Könige von England dem Bischof versprochene Subsidien giengen auch nicht mehr so richtig ein. Daher sehnte sich auch der Bischof nach dem Frieden. Nach einigen Unterhandlungen kam der Friede am 8 April glücklich in Cleve zu Stande (a). Nun hatte Ostfriesland von dem Bischof nicht das mindeste mehr zu befürchten. Denn die lichtensteinische Schuldfoderung war nun beglichen, die rückständigen Türkensteuern waren abgeführet, und die auf den Bischof erkannten Executions-Commissionen waren also von selbst erloschen. Auch konnten die staatischen Besatzungen, nach geschlossenem Frieden, dem Bischof nicht mehr zu einem Vorwand zu einem Einfall in Ostfriesland dienen, und wegen der Dyler Schanze konnte er um so viel weniger Rache ausüben, weil nach dem Friedens-Instrumente die zugesicherte Amnestie sich auch auf alle diejenigen erstrecken sollte, die mit dem einen oder dem andern Theil in Verbindung standen, und denn überhaupt alle Bundesgenossen und Freunde der Republik mit in den Frieden eingeschlossen waren (b).

§. 2.

Die zuverläßige Nachricht von dem zwischen den vereinigten Niederlanden und dem Bischof abgeschlossenen Frieden, gieng bald nach der Abreise der staatischen Commissarien in Ostfriesland ein. Die Stände

(a) Wagenaer B. 50. p. 302.

(b) Sit omnium utrimque actorum Amnestia, et perpetua oblivio eorum, quae ab una vel altera parte facta sunt. — Sit etiam Amnestia haec universalis, ratione omnium eorum, qui uni vel alteri parti adhaeserunt. Art. 2. Instr. Pacis. Confoederati etiam et Amici utrimque hoc tractatu includuntur. Artic. 10.

Dritter Abschnitt.

Stände waren nun der Meinung, daß an der westphälischen Seite die Besatzungen, und überhaupt alle Werbanstalten unnöthig seyn. Sie glaubten, daß der Abführung der Lüneburger, die von der Fürstin zur Landes-Defension herein gerufen waren, nichts mehr in dem Wege stehen könnte. Sollte dieser Stein des Anstoßes weggeräumet seyn, so hielten sie dafür, daß auch alle übrige Streitigkeiten leicht verebnet werden könnten. Sie schlugen zu dem Ende der Fürstin vor, die abgebrochenen Tractaten in Emden wieder anzuknüpfen. Die Fürstin genehmigte diesen Vorschlag. Man fand hierauf für gut, die General-Staaten davon zu benachrichtigen, und die Absendung der Deputirten nach dem Haag aufzuschieben. Die Tractaten wurden auch sofort im Ausgang April wieder angefasset. Die fürstlichen Räthe äußerten sich, daß die Gefahr noch lange nicht gehoben sey, und daß Ostfriesland noch immer eine Gränz-Besatzung bedürfe. Denn wenn zwar der Friede mit dem Bischof von Münster geschlossen wäre, so müßte man doch noch immer eine englische Landung fürchten; auch wüßte man nicht, was die Krone Schweden im Sinn hätte, weil sie ihre Truppen in dem Herzogthum Bremen zusammenzöge. Die Stände legten durch verschiedene Gründe dar, daß diese Provinz so wenig von England, als von Schweden etwas zu besorgen hätte. Sie erboten sich, wenn ja ein solcher unvermutheter Fall sich ereignen sollte, durch ein öffentliches Land-Aufboth sich selbst zu bewaffnen, und das Vaterland mannhaft zu vertheidigen. Sie drangen hierauf auf den Abzug der ohne den mindesten Nutzen in dem Lande liegenden Lüneburger. Zu der Uebernahme der rückständigen Löhnungen und zu dem fortwährenden Unterhalt der Lüneburger, hielten sie sich nicht

verpflich-

1666

verpflichtet, weil sie wider ihren Willen und der Landes-Verfassung zuwider eingeführet waren. Doch erklärten sie sich bereitwillig, der Fürstin zum Behuf der Unterhaltungs-Kosten aus freien Stücken hinlängliche Subsidien zu bewilligen, nur müßten sie die feste Versicherung des baldigen Abzuges haben. Die fürstlichen Räthe zeigten hierauf an, daß die Fürstin sich schon wegen Abführung dieser Truppen an den Herzog Georg Wilhelm gewandt hätte, und nächstens günstige Antwort erwartete. Nun schien der Weg zur allerseitigen Zufriedenheit gebahnet zu seyn. Man kam so weit, daß zwischen dem Obristen Frais, den gräflichen Räthen und den ständischen Deputirten über den rückständigen Unterhalt liquidiret wurde. Dieses liquidations-Geschäfte nahm am .ten May in Emden seinen Anfang. Darnach brachte der Obriste eine Foderung, nach Abzug dessen was er bereits erhoben hatte, zu 21142 Rthlr. heraus. Man würde sich wahrscheinlich darüber gereiniget, und darnach die für die Fürstin bestimmten Subsidien bestimmet haben, wenn nicht mit einmal die Tractaten abgebrochen wären. Die Ursache war die unvermuthete Einrückung eines neuen Corps Lüneburger (c).

§. 3.

Die General-Staaten beschlossen am 26. April, 12 bis 1300 Mann nach Ostfriesland zu senden, weil es ihnen unwahrscheinlich vorkam, daß die Schweden blos wegen ihrer Zwistigkeiten mit der Stadt Bremen so viele Truppen in dem Herzogthum Bremen zusammenzögen, und sich das Gerücht ausgebreitet hatte, daß die Schweden nach Ostfriesland marschi-

c) Landschaftl. Acten.

Dritter Abschnitt.

marschiren würden (d), und dann, weil sie noch im- 1666
mer für eine englische Landung besorgt waren. Diese
Umstände dienten wenigstens zum Vorwande ihres
Entschlusses. Durch einen Eilboten ertheilten sie
der Fürstin davon ungesäumte Nachricht. Die Fürstin erwiederte, daß sie durch das Einrücken eines
staatischen Corps befürchten müßte, daß Ostfriesland aus dem Neutralitäts-Stande gerathen würde.
Dabei gab sie auch zu erkennen, daß sie ohne Vorwissen und Zustimmung ihrer Mit-Vormünder darin nicht gehehlen dürfte, und daß die Gränzen hinlänglich durch die Lüneburger bedecket wären. Sie
verbat sich daher den Einmarsch der Truppen, und
hegte das Zutrauen zu Ihro Hochmögenden, daß
sie zum Nachtheil der Provinz und ihres unmündigen Prinzen nichts vornehmen würden. Eben so
antwortete auch der Graf Edzard Ferdinand, denn
auch dieser hatte ein besonderes Schreiben von den
General-Staaten erhalten. Am 3. May wiederholten die General-Staaten ihr Ansuchen. Die
Fürstin lehnte es wieder ab, und setzte hinzu, daß
der Kaiser ihr ausdrücklich untersaget habe, staatisches Volk einzunehmen. Auch glaubte sie, daß
man so wenig von den Engländern, als den Schweden
etwas zu besorgen hätte. Die fürstlichen Räthe schilderten also zu einer und derselben Zeit die Gefahr
für englische und schwedische Feindseligkeiten dort in
dem Haag als ein Hirngespinst, hier in der stándi-
schen Versammlung als ein fürchterliches Schreckbild.
Sie bliesen, um den lüneburgischen Abzug zu verzögern, und die staatischen Truppen aus dem Lande
zu halten, hier kalt, dort warm aus einem Munde.
Auch an die Stände und an den Magistrat der Stadt
Emden schrieben die General-Staaten, daß sie gesonnen

(d) Aitzema p. 784.

sonnen wären, ein Corps in Ostfriesland rücken zu lassen, um damit die Emder Besatzung zu verstärken. Der Magistrat erwiederte, daß eine so starke Besetzung ihrer eigenen Bürgerschaft, den Ständen, der Fürstin, dem Kaiser und dem Reich mißtrauische Gedanken einflößen würde. Die Emder hielten auch, nach geschlossenem Frieden mit dem Bischof von Münster, die Verstärkung ihrer Garnison ganz unnöthig, und glaubten, daß die itzige Garnison hinlänglich genug sey, mit der getreuen Bürgerschaft für jeden ohnehin nicht zu vermuthenden Angriff die Stadt nachdrücklich zu vertheidigen. Nur, fügten sie hinzu, müßten ihre Außenwerke mehr verstärket werden. Wegen des Nachtheils, so ihr Seehandel durch den englischen Krieg unverschuldet gelitten, wäre die Arbeit an den Festungswerken gestocket. Um die Stadt in Stand zu setzen, die Fortificationen zu verstärken, baten sie sich 20 bis 25000 Gulden Subsidien aus. Uebrigens verbaten sie sich, noch mehrere Truppen einrücken zu lassen. Die Stände hatten indessen wider das Ansuchen der General-Staaten nichts zu erinnern. Vielleicht hofften sie dadurch den Abzug der Lüneburger desto eher zu bewürken. Der Herzog von Würtenberg war ebenfalls von dem staatischen Entschluß benachrichtiget. Er ersuchte die General-Staaten inständigst, zum wahren Besten der Provinz und seines Enkels, und um das Aufsehen des deutschen Reichs und der benachbarten Fürsten zu vermeiden, davon abzustehen (e. Wie die General-Staaten allenthalben einen Widersinn spürten, ihre Truppen einzunehmen, so machten sie der Fürstin, den Ständen und der Stadt Emden bekannt, daß sie dieses bestimm-

(e) Aitzema p. 812. 893—896. Landsch. Acten.

Dritter Abschnitt.

beſtimmte Corps zwar auf dem ſtaatiſchen Boden behalten, jedoch ſo nahe als möglich an die oſtfrieſiſchen Gränzen ſtellen wollten, um der Provinz ſchleunig zu Hülfe zu kommen, wenn ſie etwa unvermuthet angegriffen werden ſollte. Hierwider konnte nun Niemand etwas einzuwenden haben (s). Doch dieſe Reſolution war zu ſpät gefaſſet. Die lüneburger waren ſchon in dem Lande, ehe die ſtaatiſchen Truppen aufbrachen.

§. 4.

So waren denn die Stadt Emden, die Fürſtin und ihre Mit-Vormünder, kurz alle, die ein Intereſſe dabei hatten, wider das Einrücken der ſtaatiſchen Truppen. Am mehreſten eiferten die beiden Herzöge von Braunſchweig-Lüneburg dawider. Auch ihnen war der ſtaatiſche Entſchluß durch den Obriſten Haerſolt eröffnet. Sie wurden zugleich erſuchet, ihre in der Provinz einquartierten Truppen abführen zu laſſen. Die Herzöge erwiederten, daß es ihnen ſehr befremdete, daß man ihnen gleich nach geſchloſſenem Frieden zumuthete, ihre mit Vorwiſſen der General-Staaten eingeführte Truppen zu ihrer alleinigen Laſt zu übernehmen. Sie hielten allerdings, ſo wie die General-Staaten ſelbſt, eine anſehnliche Beſatzung in Oſtfriesland nöthig, und ſähen ſich daher als Mit-Vormünder verpflichtet, noch mehrere Truppen nach Oſtfriesland zu ſenden, bäten indeſſen die General-Staaten, ihre Reſolution, um ſelbſt ein Corps einzuführen, wieder einzuziehen. Sobald die Fürſtin von der ſtaatiſchen Reſolution Nachricht erhalten hatte, gieng der vormalige Droſt zu Eſens, Baumbach, nunmehriger Würtembergiſcher

(s) Aitzema p. 898. 822 und 823.

584 Drei und zwanzigstes Buch.

1666 scher Rath, der sich noch immer bei dem fürstlichen Hofe in Aurich aufgehalten hatte, schleunig nach Zelle ab, um mit dem Herzog Georg Wilhelm sichere Maasregeln über den itzigen Zustand Ostfrieslands zu nehmen. Bei seiner baldigen Rückkunft brachte er den Braunschweigischen Rath Hans Friedrich von Kram und den Secretair Backmeister mit. Mit diesem schlossen die Fürstin und der Graf Edzard Ferdinand mit Zuziehung des Baron von Cronek und des Hofmeisters Dinhausen am 16. May in aller Stille eine Capitulation ab. Darnach übernahmen die Herzöge von Braunschweig, als Mit-Vormünder, noch 1000 Mann Infanterie und 400 Mann Cavallerie in Ostfriesland einrücken zu lassen. Dieses Corps sollte unter dem Commando des Obristen Frais stehen. Die Cavallerie sollte von den Herzögen selbst besoldet werden, und in Ostfriesland blos Servis und Futter erhalten; dagegen sollten die Fußvölker von der Landschaft unterhalten werden. Uebrigens sollte ihre künftige Abdankung blos von der Fürstin und von dem Grafen Edzard Ferdinand abhangen (g).

§. 5.

Schon am 24. May rückten die 1000 Infanteristen und 400 Cavalleristen in Ostfriesland ein. Sie kamen grade in der Zeit, wie die ständischen Deputirten in dem Liquidations-Geschäfte mit dem Obristen Frais begriffen waren, wie sie durch Schatzungs-Ausschreibungen Anstalten vorkehrten, den Obristen und die Fürstin zugleich zu befriedigen, und wie sie feste glaubten, daß nächstens der völlige Abzug

(g) Altzema p. 820. 821. 824. 825. Abgedruckte Copia ständ. Schreiben vom 26. May, und Landschaftl. Acten.

Dritter Abschnitt.

Abzug der Lüneburger erfolgen würde. Sie konnten 1666 im so viel weniger daran zweifeln, weil nur noch einige Tage vorher der Freiherr von Kniphausen ihnen referiret hatte, daß die Fürstin und ihre Räthe ihm in einer besondern Conferenz die Hoffnung zu dem nun gewiß bevorstehenden Abzug gemacht hätten. Allein die Fürstin hatte durch die geheimen Räthe von Croneck und Dinhausen alles so heimlich mit dem Braunschweigischen Rath Kram behandelt, daß auch nicht einmal ihre Canzlei die geringste Wissenschaft davon erhalten hatte. So kam denn dieses neue Corps wider alle Erwartung und ganz unvermuthet in Ostfriesland. Es war schon im Lande, wie man von dem Anmarsch noch nichts vernommen hatte (h).

§. 6.

Allgemein war die Bestürzung in dem ganzen Lande. Die reichsten Eingesessenen packten ihre kostbarsten Sachen ein, und flüchteten mit ihren Bagage-Wagen nach Emden. So sehr getäuschet, hielt nun Jeder das Vaterland in Gefahr zu seyn, und alle glaubten, daß ein Project zur Untergrabung der Landes-Verträge geschmiedet worden. Die ersten Lüneburger waren wider Wissen und sogar wider Willen der Stände und den Landes-Verträgen zuwider eingeführet. Durch vielfache Behandlungen fand man nun auf dem Punct, d. ß diese abziehen sollten. Allein nun kam noch sogar ein neues Corps hinzu. Die Fürstin gieng noch weiter. Der Landesherr sollte nach den Verträgen sich nicht in die Landesmittel mischen, und nun schrieb sie eigenmächtiger
Weise

(h) Landschaftl. Acten.

1666 Weise ohne Beirath, ohne Zuziehung der Stände 2 Capital-Schatzungen aus. Diese sollten ihre Beamte erheben. Mit militairischer Execution wurden die Saumseligen bedrohet. Und diese Drohungen wurden auch bald nachher in Erfüllung gesetzet. Noch ein Umstand vermehrte die Bestürzung der Stände. Die Fürstin hatte sich bei dem Kaiser über die Renitenz der Stände beschweret, und unter dem 5. Febr. ein Kaiserliches Rescript ausgebracht. Hiernach wurden die Stände überhaupt, und die Stadt Emden besonders bei Strafe der Kaiserlichen Ungnade angewiesen, die vormundschaftliche Regierung anzuerkennen, und sich derselben Verfügungen zu unterwerfen. So wie das neue Corps der Lüneburger nun eingerücket war, fand die Fürstin gerathen, dieses Rescript sofort abdrucken, und einige Tage nachher am 3. Jun. von allen Canzeln in dem Lande öffentlich abkündigen zu lassen (i). Die fürstlichen geheimen Räthe frohlockten nun laut. Sie glaubten durch die lüneburgische Miliz dem Kaiserlichen Rescripte den gewünschten Nachdruck geben zu können. Einer dieser Räthe, vielleicht der Freiherr von Cronech, sagte öffentlich: Wenn die Stände noch etwas von ihren Privilegien behalten wollten, so müßten sie sich nun gebührend fügen, sonst könnten sie ihre Accorde nur ins Feuer werfen (k).

§. 7.

Unter dem 26. May beschwerten sich die Stände schriftlich

(i) Landsch. Acten, und abgedruckte Copia Landsch. Schreiben vom 26. May.

(k) Abdruck eines an den Kaiser von der fürstlichen Wittwe am 28. Jun. 1667 übergebenen Schreibens in der Anmerkung Q.

Dritter Abschnitt.

schriftlich über das unvermuthete Einrücken des neuen lüneburgischen Corps bei der Fürstin. Sie wiesen gründlich darin nach, daß die vorgeschützte Nothwendigkeit, womit dieses Constitutionswidrige Verfahren bemäntelt werden sollte, blos von den auswärtigen Räthen erdichtet sey. Denn England dürfte keine Flotte in die Emse einlaufen lassen, weil die Ember die See-Tonnen und Backen aus dem Strom genommen hätten. Schweden hätte noch keiner auswärtigen Macht den Krieg angekündiget, und mit dem Bischof von Münster wäre der Friede abgeschlossen. Sie baten daher, die so ganz unnöthige, dem Lande unerträgliche und dem fürstlichen Hause schädliche neue Armatur schleunig abzustellen. Am Schluß schrieben sie: „Gelanget demnach unser „unterthäniges Suchen, alles wohl zu ponderiren, „des jungen Prinzen Interesse wohl zu consideriren, „die ausländischen Räthe, welche nichts dabei zu verlieren, sondern wenn sie den Säckel gefüllet, davon „gehen, und das fürstliche Haus mit dem ganzen „Lande in Combustion stehen lassen, nicht zu hören, „sondern dieselben nach Anleitung Ihro Kaiserl. „Majestät Verordnung von 1597, und darauf ge„gründeten jüngsten Huldigungs-Reverses, abzustel„len, hingegen aber den getreuen Landes-Ständen, „so das ihrige dabei aufsetzen müssen, und nichts an„ders, als des fürstlichen Hauses Aufnehmen su„chen, vielmehr zu trauen, und mit allen Mitteln „suchen, diese Völker wieder aus dem Lande zu brin„gen." In eben diesem Styl schrieben Bürgermeister und Rath der Stadt Emden an die Fürstin. Besonders beschwerten sie sich über das Anmuthen der Fürstin, einige Reuterei in der Herrlichkeit Oldarsum und in andern Herrlichkeiten einzuquartieren. Denn die Stadt hatte auf dem Hause Oldarsum

selbst

selbst eine Garnison, und die übrigen Herrlichkeiten lagen unter ihren Wällen und Kanonen. Wie nun gleich hierauf das vorgedachte Kaiserliche Rescript von den Canzeln publiciret wurde; beschwerten sich die Ember auf das neue unter dem 4. Jun., daß die Räthe den Kaiser durch Unwahrheiten dazu eben so mißleitet hätten, wie sie die Fürstin selbst täglich zu verführen suchten (l). Die Fürstin ließ das ständische und das Ember Schreiben unbeantwortet. Nun wandten sich die Stände unter dem 19. Jun. an den jungen Fürsten Christian Eberhard, der noch nicht das Alter eines Jahres erreichet hatte, mit einer neuen Vorstellung. Hierin klagten sie, daß seine Frau Mutter unter angemaßter Tutel und auf Anstiften schlecht gesinnter Räthe, frembdes Kriegesvolk, um die Eingesessenen zu drücken, eingeführet, und der Landes-Verfassung zuwider Schatzungen ausgeschrieben hätte. Sie zeigten dabei die bösen Folgen, und den Ruin des ganzen Landes, wie auch selbst des fürstlichen Hauses an. Sie baten unterthänigst, diesem Unwesen, zu seinem eigenen Besten, schleunig Wandel zu schaffen (m). Natürlich that auch diese Eingabe nicht die geringste Würkung. Die Lüneburger blieben in dem Lande, die Schatzungen wurden mit Gewalt beigetrieben, und die Reuterei nahm in Hinte und Larrelt nahe bei Emden ihre Quartiere. Wie aber der staatische Commandant Sixma

(l) Copia dessen, was an die Durchl. Fürstin Christine Charlotte die Stände am 26. May geschrieben, wie auch zweier Schreiben von Bürgermeister und Rath der Stadt Emden vom 25. May und 4. Jun.

(m) Abdruck, was an den Durchl. Fürsten Christian Eberhard die ostfries. Stände den 29. Jun. 1666 geschrieben.

Dritter Abschnitt.

Sixma in Emden hierüber selbst mißtrauisch wurde, 1666 er auch von den General-Staaten Ordre erhielt, die Lüneburger nicht unter den Kanonen zu dulden; so zog doch bald nachher die Reuterei aus dem Bezirk von Emden zurück (n).

§. 8.

Daß Beschwerden von der einen Seite, und Entschuldigungen von der andern Seite in dem Haag eingiengen, war nun wohl eine Selbstfolge. Die Fürstin berichtete, daß sie zur Landes-Defension, und besonders auch zur Besetzung von Gretsyl nöthig gefunden hätte, auf eine kurze Zeit ein Corps Lüneburgischer Truppen einzunehmen, und auf die Gränzen zu legen. Sie bat, diese ihre zur nothwendigen Landes-Defension genommenen Maasregeln nicht ungünstig aufzunehmen (o). Dagegen führten die Stände darüber die bittersten Klagen. Diesen ihren Klagen stärkeren Nachdruck zu geben, sandten sie eine Deputation nach dem Haag ab, die sich schon am 4. Jun. dort einfand (p). Den General-Staaten war das Einrücken des neuen Lüneburgischen Corps eben so unerwartet, wie den Ständen. Sehr befremdend war es ihnen, daß die Herzöge von Braunschweig gerade die Truppen, zu deren Unterhaltung sie noch immer staatische Subsidien erhielten, wider ihre Erwartung und wider ihren Willen zu einer Expedition nach Ostfriesland gebrauchten. Unter dem 11. Jun. schrieben sie an die Fürstin: Sie hätten, auf Ansuchen des Herzogs von Würtenberg, die ostfriesischen Landes-Stände überholet, die

---

(n) Aitzema p. 896 und 905. und Landsch. Acten.
(o) Aitzema p. 900.
(p) Landschaftl. Acten.

1666 die lüneburgischen Hülfstruppen bei ihrem Abzug zu befriedigen. Diese Sache wäre durch ihre Bemühung so weit gediehen, daß man sich bereits mit einer Liquidation über den Rückstand beschäftiget hätte. Nun aber wären diese Tractaten, deren glücklichen Ausgang sie gar nicht bezweifelt hätten, mit einmal abgebrochen, weil Ihro Hochfürstl. Durchl. ohne Vorwissen der Stände eine Convention abgeschlossen, und wider Willen der Stände und wider den klaren Text der Accorde noch neue Truppen eingeführet hätte. Diese Truppen wären nicht auf die Gränzen geleget, sondern in der Mitte des Landes, selbst unter den Kanonen der Stadt Emden einquartieret. Sie dienten nicht zur Landes-Defension, sondern zur Unterdrückung der Eingesessenen. Unerhört und befremdend wäre es, daß sie, die Fürstin, eigenmächtiger Weise Schatzungen ausschriebe, und solche durch militairische Execution beitreiben ließe. Sie erwarteten sicher von ihrer Weisheit und Gerechtigkeit, daß sie nun ohne Verzug den Abmarsch der sämmtlichen lüneburgischen Hülfstruppen bewerkstelligen, und die Beitreibung der Schatzungen einstellen würde. Sollte indessen dieses freundnachbarliche Ersuchen nicht den erwünschten Eingang finden; so hielten sie sich verpflichtet, nunmehr die Manutenenz der ostfriesischen Verträge, die sie mit Hand und Siegel versprochen hätten, zur Ausführung zu bringen. Sie überließen es der Fürstin, dieses ernstlich um so viel mehr zu beherzigen, weil die Kosten des neuen Corps dem fürstlichen Hause doch allemal alleine zur Last fallen müßten, und erwarteten nächstens eine Antwort, um darnach ihre Maasregeln zu nehmen. Von diesem Schreiben gaben sie auch dem Herzog von Würtenberg Nachricht (q).

§. 9.

(q) Aitzema p. 900—903.

Dritter Abschnitt.

§. 9.

Auch die Herzöge von Braunschweig, Georg Wilhelm und Ernst August, übersandten am 18. Jun. eine schriftliche Apologie ihres Verfahrens. Hierin und in einer mündlichen Conferenz mit dem Obristen Haersolt führten sie den General-Staaten zu Gemüthe, daß sie mit ihrem Gutfinden in dem vorigen Jahre die ostfriesischen Gränzen zur Sicherheit dieser Provinz, und auch selbst die daran gränzenden Niederlande besetzet hätten. Nun hätten sie sich gemüßiget gesehen, diese schwachen Besatzungen durch ein neues Corps zu verstärken. Ihre Absicht dabei wäre blos, diese Provinz gegen auswärtige Invasion zu sichern, keinesweges aber derselben Staats-Verfassung eine andere Richtung zu geben. Diese ihre Truppen sollten auch sofort wieder abziehen, sobald die Besorglichkeiten für feindliche Einfälle gehoben wären. Noch weniger wären sie gesinnet, den Einfluß Ihro Hochmögenden auf die ostfriesischen Angelegenheiten zu schwächen, oder der Manutenenz der ostfriesischen Accorde Hindernisse in den Weg zu legen. Ihr ganzes Augenmerk zielte nur auf die Sicherheit und auf den Wohlstand Ostfrieslands ab. Daher erfoderte es auch die Billigkeit, daß die zu dem Ende eingeführte Truppen aus den Landesmitteln erhalten würden. Dabei gaben sie Ihro Hochmögenden zu erkennen, daß sie sich nicht im Stande befänden, aus den Subsidien, die sie von den vereinigten Niederlanden erhielten, ihre Armee zu erhalten, wenn sie ihre Truppen aus Ostfriesland ziehen sollten; denn eben durch diese Einquartierung würde ihnen noch einige Erleichterung verschaffet. Es wäre also die Vollziehung der mit den vereinigten Niederlanden geschlossenen Defensiv-

Drei und zwanzigstes Buch.

1666 Allianz unzertrennlich mit der ostfriesischen Einquartierung verknüpfet. Sollten also Ihro Hochmögenden auf die Abführung ihrer Truppen aus Ostfriesland so feste bestehen; so müßten Dieselbe auf andere Mittel zu ihrer Erleichterung bedacht seyn, wenn man sie von der Defensiv-Allianz nicht entbinden wollte. So mußte denn, setzt Aitzema hinzu, Ostfriesland wegen eines fremden Interesse und durch Nachsicht der fürstlichen schlechten Räthe leiden! Da die General-Staaten die Herzöge von Braunschweig gerne bei guter Laune erhalten wollten; so fanden sie nicht gerathen, den Ständen die starke Hand zur Evacuation der wider die Landes-Verträge eingeführten lüneburgischen Truppen zu bieten. Sie suchten durch verschiedene Unterhandlungen diese Evacuation zu bewürken. Der lüneburgische Abgesandte, Müller, wußte aber die General-Staaten von einer Zeit zur andern aufzuhalten (r).

§. 10.

Wie der Friede zwischen der Republik der vereinigten Niederlande und dem Bischof von Münster in Cleve im April abgeschlossen war, hielt man sich in Ostfriesland für alle Feindseligkeiten des Bischofs sicher. Da man aber dem Bischof doch nicht so recht traute, so trugen nachher sowohl die Stände, als die Fürstin theils selbst, theils durch ihren Vater, den Herzog von Würtenberg, bei den General-Staaten darauf an, auch namentlich mit in den Frieden eingeschlossen zu werden (s). Denn in dem 10. Artikel des Friedens-Instruments war festgesetzet, daß überhaupt alle Bundesgenossen und Freunde der Republik

(r) Aitzema p. 904 und 905.
(s) Landschaftl. und Emder Acten.

Dritter Abschnitt. 393

tepublik, und des Bischofes, mit in den Frieden 1666
nbegriffen werden sollten, und daß man sich von
eiben Seiten vorbehalte, auch namentlich diejeni-
en Freunde und Bundesgenossen, deren in dem
Friedens-Schluß keine Erwähnung geschehen, und
die binnen 3 Monaten darum anhalten würden, in
den Frieden mit einzuschließen (t). Die General-
Staaten waren bereitwillig, sich der Fürstin und
den Ständen gefällig zu bezeigen Es wurde dieses
den bischöflichen Abgesandten am 18 Jun. in dem
Haag vorgestellet Diese protestirten darwider Sie
egten den 10. Artikel so aus, daß nur dem Bischof
die Befugsamkeit vorbehalten worden, die Rheini-
schen Fürsten namentlich in den Frieden mit einzuschließen. Auch könnten sie um deswillen nicht darin geheelen, weil der Bischof noch Prätensionen auf
diese Provinz oder auf das Regierhaus wegen der
Executions-Kosten über die lichtensteinische Schuld
zu haben vorgab. Dagegen behaupteten die General-Staaten, daß nach dem ganzen Zusammenhang
des zehnten Artikels beiden Contrahenten die Befugsamkeit zustünde, ihre Freunde und Bundesgenossen
namentlich mit in den Frieden einzuschließen; und
daß die ausdrückliche Benennung nur ein bloßes
Formale wäre, weil schon die Ostfriesen unter der
allgemeinen Benennung, Freunde und Bundesgenossen

Bb 5

(t) Confoederati etiam et amici utrinque hoc tractatu comprehenduntur et nominatim ex parte ordi-
num General. Dominus Fridericus III. Rex Daniae,
Duces Brunsw. Christianus Albertus Dux Schlesw.
Antonius Guntherus, Comes In Oldenburg — Et
ex parte Domini Episcopi Monast. sacra Caesarea
Majestas, et Romanorum Imperium ac Confoederati Rhenani aut qui ex iis vel aliis Amicis includi
voluerint et duorum vel trium Mensium spatio se
includi velle declaraverint. Artic. 10.

1666 neſſen der vereinigten Republik, begriffen wären. Wegen der Executions-Koſten über die richtenſteinlſche Schuld hielten ſie dafür, daß der Biſchof die Gränzen ſeiner Commiſſion überſchritten habe, und daß er allenfalls ſeine Anſprüche durch den Weg Rechtens geltend machen müßte. Wie nun am 18. Jul. ein neuer Vergleich über einige aus dem Cleviſchen Friedens-Inſtrument entſtandene Controverſe abgeſchloſſen wurde; ſo wurde zugleich Oſtfriesland namentlich mit in den Frieden eingeſchloſſen, jedoch wurde dem Biſchof noch vorher der gütliche Vergleich über die Executions-Koſten, und ſeine ſonſtige Anſprüche, die er etwa vor dem Friedens-Schluſſe auf Oſtfriesland gehabt haben möchte, vorbehalten (u). Hiemit hatte Oſtfriesland indeſſen bei der zugefügten Clauſel nichts gewonnen.

§. 11.

Die Unterhandlungen mit dem Braunſchweigſchen Geſandten Müller wurden noch immer in dem Haag fortgeſetzet. Am 9. Julii reichte Müller bei den General-Staaten eine Note ein. Hierin ſuchte er nachzuweiſen, daß die Beſetzung mit ſtaatiſchen Truppen für Oſtfriesland ſehr gefährlich ſeyn würde, weil

(u) Aitzema p. 827. 830. 838. 840. 842 und 844. Cum etiam de Comitatu Friſ. Orientalis paci includendo actum isque a D. D. Ord. Deputatis ſub verbis, Confoederati et Amici pro comprehenſo habitus ſit, ſua Celſitudo Monaſt. id in Medio relinquit, reſervata prius amicabili via componendae controverſiae, quae ipſi cum dicto Comitatu ratione expenſarum Commiſſionis Caeſareae in cauſa Liechtenſtein contra Oſtfriesland intercedit, ſalvoque omni Jure, quod eidem ſuae Celſit. ante hanc pacem umquam competiit. Artic. 4.

Dritter Abschnitt.

weil der Kaiser und das Reich es nicht mit gleichgül-1666 tigen Augen ansehen könnten, daß eine zu dem deutschen Reich gehörige Provinz mit ausländischen Truppen besetzet würde. Da nun auch die Staaten mit England in einen offenbaren Krieg verwickelt wären; so würde man England durch die staatische Besetzung Gelegenheit geben, eine Landung in Ostfriesland vorzunehmen. Weil nun aber die Herzöge von Braunschweig zu Mit-Vormündern über den jungen Fürsten bestellet worden, weil sie mit Niemanden Krieg führten, und weil sie keine ausländische Fürsten, sondern deutsche Reichsstände wären; so könnte auch Niemand eine Braunschweig-Lüneburgische Besatzung anstößig finden (v). Endlich erklärte sich der Abgesandte Müller unter dem 3. Aug., daß die Reuterei nächstens aufbrechen sollte, und daß man sich über den Abzug der Infanterie in Aurich in Tractaten einlassen wollte. Aber auch dieser Aufbruch der Cavallerie erfolgte nicht (w).

§. 12.

Die Fürstin trieb indessen noch beständig durch militärische Execution die Schatzungen bei. Sie hatte nun schon vier Capital-Schatzungen ausgeschrieben. Dieses veranlaßte die Stände, wiederholend auf die Manutenenz der Landes-Verträge bei den General-Staaten anzutragen (x). Diese wünschten diese Streitigkeiten in der Güte beizulegen, und suchten

(v) Gedruckte Remarques, op't geene de Heer Lorenz Müller Afgesante van hare Vorstl. Dorl. tot Brunswyk d. 9. Jul. geproponeert en schriftelick overgegeven heft.

(w) Aitzema pag. 905.

(x) Landschaftl. Acten.

1666 suchten die Fürstin zu überholen, einige Commissarien nach dem Haag abzusenden. Hier sollte denn auch vorzüglich über die lüneburgische Evacuation gehandelt werden. Die Fürstin suchte unter dem Vorwande, daß sie ohne Zustimmung ihrer Mit-Vormünder keine Deputation nach dem Haag veranstalten dürfte, dieses Ansuchen abzulehnen und zu verzögern. Indessen gab sie zu erkennen, daß es ihr nicht zuwider seyn würde, wenn sich staatische Commissarien in Aurich einfänden. Hierauf entschlossen sich die General-Staaten selbst, wieder Commissarien nach Ostfriesland zu senden. Indessen ermahnten sie noch vorher die Fürstin, sich aller Neuerungen zu enthalten, und die Beitreibung der eigenmächtig ausgeschriebenen Schaßungen einzustellen. Die Commissarien waren: Floris Cant, Bürgermeister der Stadt Gouda, Wilhelm von Haren, Grietmann in Friesland, und Tiard Gerlacius, Rathsherr der Stadt Gröningen. Am 25. Oct. erhielten sie ihre Instruction. Darnach sollten sie den Abzug der lüneburgischen Truppen auf die bestmöglichste Weise bewürken, und die Landes-Defension zu Stande bringen. Zu dem Ende sollten sie der Fürstin und den Ständen eröffnen, daß die General-Staaten geneigt wären, vorläufig mit acht Compagnien die Gränzen zu besetzen. Dann aber sollten sie darauf arbeiten, daß die Gränz-Besatzung auf einen gewissen Fuß gesetzet, und aus den gemeinen Landesmitteln beköstiget werde. Endlich sollten sie auch die Streitigkeiten über die von den Ständen noch nicht anerkannte vormundschaftliche Regierung zu vereben, und andere seit dem Absterben des Fürsten Georg Christians entstandene Beschwerden abzustellen suchen (y).

§. 13.

(y) Altems p. 906. 907.

Dritter Abschnitt.

§. 13.

1666

Unterdessen ließen die General-Staaten durch den Obristen Haersolt nochmalen den Herzögen von Braunschweig vorstellen, daß die wider Wissen und Willen der Stände vorgenommene Besetzung mit den lüneburgischen Truppen der Landes-Constitution und den Verträgen nicht entspräche, daß sie von den Ständen zur Manutenenz dieser Verträge aufgefodert worden, und sie sich kraft der übernommenen Garantie dazu verpflichtet hielten. Sie ließen daher die Herzöge nochmalen ersuchen, die Evacuation zu beschleunigen. Der Obriste erhielt zur Antwort, daß der Gesandte Müller bereits den Auftrag erhalten hätte, mit den General-Staaten über die Evacuation zu handeln, die Herzöge aber der Fürstin aus vorhin angeführten Gründen nicht anrathen könnten, die Gränzen mit staatischen Truppen zu besetzen. Damalen wurde ein unter dem 11. Oct. ertheiltes Kaiserliches Decret publiciret, wornach die Stände sich auf die von der Fürstin bei dem Reichshofrath angebrachten Klagen einlassen sollten. Auch gieng ein Gerücht, daß der Herzog von Würtenberg von dem Kaiser Commission erhalten habe, die ostfriesischen Streitigkeiten zu untersuchen. Aus der Zögerung der Herzöge von Braunschweig mit der Abführung ihrer Truppen, aus ihrem Unwillen wider eine staatische Besatzung, und aus dem ausgebrachten Kaiserlichen Decret argwöhnten die General-Staaten, daß die Herzöge von Braunschweig damit umgiengen, ihren Einfluß in die ostfriesischen Angelegenheiten zu schwächen, und die ihnen von dem Regierhause und den Ständen aufgetragene Auslegung und Entscheidung der aus denen von ihnen garantirten Verträgen herrührenden Controversen

1666 sen zu entreissen. Der Obriste Haersolt stellte diese Besorgniß der General-Staaten dem Braunschweigischen Hofmarschall Grapendorf vor. Dieser betheuerte aber, daß das Kaiserliche Decret und die Commission auf den Herzog von Würtenberg blos auf die Klagen der Fürstin und auf die ständische Beantwortung, also nach einer wirklichen Litis-Contestation und ohne Zuthun der Herzöge erfolget sey. Die Absicht der Fürstin und ihrer Mit-Vormünder gieng indessen wohl ungezweifelt dahin, den Einfluß der General-Staaten auf Ostfriesland so viel möglich zu entkräften (z). Diese Absicht war den General-Staaten nicht unbekannt. Sie zu vereiteln, verstärkten sie unvermuthet im Anfang November ihre Garnison in Emden mit 800 Mann. Unter folgenden mit dem Magistrat getroffenen Bedingungen wurden diese 8 Compagnien eingelassen: Diese verstärkte Besatzung sollte unter dem Befehl des staatischen Commandanten Sixma und des Magistrats stehen; sie sollte blos zur Bewahrung der Stadt dienen; die General-Staaten sollten den Sold stehen; sie sollte wieder abziehen, sobald der Magistrat sie für unnöthig halten, und auf den Abzug antragen würde, und dann sollten die General Staaten die Räumung der lüneburgischen Truppen bewürken (a).

§. 14.

Im Anfang November fanden sich die staatischen Commissarien in Ostfriesland ein. In ihrer Gegenwart nahmen zwischen den fürstlichen Räthen und den Ständen in Aurich auf einem Landtag die

Tracta-

(z) Aitzema p. 908 und 910.
(a) Emder Acten.

Dritter Abschnitt.

Tractaten ihren Anfang. Langsam giengen die 1666
Fortschritte. Zwar war von der Fürstin die Abjuh-
rung der lüneburgischen Truppen verheissen, man
konnte sich aber über die Befriedigung dieser Truppen, und über die Gränz-Besatzung nicht einigen.
Die Stände bestanden darauf, daß wenigstens provisorisch, bis man sich über die Defensions-Anstalten
näher vergleichen würde, mit einigen Compagnien
der staatischen und auch der ständischen Garnison die
Gränzen zu besetzen seyn. Erst genehmigten die
fürstlichen Räthe eine provisorische Besatzung von
400 Mann, jedoch in der Art, daß fürstlicher Seite
dazu die eine Hälfte, und von der ständischen Seite
dazu die andere Hälfte ernennet werden sollte. Aber
bald nachher, wie die Stände auch dazu geneigt
waren, zogen sie ihre Erklärung zurück. Sie wollten nun gar keine provisorische Besatzung zugestehen.
Sie drangen darauf, daß die Befriedigung der lüneburgischen Truppen wegen des Rückstandes, und
der Fürstin wegen ihrer Vorschüsse vorgehen müßte.
Nun wurden die Tractaten mit einmal abgebrochen.
Die Stände überreichten den staatischen Commissarien eine Vorstellung. Hierin schilderten sie das
fürstliche Project, eine Despotie in Ostfriesland einzuführen, und die ganze auf Verträge sich gründende
Landes-Verfassung zu untergraben. Sie foderten
nun nochmals die General-Staaten zu der versprochenen Manutenenz der Accorde auf, um die wider
ihren Willen eingeführten und dem ganzen Lande zur
Last liegenden Truppen aus der Provinz zu schaffen.
Dagegen sandte die Fürstin ihren Drosten Sintlos
und ihren Rath Stamler nach dem Haag. Diese
ersuchten die General-Staaten, ihre Commissarien
zurück zu rufen. Sie überreichten den General-
Staaten eine Apologie über die lüneburgische Ein-
quartie-

1665 quartierung (b), und erboten sich, über alle Streitigkeiten sich in dem Haag in Tractaten einzulassen. Der ständische Agent Aitzema wieß hierauf an, daß die Fürstin mit den General Staaten und mit den Ständen ihr Gespött triebe. Sie wäre, sagte er, von Ihro Hochmögenden öfters ermahnet worden, einige Abgeordnete nach dem Haag zu senden, und die ständischen anwesenden Deputirten hätten fast den ganzen Sommer auf deren Ankunft gewartet. Sie hätte sich nie dazu verstehen wollen, sondern selbst auf die Absendung staatischer Commissarien zu einer localen Untersuchung angetragen. Da sich nun Ihro Hochmögenden dazu bewegen lassen; so wäre es seltsam, daß die Fürstin nun auf Tractaten in dem Haag antrüge, und ihre Räthe dahin absendete, statt durch sie die angefangenen Tractaten fortsetzen zu lassen. Er bat, endlich einmal durchzugreifen, um die Stände aus ihrer mißlichen Lage herauszureissen. Die General-Staaten ließen es bei ihrer vorigen Resolution bewenden. So reisten denn wieder der Drost Lintloo und der Rath Stamler nach Aurich zurück (c).

§. 15.

Die Provinz Holland ertheilte in der Versammlung der General-Staaten ihr Gutachten. Darnach sollte den Commissarien in Ostfriesland geschrieben werden, die Fürstin durch die triftigsten Bewegungsgründe zu dem Abzug der Lüneburger, und die Stände zu der Uebernahme des rückständigen Soldes zu überholen. Wenn aber die Fürstin sich nicht dazu

(b) Dies war die nachher gedruckte und oft angeführte Korte Deductie.

(c) Aitzema p. 910—913. und Ländsch. Acten.

Dritter Abschnitt.

dazu bequemen sollte, so müßte man die versprochene 1666
Manutenenz der Accorde würksam machen. Zu
dem Ende sollten die Commissarien nach denen ihnen
vorher schon zugestellten Patenten, die nächstbelegenen staatischen Garnisonen requiriren, die lüneburgischen Truppen zum Abzug zu zwingen. Dieses
Gutachten wurde von den General-Staaten genehmiget. Es war ihnen nun ein rechter Ernst, den
Abzug der lüneburger zu bewürken. Denn die Commissarien hatten 80 Patente für eben so viel Compagnien in Händen. Ihrem Gutfinden war es überlassen, von wie vielen Patenten sie Gebrauch machen wollten. Bei dieser lage der Sachen konnte
also das kleine lüneburgische Corps von ohngefähr
2000 Mann leicht zum Abzug gezwungen werden.
Sobald der Braunschweigische Minister dieses erfuhr, reichte er bei den General-Staaten eine Note
ein, worin er sich über dieses der staatischen und
braunschweigischen Allianz nicht entsprechendes Verfahren beschwerte. Er leitete es auch dahin, daß
die dänischen und brandenburgischen Gesandten dieses Benehmen als offenbare Feindseligkeiten wider
das braunschweigische Haus auslegten. Auch kam
der kaiserliche Minister Friquet ein, und mahnte die
Staaten hievon, als von einem Attentat wider das
deutsche Reich, ab. Dagegen erwiederten die General-Staaten, daß sie das fürstliche ostfriesische
Regierhaus nicht an seinen Domainen, nicht an
seiner Landeshoheit und seinen sonstigen Rechten
kränken, sondern nur blos die von ihnen garantirten
Verträge, wozu sie sich verbunden hätten, aufrecht
erhalten wollten. Uebrigens wären die Herzöge von
Braunschweig, als Mit-Vormünder, so wenig, wie
der Pupille oder Landesherr selbst, berechtiget, die
Verträge über den Haufen zu werfen. Der braun-

1666 schweigische Gesandte, Müller, erklärte nochmalen, daß die Herzöge niemalen die Absicht gehabt hätten, die Landes-Verträge zu verletzen (d).

§. 16.

Die ernsthaften Maasregeln, die die General-Staaten getroffen hatten, bewogen den Herzog von Braunschweig und Bischof von Osnabrück, Ernst August, daß er den zuletzt eingerückten braunschweigischen Truppen Ordre zum Aufbruch ertheilte. Er erklärte sich auch gleich nachher, daß er auch seinen Bruder, den Herzog Georg Wilhelm überreden wollte, die erst eingeführten Truppen abziehen zu lassen. Doch wünschte er, daß der rückständige Sold entweder baar, oder durch eine von den General Staaten zu übernehmende Caution vorher berichtiget würde (e). In Aurich wurden die abgebrochenen Tractaten wieder angefangen und fortgesetzet. Man debattirte sich lange, ob alle braunschweigischen Truppen abgeführet, oder ob noch einige zurückbleiben sollten? Die Stände bestanden auf die völlige Evacuation. Diese wurde ihnen nun zwar endlich zugesichert, nur kam es auf die Bezahlung des rückständigen Soldes an. Hiezu hielten sich die Stände nicht verpflichtet. Endlich erklärten sie sich, daß sie in Rücksicht der staatischen Empfehlung bei dem Abzug des zuletzt eingerückten Corps 4000 Rthlr. auszahlen wollten. Doch sollten diese Gelder den staatischen Commissarien eingehändiget, und bei dem wirklichen Abmarsch entrichtet werden. Dieses geschah, und hierauf zog dieses Corps am 26.

(d) Aitzema p. 914. 915. u. 860. u. T. 13. B. 47. p. 761.

(e) Aitzema p. 915. und B. 47. p. 722.

Dritter Abschnitt.

26. December in dem strengsten Winter ab. Nun 1666 stritt man sich wieder über die Besetzung der Gränze. Die Fürstin bestand darauf, daß die Gränze mit 3 braunschweigischen und 3 staatischen Compagnien besetzet werden sollte; dagegen wollten die Stände blos eine staatische Besatzung haben. Hiemit waren auch die staatischen Commissarien einig. Hierüber konnte man sich nicht vereinbaren. Indessen setzten die Stände, um den Abzug der noch übrigen braunschweigischen Truppen zu erleichtern, wieder 3000 Rthlr. aus. Am 10. Januar 1666/1667. brachen zuerst 4 Compagnien, und am 7. Februar die übrigen auf, und so wurde denn endlich Ostfriesland und Harrlingerland (f) von dieser lästigen Einquartierung völlig entlastet. Wegen der Mißhelligkeiten über eine provisorische Landes-Defension blieb die Gränze zwar unbesetzt; indessen gaben die General-Staaten den Commandanten zu Emden, Leerort und Dyle auf, für die Sicherheit dieser Provinz zu wachen, und von jeder anscheinenden Gefahr sogleich nach dem Haag zu berichten. Denen Ständen gaben sie schriftlich die Vertröstung, daß sie dafür sorgen würden, daß künftig den Eingesessenen keine Schatzungen abgepresset, und die Landesmittel oder die Pacht-Comtoire nicht angegriffen werden sollten, daß sie überhaupt die Landes-Verträge aufrecht erhalten, und alle Contraventionen, sobald sie nur davon benachrichtiget seyn würden, sofort abstellen wollten (g.

§. 17.

(f) In Harrlingerland lagen während dieser Einquartierung beständig zwei Compagnien, wozu die Eingesessenen außer dem Servis-Gelde 1½ Grr. von jedem Diemate Landes-Schatzung entrichten mußten. v. Werdum Series Fam Werd.

(g) Aitzema p. 911 912 u. 915. u. B. 47. p. 761 762. 767.

§. 17.

1667 Bis hiezu hatten die staatischen Commissarien sich mit der braunschweigischen Evacuation, und mit der zu veranstaltenden Landes-Defension beschäftiget. Nun bemühten sie sich auch zufolge ihres Auftrages, die Streitigkeiten über die vormundschaftliche Regierung und über andere vorschwebende Streitigkeiten abzustellen. Die Fürstin wollte sich aber nicht darauf einlassen, weil sie sich an den Kaiser gewandt hatte. Die längere Anwesenheit der Commissarien konnte also keinen Nutzen schaffen. Sie beurlaubten sich also von der Fürstin und von den Ständen, und traten im Ausgang Februar ihre Rückreise an. Da sie die Provinz in der äußersten Verwirrung zurückließen; so konnte es nicht fehlen, oder es mußten neue Beschwerden in dem Haag angebracht werden. Der Gegenstand der vorzüglichsten war die vormundschaftliche Regierung und die von der Fürstin ausgebrachten Kaiserlichen Decrete. Doch davon werde ich unten weiter reden. Die übrigen waren von keinem sonderlichen Belang. Sie betrafen den Norder Bürgermeister Nickena. Dieser war um deswillen von der Fürstin abgesetzet, weil er sich geweigert hatte, der Introduction eines von ihr angesetzten Secretairs beizuwohnen. Denn diese Stelle mußte nach dem osterhusischen Accorde von dem Magistrate vergeben werden. Dann brachten die ritterschaftlichen Mitglieder von Hane und Freitag ihre seit 1662 noch rückständige Deputations-Kosten wieder in Anregung. Sie waren aber noch gar nicht beliebt bei den Ständen, und konnten daher ihren Endzweck nicht erreichen. Wichtiger waren die Streitig-

767. 768 und 772. Winkelmanns Oldenb. Chronik p. 543. und Landsch. Acten.

Dritter Abschnitt.

Streitigkeiten über den Unterhalt der zuletzt in Emden eingerückten 8 staatischen Compagnien. Die General-Staaten drungen darauf, daß die Stände diese Kosten übernehmen sollten, weil sie zur Sicherheit des ganzen Landes dienten. Die Stände hielten sich aber nicht verpflichtet dazu, weil ohne ihr Vorwissen die Verstärkung der Ember Garnison vorgenommen worden, sie solche nicht verlanget hatten, sie nie den mindesten Nutzen davon gehabt hätten, und ihnen vorher nie ein Beitrag zum Unterhalt der staatischen Garnison, die beständig abgewechselt, und bald stärker, bald schwächer gewesen, zugemuthet worden. Die Stadt Emden hielt sich ebenfalls zu einem Beitrag nicht verpflichtet, weil ihnen solche in der Capitulation nicht zur Bedingung gemacht war. Um indessen die Plackereien mit den Officieren zu vermeiden; so erklärten sich die Ember, ⅓ des Unterhalts zu tragen, und verwiesen die General-Staaten mit den übrigen ⅔ auf die Stände. So sehr nun auch in die Stände zu der Uebernahme dieser Kosten gedrungen wurde, so blieben sie doch bei ihrer ersten Ablehnung, nur erklärten sie sich, in dem Fall die Unterhaltungs-Kosten zu stehen, wenn die Garnison außer der Stadt dem Lande wirkliche Dienste leisten sollte. Da die Stände in der Güte sich zur Unterhaltung der staatischen Garnison nicht bequemen wollten; so ist deshalb nicht weiter in sie gedrungen, und haben die General-Staaten es bei dem ständischen Protest bewenden lassen (h).

(h) Aitzema B. 47. p. 762. 766. 769. 772 u. 775.

Vierter Abschnitt.

§. 1. Der Kaiser befiehlt den Ständen, die Fürstin als vormundschaftliche Regentin anzuerkennen (theils ließen §. . die hierauf eingegangenen städtischen Einreden der Fürstin zur Erklärung zu. Hierüber entstehet von beiden Seiten bei dem Reichshofrath ein Schriftwechsel. §. 3. Der Kaiser trägt dem Herzog Ernst August von Braunschweig das Commissorium zur Untersuchung und Beilegung der ostfriesischen Streitigkeiten auf. §. 4. Und lasset durch seinen Gesandten Friquet b e General-Staaten ersuchen, sich nicht weiter mit den ostfriesischen Angelegenheiten zu bemengen, vielweniger die Stände wider die Fürstin zu unterstützen. §. 5. Die General-Staaten suchen die kaiserliche Commission abzuwenden. §. 6 Der Herzog subdelegirt seinen Canzler Höfner und den geheimen Rath von Münchhausen. Die Stände recusiren den Canzler, §. 7. und wollen sich überhaupt mit der subdelegirten Commission nicht einlassen. §. 8. Worauf die subdelegirten Commissarien wied r abreisen. §. 9. und 10. Die Stände erbieten sich, die Fürstin und den Grafen Edzard Ferdinand als vormundschaftliche Regenten zu erkennen, und ihnen allen Gehorsam zu beseigen, wenn sie ihnen die Aufrechthaltung der Landes-Verträge zusichern wollen. Die Fürstin will sich hierauf nicht erklären, und stellet die Judicatur der Streitigkeiten dem Reichshofrath anheim. §. 12 Dagegen findet der Graf Edzard Ferdinand das ständische Anerbieten billig, und dem Wohl des Landes und fürstlichen Hauses angemessen. §. 13. Die Stände wenden sich wieder an die General-Staaten. Diese entschließen sich abermals, eine Commission zur Beilegung der Streitigkeiten und Handhabung der Landes-Verträge nach Ostfriesland abzusenden. §. 14. Der junge Fürst Christian Eberhard von Ostfriesland wird in den Fürsten-Rath eingeführet, und erhält Sitz und Stimme auf der Fürstenbank. §. 15. Die staatlichen Commissarien treffen in Ostfriesland ein. §. 16. Die Fürstin will sich mit ihnen nicht in Tractaten einlassen, und hält sie mit dilatorischen Einreden auf. §. 17. Mittlerweile erneuert der kaiserliche Reichshofrath die Commission auf den Herzog Ernst August von Braunschweig, und weiset die Stände an, sich der Commission zu submittiren, und sich alles Recurses an auswärtige Mächte zu enthalten. §. 18. Auch werden die General-Staaten ersucht, sich der klagenden Stände nicht weiter anzunehmen, sondern sie an den Kaiser hinzuverweisen. §. 19 Die Fürstin giebt nun der staatlichen Commission zu erkennen, daß sie sich zur gemeinschaftlichen Uebernahme der vormundschaftlichen Regierung mit dem Grafen Edzard Ferdinand nicht entschließen könne. §. 20. Die staatische Commission trifft hierauf Vorkehrungen, den Grafen Edzard Ferdinand alleine in den Besitz der vormundschaftlichen Regierung zu stellen. Dieses veranlasset die Fürstin zu einer günstigeren Erklärung, und bahnet den Weg zu einem Vergleich.

Vierter Abschnitt.

Vergleich. §. 21. Absterben des Grafen Ebzard Ferdinand von Ostfriesland. §. 22. Seine Wittwe und Nachkommen. §. 23. Durch Absterben des Grafen sind die vorigen Streitigkeiten zwischen ihm und der Fürstin von selbst gehoben. §. 24. Auf einem Landtage arbeiten die staatischen Commissarien an einem Vergleich zwischen der Fürstin und den Ständen über die vormundschaftliche Regierung. §. 25. Eine überspannte Foderung der Stände veranlasset erst den Abbruch der Tractaten. §. 26. Sie werden aber bald wieder angeknüpfet. Der Vergleich über die Beschwerden wird endlich getroffen, und von der Fürstin und den Ständen unterschrieben. §. 27. Die fürstlichen Huldigungs-Reversalen und der schriftliche Huldigungs-Eid der Stände kommen zu Stande, und die verwittwete Fürstin Christine Charlotte wird nun als vormundschaftliche Regentin anerkannt. §. 28. Die staatischen Commissarien schlichten noch einige Privat-Streitigkeiten, und treten ihre Rückreise nach Holland an.

§. 1.

Die Stände weigerten sich noch immer, die vormundschaftliche Regierung anzuerkennen. Die Fürstin hatte sich über die Renitenz der Stände bei dem Kaiser beschweret, und unter dem 5. Febr. 1666 ein Kaiserliches Rescript ausgebracht. Hierin wurde den Ständen überhaupt und der Stadt Emden besonders verwiesen, daß sie die ganze ostfriesische Verfassung in Verwirrung stellten und die vormundschaftliche Regierung nicht anerkennen wollten, da doch die verwittwete Fürstin theils als Mutter, theils aus den Eheberedungen auf die Vormundschaft die gerechtesten Ansprüche hätte, und sie in der Hinsicht zugleich mit den übrigen Mit-Vormündern allerhöchst bestätiget worden. So lautet der Schluß:

„Als befehlen Wir euch sämmtlich, absonderlich „aber euch Burgermeistern und Rath der Stadt „Emden, bei Vermeidung unserer Kaiserlichen „Ungnade hiemit ernstlich, und wollen, daß ihr „obbemeldete verwittwete Fürstin von Ostfries-
„land,

1667 „land, als rechtmäßige Vormünderin Georg
„Christians, Fürsten von Ostfriesland hinterlas-
„senen Sohnes Christian Eberhards, ohne Ein-
„rede oder Widerwillen erkennet, Ihr allen ge-
„bührenden Respect und Gehorsam erweiset, und
„durch widrige Bezeigung zu ferneren Klagen,
„und ernsteren Einsehen keine Ursache gebet (a).

Die Stände verantworteten sich in einem bei dem
Reichshofrath im August eingereichten alleruntertä-
nigsten Informations-Schreiben. Hierin suchten
sie nachzuweisen, daß nach der ostfriesischen Landes-
Verfassung die Regierung mit ständischer Zustimmung angetreten, und die förmliche Bestätigung
der Privilegien und Verträge vorher gehen müßte.
Sie beschwerten sich dabei über die Fürstin, daß sie
sich unterfangen hätte, fremde Truppen in das Land
zu führen, eigenmächtiger Weise Schatzungen auszuschreiben und andere den Verträgen nicht entsprechende Handlungen vorzunehmen. So lange diese
Beschwerden nicht wirklich abgestellet, und dann die
Verträge nicht förmlich bestätiget worden, hielten
sie sich nicht verbunden, die Fürstin als Vormünderin anzuerkennen. Noch weniger glaubten sie schuldig zu seyn, ausländische Fürsten, als Vormünder,
anzunehmen. Sie bezogen sich vorzüglich auf das
Privilegium Kaisers Sigismund von 1417, wornach ihnen von den Kaisern kein Regent vorgesetzet
werden sollte, sondern sie von ihren eigenen Orts-
männern und Richtern regieret werden müßten.
Sie provocirten ferner auf die nachherigen Kaiserlichen Decrete (b), worin namentlich das Sigismun-
dische Diplom bestätiget und den Ständen zugesichert
worden,

(a) Brenneisen p. 924.
(b) Kaisers Rudolf II. von 1597.

Vierter Abschnitt.

worden, daß keine Ausländer zu der Landes-Regierung gezogen werden sollten. Hieraus folgerten sie denn, daß sie nicht schuldig seyn, sich einer ausländischen Fürsten anvertrauten vormundschaftlichen Regierung zu unterwerfen. Sie verkannten um so viel mehr diese ihnen zugemuthete Verpflichtung, weil ein ausländischer Fürst der Hofgerichts-Judicatur nicht unterworfen wäre. Sie baten daher, das erlassene Mandat wieder einzuziehen (c).

§. 2.

Zufolge Kaiserlichen Decrets vom 1. Oct. wurden zwar der Fürstin die ständischen Einreden zur näheren Beantwortung binnen zwei Monaten zugestellet, und den Ständen aufgegeben, einen Procuratoren ad acta zu bestellen (d), die Sache ruhte aber das ganze Jahr hindurch. Am 28. Jan. 1667 ließ die Fürstin wieder eine neue Vorstellung einreichen. Hierin führte sie besonders aus, daß die Stände kein Privilegium vor sich hätten, wornach der Landesherr nicht befugt seyn sollte, Reichsfürsten, die mit ihm nahe verwandt wären, zu Vormündern seiner Kinder zu bestellen, und beschwerte sich vorzüglich darüber, daß die Stände ihr in ihren Schriften das Prädicat einer Vormünderin nicht geben wollten. Am Schlusse sagte sie: "Diesem allen nach ersuche Ew. Kaiserl. Majestät, mich als einen gar hoch bedrängten Reichsstand unter solchen gewaltsamen Proceduren länger nicht erliegen, oder tröst-

---

(c) Ist besonders abgedruckt unter dem Titel: Allerunterthänigstes Informations-Schreiben, so an die Röm. Kaiserl. Majestät die Stände von Ostfriesland abgeben lassen.

(d) Korte Deductie p. 47 und 48.

1667 „trost- und hülflos zu lassen, vielmehr dem vor-
„längst ausgelassenen Rescripto und Decreto wirkli-
„chen Nachdruck zu geben; sodann zur Erhaltung
„Ew. Kaiserl. Majest. und des heiligen Röm. Reichs
„Autorität und Reputation, auch des mir und den
„übrigen nahen Bluts-Verwandten und Anver-
„wandten, anvertrauten vormundschaftlichen Regi-
„ments und zugehörigen fürstlichen Rechten und Re-
„galien, ein arctius poenale Rescriptum, gestalt
„sie mir und denselben als wissentlich verordneten
„Vormündern ohne fernere Einrede allen schuldigen
„Gehorsam und Respect bezeigen, von auswärtigen
„Republiken unter keinem Schein oder Prätext ei-
„nige Hülfe und Beistand suchen, noch fremde Völ-
„ker zu Besetzungen der Festungen und Gränzen her-
„einnehmen, oder sich des juris praesidii, Armorum,
„foederis, caeterarumve Regalium einiges Sinnes
„unternehmen, sondern von dergleichen angemaßten
„Proceduren abstehen, im übrigen aber die zur Be-
„setzung und Erhaltung der Festungen und Gränz-
„plätze, auch gemeiner Landessicherheit benöthigte
„Subsidien und Geldmittel nunmehr unverzüglich
„auch ohne fernere Resistenz beitragen sollen, unter
„Bedrohung wirklicher Achtserklärung und anderer
„hohen willkührlichen Strafen, in kräftigster Form
„allergnädigst zu ertheilen." Diese neue Eingabe
der Fürstin ließen die Stände mit Anmerkungen abdrucken. In diesen Anmerkungen suchten sie die
von der Fürstin angeführten Thatsachen in ein anderes Licht zu stellen, und die angebrachten Gründe zu
widerlegen. Wir wollen den Leser nicht damit er-
müden, sondern nur blos die Stelle ausheben, die
die Anerkennung der vormundschaftlichen Regierung
der Fürstin betrifft. So heißt es darin: „daß die
„Stände einigen Disrespect oder Ungehorsam der
„Frau

Vierter Abschnitt.

„Frau Wittwe erzeiget, kann in Ewigkeit nicht er- 1667
„wiesen werden. Es seyn auch dieselben viel zu
„ge ereut, einer fürstlichen hohen Dame den gebüh-
„renden Respect zu entziehen; daß aber solcher Respect
„auf die gänzliche Aufhebung der theuer erworbenen
„und mit Hand und Siegel so oftmals bekräftigten, ja
„beeidigten Accorde und Privilegien extendiret wer-
„den müsse, wird verhoffentlich keiner behaupten.
„Die Stände sind auch geneigt, der Fürstin das Prä-
„dicat einer Vormünderin zu geben, und Dieselbe
„nebens Sr. Hochgräfl Gnaden Grafen Eduard
„Ferdinand als proximum agnatum et Successo-
„rem in Feudo für Vormünder des jungen Erbprin-
„zen zu erkennen, weil aber Dieselbe ein mehreres,
„als ein regierender Herr selbst, will prätendiren,
„weil sie sich auf die Accorde nicht will verbinden,
„weniger die Privilegien der Stände confirmiren,
„im geringsten sich aber nicht anschicket, die durch
„eigenwillige höchstschädliche Einführung fremder
„Kriegesvölker und Appreßung einiger Capital-
„Schatzungen begangenen Contraventionen der Ac-
„corde zu redressiren; und keine gebührende Ver-
„sicherung thut, daß dergleichen künftig nicht unter-
„nommen werden solle, vielmehr aber bei der Röm.
„Kaiserl. Majestät öffentlich und ungescheut anhal-
„ten darf, daß ihr erlaubt werden möge, eigenes
„Gefallens Capital-Schatzungen auszuschreiben und
„zu erheben, und dadurch ein absolut Dominat ein-
„zuführen; so wären die Stände wohl große Nar-
„ren, wenn sie dem bloshin so nachsehen thäten,
„und werden ohnedem Jhro Kaiserl. Majestät als
„ein gerechter Richter und das einzige Oberhaupt
„der Christenheit, nicht zugeben, daß ein derglei-
„chen unerhörtes Exempel eingeführet, und des heil.
„römischen Reichs getreue Unterthanen ihrer theuer
„erwor-

1667 „erworbenen Privilegien verlustig gemachet und ei-
„nigen wenigen ausländischen Räthen zum Raub
„gegeben werden (e).

§. 3.

Auf die vorerwähnte Gegenvorstellung der Fürstin erfolgte unter dem 3. Februar ein Kaiserliches Rescript. Hierin erhielt Ernst August, Herzog zu Braunschweig und Bischof von Osnabrück, den Auftrag, die in Ostfriesland zwischen der Fürstin und den Ständen entstandene Mißverständnisse in der Güte beizulegen; und wenn die Sühne nicht getroffen werden sollte, beide Theile über ihre Beschwerden zu vernehmen, und alsdenn das Vernehmungs-Protokoll mit einem beizufügenden rechtlichen Gutachten dem kaiserlichen Hoflager einzusenden. Zugleich gab der Kaiser dem Herzog zu verstehen, daß er wegen anscheinender Weitläuftigkeit, und wegen der Lage der Provinz an der äußersten Gränze des Reiches, gerne sähe, daß die Streitigkeiten gütlich ausgeglichen würden. Den Ständen wurde durch ein besonderes Rescript bekannt gemacht, daß der Herzog die Commission erhalten, die ostfriesischen Streitigkeiten zu untersuchen und zu heben. Hiebei wurde ihnen zugleich aufgegeben, sich den Verfügungen der kaiserlichen Commission zu unterwerfen, sich aller Neuerungen in Regierungssachen zu enthalten, und besonders der Fürstin die nöthigen Subsidien zur Besetzung der Festungen zu reichen (f).

§. 4.

(e) Abdruck sicherer an die Röm. Kaif. Maj. von der fürstlichen Frau Wittwe den 28. Jan. übergebenen Schreibens, sammt beigefügten Annotationen eines aufrichtigen Patrioten.

(f) Brenneisen p. 925—927.

Vierter Abschnitt.

§. 4.

Die Fürstin hatte besonders darüber geklaget, 1667 daß die Renitenz der Stände sich vorzüglich auf den Beistand der General-Staaten gründete, und noch neulich die Stadt Emden ohne ihr Vorwissen 8 staatische Compagnien eingenommen hätte. Der Kaiser gab hierauf seinem in dem Haag stehenden Gesandten Friquet auf, die General-Staaten zu bewegen, die Landesstände zum Nachtheil des fürstlichen Regierhauses nicht zu unterstützen. Der Gesandte Friquet entledigte sich durch eine am 2. April eingereichte Note dieses Auftrages. Er zeigte darin an, daß der Kaiser und das Reich es längstens mißfällig vernommen, wie die General-Staaten sich in die ostfriesischen Angelegenheiten mischten, wie sie durch ihre Commissarien die Rechte der Landeshoheit auszuüben suchten, und die Stände sich sogar erkühnet hätten, von Ihro Hochmögenden zur Besetzung der fürstlichen Festungen Truppen zu verlangen, oder welches einerlei wäre, sich von dem ganzen Lande Meister zu machen. Ein solches Verfahren könnte mit den angeblichen Verträgen nicht gerechtfertiget werden. Zufolge ausdrücklichen Befehls Sr. Kaiserlichen Majestät müßte er hiemit alle solche wider die deutsche Reichsverfassung streitende Verträge, und alle dawider vorgenommene Handlungen, für Nullitäten erklären. Da nun Se. Kaiserliche Majestät dem Herzoge Ernst August von Braunschweig die Commission ertheilet hätte, die Beschwerden der vormundschaftlichen Regierung und der Stände zu untersuchen, und sie in der Güte zu verebnen, und da bei Entstehung der Sühne aus rechtlichen Gründen und nach dem Lauf der Justiz entschieden werden sollte; so bliebe den Ständen vorerst nicht der ge-

ringste

1667 ringste Vorwand sich zu beschweren übrig. Er überließ es daher der Klugheit Jhro Hochmögenden, zu erwägen, welches Aufsehen es in dem Reiche machen würde, und welche Folgen daraus entstehen würden, wenn Sie die Stände unterstützen sollten, die kaiserliche Commission wendig zu machen. Er rechnete vielmehr sicher auf einen ihrer gewöhnlichen Weisheit und der zwischen ihnen und dem Kaiser und dem Reiche bestehenden aufrichtigen Freundschaft würdigen Schluß (g).

§. 5.

Ungerne sahen die General-Staaten eine kaiserliche Commission in Ostfriesland. Sie befürchteten dadurch den Verlust eines erheblichen Theils ihres bisherigen Einflusses auf diese Provinz. Weil sie aber der englische Krieg noch sehr beschäftigte, und eine offenbare Unterstützung der Landesstände wider die kaiserliche Commission leicht einen Bruch mit dem Kaiser und dem Reiche veranlassen könnte; so beschlossen sie, sich vorerst still zu halten, und abzuwarten, ob auch etwas wider die von ihnen garantirten Verträge vorgenommen werden sollte. Bis in den Monat Jun. ließen sie diese Sache liegen. Unter dem 13. Jun. berichteten ihnen die Stände, daß der Herzog von Braunschweig zur Untersuchung und Hebung der Mißverständnisse in dem folgenden Monate seine subdelegirten Commissarien nach Aurich senden würde. Wenn sie nun gleich sich nicht scheueten, vor der ganzen Welt ihre bisherige Thathandlungen offen zu legen und zu rechtfertigen; so trügen sie doch Bedenken, sich ohne vorherige Rücksprache mit den General-Staaten vor der kaiserlichen
Commiss-

(g) Aitzema B. 47. p. 763. und 769—771.

Vierter Abschnitt.

Commißion einzulassen; da die mehresten Mißhellig- 1667.
keiten aus den Tractaten und Verträgen, wofür
Ihro Hochmögenden die Gewährleistung übernommen
hätten, entschieden werden müßten. Sie fragten
daher an, wie sie sich dabei verhalten sollten,
und ob sie sich auf die zugesicherte Manutenenz der
Accorde verlassen könnten? Unter dem 2. Jul. erwiederten
die General-Staaten, daß sie allerdings
ihrer Zusage nachkommen, und die unter ihrer Garantie
abgeschlossenen Verträge handhaben wollten.
Sie erwarteten daher von den Landesständen, daß
sie zur Schlichtung der aus den Verträgen herrührenden
Streitigkeiten nur blos die Republik der vereinigten
Niederlande annehmen, und die Interposition
des Herzogs Rudolf August auf eine höfliche
und schickliche Weise ablehnen würden. Alsdenn
würden sie schon auf Mittel denken, alle Mißhelligkeiten
in Conformität der Accorde zur Zufriedenheit
beider Theile beizulegen. Auch an die Fürstin schrieben
die General-Staaten, daß sie sie als Vormünderin,
und den jungen Prinzen als Landesherrn bei
den Accorden schützen und alle bisherige Irrungen zu
ihrer Zufriedenheit heben würden. Sie ersuchten
daher auch sie, die Interposition des Herzogs Ernst
August abzulehnen. Die Fürstin erwiederte aber
unter dem 10. Jul., daß sie sich als Vormünderin
eines Reichsfürsten sich der kaiserlichen Commißion
und den von dem Reichshofrath getroffenen Verfügungen
unterwerfen müßte (h).

§. 6.
Der Herzog und Bischof Ernst August hatte seinen
Canzler Hermann Höpfner und seinen geheimen
Rath

(h) Aitzema p. 773. 776 und 777.

1667 Rath von Münchhausen subdelegirt. Diese subdelegirten kaiserlichen Commissarien fanden sich am 8. Jul. in Aurich ein. Die verabladeten Stände oder vielmehr eine ständische Deputation, die zu den Verhandlungen mit der kaiserlichen Commission im Jun. angesetzet war, verfügten ebenfalls sich zur bestimmten Zeit nach Aurich. Nur blieben die Ember Deputirten aus, weil der Magistrat, wie bei jeder veranlaßten ständischen Versammlung Herkommens war, kein besonderes Anschreiben erhalten hatte. Weil Emden besonders bei dem Kaiser angeklaget war; so sandte die Fürstin einen Trompeter an den Magistrat, um die Deputirten schleunig in Aurich zu stellen. Die Stände wollten ungerne ohne Beirath der Stadt Emden in dieser wichtigen Sache etwas vornehmen. Auf ständisches Ersuchen ließ sich endlich die Stadt bewegen, am 13. Jul. ihre Deputirten abzusenden. Die nun vollständige Deputation war bereits durch das eingegangene staatische Schreiben von den Gesinnungen der General-Staaten unterrichtet. Ihr Schluß, der Commission auszuweichen, war also bald gefaßet. Das Personale der Commission gab ihr die beste Gelegenheit an die Hand. Der Canzler Höpfner war vorhin, wie er als Canzler in dem Dienste des Fürsten Georg Christian stand, das Haupttriebrad der damaligen Unruhen gewesen. Die Stände hatten ihn für einen Feind des Vaterlandes gehalten, und zuletzt seine Entlassung bewürket. Wegen dieser capitalen Feindschaft konnte er nun nicht partheilos seyn; vielmehr mußten die Stände nun seine Rache fürchten. Aus diesen Gründen recusirte die ständische Deputation diesen subdelegirten Commissarium. Am 16. Jul. überreichte der ständische Secretair Westendorf dem Canzler diese Recusations-Schrift. Der Canzler

Vierter Abschnitt.

ler entkannte von seiner Seite eine Feindschaft wi-1667
der die Stände, glaubte auch, daß die Stände wenigstens
zuletzt nicht das mindeste wider ihn gehabt
hätten, weil sie sogar nach seiner Dimission ihm die
rückständigen Schatzungen nachgegeben hätten. Diese
Folgerung war der Deputation gar nicht einleuchtend.
Sie vermeinte vielmehr, daß nur dadurch
der Gemeinsatz bestärket worden: Einem Feinde
müsse man eine goldene Brücke bauen. Dann aber
entkannte sie diese angeführte Thatsache. Sie soll
sich so verhalten haben: Der landschaftliche Executor
wollte den Canzler pfänden. Dieser war bei der
Mahlzeit und trank dem Executor aus einer silbernen
Bulle zu. Der Executor that männlichen Bescheid,
und leerte die Bulle bis auf den Boden aus,
nahm sie dann unter den Arm und wollte mit diesem
Pfande davon gehen. Auf freundliches Ersuchen
des Canzlers gab er die Bulle zurück, und gleich
nachher reiste der Canzler davon. Da er nichts am
Werthe zurückgelassen hatte; so mußte nothwendig
der Schatzungs-Rückstand vorerst niedergeschlagen
werden. Die Deputation war also der Meinung,
daß der Canzler noch itzo ein landschaftlicher Schuldner
wäre. Kurz die Deputation ließ es bei der Recusation
bewenden. Sie wollte sich mit der Commission
nicht einlassen; und gab, da der Canzler einmal
recusiret war, alle eingegangene Rescripte unerbrochen
zurück (i).

§. 7.

(i) Wahrhaftiger und ausführlicher Bericht, was bei
Anwesenheit der kaiserlichen Herren Subdelegirten
in Ostfriesland vorgegangen, und warum den
Canzler Höpfner, als Membrum subdelegationis,
die Stände recusiren müssen.

§. 7.

1667 Der Herzog von Braunschweig hätte nun leicht anstatt des Canzlers ein anderes subdelegirtes Mitglied der Commission ernennen können, und so würden denn mit einmal die ständischen Einreden gescheitert seyn. Dies scheint die ständische Deputation wirklich befürchtet zu haben. Sie fand daher gerathen, den Herzog Ernst August in einem Schreiben unter dem 16. Jul. darauf vorzubereiten, daß sie sich überhaupt vor der kaiserlichen Commission nicht weiter einlassen könnte, als nur um Vergleichs-Vorschläge anzuhören. Sie hielt nämlich dafür, daß der kaiserliche Reichshofrath bei Erkennung auf eine local-Commission ganz übereilt verfahren habe, weil vor demselben kein Proceß zwischen den Ständen und der vormundschaftlichen Regierung vorschwebte. Nie, setzte sie in ihrem Schreiben hinzu, hätten die Stände sich bei dem Reichshofrath eingelassen, nie wären sie dahin verabladet worden. Nur hätten die Stände die von der Fürstin wider sie angebrachten Beschwerden durch ein blos zur Nachricht des Reichshofraths eingereichtes Informations-Schreiben unter den wahren Gesichtspunct gestellet. Hieraus ließe sich aber keine Litis-Contestation, oder eine Litis-Pendenz folgern. So wenig damals, wie noch itzo, wäre es die Meinung der Stände gewesen, von dem Reichshofrath oder von einer kaiserlichen Commission über Sachen, die in kaiserlichen Decreten, Executions-Recessen schon entschieden, oder durch förmliche Vergleiche abgethan worden, nun noch Urtheil und Recht zu erwarten. Dann schlossen sie dieses Schreiben so: „Es haben aber „nicht destoweniger Ihro Kaiserliche Majestät un- „serm allergnädigsten Kaiser und Herrn zu allerun-
„terthä-

Vierter Abschnitt. 419

„ terthänigsten und Ew Fürstl. Gnaben zu unterthä- 1667
„ nigen gehorsamen Respect und Ehren, die Stände
„ uns auf die bestimmte Zeit anhero zu erscheinen,
„ deputiret, gleich geschehen ist; wiewohl dieselben
„ von keinen großen Streitigkeiten wissen, wenn nur
„ die vorigen Decisionen und Verträge gehalten wer-
„ den. Im übrigen versichern wir Ew. Durchl. un-
„ terthänig, daß die löblichen Stände sich von dem
„ heiligen Römischen Reich zu entziehen, oder davon
„ zu crimiren, weniger andern Potentaten zu unter-
„ geben, durchaus nicht gemeinet, sondern als des-
„ selben gehorsame und getreue Unterthanen bestän-
„ dig verbleiben wollen, ohnerachtet nun und dann
„ solches wider offenbare Wahrheit vorgebracht wer-
„ den dürfen. Gleich sie sich dann hinwiederum zu
„ allerh. Ihro Kais. Majestät und dem Römischen
„ Reich allerunterthänigst versehen, Dieselben wer-
„ den die ostfries. Stände wider ihre uralten Kaiser-
„ lichen Privilegien, und mit Hand und Siegel con-
„ firmirten Verträge auch altes Herkommen nicht
„ beschweren" (k).

§. 8.

Wie der Canzler Höpfner sahe, daß die ständische Deputation sich durchaus nicht mit ihm einlassen wollte, ließ er ein weitläuftiges Placat in Form
eines Landtags-Ausschreibens abdrucken. Hierin
zog er gewaltig auf die Deputation los, und ladete
die sämmtlichen Stände ab, sich selbst in Aurich einzufinden. Dieses Placat wurde im Ausgang Jul.
an alle öffentliche Oerter angeschlagen und von den
Canzeln abgekündiget. Da aber die Stände dafür
hielten, daß durch die geschehene Recusation die

(k) Wahrhafter und ausführlicher Bericht ꝛc. ꝛc.

1667 Commission des Canzlers erloschen, oder wenigstens suspendiret worden; so ließ der Magistrat in Emden dieses auch in der Stadt angeschlagene Placat wieder abreissen. Das Placat brachte auch überhaupt bei allen Ständen in dem ganzen Lande nicht die gehoffte Würkung hervor. Der Canzler Höpfner und der geheime Rath von Münchhausen sahen daher ihre längere Anwesenheit für unnütz an. Sie beurlaubten sich bei Hofe und traten am 3. August ihre Rückreise an (1).

§. 9.

Der leerer Landtag war bisher immer prorogiret, denn die Stände wollten der vormundschaftlichen Regierung, so lange sie von ihnen nicht anerkannt worden, nicht die Befugsamkeit zugestehen, einen neuen Landtag auszuschreiben. In der letztern ständischen Versammlung des prorogirten Landtages im Jun. war die Fortsetzung dieses Landtages auf den 6. August von den Ständen bestimmet. Diese fanden sich denn damalen, also gleich nach der Abreise der Commissarien, in Aurich ein. Die Stände bezeigten zuvörderst ihre Zufriedenheit über das ganze Benehmen der Deputation bei der Anwesenheit der kaiserlichen Commission. Bereits am 13. Jul. hatte die Deputation durch einen engeren Ausschuß der verwittweten Fürstin in einer Privat-Audienz vorgestellet, daß sie sich gar zu sehr von ihren Räthen zum Nachtheil des ganzen Landes, der Stände und selbst des

(1) Wahrhaftiger und ausführlicher Bericht ꝛc. ꝛc. und wahrhafter Bericht nebst angeführten Ursachen, warum Bürgermeister und Rath der Stadt Embden sicheres unter dem Namen der kaiserlichen sublegirten Commission den 28. und 30. Jul. 1667 angeschlagenes Placat wieder einziehen lassen.

Vierter Abschnitt.

des fürstlichen Hauses bisher mißleiten lassen, und 1667 daß auch besonders durch Ausbringung einer kaiserlichen Commission die Mißhelligkeiten vermehret, und die ganze Lage der Sache nur verwickelter worden. Die Stände verlangten nichts mehr, als daß Ihro Fürstl. Gnaden und Graf Edzard Ferdinand als Vormünder die errichteten Landes-Verträge bestätigten, und ihnen die Versicherung ertheilten, selbigen während der Minderjährigkeit des jungen Fürsten nachzukommen; dagegen wollten sie sich gerne verpflichten, ihr der Fürstin und dem Grafen Edzard Ferdinand allen gebührenden Gehorsam zu bezeigen. Da nun selbst der Graf Edzard Ferdinand wider diese auch ihm angebrachte ständische Erklärung nichts zu erinnern gefunden hätte, so hienge es lediglich von der Fürstin alleine ab, durch Annahme dieser so billigen Erklärung die unseligen Streitigkeiten zu beendigen. Wie nun die Fürstin hierauf keine befriedigende, sondern nur verzögernde Antwort ertheilet hatte; so fanden die Stände gerathen, nochmalen unter dem 8. August ihr schriftlich anzubieten, sie und den Grafen Edzard Ferdinand als Vormünder anzuerkennen, wenn sie nur die Landes-Verträge bestätigen, und die Beobachtung derselben während der vormundschaftlichen Regierung den Ständen zusichern wollten. Die Fürstin ließ aber erwiedern, daß, da sie sich einmal an den Reichshofrath gewandt hätte, sie auch alles der Judicatur Desselben anheim stellen müßte (m).

§. 10.

Das ständische Anerbieten war wohl von der Art, daß, wenn auch die Fürstin Bedenken tragen möchte,

es

(m) Wahrhafter und ausführlicher Bericht ꝛc. ꝛc. und Aitzema p. 771 und 786.

1667 es so schlechterdings anzunehmen, es doch den Weg zu einem Vergleiche bahnte. Denn eben durch diese Erklärung war der größte Stein des Anstoßes, daß die Stände sie als vormundschaftliche Regentin anerkennen, und ihr den schuldigen bisher versagten Gehorsam leisten wollten, gehoben. Die andern minder erheblichen Mißverständnisse würde man, besonders da der Abzug der lüneburgischen Truppen erfolget war, leicht aus dem Wege geräumet haben. Zwar wollten die Stände die Mit-Vormundschaft des Herzogs von Würtemberg und der Herzöge von Braunschweig-Lüneburg nicht anerkennen, weil sie glaubten, daß, nach ihrer Verfassung, keinem ausländischen Fürsten die vormundschaftliche Regierung aufgetragen werden könnte; aber wie leicht hätte man auch hierüber eine Modification treffen können, da der Fürstin doch immer die Befugsamkeit verblieb, sich ihres Gutachtens und Beirathes zu bedienen. Und das war auch grade alles, was diese Mit-Vormünder wegen ihrer weiten Entfernung zu leisten im Stande waren. Allein der eingewurzelte Groll zwischen den fürstlichen geheimen Räthen und den Ständen verstopfte jede hervorkommende Quelle zu einem gütlichen Vergleich. Die Absicht der fürstlichen Räthe war, durch eine Decision des Reichshofraths die unter der Garantie der General-Staaten errichtete, und durch so viele Huldigungs-Reversalien bestätigte Verträge übern Haufen zu werfen. Sie glaubten dazu nun die größte Hoffnung zu haben, da der kaiserliche Minister Friquet in seiner vorhin angeführten und den General-Staaten eingereichten Note von Cassation und Annullirung der Verträge gesprochen hatte. Ihr Muth, so dachten die Stände, mußte um so viel mehr wachsen, weil selbst dem Mit-Vormund, dem Herzog von Braunschweig,

Vierter Abschnitt. 423

schweig, die kaiserliche Commission aufgetragen war. 1667
Wie sehr der Herzog von Würtenberg für seine Tochter, die verwittwete Fürstin, arbeitete, und welchen Einfluß er auf den Kaiser hatte, war den Ständen bekannt. Bei diesen Umständen hielten sie es nothwendig, sich aus allen Kräften wider die kaiserliche Commission zu sträuben, da die ganze Landes-Verfassung nun auf dem Spiel stand.

§. 11.

Graf Eduard Ferdinand selbst konnte den Ständen das Zeugniß nicht versagen, daß sie friedliche Gesinnungen hegten, und annehmliche Vergleichsvorschläge gethan hätten. Er selbst war mit der Landes-Regierung so unzufrieden, wie die Stände. Die fürstlichen Räthe suchten ihn aus allen Regierungs-Geschäften herauszudrängen, um sie nach ihrem Gutfinden und ihren Absichten zu leiten. Sie sahen ihn nicht mehr als einen wirklichen Vormund, sondern nur als einen Ehren-Vormund an, dessen Beirath man allenfalls sich in den wichtigsten Landes-Angelegenheiten bedienen könnte. Sein Mißvergnügen gab er in einem während der Anwesenheit der kaiserlichen Commission an die General-Staaten abgelassenen Schreiben zu erkennen. Hierin meldete er, daß er äußerlich vernommen, wie Ihre Hochmögenden der verwittweten Fürstin angeboten hätten, alle Mißverständnisse durch ihre Interposition beizulegen, daß aber die Fürstin auf Anrathen einiger schlechtdenkenden Räthe solches ausgeschlagen hätte. Ob er nun gleich des jungen Fürsten nächster Verwandter, Successor, und von dem Kaiser bestätigter Vormund wäre; so hätte man doch ihn zu dieser Angelegenheit nicht zu Rathe gezogen, und ihm

Dd 4

1667 doch davon nicht die mindeste Nachricht ertheilet. Ihm würde sonst die staatische Vermittelung sehr angenehm gewesen seyn, um das Land einmal wieder in Ruhe zu bringen, und ein aufrichtiges Zutrauen zwischen dem Landesherrn und den Unterthanen herzustellen. Er für sich müßte übrigens gestehen, daß die Stände redliche Gesinnungen hegten, und der Fürstin annehmliche Vorschläge gethan hätten. Um seine Hände in Unschuld zu waschen, hätte er nöthig gefunden, dieses Schreiben abgehen zu lassen, um Ihro Hochmögenden von der Lage der Sache zu unterrichten (n). Auch trat der Graf in einer dringenden Vorstellung den Kaiser an, und bat, die Fürstin ernstlich zu ermahnen, das billige Anerbieten der Stände zur Herstellung der Ruhe und zum Besten des ostfriesischen Regierhauses anzunehmen. Hierauf erfolgte weiter nichts, als daß der Fürstin diese Vorstellung blos zur Nachricht zugestellet, dagegen aber den Ständen nochmalen aufgegeben wurde, einen Procurator ad acta zu bestellen. Es hatte nämlich die Fürstin zu gleicher Zeit über die Renitenz der Stände, weil sie sich der kaiserlichen Commission nicht unterwerfen wollen, geklaget, und auf die zu verhängende Reichsacht wider die Stände überhaupt, und wider die Stadt Emden, und den Hofrichter von Kniphausen besonders angetragen (o).

§. 12.

Die Stände wandten sich im Anfang August wieder an die General-Staaten. Sie schilderten die Gefahr, die ihnen bevorstand, und den Umsturz ihrer ganzen Landes-Verfassung, wenn der Reichshofrath

(n) Aitzema p. 778.
(o) Aitzema p. 793 und 794.

rath durchgreifen sollte. Sie befürchteten alsdenn 1667 eine nachtheilige Einrichtung der vormundschaftlichen Regierung, die Untergrabung der Accorde, die Anmaßung, fremde Truppen einzuführen, die willkührliche Besetzung der Gränzen und Eingriffe in das Schatzungs-Wesen. Da nun der Canzler Höpfner, mit dem sie sich vormals so oft überworfen hatten, durch die Recusation noch erbitterter geworden; so besorgten sie, daß er nichts unterlassen würde, die Stände auf Kosten der Wahrheit bei dem Kaiser anzuschwärzen, und alle Thatsachen zu ihrem Nachtheil zu verdrehen. Sie baten daher die General-Staaten, es bei dem Kaiser dahin einzuleiten, daß wider sie, so lange sie nicht gehöret worden, nichts möchte decretiret werden, und dann suchten sie die Manutenenz der Accorde nach. Die General-Staaten beschlossen hierauf unter dem 10. Sept., einige Commissarien nach Ostfriesland abzusenden, um die wechselseitigen Beschwerden beizulegen, uud die Landes-Verträge aufrecht zu erhalten. Sie gaben dem Kaiser von dieser Besendung Nachricht, mit dem Ersuchen, die ostfriesischen Streitigkeiten in Wien ruhen zu lassen, und ihre Commission nicht zu beeinträchtigen, weil ihnen die Auslegung und Entscheidung der aus den Verträgen herrührenden Controversen, so wie die Manutenenz der Verträge selbst von dem gräflichen, nachher fürstlichen Hause und den Ständen überlassen worden (p).

§. 13.

Noch war das fürstliche Regierhaus nicht in den Reichsfürsten-Rath eingeführet. Umsonst hatten die Fürsten Enno Ludwig, noch mehr Georg Christian

(p) Aitzema p. 779. 786 und 788.

1667 stian daran gearbeitet, auf den Reichstagen Sitz und Stimme zu erhalten. Dieses hab' ich vorhin erzählet. Die verwittwete Fürstin Christine Charlotte bemühete sich, den durch das Absterben ihres Gemals abgebrochenen Faden wieder anzuknüpfen. Sie wieß durch ihren Residenten Hagemeyer nach, daß ihr Sohn, Fürst Christian Eberhard, mit Ostfriesland, als einem unter dem westphälischen Kreise liegenden Immediat-Reichslehn angesessen wäre, und davon nach der Reichs-Matrikel für jedweden einfachen Römer-Monat mit 6 Mann zu Pferde und 30 zu Fuß, oder mit 192 Gulden angeschlagen wäre. Da also an der Qualification nichts ermangelte; so suchte sie für ihren Sohn die Einführung in den Reichsfürsten-Rath nach. Sie war so glücklich, daß ihr Gesuch endlich verstattet wurde. Da aber auch der Fürst Hermann Egon von Fürstenberg, Heiligenbergischer Linie, auf die Einräumung des Sitzes und der Stimme in dem Fürsten-Rath angehalten hatte; so entstand zwischen dem ostfriesischen und fürstenbergischen Hause ein Präcedenz-Streit. Das ostfriesische Regierhaus war eher in den Fürstenstand erhoben, als das fürstenbergische Haus, daher verlangte jenes den beständigen Vorsitz. Am 5. Sept. verglichen sich beide Häuser. Darnach wurde eine Alternation in der Art festgesetzet, daß bei den Sessionen die Fürsten von Ostfriesland zweimal nach einander, und die Fürsten von Fürstenberg bei der dritten Session den Vorsitz haben sollten. Bald nach diesem abgeschlossenen Vergleich wurde der Fürst von Fürstenberg und der junge Fürst von Ostfriesland, Christian Eberhard, am 16. Sept. wirklich introduciret. Die Kindheit des letztern verstattete nicht seine persönliche Gegenwart. Sein Bevollmächtigter war der fürstlich ostfriesische Resident, Licentiat

Vierter Abschnitt.

Licentiat Hagemeyer. Dem Fürsten von Ostfries-1667 land war also nach der beglichenen Alternation in den beiden ersten Sessionen zwischen den Fürsten von Auersberg und Schwarzenberg Siß und Stimme auf der Fürstenbank angewiesen. So wurde denn Ostfriesland immer zweimal nach einander nach Auersberg, und dann wieder zum drittenmal nach Fürstenberg bei jeder Session aufgerufen. Wie nachher das fürstenbergische Haus, Heiligenbergische Linie, mit dem letzten Fürsten Anton Egon 1716 erlosch, und dagegen die Grafen von Fürstenberg in Möskirchen und Stülingen kurz vorher wieder in den Reichsfürstenstand erhoben waren, dem Fürsten Froben Ferdinand auch die Fortsetzung des bisherigen Fürstenbergischen Sitzes und Stimme, jedoch mit Vorbehalt der Gerechtsame des ostfriesischen Hauses verstattet war, so verlangte der Fürst Georg Albrecht von Ostfriesland um so viel mehr den beständigen Vorsiß, weil in dem Vergleich von 1667 ausdrücklich festgesetzet war, daß die Alternation nach Abgang des fürstenberg-heiligenbergischen Hauses aufhören sollte. Indessen gab er aus besonderer Zuneigung zu dem Fürsten Froben Ferdinand von Fürstenberg darin in so ferne nach, daß Ostfriesland dreimal nach einander, und dann bei der vierten Session Fürstenberg, jedoch nur so lange, als der Fürst Froben Ferdinand leben würde, den Vorsiß haben sollte; nach dessen Tode aber sollte Ostfriesland immerhin ohne allen Widerspruch die Prácedenz haben (q). Endlich bemerke ich hier noch im Vorbe-

(q) Regler. Acten. Lünings Reichs-Archiv pars spec. Cent. 2. p. 609 und 610. Vitriar. illustr. T. 1. p. 771. Bilderbecks teutscher Reichsstaat p. 1200. Habers Staats-Canzlei 29. Theil p. 565—587. Europäische Fama #22. Theil p. 177.

1667 Vorbeigehen, daß auf den westphälischen Kreistagen Ostfriesland zwischen Nassau-Dillenburg und Mörs sitzet.

§. 14.

Die staatischen Commissarien, welche den Auftrag erhalten hatten, nach Ostfriesland zu reisen, um die einländischen Zwistigkeiten zu heben, waren Floris Cant, Bonifacius von Freybergen, Schotanus von Storinga, Eberhard von Bentheim und Andreas Ludolphi, Deputirte in der Versammlung der General-Staaten, aus den Provinzen Holl. und Westfriesland, Seeland, Overyssel, Gröningen und den Umlanden. Zufolge der ihnen ertheilten schriftlichen Instruction sollten sie die Fürstin und den Grafen Edzerd Ferdinand bewegen, die vormundschaftliche Regierung gemeinschaftlich anzutreten, und sich durch einen solennen Eid den Ständen zu verpflichten, die vormundschaftliche Regierung während der Minderjährigkeit des Fürsten in Conformität der Privilegien und Verträge zu führen. Falls sich entweder die Fürstin, oder der Graf dazu nicht verstehen möchten, so wurden sie autorisiret, den willigen Theil, es sey die Fürstin, oder den Grafen zu schützen, und demselben zur Aufrechthaltung der Accorde durch die Commandanten der nächstbelegenen Festungen die starke Hand zu bieten. Dies war der vorzüglichste Inhalt ihrer Instruction. Nebenpuncte von geringer Bedeutung übergehe ich. Nachdem nun die staatischen Commissarien vorher angewiesen waren, bei Strafe der Infamie, und der immerwährenden Unwürdigkeit, je eine Bedienung in den vereinigten Niederlanden bekleiden zu können, keine Geschenke oder Gaben unter irgend einem Vorwand anzunehmen; so traten sie ihre Reise an, an, und trafen über Delffyhl, hier wurden sie von 1667. dem landschaftlichen Secretair Westendorf empfangen, am 6. October in Emden ein (r).

§. 15.

Die staatischen Commissarien ließen der Fürstin ihre Ankunft vermelden, und suchten die Bestimmung eines Tages zur Audienz nach. Die Fürstin ließ in der schriftlichen Antwort den Commissarien zu ihrer Ankunft Glück wünschen, und ihnen dabei zu erkennen geben, daß der Besuch, weil sie von der Ursache ihrer Anwesenheit nicht unterrichtet wäre, ihr zwar unerwartet, indessen sehr angenehm seyn sollte. Sie ladete die Commissarien auf den 12. Oct. nach Aurich ein. An diesem Tage wurden sie zu Riepe von zweien Räthen empfangen und nach Aurich eingeholet. Bei ihrer Ankunft wurden die Kanonen von den Wällen gelöset, und überhaupt wurde ihnen viele Ehre erzeiget. Einige Tage nach einander conferirten sie mit den fürstlichen Räthen, und reisten darnach am 18. Oct. nach Norden, ab, um auch dem Grafen Edzard Ferdinand den Gegenstand ihrer Commission zu eröffnen. Der Graf beschwerte sich sehr über seine Schwiegerin, weil sie die vormundschaftliche Regierung alleine an sich ziehen, und ihn völlig davon ausschließen wollte. Weil der Graf damals bettlägerig war, so verweilten die Commissarien nicht lange in Norden, sondern giengen nach Aurich zurück. Der kranke Graf behielt sich indessen vor, den Commissarien sein Gutachten über den Zustand der Provinz schriftlich nachzusenden (s). Bald nachher führte er in einem Schreiben

an

(r) Aitzema p. 787—790.
(s) Aitzema p. 791 und 792.

1667 an die Herzöge von Braunschweig unter dem 3. November die bittersten Klagen wider die Fürstin, daß sie sich so sehr von den ausländischen Räthen mißleiten ließ, auch beschwerte er sich über den großen Aufwand, den sie machte (e).

§. 16.

In Aurich bemühten sich nun die staatischen Commissarien, die Fürstin mit dem Grafen Edzard Ferdinand, und die Stände mit der Fürstin oder der vormundschaftlichen Regierung auszusöhnen, oder wenigstens alles das vorzubereiten, was zu einem Vergleich den Weg bahnen könnte. Sie conferirten deshalb bald mit den fürstlichen Räthen, Wiarda, Ammersbeck und Stamler, bald mit Gerhard von Closter, Herrn von Dornum, als Bevollmächtigten des Grafen Edzard Ferdinand, bald mit den ständischen Deputirten. Die Hauptsache betraf noch immer die vormundschaftliche Regierung. Endlich überreichten am 28. Oct. die fürstlichen Räthe einen schriftlichen Aufsatz der Fürstin. Hierin erklärte sie sich, daß sie über die Einrichtung der vormundschaftlichen Regierung sich nicht in Tractaten einlassen könnte, weil sie eines Theils ohne Vorbewußt und Zustimmung ihrer Mit-Vormünder darin nichts vornehmen könnte, andern Theils sie dem kaiserlichen Reichshofgericht nicht vorgreifen dürfte; da diese Sache in Wien einmal rechtshängig wäre, und sie täglich den Ausspruch erwartete. Die Commissarien sagten hierauf grade heraus, daß, wenn die Fürstin durchaus alle Vergleichs-Vorschläge von der Hand weisen wollte, sie nach ihrer Instruction alleine mit dem Grafen Edzard Ferdinand handeln und

(e) Regier. Acten.

Vierter Abschnitt.

und ihm die vormundschaftliche Regierung übertragen müßten. Sie ermahnten die Räthe, die Fürstin zu ihrem eignen Besten auf billigere Gesinnungen hinzuleiten. Noch einige Tage wurden hierüber Verhandlungen gepflogen. Am 11. November erklärte sich die Fürstin, daß sie an ihre Mit-Vormünder, die Herzöge von Braunschweig und Würtenberg, um ihr Gutachten einzuholen, geschrieben hätte, und in drei Wochen Antwort erwartete, da sie denn ihre Schluß-Erklärung einbringen wollte. Die staatischen Commissarien erwiederten, daß sie keinesweges die Fürstin überschnellen, sondern diese Frist gerne abwarten wollten; nur baten sie es sich aus, daß die mittlerweile etwa zu treffenden Verfügungen des Reichshofraths ungültig und kraftlos bleiben sollten. Ob nun gleich die Fürstin Bedenken trug, solches zuzugeben; so ließen die Commissarien es doch bei der nachgesuchten Frist bewenden. Wie nun dadurch die Commission in Unthätigkeit gerieth; so verfügten sich die Mit-Commissarien Cant und Bentheim nach dem Haag, um von der Lage der Sache Bericht abzustatten, und nähere Verhaltungs-Befehle einzuziehen (u).

§. 17.

Mittlerweile wurden auf abgestatteten Bericht des Canzlers Höpfner in Sachen der ostfriesischen Vormundschaft wider die ostfriesischen Landesstände von dem kaiserlichen Reichshofrath verschiedene Decrete und Rescripte unter dem 14. November ausgefertiget. Dem Herzog Ernst August von Braunschweig wurde aufgegeben, nochmalen die Stände in Aurich vorzuladen, zwischen ihnen und der Fürstin

(u) Aitzema p. 792—796.

1667 in die Güte zu versuchen, und bei derselben Entstehung mit Publication der kaiserlichen Decrete über die vormundschaftliche Regierung, über die zu entrichtenden Subsidien zu den Gränzbesatzungen, über das Recht der Landtage, und wegen der Inhibition, sich nicht an auswärtige Mächte zu wenden, zu verfahren. Der Fürstin wurde diese anderweitige Commission bekannt gemacht, und ihr auferleget, sich vor der Commission zugleich auf die von dem Mit-Vormund Edzard Ferdinand wider sie eingebrachten Beschwerden über die vormundschaftliche Regierung einzulassen. Der Graf Edzard Ferdinand wurde angewiesen, den Verfügungen der kaiserlichen Commission zu geleben, und von derselben über die von ihm anzubringenden Beschwerden sich bescheiden zu lassen. Dann wurde sämmtlichen Landesständen überhaupt, und der Stadt Emden besonders zur Pflicht gemacht,

„sich alles ferneren Einredens ohnerachtet, der „Commission zu submittiren, in dem angesetzten „Termin zu erscheinen, die Proposition anzuhören, sich zu legitimiren, und bei der gütlichen „Handlung sich schleblich (v), als getreuen Unterthanen wohl ansteht, zu erweisen, in unverhoffter Entstehung aber derselben, denen übrigen „richterlichen Verordnungen, wie dieselben nach „und nach von der Commission ergehen werden, „statt zu thun; insonderheit auch, und bei Vermeidung höchster Ungnade, sich alles Recurs in „diesen Sachen an ausländische zu enthalten."

Der Freiherr Carl Friedrich von Kniphausen erhielt eine besondere Weisung,

„der

(v) Friedfertig. s. Haltaus Gloss. Germ. p. 1618.

Vierter Abschnitt.

„der Commission allen Respect und Gehorsam 1667
„erweisen, sich alles Recurrirens an auswärtige
„zu entäußern, und die Stände von der Commis-
„sion nicht abwendig zu machen, um zu ander-
„wärtigem Einsehen seiner Person keine Ursache
„zu geben."

Die drei Decrete, welche der Herzog publiciren und ausführen lassen sollte, wenn keine Sühne zu Stande kommen sollte, betrafen die vormundschaftliche Regierung, die Subsidien zur Unterhaltung der Garnisonen, und die Landtage.

„Darnach sollten die Landesstände, alles ihres
„Einwendens ungehindert, die fürstliche Wittwe
„als Vormünderin ehren, was sie alleine, oder
„mit Zuthun der übrigen bestätigten Vormünder,
„in Landsachen anordnen würde, Folge leisten,
„noch sich unter keinem Prätext entgegen setzen,
„bei Strafe von 100 Mark löthigen Goldes, und
„daß sonst schärfere Processe erkannt werden sol-
„len."

Wegen der Subsidien war decretiret:

„daß die Landstände schuldig seyn sollen, der Vor-
„münderin zur Besetzung und Unterhaltung der
„nöthigen Festungen mit hülflichem Beitrag an
„Hand zu gehen, sich des Quant und der Zah-
„lungs-Termine halber innerhalb 8 Tagen in der
„Güte zu vereinigen, da denn in unverhoffter
„Entstehung dessen, darüber erkannt werden
„sollte."

Wegen der Landtage wurde erkannt:

„daß die Stände sich des angemaßten prorogiren-
„den Landtages, auch anderer dergleichen Zusam-

1667 „menkünfte in Sachen, so das ganze Land betref-
„fen, und in die landesobrigkeitlichen Rechte
„laufen, ohne Vorwissen und Einwilligung der
„Vormundschaft oder des Landesherrn, gänzlich
„enthalten, noch ihnen einer mehreren Gewalt,
„als ihnen deshalb in den Kaiserlichen Resolutio-
„nen eingeräumet, anmaßen sollten" (w).

§. 18.

Die Fürstin war wahrscheinlich schon vorher unterrichtet, daß für sie bei dem Reichshofrathe günstige Decrete erfolgen würden. Sie hoffte auch um
so viel mehr auf die kaiserliche Unterstützung, weil
sie selbst unter dem 11. Novemb. in Wien angezeigt
hatte, daß die General-Staaten sich durch Betrieb
der Stände anmaßten, die einländischen Streitigkeiten zu entscheiden, die vormundschaftliche Regierung nach ihrem Gutfinden einzurichten, und sich
schon wirklich fünf staatische Commissarien zu dem
Ende eingesandten hätten. Auch hatte sie geklaget,
daß der Graf Edzard Ferdinand ihr nun die Direction
der vormundschaftlichen Regierung bestritt, und die
andern Vormünder gänzlich zu verdrängen suchte.
Dabei hatte sie denn auf die schleunigste Abstellung
dieser ihrer Beschwerden angetragen. Aus dieser
neuen Eingabe hielt sich der Reichshofrath überzeugt,
daß die Landesstände ihre Attentate häuften, und die
General-Staaten veranlaßten, die Jurisdiction dieser Streitigkeiten zum Nachtheil des deutschen Reichs,
der Vormünderin und des fürstlichen Pupillen, völlig an sich zu ziehen. Unter dem 1. December wurde gut gefunden, dem Herzog von Braunschweig
die

(w) Brenneisen p. 928—930. und Anweisung der
landesfürstl. Territorial-Superiorität p. 113—118.

Vierter Abschnitt.

die Beschleunigung der ihm aufgetragenen Commis- 1667
sion zu empfehlen. Auch wurde dem Legationsrath
Kramprecht in dem Haag aufgegeben, sich nach allen Umständen genau zu erkundigen, und mit
„Nachdruck zu remonstriren, was für ein weites
„Aussehen in dem Reich erreget würde, wenn die
„General-Staaten unternehmen wollten, Vormün-
„der an- und abzusetzen, die landesherrliche Regie-
„rung zu formiren, und die Cognition der daher ent-
„stehenden Mißhelligkeiten an sich zu ziehen. Mit
„dem wiederholten Gesinnen, daß sie, die General-
„Staaten, die Landesstände von sich ab- und an Ihro
„Kaiserliche Majestät verweisen möchten, und an-
„gehängter Versicherung, daß ihnen das Recht,
„welches sie aus Privilegien oder Concordaten erwor-
„ben, keinesweges geschmälert werden sollte" (x).

§. 19.

Man siehet hieraus, wie sehr der kaiserliche
Reichshofrath und die Fürstin sich angelegen seyn
lassen, dem Einfluß der General-Staaten auf Ostfriesland Gränzen zu setzen. Nach der Rückkunft
der staatischen Commissarien Cant und Bentheim
drang nun die staatische Commission täglich in die
Fürstin, um sich endlich zu erklären. Sie hielt die
Commission unter dem Vorwand der Abwesenheit einiger ihrer Räthe bis zu dem 5. Dec. auf. Nun
hatten sie einen Extract aus dem Reichshofraths-
Protokoll und die Abschrift der vorhin gedachten Decrete vom 14. November erhalten. Auch waren die
Antworten der Herzöge von Würtenberg und Braunschweig eingegangen. Die fürstlichen Räthe zeigten
diese Decrete und Antworts-Schreiben der Commission

(x) Brenneisen p. 930 und 931.

1667 sion vor, und reichten die schriftliche Erklärung der Fürstin ein. Darnach lehnte sie es ab, die vormundschaftliche Regierung zugleich mit dem Grafen Edzard Ferdinand anzunehmen. Sie wollte den Ausspruch des kaiserl. Reichshofraths abwarten, und ersuchte die Commission, die General-Staaten davon zu benachrichtigen, und alles fernere Verfahren so lange einzustellen, bis die kaiserliche Resolution erfolgen würde. Die staatischen Commissarien erwiederten hierauf, daß sie in den Antworts-Schreiben der Herzöge und in der Remonstration der Fürstin nichts Neues vorfänden. Alles dieses wäre schon so öfters vorgebracht und widerleget worden. Die kaiserlichen Decrete schienen ihnen sehr weitaussehend zu seyn. Sie ersuchten daher die Räthe, die Fürstin zu ihrem eignen Besten zur gemeinschaftlichen Uebernahme der vormundschaftlichen Regierung mit dem Grafen Edzard Ferdinand zu überreden. Bei fernerer Weigerung drohten sie, die ihnen von den General-Staaten ertheilte Ordre auszuführen. Drei Tage nachher reichten die Räthe die letztere Erklärung der Fürstin ein, wornach sie sich um so viel weniger auf eine gemeinschaftliche vormundschaftliche Regierung einlassen könnte, weil sie nun noch viele besondere Abmahnungs-Schreiben erhalten hätte. Die staatische Commission suchte hierauf eine Audienz bei der Fürstin selbst nach. Sie entwickelte ihr in Gegenwart der Räthe die Bewegungs-Gründe, sich nachgiebiger zu bezeigen, und protestirte wider alles Unheil, als eine unausbleibliche Folge der beharrlichen Weigerung. Die Fürstin versprach diese Sache nochmalen zu überlegen, und ihre cathegorische Erklärung an dem folgenden Tage abzugeben (y).

§. 20.

(y) Alting p. 796. 797.

Vierter Abschnitt.

§. 20.

Die versprochene Schluß-Erklärung erfolgte 1667 nicht. Die Commissarien waren der Meinung, daß sie nun ihre Instruction befolgen, die Tractaten abbrechen, und dem Grafen Edzard Ferdinand die vormundschaftliche Regierung alleine übertragen müßten. Sie verfügten sich in die Versammlung der Stände, eröffneten ihnen ihren Entschluß, und trugen ihnen auf, alles zweckdienliche zur Unterhandlung mit dem Grafen vorzubereiten. Dann sandten sie einen Eilboten an den Commandanten in Emden, und gaben ihm auf, 200 Mann mobil zu machen, um auf den ersten Wink dahin, wo ihr Dienst zum Landesbesten erfoderlich seyn möchte, aufzubrechen. Wie die Fürstin diese Anstalten vernahm, ließ sie durch ihre Räthe der Commission vorstellen, daß sie sich nunmehr entschlossen hätte, die vormundschaftliche Regierung anzutreten, und alle Accorde und Verträge, in der Art, wie solches von ihrem verstorbenen Gemal geschehen, zu bestätigen. Die staatischen Commissarien erwiederten, daß Ihro Hochmögenden auch schlechterdings darauf bestünden, daß die Regierung gemeinschaftlich mit dem Grafen Edzard Ferdinand angetreten werden müßte, und daß sie nicht ermächtiget wären, davon abzugehen. An dem folgenden Morgen, am 10. December, machten die Räthe der Commission bekannt, daß die Fürstin, den General-Staaten zu gefallen, nun geneigt wäre, mit dem Grafen Edzard Ferdinand wegen der vormundschaftlichen Regierung in Unterhandlung zu treten. Sie ließ sich indessen der Protection Ihro Hochmögenden empfehlen, und ersuchen, alles dahin einzuleiten, daß so wenig die Landeshoheit, als die Domainen des jungen Fürsten geträn-

1667 getränket, und ihren Mit-Vormündern, den Herzögen von Braunschweig und Würtenberg, ihre Rechte vorbehalten blieben. Die Commissarien versicherten hierauf, daß die General-Staaten sie, die Fürstin, und ihren Prinzen in ihren Schutz nehmen, und dafür sorgen würden, daß die Landeshoheit und die herrschaftlichen Domainen keinen Abbruch leiden sollten. Auch würden die GeneralStaaten sich nie eine Decision über die Rechte der Herzöge anmaßen. Da nun durch diese Erklärungen und Gegen-Erklärungen der Weg zur Hebung der Hauptstreitigkeiten über die vormundschaftliche Regierung gebahnet war, so übernahmen die fürstlichen Räthe, auf alle desfällige Verfügungen des kaiserlichen Reichshofraths Verzicht zu leisten, und dem rechtshängenden Processe zu entsagen. Um nun einen völligen Vergleich zwischen der Fürstin und dem Grafen, und zwischen der vormundschaftlichen Regierung und den Ständen zu treffen, leiteten die staatischen Commissarien nach einigen Unterhandlungen es dahin, daß auf den 2. Jan. ein Landtag ausgeschrieben wurde (z).

§. 21.

Alle Mühe, alle Arbeiten, die die staatischen Commissarien darauf verwandt hatten, den Grafen Edzard Ferdinand zum wirklichen Theilgenossen der vormundschaftlichen Regierung zu machen, waren umsonst. Es gefiel der Vorsehung, seiner irdischen Laufbahn ein unvermuthetes Ziel zu setzen. Noch vor Eröffnung des Landtages starb er im 32. Jahr 1668 seines Alters am 1. Jan. 1668. Seine schwache Leibes-Constitution ließ zwar kein langes Leben hoffen, doch starb er plötzlich. Er war der jüngste Sohn des

(z) Aitzema p. 797—800.

Vierter Abschnitt.

des Grafen Ulrich II. gebohren am 12. Jul. 1636. 1668
Er hatte in Breda und Tübingen studiret, und nachher Oberdeutschland, Italien, Frankreich, England und die Niederlande durchgereiset. Er scheinet mit Nutzen gereiset zu haben, weil er selbst ein besonderes Itinerarium von seinen ausländischen Reisen geschrieben hat. 1660 richtete er seinen kleinen Hofstaat in Norden ein (a). Daher wurden er und seine Söhne gemeiniglich Grafen von Norden genannt. In dem vorigen Jahre kränkelte er immer. Wie seine Schwachheit überhand nahm, entschloß er sich am 20. Nov. ein Testament zu errichten. Darin setzte er seinen damaligen einzigen Sohn Edzard Eberhard Wilhelm, und den zweiten Sohn, den seine schwangere Gemalin etwa zur Welt bringen möchte, zu gleichen Theilen zu Erben seiner Nachlassenschaft ein. Falls indessen seine Gemalin mit einer Tochter niederkommen sollte; so verordnete er, daß sie anständig unterhalten und ausgesteuert werden sollte. Seiner Gemalin setzte er die freie Wohnung auf seinem Residenzhause zu Norden, und jährlich 4000 Rthlr. aus seiner Appanage und sonstigen Gütern aus. Dabei gab er den ernannten Vormündern auf, dafür zu sorgen, daß von dem Regierhause ihr ein hinlängliches Wittthum ausgeliefert werde. Im Fall endlich der junge Fürst Christian Eberhard versterben, und dann seine Nachkommenschaft zur Succession gelangen sollte, so bestätigte er die in dem Regierhause eingeführte Primogenitur. Zu Vormündern seiner Kinder ernannte er die General-Staaten und die ostfriesischen Landesstände (b). Diese Vormundschaft

(a) Funks Rezentenstab.
(b) Das Testament ist abgedruckt in der: Gründlichen Gegen-Deduction von der Appanage Grafen Friedrich

440 Drei und zwanzigstes Buch.

1668 schaft ist nach seinem Absterben von den General-Staaten, die dazu den Herrn von Dornum, Gerhard von Closter, substituirten (c), und von den Landesständen (d) übernommen. Zufolge seiner ausdrücklichen Verordnung wurde seine Leiche in dem herrschaftlichen Begräbniß zu Aurich in aller Stille am 21. Febr. beigesetzet (e). Es sind wenige Thatsachen vorhanden, um von seinem Character urtheilen zu können. Daß er aber eine gute Denkungsart gehabt, und allgemein beliebt gewesen, läßt sich sicher daher folgern, weil die Stände so sehr darauf gearbeitet haben, daß er Theilgenosse der vormundschaftlichen Regierung werden sollte.

§. 22.

Der Graf hatte sich kurz nach dem Absterben seines Bruders, des Fürsten Georg Christians, mit Anna Dorothea, einer gebornen Gräfin von Crichingen und Püttingen, vermählet. Am 22. Jul. 1665 war das Beilager zu Norden gehalten. Ihr Vater war Albert Ludewig Graf und Herr zu Crichingen und Püttingen (f). Nach dem Absterben des Grafen Johann V. von Crichingen und Püttingen theilte sich die Familie in zwei Linien, in die Crichingische und Püttingische. Beide Linien führten indessen den völli-

rich Ulrich p. 27—29. und bei Aitzema B. 48. p. 1214. 1237.

(c) Aitzema Bock 48. p. 1246.
(d) Landschaftliche Acten.
(e) Hogers Leichen-Predigt über den Grafen Edzard Ferdinand.
(f) Crichingen ist eine kleine Grafschaft, Püttingen aber nur eine Herrschaft. Beide liegen im Westreich, an der Lothringischen Gränze.

Vierter Abschnitt.

völligen Titel. Graf Albert Ludwig war von der 1668 Püttingischen Linie und besaß die Herrschaft oder vielmehr nur einen Theil der Herrschaft Püttingen. Er hatte zwei Söhne, Johann Ludwig und Ernst Casimir. Ersterer erschoß in einem Duell seinen Bruder Ernst August in demselben Jahre, wie ihre gemeinschaftliche Schwester sich mit dem Grafen Edzard Ferdinand vermählte. Er wurde nachher wahnsinnig, und starb 1681 zu Metz. Er ließ keine Erben nach. Auf seine Schwester, die Gräfin Anna Dorothea, verstammte die Herrschaft Püttingen und seine andern Güter. Daher führte ihr Sohn Friedrich Ulrich den Titel Graf von Ostfriesland, Crichingen und Püttingen (g). Bei ihrer Verheirathung hat sie sonst ihrem Gemal nur wenig zugebracht, weil ihr damals verstorbener Vater in seinem Testamente ihr nur 2000 Rthl. baar, und 3000 Rthl. Franken zur Aussteuer ausgesetzet hatte (h). Sie starb zu Norden am 10. May 1705. Mit ihr hatte der Graf zwei Söhne erzeuget, Edzard Eberhard Wilhelm, und Friedrich Ulrich. Ersterer war gebohren am 28. August 1666, und letzterer am 31. Decemb. 1667, noch nicht einmal 24 Stunden vor dem Absterben seines Vaters (i). Bei der Taufe des erstgebohrnen jungen Grafen waren die Herzöge Ernst August und Georg Wilhelm von Braunschweig, der Herzog Johann Friedrich zu Hannover, der Herzog Eberhard von Würtenberg, die beiden fürstlichen

Ee 5   Witt-

(g) Funks Regentenstab. Imhof Noticia Procerum Imperii L. 6. c. 1. p. 494. 495. Durchlaucht. Welt 2. Theil p. 11 und 12.

(h) Landschaftl. Acten.

(i) Genealogie des ostfriesischen Hauses und Funks Regentenstab.

1663 Wittwen in Ostfriesland, die Fürstin Sophia von Oettingen, Graf Anton Günther zu Oldenburg, der Rheingraf Friedrich von Crichingen, die General-Staaten und die ostfriesischen Landesstände zu Gevattern gebeten (k). Eine ständische Deputation wohnte der Taufhandlung bei, und überreichte in einem zierlichen Beutel 2000 Rthlr. zum Pathengeschenk (l). Der älteste Graf Edzard Eberhard Wilhelm diente als Officier in dem französischen Kriege (m), und scheint vielleicht nach dem Answichischen Frieden seinen Abschied genommen zu haben. Wir treffen ihn wenigstens bald nachher wieder in Norden an. Hier verliebte er sich in seiner Mutter Kammermädchen, Sophie Marie Felten, so sehr, daß er sie sich ehlich antrauen ließ. Er verließ hierauf Ostfriesland, und ließ sich mit seiner Frau in Delmhorst nieder. Diese Mißheirathung war seiner Mutter so anstößig, daß sie ihn in ihrem Testamente enterbte, und ihre im Westereiche belegene Güter, im Fall ihr jüngster Sohn ohne Leibeserben versterben sollte, zum Besten des ostfriesischen Regierhauses mit einem Fideicommiß beschwerte. Ueber seine väterliche Nachlassenschaft und über die Appanage konnte er sich mit seinem Bruder Friedrich Ulrich nicht vergleichen. Er brachte den Proceß bei dem Reichshofrath aus, und erhielt eine obsiegliche Sentenz. Indessen hatte dieses günstige Urtheil keinen Erfolg, weil er gleich nachher ohne Leibeserben verstarb. Seine Frau war ihm schon vorangegangen. Er starb in Wien,

wo

(k) Funks ostfrles. Chronik 7. Theil p. 81.

(l) Landschaftliche Acten.

(m) Es gehet dieses aus seinem Testamente hervor, welches er im Jul. 1690 in dem Feldlager bei Wavern errichtet hatte. Gegen-Deduction von der Appanage Friedrich Ulrichs p. 25 und 26.

Vierter Abschnitt.

wo er sich zur Beschleunigung des Processes aufge-1668 halten hatte, am 25. Jun. 1707 (n). Mit dem jüngsten Grafen von Norden, Friedrich Ulrich, werd' ich den Leser nachher bekannt machen.

§. 23.

Vor der Geburt des Prinzen Christian Eberhard war der Graf Edzard Ferdinand Curator der Leibesfrucht und führte die vormundschaftliche Regierung alleine. Nach der Geburt des Prinzen glaubte die Fürstin, als Mutter, und als gesetzmäßige Vormünderin berechtiget zu seyn, die ganze vormundschaftliche Regierung allein an sich zu ziehen. Sie sahe den Grafen Edzard Ferdinand, so wie die andern Mit-Vormünder nur als Ehren-Vormünder an. Letztere konnten sich solches wegen ihrer Abwesenheit und der nahen Verwandschaft mit der Fürstin wohl gefallen lassen; aber Edzard Ferdinand wollte sich sein Recht, als nächster Successor des Prinzen und wirklicher von dem Kaiser bestätigter Vormund nicht nehmen lassen. Die fürstlichen Räthe wußten es aber so einzuleiten, daß er vor und nach völlig von den Regierungs-Geschäften verdränget wurde (o). Die junge fürstliche Wittwe regierte natürlicher Weise durch ihre Räthe. Diese hatten also das Heft der Regierung allein in ihren Händen. So beliebt der Graf bei den Ständen wär; so verhaßt waren die Räthe.

(n) Funks Regentenstab. Durchl. Welt 1. Theil p. 567.

(o) Dieses sagt die Fürstin in dem Huldigungs-Revers vom 29. Jan. 1668 selbsten. „Wie haben „uns die Administration und Verwaltung nach ge„endigter Curatel ad ventrem als Vormünderin „wirklich angemaßet und unternommen." Brenneisen p. 954.

1668 Räthe. Die Folge davon war, daß die Stände sich eifrig des Grafen annahmen, und eine ihrer Haupt-Beschwerden darin setzten, daß er von der vormundschaftlichen Regierung ausgeschlossen war. Das Absterben des Grafen hob diese Streitigkeit von selbst, und bahnte den Weg zu einem Vergleich.

§. 24.

Der auf den 2. Jan. ausgeschriebene Landtag nahm denn in Aurich seinen Anfang. Die Stände fanden gleich bei der Landtags-Proposition anstößlich, daß die Proposition im Namen der Fürstin, und nicht des jungen Fürsten, abgefasset war. Man verglich sich aber durch Zuspruch der Commissarien, daß künftig sowohl das Landtags-Ausschreiben als die Proposition im Namen des Fürsten sollten ausgefertiget, und von der Fürstin als Vormünderin unterschrieben werden. Bei der ersten Session, nach Untersuchung der Vollmachten, erklärten sich die Stände, daß sie sich auf nichts weiter einlassen könnten, wenn nicht die Fürstin zuvor ihre übelgesinnten Räthe ihrer Dienste entlassen hätte. Dann übergaben sie einige Beschwerden, auf deren Abstellung sie drungen. Die staatischen Commissarien lenkten es endlich dahin, daß diese beiden Puncte und noch einige andere von minderer Erheblichkeit, bis man sich über die Einrichtung der vormundschaftlichen Regierung würde verstanden haben, ausgesetzet wurden. Nachdem man nun hierüber einige Tractaten gepflogen hatte, erklärte sich die Fürstin, daß, wenn die Stände ihr, als Vormünderin, den schuldigen Respect und Gehorsam angeloben wollten, sie die bei dem Reichshofrath schwebenden Processe aufrufen, und dem Herzog Rudolf von Braunschweig berich-

Vierter Abſchnitt.

berichten wollte, daß die Streitigkeiten mit den 1668 Ständen ausgeglichen, und alſo die kaiſerliche Commiſſion erloſchen ſey; doch wollte ſie dem Kaiſer, dem Reiche, und den Mit-Vormündern ihre Rechte, und dem Prinzen ſeine Landeshoheit und Regalien vorbehalten haben. Weil indeſſen die Stände die Herzöge von Braunſchweig und Würtenberg, als ausländiſche Fürſten, nicht für Vormünder anerkennen wollten, ließ ſich endlich die Fürſtin durch Zureden der ſtaatiſchen Commiſſarien bewegen, den Ausdruck — mit Vorbehalt des Rechtes der Mit-Vormünder — in den auszuſtellenden Reverſalien auszulaſſen (p).

§. 25.

Die ſtaatiſchen Commiſſarien glaubten nun, daß an einem völligen Vergleich, denn die weſentlichen Puncte waren beglichen, nur blos die Formalien mehr fehlten; dieſe ihre Hoffnung wurde aber getäuſchet, wie die Stände ihnen unvermuthet eine Liſte der fürſtlichen ausländiſchen Bedienten einreichten, deren Entlaſſung ſie verlangten. Dieſe waren der Baron von Ailva, Droſt zu Leer, der Baron Hilfrid von Croneck, Droſt zu Friedeburg, Caſpar Erich von Stechow, Droſt zu Aurich, Johann Melchior Dinhauſen, geheimer Rath und Hofmeiſter, Michael Eck, Droſt zu Stickhauſen, die fürſtlichen Räthe Jodocus Ammersbeck und Johann Heinrich Stammler, Anton Pauli, Amtsverwalter zu Norden, Johann Vollrath Freitag, Amtmann zu Berum, Johann Adolf Freitag, Amtmann zu Gretſyl, und Doctor Even, Landrichter. Dieſe Eingabe war den ſtaatiſchen Commiſſarien ſo unerwartet, als unange-

(p) Altema p. 800—803.

unangenehm. Sie gaben der Ritterschaft und der Stadt Emden zu verstehen, daß sie allein diese Sache aus Animosität betrieben und die andern Mitstände aufhetzten, um ihre Privatabsichten zu erreichen. Sie drungen in die Stände, diesen Punct schwinden zu lassen, oder doch billiger darüber sich zu erklären. Die Stände bestanden aber auf die Entlassung der vorgenannten fürstlichen Bedienten; nur wollten sie darin nachgeben, daß die Drosten Ailva und Eck, weil sie so sehr bei der Fürstin gelitten waren, der Drost von Stechow in Rücksicht seines sechs und dreißigjährigen treuen Dienstes, und der Landrichter Ewen wegen seiner zahlreichen Familie von der Liste gestrichen werden könnten. Die staatischen Commissarien stellten den Ständen vor, daß es hart und unbillig wäre, die Fürstin zu zwingen, ihre redlichen Bedienten zu entlassen. Dieses hätten die Stände auch dem Fürsten Georg Christian nicht zugemuthet. Sie hätten nur damals verlanget, daß künftig keine fremde Bediente angesetzet werden sollten. Mehr könnten sie also auch nicht von der Fürstin fodern. Aber dieses Zureden fruchtete nicht das mindeste. Die Stände beharrten unbeweglich auf dieser ihrer Foderung. Die staatischen Commissarien nahmen das ständische Benehmen so übel, daß sie schleunig Aurich verließen und nach Emden giengen, um von dort nach dem Haag zurück zu reisen (q).

§. 26.

Die abgebrochenen Tractaten, und die Rückreise der Commissarien würde die Erneuerung der kaiserlichen Commission und den Unwillen der General Staaten sicher nach sich gezogen haben. Diese bösen Folgen

(q) Aitzema p. 803 und 804.

Vierter Abschnitt.

Folgen sahen die Stände voraus. Ihnen auszu- 1668
weichen, ersuchten sie durch eine Deputation die Commissarien, die sich in Emden zur Abreise schon anschickten, noch einige Tage zu verweilen. Diese ließen sich dazu überreden, und verfügten sich wieder nach Aurich. Nun wurden die Tractaten wieder angefasset. Die Fürstin erklärte sich, daß sie in Absicht der ausländischen Bedienten zweckdienliche Verfügungen treffen wollte, um neue Beschwerden in der Zukunft zu vermeiden. Bei dieser allgemeinen Erklärung ließen es die Stände bewenden. Am 29. Januar wurde der Vergleich über die eingebrachten Contraventionen wider die Verträge von den staatischen Commissarien, von der Fürstin und den Ständen unterschrieben, und die Huldigungs-Reversalen ausgewechselt. Die Contraventionen waren zum Theil beglichen, zum Theil von den staatischen Commissarien entschieden. Daher nennet man gewöhnlich diesen Vergleich die staatische Decision von 1668. Wir wollen nur die Hauptpuncte davon ausziehen. Die Fürstin soll in Qualität als Vormünderin sich auf die Accorde und derselben Observanz, während der Minderjährigkeit des Prinzen, verbinden. Alle Räthe und Beamte müssen aufs neue auf die Accorde beeidiget werden, und sollen davon die unterschriebenen Formulare den Ständen überhaupt, und der Stadt Emden besonders zugestellet werden (r). Die Foderung der Fürstin aus den Vorschüssen zu der Lüneburgischen Einquartierung, und die von ihr eingezogene vier Schatzungen werden gegen einander aufgehoben. Die fürstlichen Räthe sollen nach der Revision keine neue Instanz erkennen, und nicht zum Abbruch der Hofgerichts-Jurisdiction interloquiren.

Die

(r) Dieses ist auch geschehen, wie aus den landschaftlichen Acten erhellt.

1668 Die Fürstin will auf eine minder drückende Sportel-Ordnung denken. Die fürstlichen Räthe dürfen in Pachtsachen keine Mandate erkennen, und sich mit eingewilligten Schatzungen nicht befassen. Die Mennoniten sollen über die bestimmte jährliche Recognition nicht beschweret werden. Die Rentmeister müssen sich bei Einfoderung der Prästationen genau nach der Liste von 1611 richten. Die Drosten sollen nur im Nothfall die Eingesessenen aufbieten. Die besonders von den Städten Norden und Aurich eingereichten und beglichenen Contraventionen sind zu unbedeutend, um sie hier anzuführen (s).

§. 27.

Die Huldigungs-Reversalen waren ebenfalls am 29. Jan. unterschrieben. Hierin bestätigte die Fürstin alle vorige bis hiezu abgeschlossene Verträge überhaupt und den Norder Landtags-Schluß von 1520 besonders. Dann sicherte sie den Ständen zu, dem 20. Artikel der kaiserlichen Resolution von 1597 dahin nachzukommen, daß in Landes-Regierungssachen Eingebohrne und keine Ausländer angestellet werden sollten. Unter demselben Tage stellte sie noch einen besonderen Revers aus. Hierin versprach sie ihre bei dem kaiserlichen Reichshofrath angebrachte Klagen schwinden zu lassen, den Proceß aufzuheben, und sowohl den Kaiser, als den Herzog von Braunschweig von diesem mit den Ständen getroffenen Vergleich schleunig zu benachrichtigen. Dann erklärte sie sich nochmals, wider die Verträge und

---

(o) Brenneisen p. 943—951. Hier ist die staatische Decision völlig abgedruckt; und Aitzema p. 804 und 805.

Vierter Abschnitt.

und die den General-Staaten aufgetragene Manu- 1668
tenenz weder unmittelbar noch durch ihre Bediente
etwas zu attentiren, und erbot sich nochmalen, ihre
itzige und künftig anzusetzende Bediente auf die Accorde verpflichten zu lassen. An demselben Tage
überreichten die Stände den von Ihnen unterschriebenen schriftlichen Huldigungs-Eid. Hierin gelob-
ten sie; „die Durchlauchtige Fürstin Christine Char-
„lotte, verwittwete Fürstin zu Ostfriesland, gebohr-
„ne Herzogin von Würtenberg, als von Sr. Röm.
„Kaiserlichen Majestät confirmirte und einzige re-
„gierende Vormünderin des Durchlauchtigen Fürsten
„Christian Eberhards zu erkennen, zu respectiren
„und zu gehorsamen, auch derselben in solcher Qua-
„lität getreu und hold zu seyn; alles nach dem In-
„halt der Accorde, bei wahren Worten, Treu und
„Glauben, anstatt eines solennen körperlichen Eides,
„ohne einige Exception und Einrede." Die Stadt
Emden stellte in eben der Art den schriftlichen Huldigungs-Eid aus, und überreichte ihn der Fürstin (t). So war denn nun endlich die vormundschaftliche Regierung in der Person der verwittweten
Fürstin von den Ständen anerkannt. Bei allen
diesen Verhandlungen hatten die Stände sich wider
die Mit-Vormundschaft der Herzöge von Braunschweig und Würtenberg, als ausländischer Fürsten,
am mehresten gesträubet. Daher hatten sich die
staätischen Commissarien nach Absterben des Grafen
Edzard Ferdinands vorzüglich angelegen seyn lassen,
die Fürstin zu bewegen, die vormundschaftliche Regierung allein anzutreten. Die Fürstin ließ es sich
endlich gefallen, in den von ihr ausgestellten Huldi-
gungs-

(t) Brenneisen p. 952—955.

gungs-Reversalen der Mit-Vormünder nicht zu
erwähnen und ihnen ihre Rechte nicht vorzubehalten.
Und die Stände trafen die Vorsicht, daß sie den
Huldigungs-Eid so faßten, daß sie die Fürstin als
einzige Vormünderin erkennen wollten. Zwar blieben nun die Herzöge von Braunschweig und Würtenberg Mit-Vormünder der Person des jungen
Fürsten, nur sollten sie keinen Einfluß in die fürstliche Regierung selbst haben.

§. 28.

Außer den Mißhelligkeiten zwischen der Fürstin
und den Ständen schlichteten die staatischen Commissarien noch andere Streitigkeiten. Die Oberemsische Deichacht war sehr verschuldet. Diese Schulden hatten bisher zwischen den Crebitoren, den Debitoren, oder den Deichachts-Interessenten und dem
gewesenen Deich-Rentmeister Johann Warner viele
verwickelte Processe veranlasset. Man fand nun
von allen Seiten gerathen, auf den Ausspruch der
staatischen Commission zu compromittiren. Der
commissarische Ausspruch erfolgte am 3. Januar.
Darnach wurden die Foderungen der Gläubiger auf
die Deichacht auf 116000, und die Foderung des
verstorbenen Deich-Rentmeister Warners auf die
Deichachts-Restanten, die er wieder seinen Gläubigern überwiesen hatte, ebenfalls auf 116000 Gulden moderiret. Beide Summen sollten in fünf,
oder längstens binnen zehn Jahren von den Interessenten abgeführet werden. Dabei war denn zugleich festgesetzet, daß die alten Restanten bis 1640
mortificiret seyn sollten. Die rückständigen Deichachts-Interessenten mußten also von 1640 ihre Restanten einliefern, und zur Abführung der übrigen

Schuld

Vierter Abschnitt.

Schuld wurde eine jährliche Auflage von 20 Stüber 1668 auf jedes unter der Oberemsischen Deichacht liegendes Diemat landes geleget. Dem Deich-Commissarius wurde wider die säumhaften oder unwilligen Interessenten die parate Execution, und zu deren Vollziehung die Requisition der staatischen Militz verstattet. Dann sollten sofort alle vor dem kaiserlichen Reichshofrath, vor dem Reichs-Cammer-Gericht zu Speier und dem ostfriesischen Hofgericht schwebende Processe aufgerufen werden. Endlich sollte zwar noch vorerst das alte Register von 1613 zur Grundlage der Deich-Contributionen liegen; weil aber in diesem Register nicht alle Länder genau aufgegeben, und nachher noch viele verdunkelt worden; so sollten alle unter der Oberemsischen Deichacht sortirende Länder genau vermessen werden. Nach geschehener Vermessung sollte der Communion-Deich aufhören, und jedem Interessenten ein gewisses nach Maasgabe der Größe seiner Länder zu bestimmendes Stück an dem Deich zur beständigen Unterhaltung zugewiesen werden; indessen sollte die ganze Oberemsische Deichacht die Herstellung und Unterhaltung des Pfahlwerkes stehen (u). So war denn auch diese weitläuftige Sache abgethan. Die Edelleute, Joost von Hane und Johann Wilhelm von

Freitag,

(u) Dieser Ausspruch ist in Emden abgedruckt unter dem Titel: Compromis ende Uitspracke van Haer Hoogmoogenden Heren Staten General der Veren. Nederl. Gedeputeerden tusschen die Crediteuren sowel van die Over Eemzige Dykacht, als van Jan Warners gewesen Dykachts Rentemester ter eener, ende derselven Debitoren of Dykachts-Interessenten ter andern Syde.

1668 Freitag, hatten die General Staaten über ihre Reisekosten und Diäten von 1650 so oft behelliget. Die staatischen Commissarien ließen es sich sehr angelegen seyn, die Stände zu überreden, diese Edelleute zu befriedigen. Die Stände wollten sich aber auf nichts einlassen. Sie behaupteten, ihnen nichts schuldig zu seyn, und wiesen sie auf ihre Committenten hin. Dabei äußerten sie, daß sie geschehen lassen könnten, daß sie ihre vermeinte Foderung durch den Weg Rechtens verfolgten. Aber auch diese Streitigkeit beendigten die Commissarien unter dem 27. Jan. durch einen Ausspruch. Darnach moderirten sie die Foderung des Assessors von Hane von 10667 Gulden auf 4650 Gulden, und des Baron von Freitags von 8266 Gulden auf 4959 Gulden. Dieser Ausspruch war gar nicht nach dem Geschmack der Stände. Sie konnten noch immer das vorige Benehmen dieser beiden Assessoren nicht vergessen. Die Administratoren suchten nachher zwar die Zahlung zu verzögern; indessen trieb der Ember Commandant Sixma in dem Monate Jul. diese Gelder durch militairische Execution aus den Norder und Gretsyler Pacht-Comtoiren auf specialen Befehl der General-Staaten bei. Nachdem nun die staatischen Commissarien die Mißhelligkeiten zwischen der Fürstin und den Ständen beigeleget, und andere Streitigkeiten gehoben hatten; giengen sie in dem Ember Haven an Bord, und segelten unter dem Losbrennen der Kanonen nach Delfsyl ab.

Im

Vierter Abschnitt.

Im Anfang Februar waren sie wieder in dem 1668 Haag (v). So war denn nun die nach dem Absterben des Fürsten Georg Christians erfolgte Anarchie gehoben, das gährende Ostfriesland vorerst beruhiget, und die Fürstin als vormundschaftliche Regentin anerkannt.

(v). Aitzema p. 805 — 807. und T. 14. B. 15. p. 1238 — 1243. Hier führe ich zum letztenmal Lieuwe von Aitzema Historie of Verhael van Saken van Staat en Oorlog an. Er hat in diesem Werke die niederländische Geschichte von 1621 bis 1668 behandelt. Wegen des Einflusses der General-Staaten auf Ostfriesland, und weil er selbst Agent der ostfriesischen Stände in dem Haag war, hat er die ostfriesischen Begebenheiten ungemein weitläuftig; indessen mit diplomatischer Genauigkeit, wie solches verschiedene in den hiesigen Archiven befindliche Acten bewähren, zugleich mit aufgeführet. Er starb im 70. Jahre seines Alters im Febr. 1669. An seine Stelle setzten die ostfriesischen Stände erst Johann Pusser, nachher Basillus Alting zum Agenten an.

Druckfehler im vierten Bande.

Seite	Zeile	Inhalt.
V	25	statt ständischer ließ staatlicher.
XII	29	— für einer — für eine.
43		Note b) nach Tafel wird hinzugesetzt — I. Im ersten Bande.
51	11	statt Krust ließ Kanne.
54		Note m) statt loen ließ doen.
82	29	statt auch ließ aus.
115	25	— . Die — , die.
201	14	— gern — gern.
326	10	— Woltmende — Woltweede.
327	16	— Turgast — Tergast.
336	32	— für — vor.
—	41	— für — vor.
368	10	— 400 zwölffüßigen — 450 funfzehnfüßigen.
386		Note y) gehört zur fünften Zeile.
397	8	statt der ließ die.
472	15	— konderden — honderden.
—	30	— open — op een.
478	30	— Weissenmelf — Weissenwolf.
486	26	— Seelger — Snelger.
503	10	— Funcker — Juncker.

Noch NB.

Von Seite 277—283 muß statt der Jahrzahl 1627, 1628, und Seite 450 in der Note n) statt 1543, 1643 stehen.

www.ingramcontent.com/pod-product-compliance
Lightning Source LLC
Chambersburg PA
CBHW022101300426
44117CB00007B/541